应用型院校财会类专业核心课程规划教材
"互联网+" 融媒体系列教材

财务分析

（第二版）

杨秀秀　郑清兰　主　编
王　菲　卜梦洁　副主编

立信会计出版社
LIXIN ACCOUNTING PUBLISHING HOUSE

图书在版编目(CIP)数据

财务分析 / 杨秀秀，郑清兰主编. -- 2版. -- 上海：
立信会计出版社，2025.1. -- ISBN 978 - 7 - 5429 - 7829 - 5

Ⅰ. F231.2

中国国家版本馆 CIP 数据核字第 2024TL5306 号

策划编辑　　　郭　光
责任编辑　　　郭　光　张忠秀
美术编辑　　　吴博闻

财务分析(第二版)

CAIWU FENXI

出版发行	立信会计出版社			
地　　址	上海市中山西路 2230 号		邮政编码	200235
电　　话	(021)64411389		传　　真	(021)64411325
网　　址	www.lixinaph.com		电子邮箱	lixinaph2019@126.com
网上书店	http://lixin.jd.com			http://lxkjcbs.tmall.com
经　　销	各地新华书店			

印　　刷	上海华业装潢印刷有限公司		
开　　本	787 毫米×1092 毫米		1/16
印　　张	19		
字　　数	462 千字		
版　　次	2025 年 1 月第 2 版		
印　　次	2025 年 1 月第 1 次		
书　　号	ISBN 978 - 7 - 5429 - 7829 - 5/F		
定　　价	49.80 元		

如有印订差错，请与本社联系调换

第二版前言

世界经济形势瞬息万变,面对日益复杂的经济环境,企业利益相关者越来越注重对企业财务状况和经营成果的分析。作为企业决策的支撑,财务分析与评价在企业管理中起着举足轻重的作用。企业利益相关者通过分析财务报告及相关资料,不仅能为经济决策提供参考,还能有效监督企业高层管理者受托责任的履行情况。

"财务分析"是一门应用性和实践性较强的课程,是高等院校会计学、财务管理、工商管理学、财政学、金融学等专业的主干课程。多年的财务分析实践教学经验使编者意识到教材对教师组织教学工作的重要性。本书结合实际案例展开,突出实践分析技能的培养和锻炼。本书既可以作为高等院校各专业的教学用书,也可以作为财务分析师、企业投资者、债权人、经营管理者、财务管理人员及宏观管理者进行财务分析的工具书。

本书以上市公司为对象,结合现代经济理论、现代科学管理理论和现代企业理论,分析企业财务状况、盈利情况、现金流量及其综合财务状况,综合运用比较法、比率法、图形法等对企业财务报告及各种财务能力进行系统的介绍与阐述。本书具有以下特点:

(1) 依据最新的财务数据编写。

(2) 使用最新的企业绩效评价标准值(依据国务院国资委考核分配局编制的数据)。

(3) 本书各章节配备课后练习题。

(4) 本书创新性地将财务战略分析纳入财务分析的整体分析中来,有利于对企业整体的财务状况进行综合分析。

(5) 本书规范了财务分析报告的格式和编写流程,方便财务分析者呈现完整的财务分析成果。

本书修订内容主要包括:增加了案例导入;对相关政策法规进行更新;对上一版教材使用过程中发现的存在错误和歧义的地方进行更正。

本书由杨秀秀、郑清兰、王菲、卜梦洁、迟春龙、刘春林、孔令一、迟甜甜、李满林、孔祥敏、刘燕等编写。在本书的编写过程中,编者参阅了大量文献资料和相关教材,还得到多位专家的指点和帮助,在此表示衷心的感谢。由于编者水平有限,本书难免存在疏漏和不足之处,恳请广大读者批评指正,以便我们在下次修订中加以完善。

编　者

2024 年 11 月

目　录

第一章　财务分析概述

知识导航

財务分析概述
- 財务分析的内涵与目标
  - 財务分析的内涵
  - 財务分析的目标
- 財务分析的原则与形式
  - 財务分析的原则
  - 財务分析的形式
- 財务分析的信息来源
  - 企业自身披露的信息资料
  - 企业内部信息资料
  - 行业信息与产业政策
  - 宏观经济政策
- 財务分析的程序与方法
  - 財务分析的基本程序与步骤
  - 財务分析的方法

学习目标

1. 理解财务分析的内涵与目标。
2. 了解财务分析的原则与形式。
3. 了解财务分析的信息来源。
4. 熟悉财务分析的程序。
5. 掌握财务分析的方法。

案例导入

新质生产力背景下绿色财务分析助力企业可持续发展

财务报告是会计循环的产成品,是会计确认、计量和记录结果的定期集中反映。狭义的财务报告仅指财务报表及其附注和其他应当披露的相关信息和资料等;而广义的财务报告则由财务报表和其他财务报告构成。随着时代的发展,财务报表的种类和内容不断丰富,其他财务报告的边界也不断扩展,甚至还包括一些非财务信息的报告。近几十年来,盈利预测报告、管理层讨论与分析(MD&A)、人力资源或智力资本报告、环境报告、企业社会责任(CSR)报告、公司治理报告、可持续发展报告、三重底线(ESG)报告等层出不穷,在一定程度上造成了概念混战与信息超载(information overload),反而影响了对财务报告有效信息的解读。2008年全球金融危机后,国际财务报告准则基金会(IFRS)为了降低财务报告的复杂性,于2010年7月专门成立国际综合报告委员会(IIRC),鼓励企业编制一套能够综合反映企业战略、可持续发展、价值创造能力、社会与环境责任、公司治理以及财务业绩的"整合报告"(或称"综合报告")。

进入数字经济时代后,绿色、低碳、环保、可持续发展、企业社会责任、治理等仍是关键热词,因此 CSR 报告与 ESG 报告再掀热潮,被更多的人所关注,但是也要防止误入歧途。因为在新质生产力视域下,科技创新与价值创造才是关键,企业只有在资产实力和盈利水平不断提高的基础上,才能更好地履行环境与社会责任,并实现高质量发展。所以,将财务绩效与 ESG 报告结合在一起的公司整合报告(FESG 四重底线报告)应有更大的发展空间,值得深入研究。

资料来源:王伟,汪祥耀.新质生产力引领我国会计改革创新的思考[J].财会月刊,2024,45(06):58-64.

思考: 绿色财务分析对推动企业可持续发展具有重要意义。试分析在数字经济背景下,企业应该如何丰富财务分析的信息来源?

第一节 | 财务分析的内涵与目标

一、财务分析的内涵

财务分析是财务分析主体为实现财务分析目标,以财务信息及其他相关信息为基础,运用财务分析技术,对分析对象财务活动的可靠性和有效性进行分析,为经营决策、管理控制及监督管理提供依据的一门具有独立性、边缘性、综合性的经济应用学科。

财务分析的主体是多元的,投资者、中介机构(如财务分析师)、管理者、监管部门及其他利益相关者等都是财务分析的主体,他们都从各自的目的出发进行财务分析。

财务分析的分析依据或基础是以财务信息为主,其他相关信息为辅。财务信息包括财务报告信息和内部会计报告信息,资本市场金融产品价格信息和利率信息等;其他相关信息包括非财务的统计信息、业务信息等。

财务分析的对象是财务活动,分析的内容是财务活动的可靠性与有效性。可靠性分析是分析财务信息是否真实准确地反映了财务活动的过程与结果,特别是分析那些由于会计信息确认、计量、记录和报告原则与方法的差异、变更、错误等对财务活动可靠性带来的影响。有效性分析是分析财务活动的盈利能力、营运能力、偿债能力、增长能力等,以判断分析对象财务活动与结果的质量,为经营决策、管理控制及监督管理提供准确的信息或依据。

从相关主体来看,财务分析可分为投资者财务分析、管理者财务分析、监管者财务分析、客户财务分析、供应商财务分析、员工财务分析等;从分析方法来看,财务分析可分为会计分析与比率分析;从分析主体来看,财务分析可分为外部财务分析和内部财务分析;从职能作用来看,财务分析可分为基于决策的财务分析、基于控制的财务分析和基于监管的财务分析。

综上所述,财务分析是以会计核算和报告资料及其他相关资料为依据,采用一系列专门的分析技术和方法,对企业等经济组织过去和现在的有关筹资活动、投资活动、经营活动的盈利能力、营运能力、偿债能力和增长能力状况等进行分析与评价,为企业的投资者、债权人、经营者及其他关心企业的组织或个人了解企业过去、评价企业现状、预测企业未来、做出正确经营决策、管理控制和监督管理提供准确的信息或依据的经济应用学科。

二、财务分析的目标

财务分析的目标是建立财务分析理论体系和内容体系的关键。财务分析的目标应与财务分析信息使用者的目标相一致。随着财务分析信息使用者的增加及信息使用者目标的多重化,财务分析目标必然出现多样性与多重性。

从财务分析主体或信息使用者角度看财务分析目标,可分为投资者财务分析目标、管理者财务分析目标、监管者财务分析目标、利益相关者财务分析目标等。投资者财务分析目标又可分为股权投资者财务分析目标、债权投资者财务分析目标。管理者财务分析目标可分为高级管理者财务分析目标、部门管理者财务分析目标等。监管者财务分析目标可分为政府部门财务分析目标、中介机构财务分析目标等。利益相关者财务分析目标可分为客户财务分析目标、供应商财务分析目标、员工财务分析目标等。

从财务分析信息使用目的角度看财务分析目标,可分为基于决策的财务分析目标和基于管理控制的财务分析目标。基于决策的财务分析目标可按决策类型分为投资决策财务分析目标、筹资决策财务分析目标、经营决策财务分析目标、分配决策财务分析目标等。基于管理控制的财务分析目标可按控制环节分为预测、预算中的财务分析目标,业绩评价中的财务分析目标,管理激励中的财务分析目标等。

无论是从其主客体看,还是从使用目的看,财务分析的目标都是要满足投资者、债权人、经营管理者及其他利益相关者决策与控制的需要。因此,研究财务分析的目标可从以下四个方面进行。

(一) 从企业股权投资者角度看财务分析的目标

企业的股权投资者包括企业的所有者和潜在投资者。他们进行财务分析的最根本目标是看企业的盈利能力状况,因为盈利能力是投资者资本保值和增值的关键。投资者仅关心盈利能力还是不够的,为了确保资本保值增值,他们还应研究企业的权益结构、支付能力及营运状况。只有投资者认为企业有着良好的发展前景,企业的所有者才会保持或增加投资,潜在投资者才能把资金投向该企业;否则,企业所有者将会尽可能地抛售股权,潜在投资者将会转向其他企业投资。另外,对企业所有者而言,财务分析也能评价企业经营者的经营业绩,发现经营过程中存在的问题,从而通过行使股东权利,为企业未来发展指明方向。

(二) 从企业债权人角度看财务分析的目标

企业债权人包括企业借款的银行和一些非银行金融机构,以及购买企业债券的单位与个人等。债权人进行财务分析的目标与经营者和投资者都不同,银行等债权人一方面从各自经营或收益目的出发愿意将资金贷给某企业,另一方面又要非常小心地观察和分析该企业有无违约或清算、破产的可能性。一般来说,银行等金融机构及其他债权人不仅要求本金能及时收回,而且要得到相应的报酬或收益,而这个收益的大小又与其承担的风险程度相适应,通常偿还期越长,风险越大。因此,从债权人角度进行财务分析的主要目标:一是看其对企业的借款或其他债权是否能及时、足额收回,即研究企业偿债能力的大小;二是看债务人的收益状况与风险程度是否相适应。为此,还应将偿债能力分析与盈利能力分析相结合。

(三) 从企业经营者角度看财务分析的目标

企业经营者主要指企业的经理以及各分厂、部门、车间等的管理人员。他们进行财务分析的目标是综合性的。从对企业所有者负责的角度,他们关心盈利能力,这是他们的总体目标。在财务分析中,他们不仅关心盈利的结果,还关心盈利的原因及过程,如资产结构分析、营运状况与效率分析、经营风险与财务风险分析、支付能力与偿债能力分析等。分析的目标是及时发现生产经营中存在的问题与不足,并采取有效措施解决这些问题,使企业利用现有资源获取更多的盈利,同时使企业盈利能力保持持续增长。

(四) 其他利益相关者财务分析的目标

其他利益相关者主要指与企业经营有关的企业单位和国家行政管理与监督部门。与企业经营有关的企业单位主要指原材料供应者、产品购买者等。这些企业单位出于保护自身利益的需要,也非常关心往来企业的财务状况,愿意进行财务分析。它们进行财务分析的主要目标在于搞清企业的信用状况,包括商业上的信用和财务上的信用。

国家行政管理与监督部门主要指工商、物价、财政、税务以及审计等部门。它们进行财务分析的目标有:①监督、检查党和国家的各项经济政策、法规、制度在企业单位的执行情况。②保证企业财务会计信息和财务分析报告的真实性、准确性,为宏观决策提供可靠信息。

第二节 | 财务分析的原则与形式

一、财务分析的原则

财务分析的基本原则,既是财务分析工作内在要求的集中反映,也是财务分析所提供信息的使用者对分析工作具体要求的集中体现。财务分析的基本原则来源于财务分析工作实践经验的提炼与概括,它已成为财务分析工作的指导规范。财务分析应遵循的基本原则主要包括以下三个方面。

(一) 实事求是原则

实事求是原则,即要从企业实际财务状况出发,展开财务分析。企业在会计计量、会计处理方法选择等方面的不一致,加之主观因素的干扰,财务分析所提供的信息有时并不能真实地反映企业财务状况和经营成果,因此,在进行财务分析之前,应采用一定的方法对有关数据资料进行核查、修改与调整;分析工作者还应深入实际,掌握第一手资料,尽可能使分析结论符合企业的实际情况。坚持实事求是原则,具体问题具体分析、具体情况具体对待,即要求在尊重事实的基础上,充分考虑分析对象的特殊性,善于把分析对象与所处的特殊环境结合起来,全面、深入地对影响分析对象的各种不同因素进行分析,找出使其发生增减变动的真实原因。

(二) 成本效益原则

组织任何一项简单或复杂的财务分析工作,总要花费一定的人力、物力和财力。成本效益原则要求在开展财务分析时,要讲求成本最低,效果最佳。分析工作人员应十分重视每一项分析工作所费成本与其可能取得的效果之间的对比关系,为此应注意以下几点:①当某一具体分析对象在整个分析指标体系中无足轻重,而分析工作量又过大时,可予以舍弃。②当有些资料难以收集或某个数据难以认定时,可视情况从简处理。③由于事物的普遍联系性,某一财务指标的变动可能受若干因素的影响,在分析时,应对主要因素进行分析与评价。④注意定量分析与定性分析相结合,对某些难以定量的问题,可采用定性分析方法。成本效益原则还要求财务分析应注意时效性。对于财务活动中出现的新情况、新问题,要及时展开分析,找到问题的症结,防止矛盾扩大;在企业做各种财务决策的同时,要积极配合开展可行性分析,以便及时发现问题,总结经验,为下一阶段更有效地开展各项理财活动提出建设性意见。

(三)可理解性原则

财务分析是财务信息深度加工与转换的过程,其目的是为企业管理者和外部利害关系者提供更具有使用价值的决策信息。因此,这些信息应该是容易被理解的。如果分析指标复杂繁琐,不易被信息使用者所接受,从而也就丧失了财务分析应有的功能。可理解性原则要求分析结论简明扼要,通俗易懂,不仅专业人员可以理解,也尽量能为广大非专业人士所接受。

二、财务分析的形式

由于进行财务分析的角度不同,如分析的主体不同、客体不同、目的不同等,财务分析形式也有所不同。明确不同财务分析形式的特点及用途,对于准确分析企业财务状况,实现分析目标都有着重要的意义和作用。通常,财务分析的形式可从以下三个方面进行划分。

(一)内部分析与外部分析

财务分析根据分析主体的不同,可分为内部分析与外部分析。

(1)内部分析。内部分析也称内部财务分析,主要指企业内部经营者对企业财务状况的分析。内部分析的目的是判断和评价企业生产经营是否正常、顺利,如通过流动性分析,可检验企业的资金运营速度,货款及债务的支付或偿还能力;通过收益性分析,可评价企业的盈利能力和资本保值、增值能力;通过对企业经营目标完成情况的分析,可考核与评价企业经营业绩,及时、准确地发现企业的成绩与不足,为企业未来生产经营的顺利进行、提高经济效益指明方向。

(2)外部分析。外部分析也称外部财务分析,主要是指企业外部的投资者、债权人及政府部门等,根据各自需要,对企业的有关情况进行的分析。投资者的分析,关心的主要是企业的盈利能力、发展后劲,以及资本的保值与增值状况;债权人的分析,主要看企业的偿债能力和信用情况,判断其本金和利息是否能及时、足额收回;政府有关部门对企业的财务分析,主要是看企业的经营行为是否规范、合法,以及对社会的贡献状况。在现代企业制度条件下,外部财务分析是财务分析的基本形式。

(二)静态分析与动态分析

财务分析根据分析的方法与目的可分为静态分析和动态分析。

(1)静态分析。静态分析是根据某一时点或某一时期的会计报表或分析信息,分析报表中各项目或报表之间各项目关系的财务分析形式。例如,可通过某一财务比率,或某几个财务比率揭示财务关系,也可通过垂直分析或结构分析,揭示总体中各项目的水平。静态分析的目的在于找出财务活动的内在联系,揭示其相互影响与作用,反映经济效率和财务现状。

(2)动态分析。动态分析是根据几个时期的会计报表或相关信息,分析财务变动状况。

例如,水平分析、趋势分析等都属于动态分析。动态分析通过对不同时期财务活动的对比分析,揭示财务活动的变动及其规律。

(三)全面分析与专题分析

财务分析根据分析的内容与范围的不同,可分为全面分析和专题分析。

(1)全面分析。全面分析是指对企业在一定时期生产经营各方面的情况进行系统、综合、全面的分析与评价。全面分析的目的是找出企业生产经营中带有普遍性的问题,全面总结企业在这一时期的成绩与问题,为协调各部门关系,搞好下期生产经营安排奠定基础或提供依据。全面分析通常在年终进行,形成综合、全面的财务分析报告,向职工代表大会或股东代表大会汇报。

(2)专题分析。专题分析是指根据分析主体或分析目的的不同,对企业生产经营过程中某一方面的问题所进行较深入的分析,如经营者对生产经营过程某一环节或某一方面存在的突出问题进行分析,投资者或债权人对自己关心的某方面问题进行分析等,都属于专题分析。专题分析能及时、深入地揭示企业在某方面的财务状况,为分析者提供详细的资料信息,对解决企业的关键性问题有重要作用。例如,当企业在某时期资金紧张时,通过财务专题分析,可从筹资结构、资产结构、现金流量及支付能力等方面,研究资金紧张的原因及解决的对策。

第三节 | 财务分析的信息来源

财务分析的信息来源,主要是企业本身披露的信息资料、企业内部信息资料、行业信息与产业政策、宏观经济政策等。

一、企业自身披露的信息资料

来自企业本身披露的财务信息资料主要包括企业财务报告、招股说明书、上市公告书、注册会计师审计报告。

(一)企业财务报告

财务报告,是综合反映企业某一特定日期财务状况和某一会计期间经营成果、现金流量等会计信息的书面文件,是进行财务分析非常重要的信息来源。

财务报告按照其编制内容所涵盖的时期不同,可以分为年度决算财务报告和半年度、季度、月度等中期财务报告。

年度决算财务报告也称"年报",反映了公司一个完整会计年度终止时的财务状况和该年度公司经营盈亏情况,以及资金的流入流出状况、股东权益的变动情况等;半年度、季度、月度等中期财务报告,则分别对应的是公司在半年度、1个季度、1个月度时期内的财务信息。根据《中华人民共和国上市公司信息披露管理办法》规定:年度报告应当在每个会计年度结束之日起4个月内,中期报告应当在每个会计年度的上半年结束之日起2个月内,季度报告应当在每个会计年度第3个月、第9个月结束后的1个月内编制完成并披露。

企业财务报告包括会计报表及其附注和其他应当在财务会计报告中披露的相关信息和

资料。其中,会计报表是财务报告的重要组成部分,是对企业财务状况、经营成果和现金流量的结构性表述。

根据《企业会计准则》的要求,财务报告至少应当包括下列组成部分:①资产负债表;②利润表;③现金流量表;④所有者权益(或称股东权益,下同)变动表;⑤会计报表附注。

(1) 资产负债表。资产负债表反映企业某一特定日期的财务状况,包括所拥有的经济资源及其具体大类构成,所承担的债务类别及其金额,以及企业净资产(即所有者权益总额)等情况。其编制依据是会计基本等式,即"资产=负债+所有者权益"。

(2) 利润表。利润表反映的是企业一定时期的经营成果,包括企业经济活动中所得与所耗之间的配比效果,以及资本利得方面的信息。其编制依据为利润的计算公式,即"利润=收入-费用"。

(3) 现金流量表。现金流量表提供企业一定会计期间内有关现金和现金等价物的流入、流出以及净流量等信息情况的会计报表,是为报表使用者提供有关企业获得与使用资金的渠道、规模与能力,以及未来资金偿付需求等方面信息的报表。它是以现金为基础编制的。这里的现金包括企业拥有的库存现金、银行存款、其他货币资金和现金等价物等。

(4) 所有者权益变动表。所有者权益变动表反映了构成企业所有者权益的各个组成部分在报表披露当期的增减变动情况,它不仅包括所有者权益总量的增减变动,还包括构成所有者权益的具体项目,如股本、资本公积、留存收益等各部分的增减变动信息,提供了有关企业所有者权益构成的变动情况,特别是直接计入所有者权益的利得和损失等信息,因此在一定程度上体现了企业的综合收益。

(5) 会计报表附注。会计报表附注是财务会计报告中不可或缺的组成部分,是对资产负债表、利润表、现金流量表和所有者权益变动表等报表中所列示项目的进一步文字描述和明细解释,以及对未能在这些报表中列示的、会计报表本身无法或难以充分表达的,但对企业或报表使用者的分析判断具有一定影响的内容和项目的补充完善和详细说明。

会计报表附注一般应包括:①企业基本情况及财务报表的编制基础;②遵循企业会计准则的声明;③重要会计政策与会计估计的说明(包括报表项目的计量基础和会计政策的确定依据,下一会计期间很可能导致资产、负债的账面价值出现重大调整的会计估计的确定依据等),以及会计政策与会计估计变更和会计差错更正的说明;④对资产负债表、利润表、现金流量表和所有者权益变动表中的重要项目做的进一步解释说明;⑤对或有事项和承诺事项、资产负债表日后非调整事项的说明;⑥对关联方关系及关联方交易等事项的说明等。

(二) 招股说明书

招股说明书是股份有限公司在向社会公众发行股票时,按照规定向社会公众公开有关发行信息的书面文件。公司首次公开发行股票,必须制作招股说明书,供社会公众了解公司发起人和即将发行股份的有关事宜。

招股说明书一般应包括:①封面、书脊、扉页、目录、释义;②概览;③本次发行概况;④风险因素;⑤发行人的基本情况介绍;⑥业务与技术;⑦同业竞争与关联交易,以及避免或解决同业竞争的具体措施等;⑧有关发行人、董事、监事、高级管理人员与核心技术人员相关情况的必要介绍和说明;⑨公司治理结构;⑩财务会计信息;⑪管理层的讨论与分析;⑫业务发展目标;⑬募股资金运用;⑭股利分配政策;⑮其他重要事项等。

（三）上市公告书

上市公告书是发行人在其股票上市交易之前,向公众公告与发行上市有关事项的书面文件。

上市公告书一般应包括以下几个部分:①重要声明与特别风险提示;②发行人、主承销商、参与网下配售的投资者及相关利益方关于维护公司股票上市后价格稳定的协议或约定(如果有的话需要披露);③发行人及其控股股东、公司董事及高级管理人员关于持股锁定期、股份减持价格、公司股票市价波动方面的有关声明或承诺;④发行人及其控股股东、实际控制人、公司董事、监事、高级管理人员等相关责任主体,保荐机构、会计师事务所等证券服务机构,对于因相关披露信息中的虚假记载、误导性陈述或重大遗漏导致投资者遭受损失的,将依法承担相应赔偿责任的公开承诺及未能履行承诺时的约束措施、保荐机构和发行人律师对上述承诺及约束措施发表的意见;⑤发行人公开发行前持股5％以上股东的持股意向及减持意向;⑥股票上市相关信息,如上市时间、地点、股票代码与简称、本次发行数量与发行后总股本;⑦本次发行前后的股本结构变动情况,前十大持股股东及其持股数量及持股比例;⑧发行人、控股股东及实际控制人的基本情况;⑨本次发行基本情况,如发行数量与发行价格、发行方式与发行费用、募集资金总额、净额及注册会计师对资金到位的验证情况、发行后每股净资产与每股收益;⑩主要会计数据及财务指标等财务会计情况。

上市公告书的内容一般都概括了招股说明书中的基本内容和公司自招股说明书披露日至上市公告书刊登日之间所发生的、对相关决策者可能有重大影响的信息及其他一些近期的重要资料。因此在阅读时应该与招股说明书结合起来进行分析。公众应该重点关注或留意自招股说明书披露日至上市公告书刊登日之间公司所发生的重大事项与显著变化,所募集资金的运用计划及风险、收益预测,投资项目是否与招股说明书中的相吻合、是否改变了投向、是否按计划使用了所募集的资金等。

（四）注册会计师审计报告

审计报告是企业委托注册会计师,根据独立审计准则的要求,对企业对外编报的财务报告的合法性、公允性和一贯性作出的独立鉴证报告。它可增强财务报告的可行性,是财务分析人员判断公司会计信息真实程度的主要依据。

审计报告分为标准审计报告和非标准审计报告。标准审计报告是注册会计师出具的无保留意见的审计报告。其不附加说明段、强调事项段或任何修饰性用语。非标准审计报告是指标准审计报告以外的其他审计报告,包括带强调事项段的无保留意见的审计报告和非无保留意见的审计报告。非无保留意见的审计报告包括保留意见、否定意见和无法表示意见的审计报告。

注册会计师发表非标准审计报告时,通常会在审计报告的意见段或说明段中阐述。由于注册会计师能够接触到企业的原始凭证、记账凭证、账簿、经济合同等第一手资料,站在独立的角度对财务报表的合法性、公允性发表意见,注册会计师出具的审计报告对报表信息使用者而言具有很大的价值,特别是当审计报告为非标准审计报告时。报表信息使用者进行财务分析时要对其高度重视。

二、企业内部信息资料

企业内部资料是指企业未对外公开披露的各种生产经营活动资料,如会计核算明细资料、营业收入明细资料、成本费用资料、统计资料、业务活动资料、计划与预算资料等。企业财务活动受业务活动的影响与制约,财务报表提供的信息,只是对企业生产经营活动的综合概括。仅依赖企业对外公开的信息进行分析,无法满足企业改善管理的需要。例如,会计报表反映出的存货量过大、存货周转速度慢这一现象,其原因可能是销售不畅引起的,也可能是管理人员为稳定原材料价格,在价格合适时大量采购了原材料,还可能是仓储管理不善导致产品毁损等。无论是何种情况,仅仅依靠财务报表的信息,无法对原因作出说明。外部分析者由于无法取得内部信息,也无法作出准确判断。企业管理者或企业内部分析人士,则可通过查看存货及其相关信息,作出准确判断。企业内部资料往往能揭示出比对外财务报表更具体、更详细的信息,并且具有针对性强、时效性强、灵活性大的特点,因此,企业内部资料对企业管理者和企业内部分析人士显得尤为重要。

三、行业信息与产业政策

1. 行业信息

行业信息主要指企业所处行业的相关企业、产品、技术、规模、效益等方面的情况。企业的财务特点受制于企业的行业特点,对企业财务状况的优劣进行评价,要结合行业特点和横向类比进行判断。例如,房地产开发企业,其资产负债率可能比一般行业高;商业企业的存货周转速度要远远高于制造业企业等。要关注商品供求与价格变化对企业产品或服务质量与收入的影响,劳动力供求与价格对企业人工费用的影响,技术市场供求及价格对企业无形资产规模、结构的影响,资本市场资金供求渠道及价格对企业投资、融资的影响,以便从市场环境的变化中分析企业财务变化的成因及变化趋势。

收集行业信息,要更多地收集行业标准、行业经验值、行业典型企业的财务值等。对于分析者不熟悉的行业,则应从理解行业的特点、业务流程、行业环境、发展动态等环节入手。要着重关注行业平均水平、先进水平以及行业发展前景的信息,以客观评价企业当时的经营现状,合理预测、把握企业财务状况经营业绩与现金流量的发展趋势,为决策提供可靠的信息依据。

2. 产业政策

产业政策是政府为了合理调配经济资源、实现特定经济和社会目标而对特定产业实施干预的政策和措施。特定的产业政策面向特定产业,对产业内的企业发挥作用。产业政策按照其作用方向可分为产业扶植政策、产业规范政策和产业抑制政策。

(1)产业扶植政策。产业扶植政策指运用财政、金融、价格、贸易、政府购买和行政等手段扶植和保护幼稚产业、主导产业等特定产业发展的政策,它的功能在于倾斜性地为特定产业提供资源并扩大市场。

(2)产业规范政策。产业规范政策指为了环保、安全、保护战略资源等经济社会发展需要,规范产业发展方式和发展方向的产业政策。

(3)产业抑制政策。产业抑制政策是为了供求平衡、环保、安全等原因短期或长期地抑制甚至禁止一定产业发展的政策。

产业政策改变社会经济资源在产业之间和产业内的分配,对企业发展和生产经营活动产生重要影响,从而改变企业的财务状况和经营成果。进行财务分析,必须关注产业政策的变化与调整,及其产业政策的变化对相关企业的影响。

四、宏观经济政策

宏观经济政策是指政府调节宏观经济运行的政策与措施。宏观经济政策主要着眼于经济增长、稳定物价、促进就业等目标。它包括财政政策、金融政策、收入分配政策等。宏观经济政策的变化,最终会改变企业的财务运行过程和结果。它从企业的行业性质、组织形式角度分析企业财务对政策法规的敏感程度,全面揭示经济政策变化及法律制度的调整对企业财务状况、经营成果和现金流量的影响。

(1)财政政策。财政政策是指政府运用支出和收入来调节总需求、控制失业和通货膨胀、实现经济稳定增长和国际收支平衡的政策。财政政策工具包括财政支出(政府购买和政府转移支付)、政府税收、国债等。在财政政策中,税收政策对企业的影响最直接。政府会根据经济运行情况和财政政策的特点不断调整国家财政政策。国家财政政策的调整,会直接或间接地影响到企业。国家实行积极财政政策时,财政支出会扩大,社会消费能力会增强,经济增长速度会加快(或经济下降速度会减缓),物价会回升。国家实行紧缩财政政策时,则会出现相反的效应。财政政策的变化,对不同企业会产生不同的影响。

(2)金融政策。金融政策是指中央银行为实现宏观经济调控目标而采用各种方式调节货币、利率和汇率水平,进而影响宏观经济的各种方针和措施的总称。金融政策一般是稳定货币供应、维护金融秩序,进而实现经济增长、物价稳定、充分就业和国际收支平衡。

(3)收入分配政策。收入分配政策是指国家为实现宏观调控总目标和总任务,针对居民收入水平高低、收入差距大小在收入分配方面制定的原则和方针。偏紧的收入分配政策会抑制当地投资需求等,造成相应的资产价格下跌;而偏松的收入政策则会刺激当地投资需求,支持资产价格上涨。

第四节 | 财务分析的程序与方法

一、财务分析的基本程序与步骤

财务分析的程序,是指进行财务分析应遵循的一般规程。研究财务分析程序是进行财务分析的基础与关键,它为开展财务分析工作、掌握财务分析技术指明了方向。财务分析的程序规划分为四个阶段十个步骤。

(一)财务分析信息搜集整理阶段

财务分析信息搜集整理阶段主要由以下三个步骤组成。

1. 明确财务分析目的

进行财务分析,首先必须明确为什么要进行财务分析,是要评价企业经营业绩,进行投资决策,还是要制定未来经营策略。只有明确了财务分析的目的,才能正确地搜集整理信息,选择正确的分析方法,从而得出正确的结论。

2. 制订财务分析计划

在明确财务分析目的的基础上,应制订财务分析的计划,包括财务分析的人员组成及分工、时间进度安排、财务分析内容及拟采用的分析方法等。财务分析计划是财务分析顺利进行的保证。

3. 搜集整理财务分析信息

财务分析信息是财务分析的基础,信息搜集整理的及时性、完整性、准确性,对分析的正确性有着直接的影响。信息的搜集整理应根据分析的目的和计划进行。

(二) 战略分析与会计分析阶段

战略分析与会计分析是财务效率分析的基础,该阶段主要由以下两个步骤组成。

1. 企业战略分析

企业战略分析通过对企业所在行业或企业拟进入行业进行分析,从而明确企业自身地位及应采取的竞争战略。企业战略分析通常包括行业分析和企业竞争策略分析。行业分析的目的在于分析行业的盈利水平与盈利潜力。企业战略分析的关键在于企业如何根据行业分析的结果,正确选择企业的竞争策略,使企业保持持久竞争优势,增强盈利能力,保持发展能力。

企业战略分析是会计分析和财务效率分析的导向,通过企业战略分析,分析人员能深入了解企业的经济状况和经济环境,从而能进行客观、正确的会计分析与财务效率分析。

2. 会计分析

会计分析的目的在于评价企业会计所反映的财务状况与经营成果的真实程度。会计分析的作用,一方面通过对会计政策、会计方法、会计披露的评价,揭示会计信息的质量;另一方面通过对会计政策、会计估计变更的调整,修正会计数据、为财务效率分析奠定基础、并保证财务分析结论的可靠性。

会计分析是财务效率分析的基础,通过会计分析,对发现的由于会计原则、会计政策等原因引起的会计信息差异,应通过一定的方式加以说明或调整,消除会计信息的失真问题。

(三) 财务分析实施阶段

财务分析的实施阶段是在战略分析与会计分析的基础上进行的,它是为实现财务分析目的,进行财务指标计算与分析的阶段,该阶段主要包括以下两个步骤。

1. 财务指标分析

财务指标分析,特别是财务比率指标分析,是财务分析的一种重要方法。财务指标能准确反映企业某方面的财务状况。进行财务分析时,应根据分析的目的和要求选择正确的分析指标。正确选择与计算财务指标是正确判断与评价企业财务状况的关键所在。例如,债权人要进行企业偿债能力分析,必须选择反映偿债能力的指标或反映流动性情况的指标,如流动比率指标、速动比率指标、资产负债率指标等;而一个潜在投资者要进行企业投资的决策分析,则应选择反映企业盈利能力的指标,如总资产报酬率、资本收益率,以及股利报酬率和股利发放率等。

2. 基本因素分析

财务分析不仅要解释现象,而且应当分析原因。因素分析法即在报表整体分析和财务指标分析的基础上,对一些主要指标的完成情况,从其影响因素角度,进行深入定量分析,确定各因素对其影响的方向和程度。

(四) 财务分析综合评价阶段

财务分析综合评价阶段是财务分析实施阶段的继续,它根据不同的财务分析目标,形成财务分析最终结论,该阶段具体又可分为以下三个步骤。

1. 财务综合分析与评价

财务综合分析与评价是在应用各种财务分析方法进行分析的基础上,将定量分析结果、定性分析判断及实际调查情况结合起来,得出财务分析结论的过程。财务分析结论是财务分析的关键步骤,结论的正确与否是判断财务分析质量的唯一标准。

2. 财务预测与价值评估

财务分析既是一个财务管理循环的结束,又是另一个财务管理循环的开始。应用历史或现实财务分析结果预测未来财务状况与企业价值,是现代财务分析的重要任务之一。因此,财务分析不能仅限于事后分析原因,得出结论,更要对企业未来发展及价值状况进行分析与评价。

3. 财务分析报告

财务分析报告是财务分析的最后一步。它将财务分析的基本问题、财务分析结论,以及针对问题提出的措施、建议以书面的形式表示出来,为财务分析主体及财务分析报告的其他受益者提供决策依据。

二、财务分析的方法

(一) 比较分析法

1. 比较分析法的定义

比较分析法,也称水平分析法,具体是指将反映企业报告期财务状况、经营成果和现金流量信息的某一方面具体数据与反映企业历史某一时期或同行业的相同方面数据进行对比分析,从而了解企业财务状况、经营成果和现金流量某一方面变动情况的一种分析方法。运用比较分析法的关键在于比较标准的确立。比较标准选择的不同,比较分析法的作用也有所区别。

(1) 与本企业的历史数据相比较。这种分析可以把握企业前后不同历史时期有关方面的变动情况,了解企业财务活动的发展趋势与管理水平的提高情况。实际工作中,最典型的形式是将分析对象本期数据与上期实际数或上年同期数进行比较,前者称为环比,后期称为同比或同期比。

(2) 与本企业的预测目标比较。这种分析主要揭示某一方面实际数与计划数或预算数之间的差异,以掌握企业是否完成了该方面的计划目标或预算目标。

(3) 与同行业数据相比较。同行业数据可以是行业平均水平或先进水平,也可以是本企业主要竞争对手或标杆企业,通过这样的比较分析有利于明确本企业在同行业中所处的位置,有利于发现本企业与标杆企业或同行业竞争对手之间的差距,分析差距原因,推动本企业努力赶超行业先进水平。

2. 比较分析法的原理

比较分析法的本质概言之就是对比分析,发现差异。对比的方式主要有绝对数和相对数两种,即分别计算变动额和变动率。变动额衡量的是企业财务报表某一项目的变动额度,反映了该项目的变动规模。变动率衡量的是某一项目的变动幅度,反映了该项目的变动程度。其计算公式如下:

$$变动额 = 报表某项目分析期金额 - 报表同项目基期金额$$

$$变动率 = \frac{变动额}{报表某项目基期金额} \times 100\%$$

上式中的基期,即企业选择的比较标准,可以依分析目的而确定。

以上两种形式的对比应同时进行,相互结合,仅以某种形式可能得出片面甚至错误的结论。无论是比较变动额还是变动率,都需要确定一个比较标准,因为一个孤立的指标是无法作出判断的。一般而言,变动额度多少为异常应视企业资产基础或收入基础而定,变动幅度超过20%则应视为异常,当然这也不是绝对的,还需要结合项目的性质分析。

比较分析法的主要作用在于揭示客观存在的差距以及形成这种差距的原因,帮助经营管理者发现问题、挖掘潜力、改进工作。比较分析法是各种分析方法的基础,不仅报表中的绝对数要通过比较才能说明问题,计算出来的财务比率和结构百分数也都要与有关资料进行对比,才能得出有意义的结论。

【例1-1】 飞达集团2019年和2020年营业收入、应收账款、资产总额等数据如表1-1所示。

要求:对飞达集团2019—2020年的相关财务数据进行水平分析。

表1-1 飞达集团2019—2020年的相关财务数据水平分析表

项目	2019	2020	变动额	变动率
应收账款(万元)	21 176	30 091	8 915	42.10%
营业收入(万元)	37 819	42 915	5 096	13.47%
应收账款占营业收入比例	55.99%	70.12%	14.13%	25.24%
资产总额(万元)	61 946	72 185	10 239	16.53%
应收账款占资产总额比例	34.18%	41.69%	7.51%	21.94%

解:如表1-1所示,飞达集团的应收账款增长额为8 915万元,变动率为42.10%,处于较高的水平,而且营业收入的增幅低于应收账款的增幅,资产中有87.07%[(30 091 - 21 176)÷(72 185 - 61 946)×100%]的增长来自应收账款的增长。此外,2020年应收账款的数额已经超过公司全年营业收入的70%,即飞达集团目前大部分收入都是以应收账款的形式存在的,没有给公司带来现金流。高额的应收账款不仅使飞达集团面临坏账风险,同时还会对公司资金周转速度产生较大的负面影响,飞达集团的发展前景令人担忧。

3. 比较分析法的应用

在运用比较分析法时应注意相关指标的可比性,具体而言,要注意以下五个方面。

(1)指标的计算口径、方法和经济内容的可比性。在运用比较分析法时,需用到资产负债表、利润表、现金流量表等财务报表中的数据进行比较,因而必须注意这些数据的内容范围,以及在利用这些数据计算财务指标时在计算口径、计算方法、计算范围上的一致性。

(2)会计处理方法、会计政策的选用以及会计计量标准的可比性。如果选择两个不同时期或不同企业财务报表的数据进行比较,但其所用会计处理方法、会计政策、会计计量标准不同,则不具备比较的基础。

（3）时间单位长度具有可比性。采用比较分析法时,不管是本期实际与本期计划相比、本期实际与上期实际相比、本期实际与去年同期实际比较,还是本企业与同行业先进企业相比,都必须注意所使用数据的时间单位长度的一致性。如果不同财务数据在比较时,所选取数据的时间长度不一致,则比较结果也就没有意义。

（4）企业间具有可比性。在不同企业之间进行比较时,要注意所选择的企业在类型、经营规模以及经营目标等方面大体一致。

（5）各项具体分析所说明的问题应具有逻辑上的一致性。分析人员最重要的是通过分析了解企业的全貌,因此不应仅仅根据某一个变动额或变动率来作出判断,而是在综合分析基础上得出分析结论。

（二）结构分析法

1. 结构分析法的定义

结构分析法,也称垂直分析法,具体是指以财务报表中某一关键项目的数额作为基数或整体(即100%),并将构成这一关键项目的各部分数额分别换算成对该整体的百分比即结构比,以了解整体与部分、部分与部分之间关系及其变动的一种分析方法。结构分析法可分别应用于资产负债表、利润表、现金流量表等财务报表。

结构分析的作用主要体现在以下两个方面:

（1）结构分析反映了各组成项目的分布情况和相对重要性。由于结构分析的基本方法是确定报表中各项目数据占总体数据的比重或百分比,即通过计算各项目数据的比重,来分析各项目数据在企业经营中的重要性,因此有利于确定企业经营管理中应关注的重点。一般项目数据比重越大,说明其重要程度越高,对总体的影响也越大,越应该引起分析人员的关注。

（2）结构分析对同一行业不同企业之间的比较尤为重要,因为在不同规模的企业之间使用绝对数直接进行财务报表的比较分析时,会因规模差异而产生误导。例如,甲公司的负债为1 000万元,乙公司的负债为10 000万元,如果据此认为乙公司的财务风险比甲公司高,就有可能是错误的,因为这还涉及两家公司的规模比较。而结构分析可以消除规模差异所带来的影响。

2. 结构分析法的原理

结构分析法的本质概言之就是二八分析,确定重点。结构分析法的一般步骤如下:

（1）计算确定财务报表中各项目占总额的比重或百分比,其计算公式如下:

$$某项目比重 = \frac{某项目金额}{各项目总金额} \times 100\%$$

（2）通过考察各项目的比重,分析各项目在企业经营中的重要性。一般而言,项目比重越大,说明其在整体中越重要。

（3）将分析期各项目的比重与所选择比较标准的同项目比重进行对比分析,以了解各项目的比重变动情况。也可将本企业报告期某项目比重与同行业企业的可比项目比重进行对比,从而确定差异。

【例1-2】 中国移动和中国联通2017—2020年非流动资产合计(主要是固定资产和无形资产)以及资产总额如表1-2所示。

表 1-2　　　　　　　　　　中国移动、中国联通 2017—2020 年资产数据表

资产项目	公司	2017 年	2018 年	2019 年	2020 年
固定资产和无形资产(万亿元)	中国移动	0.96	0.99	1.09	1.15
	中国联通	0.5	0.47	0.48	0.47
资产总额(万亿元)	中国移动	1.52	1.57	1.65	1.73
	中国联通	0.57	0.54	0.56	0.58

要求：用结构分析法分析中国移动和中国联通资产结构，分析其竞争优势及其威胁。

解：图 1-1 反映了中国移动和中国联通 2017—2020 年固定资产和无形资产占资产总额的比例。

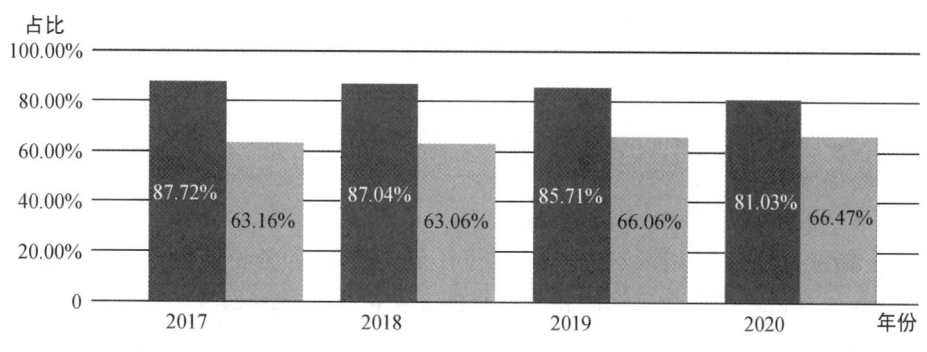

图 1-1　固定资产和无形资产占资产总额的比例

由图 1-1 可知，两家电信运营商的资产总额绝大部分由固定资产和无形资产组成，属于典型的资本密集型企业，这表明它们的退出壁垒都很高。中国移动和中国联通受到政府的垄断保护，因而盈利能力较强。目前，由于政府人为设置了很多进入壁垒，国内外的电信运营商无法进入移动通信市场。但在未来，我国的移动通信市场一旦开放，高收益率很容易招来竞争对手的加入，中国移动和中国联通将面临竞争加剧，风险加大，获利下降等威胁。

3. 结构分析法的应用

运用结构分析法需要注意以下三个方面：

(1) 总体基础的唯一性。财务报表分析中，总是将财务报表中某一关键项目当作一个整体，然后再把构成这一整体的部分与之进行对比。因此总体基础的选择需要事先明确。一般来说，如果对资产负债表进行结构分析，则选择资产总额作为总体基础；如果对利润表进行结构分析，则选择营业收入总额作为总体基础；如果对现金流量表进行结构分析，则分别选择现金流入总额和现金流出总额作为总体基础。此外，财务报表使用者还可以根据需要，进一步确定不同的总体基础，如流动资产总额(进行流动资产结构分析)、存货总额(进行存货结构分析)、负债总额(进行负债结构分析)等。

（2）分析角度的多维性。即使对于同一种总体基础,财务报表使用者也可以从不同维度进行分析,从而满足不同的分析目的。例如,对于资产结构分析,既可以从流动资产与非流动资产比例的角度分析,也可以从有形资产与无形资产的角度分析;对于应收账款结构分析,既可以进行账龄结构分析,也可以进行客户结构分析;对于负债结构分析,既可以进行负债期限结构分析,也可以进行负债方式结构分析、负债成本结构分析;对于营业收入结构分析,既可以分析营业收入来源的业务结构,也可以分析营业收入来源的地区结构。总之,财务报表使用者可以具体情况具体分析,在实际分析中根据不同的需要灵活地选择分析角度,而不能局限于单一角度的分析。

（3）项目数据的可比性。在进行同一企业前后期或不同企业同一时期的结构对比时,应尽量保持结构比重计算口径的一致性。因为如果同一企业前后期或不同企业同一时期对于同一个项目采取不同的会计政策和会计估计,会直接导致数据的不可比。例如,固定资产折旧方法包括平均年限法、双倍余额递减法、年数总和法等,对于同一类型的固定资产采用不同的折旧方法会导致企业固定资产价值大小不同,从而使计算出来的结构比重不可比。又如,存货计价有加权平均法、先进先出法等多种方法可供选择,两个企业或同一企业不同时期,即使实际情况完全相同,也会因为采用不同的计价方法,对期末存货、企业利润等产生重大影响。如果面临这样的情形,分析人员需要进行调整。

（三）趋势分析法

1. 趋势分析法的定义

趋势分析法是根据企业连续若干会计期间(至少三期)的分析资料,运用指数或动态比率的计算,比较和研究不同会计期间相关项目的变动情况和发展趋势的一种财务分析方法,也叫动态分析法。

趋势分析法存在的意义就在于我们不可以单凭一期的数字或仅做两期的比较就评价企业财务状况、经营业绩和现金流量,因为企业某一方面的情况及其变动有可能会受到一些偶然性或意外因素的影响。为了排除偶然性或意外因素的影响,从而更清楚地了解企业业绩的发展历程和趋势,以及发现需要解释和进一步调查的问题,应该将分析的窗口期延长至三期及三期以上。

2. 趋势分析法的原理

趋势分析法的本质或者作用概言之就是总结规律,预测未来。运用趋势分析法就是要把动态数列受各类因素的影响状况分别测定出来,搞清研究对象发展变化的原因和规律,为预测未来和决策提供依据。对许多企业而言,长期趋势与季节因素往往是引起动态数列发生变动的主要原因。

应用趋势分析法的步骤一般如下:

（1）计算趋势比率或指数。趋势指数的计算通常有两种方法:一是定基指数;二是环比指数。定基指数就是各个时期的指数都以某一固定时期为基期来计算,环比指数则是各个时期的指数以前一期为基期来计算。趋势分析法通常采用定基指数。两种指数的计算公式分别如下:

$$定基指数 = \frac{某一分析期某指标数据}{固定基数某指标数据} \times 100\%$$

$$环比指数 = \frac{某一分析期某指标数据}{前期某指标数据} \times 100\%$$

（2）根据指数计算结果,评价与判断企业该指标的变动趋势及其合理性。

（3）预测未来的发展趋势。根据企业分析期该项目的变动情况,研究其变动趋势或总结其变动规律,从而预测企业该项目的未来发展情况。

【例 1-3】 某公司 2016—2020 年有关营业收入、净利润、每股收益和每股股息资料如表 1-3 所示。

表 1-3   某公司 2016—2020 年财务指标表

项目	2016 年	2017 年	2018 年	2019 年	2020 年
营业收入（百万元）	22 383.42	29 418.22	49 417.68	71 136.85	71 514.52
净利润（百万元）	2 936.40	4 006.86	6 296.38	10 822.24	10 946.32
每股收益（元）	0.50	0.66	0.98	1.18	1.07
每股股息（元）	0.08	0.12	0.22	0.43	0.28

要求:根据表 1-3 的资料,运用趋势分析法得出趋势分析表,并加以解释。

解:该公司趋势分析表如表 1-4 所示。

表 1-4   某公司财务指标趋势分析表

项目	2016 年	2017 年	2018 年	2019 年	2020 年
营业收入	100%	131.4%	220.8%	317.8%	319.5%
净利润	100%	136.5%	214.4%	368.6%	372.8%
每股收益	100%	132.0%	196.0%	236.0%	214.0%
每股股息	100%	150.0%	275.0%	537.5%	350.0%

从表 1-4 可以看出,该公司的营业收入和净利润在逐年增长,特别是 2019 年和 2020 年增长较快;每股收益和每股股息在 2018 年和 2019 年有较大幅度增长,在 2020 年有所下降,下降的原因为其非公开发行新增股份约 7.53 亿股。从总体状况看,该公司自 2016 年以来,盈利状况呈现上升趋势,尤其是 2019 年和 2020 年各项指标完成的情况都比较好;从各指标之间的关系看,每股股息的平均增长速度最快,高于营业收入、净利润和每股股息的平均增长速度。该公司几年来的发展趋势说明,公司的经营状况和财务状况不断改善,如果这个趋势能保持下去,2021 年的状况也将会较好。

3. 趋势分析法的应用

趋势分析法既可用于对财务报表的整体分析,即研究一定时期财务报表所有项目的变动趋势,也可对某些主要指标的发展趋势进行重点分析,还可以针对结构比重。在采用趋势分析法时必须注意以下五个方面。

（1）比较的形式。除了计算定基指数或环比指数以外,分析人员还可以采用趋势分析图的形式进行比较分析,这样更加直观。

（2）比较的基础。分析人员需要注意当某项目基期为零或负数时就不能计算趋势指数,因为这样比较没有实际意义,此时可以采用趋势分析图的形式。

(3) 对于计算趋势指数的财务报表数据,分析人员同样要注意比较前后期的会计政策、会计估计的一致性,如果会计政策、会计估计不一致,那么趋势指数也会失去比较的实际意义。

(4)对分析结果,分析人员需要注意排除偶然性或意外因素的影响。对于健康发展的企业,其发展规律通常应该是稳步上升或下降的趋势(视分析项目不同而定),但有可能由于一些偶然性或意外因素,在某一分析期出现背离整个发展趋势的情形,此时应该深入分析其是否受一些偶然性或意外因素的影响,从而对企业该项目的真实发展趋势作出合理判断。

(5) 当对某一项目进行趋势分析时,应当注意将关联项目的变化趋势结合起来考虑。例如,某企业第一年(基期)的收入为 100 万元,第二年的收入为 120 万元,趋势百分比为 120%,光凭此趋势百分比我们并不能对企业经营效率下结论,如果企业的基期费用为 50 万元,第二年的费用是 80 万元,趋势百分比为 160%,那么该企业的收入费用率实际上是上升了,经营效率反而是下降了。

(四)因素分析法

因素分析法是依据分析指标与其影响因素之间的关系,按照一定的程序和方法,确定各因素对分析指标差异影响程度的一种技术方法。因素分析法是经济活动分析中最重要的方法之一,也是财务分析的方法之一。因素分析法根据其分析特点可分为连环替代法和差额计算法两种。

1. 连环替代法

连环替代法是因素分析法的基本形式,有人甚至将它与因素分析法看成同一概念,即连环替代法就是因素分析法,或因素分析法就是连环替代法。连环替代法的名称是由其分析程序的特点决定的。为正确理解连环替代法,首先应明确连环替代法的一般程序或步骤。

1) 连环替代法的程序

连环替代法的程序由以下五个步骤组成:

(1) 确定分析指标与其影响因素之间的关系。确定分析指标与其影响因素之间的关系,通常用指标分解法,即将经济指标在计算公式的基础上进行分解或扩展,从而得出各影响因素与分析指标之间的关系式,如对于总资产报酬率指标,要确定它与影响因素之间的关系,可按下式进行分解:

$$总资产报酬率 = \frac{息税前利润}{平均资产总额} \times 100\% = \frac{营业收入}{平均资产总额} \times \frac{息税前利润}{营业收入} \times 100\%$$
$$= \frac{总产值}{平均资产总额} \times \frac{营业收入}{总产值} \times \frac{息税前利润}{营业收入} \times 100\%$$

分析指标与影响因素之间的关系式,既说明哪些因素影响分析指标,又说明这些因素与分析指标之间的关系及顺序。例如,上式中影响总资产报酬率的有总资产产值率、产品销售率和销售息税前利润率三个因素;它们都与总资产报酬率成正比例关系;它们的排列顺序是总资产产值率在先,接下来是产品销售率,最后是销售息税前利润率。

(2) 根据分析指标的报告期数值与基期数值列出两个关系式或指标体系,确定分析对象,如对于总资产报酬率而言,其两个指标体系是:

基期总资产报酬率 ＝ 基期总资产产值率 × 基期产品销售率 × 基期销售息税前利润率
实际总资产报酬率 ＝ 实际总资产产值率 × 实际产品销售率 × 实际销售息税前利润率
分析对象 ＝ 实际总资产报酬率 － 基期总资产报酬率

（3）连环顺序替代，计算替代结果。连环顺序替代，即以基期指标体系为计算基础，用实际指标体系中的每一因素的实际数顺序地替代其相应的基期数，每次替代一个因素，替代后的因素被保留下来。计算替代结果，就是在每次替代后，按关系式计算其结果。有几个因素就替代几次，并相应确定计算结果。

（4）比较各因素的替代结果，确定各因素对分析指标的影响程度。比较替代结果是连环进行的，即将每次替代所计算的结果与这一因素被替代前的结果进行对比，两者的差额就是替代因素对分析对象的影响程度。

（5）检验分析结果。将各因素对分析指标的影响额相加，其代数和应等于分析对象。如果两者相等，说明分析结果可能是正确的；如果两者不相等，则说明分析结果一定是错误的。

连环替代法的程序或步骤是紧密联系、缺一不可的，尤其是前四个步骤，其中任何一步出现错误，都会出现错误结果。下面举例说明连环替代法的步骤和应用。

【例1-4】 某企业2019年和2020年有关总资产产值率、产品销售率、销售息税前利润率与总资产报酬率的资料如表1-5所示。

表1-5　　　　　　　　　某企业2019年和2020年有关财务指标表

指标	2019年	2020年
总资产产值率	82.00%	80.00%
产品销售率	94.00%	98.00%
销售息税前利润率	22.00%	30.00%
总资产报酬率	16.96%	23.52%

要求：分析各因素变动对总资产报酬率的影响程度。

解：根据连环替代法的程序和上述总资产报酬率的因素分解式，可得出：

实际指标体系：$80\% \times 98\% \times 30\% = 23.52\%$

基期指标体系：$82\% \times 94\% \times 22\% = 16.96\%$

分析对象：$23.52\% - 16.96\% = +6.56\%$

在此基础上，按照第三步骤的做法进行连环顺序替代，并计算每次替代后的结果：

基期指标体系：$82\% \times 94\% \times 22\% = 16.96\%$

替代第一因素：$80\% \times 94\% \times 22\% = 16.54\%$

替代第二因素：$80\% \times 98\% \times 22\% = 17.25\%$

替代第三因素：$80\% \times 98\% \times 30\% = 23.52\%$

根据第四步骤，确定各因素对总资产报酬率的影响程度：

总资产产值率的影响：$16.54\% - 16.96\% = -0.42\%$

产品销售率的影响：$17.25\% - 16.54\% = +0.71\%$

销售息税前利润率的影响：23.52%－17.25%＝＋6.27%

最后检验分析结果：－0.42%＋0.71%＋6.27%＝＋6.56%

2）应用连环替代法应注意的问题

连环替代法，作为因素分析法的主要形式，在实践中应用比较广泛。但是，在应用连环替代法的过程中必须注意以下几个问题：

（1）因素分解的相关性问题。因素分解的相关性，是指分析指标与其影响因素之间必须真正相关，即有实际经济意义。各影响因素的变动确实能说明分析指标差异产生的原因。这就是说，经济意义上的因素分解与数学上的因素分解不同，不是在数学算式上相等就行，而要看经济意义。

（2）分析前提的假定性。分析前提的假定性，是指分析某一因素对经济指标差异的影响时，必须假定其他因素不变，否则就不能分清各单一因素对分析对象的影响程度。但是实际上，有些因素对经济指标的影响是共同作用的结果，如果共同影响的因素越多，那么这种假定的准确性就越差，分析结果的准确性也就会降低。因此，在因素分解时，并非分解的因素越多越好，而应根据实际情况，具体问题具体分析，尽量减少对相互影响较大的因素进行再分解，使之与分析前提的假设基本相符；否则，因素分解过细，从表面看有利于分清原因和责任，但是在共同影响因素较多时，反而影响了分析结果的正确性。

（3）因素替代的顺序性。因素分解不仅因素确定要准确，而且因素排列顺序也不能交换，这里特别要强调的是不存在乘法交换律问题。因为分析前提假定性的原因，按不同顺序计算的结果是不同的。那么，如何确定正确的替代顺序呢？这是一个理论上和实践中都没有很好解决的问题。传统的方法是依据数量指标在前、质量指标在后的原则进行排列；现在也有学者提出依据重要性原则排列，即主要的影响因素排在前面，次要的影响因素排在后面。但是无论哪一种排列方法，都缺少坚实的理论基础。正因为如此，许多人对连环替代法提出异议，并试图加以改善，但至今仍无人们公认的好的解决方法。一般来说，替代顺序在前的因素对经济指标影响的程度不受其他因素影响或影响较小，排列在后的因素中含有其他因素共同作用的成分，从这个角度看问题，为分清责任，将对分析指标影响较大的并能明确责任的因素放在前面可能要好一些。

（4）顺序替代的连环性。顺序替代的连环性是指在确定各因素变动对分析对象的影响时，都是将某一因素替代后的结果与该因素替代前的结果对比，一环套一环。这样才既能保证各因素对分析对象影响结果的可分性，又便于检验分析结果的准确性。因为只有连环替代并确定各因素影响额，才能保证各因素对经济指标的影响之和与分析对象相等。

2. 差额计算法

差额计算法是连环替代法的一种简化形式，当然也是因素分析法的一种形式。差额计算法作为连环替代法的简化形式，其因素分析的原理与连环替代法是相同的。区别只在于分析程序上，差额计算法比连环替代法简单，即它可直接利用各影响因素的实际数与基期数的差额，在其他因素不变的假定条件下，计算各因素对分析指标的影响程度。或者说差额计算法是将连环替代法的第三步骤和第四步骤合并为一个步骤进行。

这个步骤的基本点就是：确定各因素实际数与基期数之间的差额，并在此基础上乘以排列在该因素前面各因素的实际数和排列在该因素后面各因素的基期数，所得出的结果就是该因素变动对分析指标的影响数。

【例1-5】 承[例1-4]，依据表1-5提供的数据。

要求：运用差额计算法分析各因素变动对总资产报酬率的影响程度。

解：分析对象：$23.52\% - 16.96\% = +6.56\%$

因素分析：

(1) 总资产产值率的影响：$(80\% - 82\%) \times 94\% \times 22\% = -0.41\%$

(2) 产品销售率的影响：$80\% \times (98\% - 94\%) \times 22\% = +0.70\%$

(3) 销售息税前利润率的影响：$80\% \times 98\% \times (30\% - 22\%) = +6.27\%$

最后检验分析结果：$-0.41\% + 0.70\% + 6.27\% = +6.56\%$

应用连环替代法应注意的问题，在应用差额计算法时同样要注意。除此之外，还应注意的是，并非所有连环替代法都可按上述差额计算法的方式进行简化，特别是在各影响因素之间不是连乘的情况下，运用差额计算法必须慎重。

（五）图解分析法

1. 图解分析法的定义

图解分析法也称图解法，是经营分析常用方法之一。其主要特点是直观表达，一目了然。严格来说，图解分析法并不是一种独立的分析方法，而是上述分析方法的直观表达形式。图解分析法的作用在于能够形象、直观地将复杂的经济活动及其结果以通俗易懂的形式表现出来。因此，有的专家称图解分析法为一目了然的财务分析方法。

2. 图解分析法的原理

随着电脑及网络技术的普及与发展，图解分析法的应用基础、应用范围和种类、形式都得到了空前的发展。这里主要介绍对比分析图解法、结构分析图解法、趋势分析图解法、因素分析图解法及综合分析雷达图法。

1）对比分析图解法

对比分析图解法，是指用图形的形式，将某一指标的报告数值与基准数值进行对比，以揭示报告数值与基准数值之间的差异的方法。常见的对比分析图是柱状的，如图1-2所示。

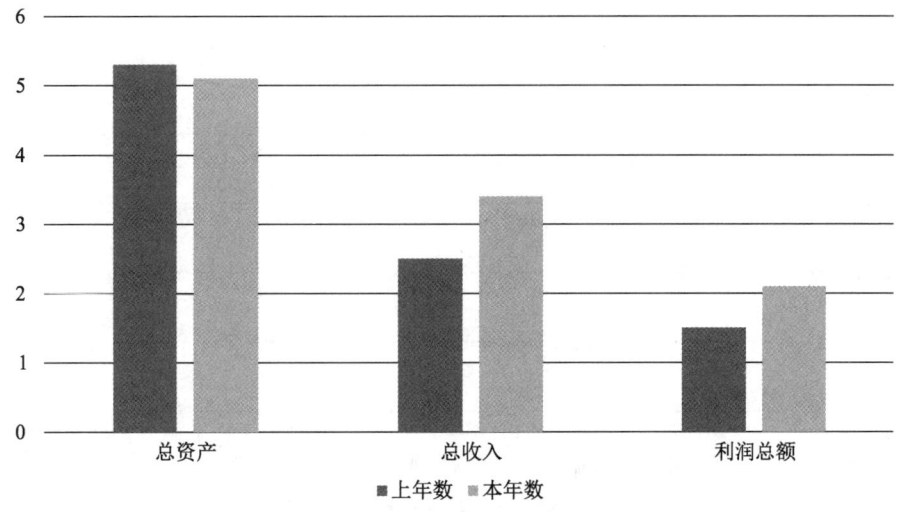

图1-2 对比分析柱形图

2) 结构分析图解法

结构分析图解法,实际上是垂直分析法的图解形式,它以划分图形的方式表示在总体中各部分所占的比重。结构分析图的形式也有很多种,较常见的是饼图。某一企业的资产和权益结构如图1-3、图1-4所示。

图1-3表明在企业总资产中流动资产占38%,长期资产占62%;图1-4说明在企业总权益中有71%是负债,其中45%是流动负债,所有者权益仅占29%。通过图解分析可看出,企业资产结构与权益结构是不相适应的,说明企业的短期偿债能力可能存在问题。

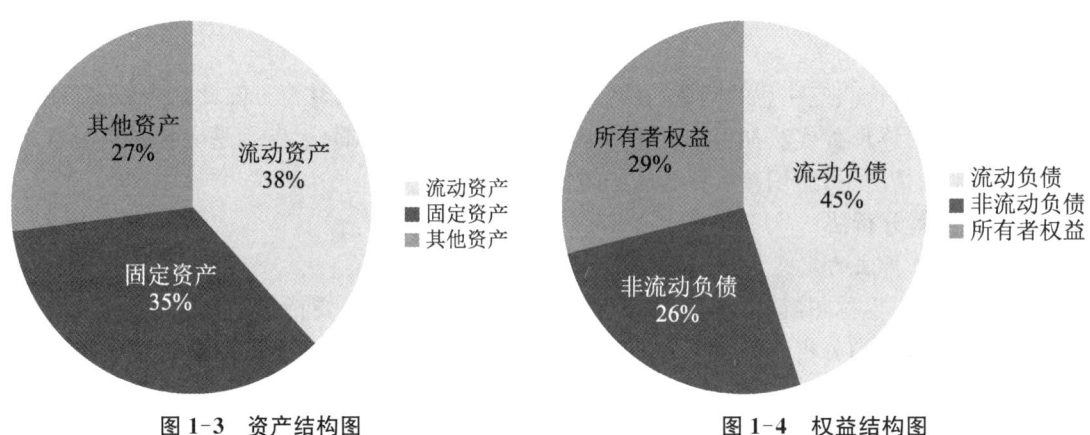

图1-3 资产结构图   图1-4 权益结构图

3) 趋势分析图解法

趋势分析图解法,通常是指用坐标图反映一个或几个指标在一个较长时期内的变动趋势的方法。坐标图的横轴往往表示时期,纵轴表示指标数值,将不同时期的指标数值用线连接起来,就形成了反映指标变动趋势的曲线,或称折线图。某企业营业收入、营业成本和营业利润的变动趋势,如图1-5所示。

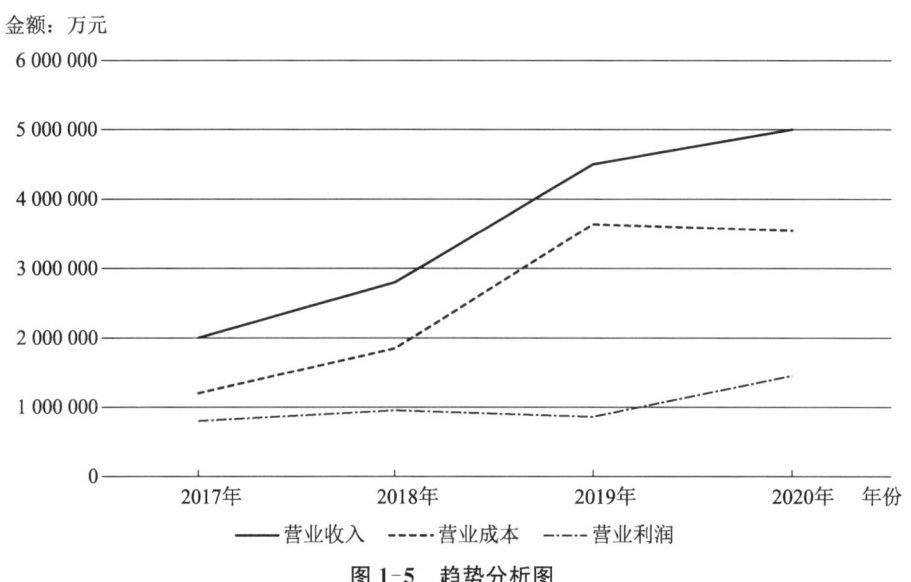

图1-5 趋势分析图

从图 1-5 可以看出,该企业在 2017—2020 年营业收入是不断增加的,营业成本在 2020 年有小幅下降,营业利润在 2019 年有小幅下降。总体来看,公司的营业收入、营业成本和营业利润都处于上升的阶段。

4)因素分解图解法

因素分解图解法是运用因素分解图来反映某项经济指标的影响因素及影响程度的一种图解分析法。它有利于直观、清晰地反映分析指标与影响因素之间的关系。下面以总资产报酬率的因素分析为例,说明因素分解图解法的应用。

【例 1-6】 某企业有关计算总资产报酬率的资料如表 1-6 所示。

表 1-6　　　　　　　　　　　　　　总资产报酬率财务指标表

单位:万元

指标	金额
总资产平均余额	500
销售净额	1 000
销售成本	500
销售毛利	500
销售费用	300
管理费用	150
息税前利润	50

要求:根据表 1-6 的资料,计算与分解总资产报酬率并形成因素分解图。

解:该企业总资产报酬率因素分解如图 1-6 所示。

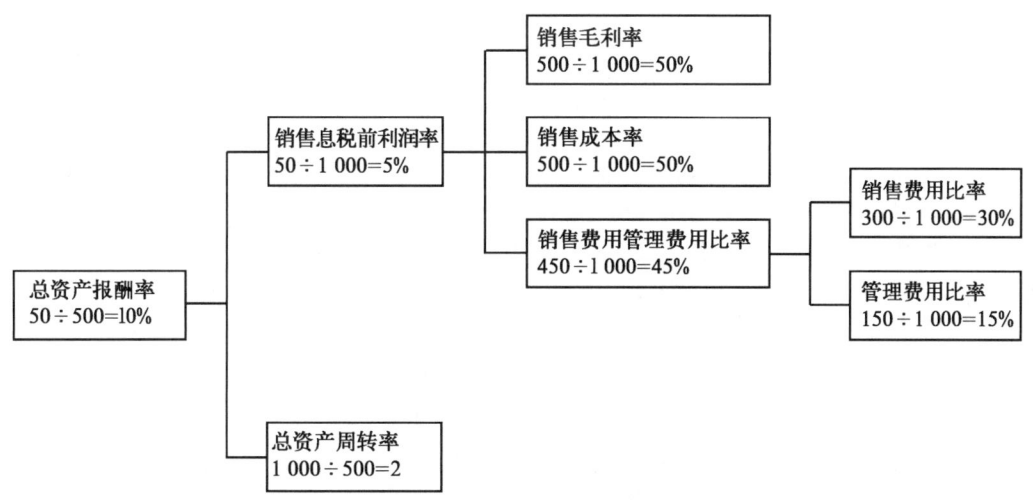

图 1-6　总资产报酬率因素分解图

从图 1-6 可看出,总资产报酬率较低的原因在于销售息税前利润率低,而销售息税前利润率低的原因在于销售费用比率和管理费用比率过高,其中销售费用比率又相对较高,因此需要对销售费用进行进一步分析。

5) 综合分析雷达图法

雷达图也称判断企业财务状况图,如图1-7所示,最早在日本企业界应用。综合分析雷达图法是一种以雷达图形的方式表达企业各方面的主要分析指标,借以综合分析企业总体经营状况,探测企业经营症状,并指导企业改善经营管理的方法。为了充分发挥雷达图的分析功能和作用,通常将被分析的各项财务比率指标与行业平均水平或自身希望达到的水平或历史最高水平相比较,从而进一步反映企业财务状况的优劣,找出原因,并有针对性地提出改进措施。

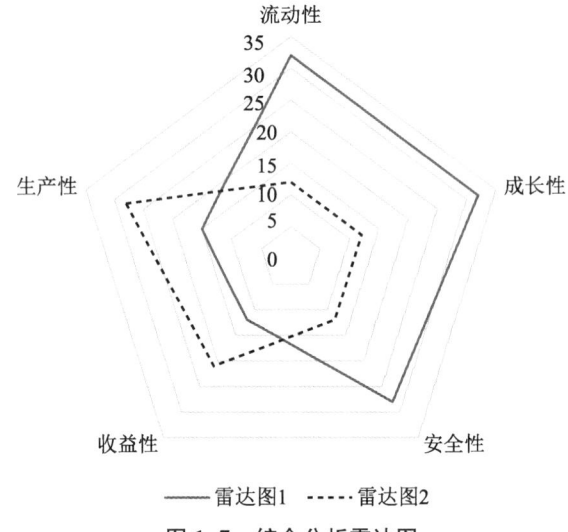

图1-7 综合分析雷达图

练 习 题

一、单选题

1. （　　）对同一行业不同企业之间的比较尤为重要，因为在不同规模的企业之间使用绝对数直接进行财务报表的比较分析时，会因规模差异而产生误导。
   A. 图解分析法　　　B. 结构分析法　　　C. 趋势分析法　　　D. 因素分析法

2. （　　）是依据分析指标与其影响因素之间的关系，按照一定的程序和方法，确定各因素对分析指标差异影响程度的一种技术方法。
   A. 因素分析法　　　B. 结构分析法　　　C. 趋势分析法　　　D. 比较分析法

3. 下列各项中，更关心企业的偿债能力、资本结构及长短期负债比例的是（　　）。
   A. 员工　　　　　　B. 投资者　　　　　C. 债务人　　　　　D. 债权人

4. （　　）通过对企业所在行业或企业拟进入行业进行分析，从而明确企业自身地位及应采取的竞争战略。
   A. 财务分析　　　　B. 会计分析　　　　C. 战略分析　　　　D. 专项分析

5. 政府为了合理调配经济资源、实现特定经济和社会目标而对特定产业实施干预的政策属于（　　）。
   A. 行业政策　　　　　　　　　　　B. 宏观经济政策
   C. 微观经济政策　　　　　　　　　D. 产业政策

二、多选题

1. 下列各项中，属于财务分析的基本原则的有（　　）。
   A. 实事求是原则　　　　　　　　　B. 可理解性原则
   C. 实质重于形式　　　　　　　　　D. 成本效益原则

2. 财务分析根据分析主体的不同，可分为（　　）。
   A. 内部分析　　　B. 全面分析　　　C. 外部分析　　　D. 专题分析

3. 财务分析根据分析方法与目的的不同，可分为（　　）。
   A. 内部分析　　　B. 外部分析　　　C. 静态分析　　　D. 动态分析

4. 下列各项中，属于财务分析的信息来源的有（　　）。
   A. 企业本身披露的信息资料　　　　B. 企业内部信息资料
   C. 行业信息与产业政策　　　　　　D. 宏观经济政策

5. 运用比较分析法的关键在于比较标准的确立，下列各项中，属于比较标准的有（　　）。
   A. 与本企业的历史数据相比较　　　B. 与本企业的预测目标比较
   C. 与同行业数据相比较　　　　　　D. 与本企业的预测数据相比较

6. 财务分析信息是财务分析的基础,为保证财务分析的正确性,财务分析信息要
   求( )。
   A. 准确性   B. 及时性   C. 完整性   D. 科学性
7. 下列各项中,属于非标准审计报告的有( )。
   A. 无保留意见审计报告   B. 保留意见审计报告
   C. 否定意见审计报告   D. 无法表示意见审计报告

三、判断题

1. 国家行政管理与监督部门进行财务分析的目标是监督、检查党和国家的各项经济政策、
   法规、制度在企业单位的执行情况。   ( )
2. 会计报表附注不是财务会计报告的组成部分。   ( )
3. 注册会计师发表标准审计报告时,通常会在审计报告的意见段或说明段中阐述。 ( )
4. 财务效率分析是会计分析的基础,通过财务效率分析,对发现的由于会计原则、会计政策等
   原因引起的会计信息差异,应通过一定的方式加以说明或调整,消除会计信息的失真问题。
                                                                     ( )
5. 比较分析法的主要作用在于揭示客观存在的差距以及形成这种差距的原因,帮助经营管理
   者发现问题、挖掘潜力、改进工作。   ( )
6. 运用比较分析法,如果选择两个不同时期的企业财务报表的数据进行比较,但其所用会计
   处理方法不同,不影响做出正确的分析结论。   ( )
7. 趋势分析法运用简单,选用两期的数据就能评价企业财务状况和经营业绩。   ( )
8. 因素分解法要求分析指标与其影响因素之间必须真正相关。   ( )
9. 差额计算法原理与连环替代法相同,差额计算法可直接利用各影响因素的实际数与基期数
   的差额,在其他因素不变的假定条件下,计算各因素对分析指标的影响程度。 ( )
10. 债权人最关注的是企业投资回报率水平和风险程度,他们希望了解企业的短期盈利能力
    和长期发展潜力。   ( )

四、计算分析题

已知某企业产量及成本数据,如表 1-7 所示。

表 1-7   产量及成本资料表   金额单位:元

项目	2019 年	2020 年
产品产量(件)	1 200	1 000
单位变动成本	11	12
固定总成本	10 000	9 000
产品总成本	23 200	21 000

要求:运用连环替代法分析各因素变动对产品总成本的影响程度。

第二章 资产负债表分析

知识导航

资产负债表分析
- 资产负债表分析的目的与内容
  - 资产负债表分析的目的
  - 资产负债表分析的内容
- 资产负债表水平分析
  - 资产负债表水平分析表的编制
  - 资产负债表变动情况的分析评价
  - 资产变动的合理性与效率性分析评价
  - 权益资金变动对企业未来经营影响的分析评价
- 资产负债表垂直分析
  - 资产负债表垂直分析表的编制
  - 资产负债表结构变动情况的分析评价
  - 资产结构、负债结构和股东权益结构的具体分析评价
- 资产负债表重点项目分析
  - 主要资产项目分析
  - 主要负债项目分析

学习目标

1. 了解资产负债表分析的目的和内容。
2. 理解资产负债表主要项目的内涵和目标。
3. 掌握资产负债表的水平分析、垂直分析和重点项目分析的方法。

案例导入

"猪中茅台"牧原股份深陷财务造假疑云

某论坛"大V"发文质疑牧原股份财务数据真实性,此举迅速引发热议,牧原股份股价应声下跌。随着市场舆论不断发酵,2021年3月16日晚间,牧原股份发布详细问询回复,对此前市场关注度较高的异常高毛利、大存大贷、大量工程关联交易、少数股东ROE远低于母公司股东ROE等质疑热点提供解释。

第一,固定资产占销售收入的比重远高于同行。与同行业上市公司相比,牧原股份生猪养殖采用"全自养、全链条、智能化"养殖模式,而同行业上市公司多采用代养模式。代养模式因采用"公司+农户"的生产模式,相对具有"轻资产"的特点;而全自养模式需公司自主投资建设生猪养殖场。故与同行业上市公司相比,公司固定资产占营业收入的比例较高、固定资产周转率较低。

第二,生猪业务毛利率为啥高于同行? 针对这个质疑,牧原股份对自身盈利情况进行了分析。深度剖析了"猪中茅台"是怎么炼成的。牧原股份认为,自身毛利率之所以高于同行,原因在于公司种、仔猪充沛,在自保之余仍能向外销售种、仔猪。2020年上半年,牧原股份

生猪业务毛利率为 63.27%,而同为国内龙头猪企的天邦股份、新希望、温氏股份和正邦科技养猪毛利率分别为 54.06%、42.6%、38.39% 和 35.72%。2019 年,牧原股份、天邦股份、新希望、温氏股份和正邦科技养猪毛利率分别为 37.05%、11.89%、38.53%、28.84% 和 20.65%。对此,牧原股份表示,最近一年及一期公司生猪养殖业务毛利率显著高于同行公司,主要原因系公司生猪单位成本低于这些公司。其表示,公司的种猪、仔猪来源均为自产,而同行公司中存在对外采购,且因最近一年及一期我国生猪价格大幅上涨,公司向其他公司供应的种猪、仔猪价格大幅上涨。

第三,如何解释大存大贷现象? 截至 2020 年 9 月末,牧原股份货币资金余额 224.96 亿元,较 2019 年底增加 105.76%;短期借款、长期借款、一年内到期的非流动负债、应付债券合计 275.58 亿元,较 2019 年底增加 225.4%。同时,2020 年前三季度发生利息费用 1.68 亿元,利息收入 1 384.86 万元。牧原股份称,账上货币资金之所以多,一方面是经营业绩大幅增长,另一方面银行借款规模大幅增长。据了解,2020 年前三季度牧原股份营收约 391.65 亿元,同比增长 233.79%;净利润约 209.88 亿元,同比增长 1 413.28%。截至 2020 年 9 月末,牧原股份短期借款和长期借款合计为 235 亿元,较上年年末增长 338.86%。

资料来源:牧通人才网,2021 年 03 月 17 日,《牧原股份 1.8 万字长函回应财务造假质疑:高毛利与大存大贷有合理性》。

思考:结合案例,从资产变动的合理性与效率性分析评价的角度,分析如何管控牧原股份的"高毛利"的财务造假行为?

第一节 资产负债表分析的目的与内容

一、资产负债表分析的目的

资产负债表分析的目的,在于了解会计报表对企业财务状况的反映程度,以及所提供会计信息的质量,据此对企业资产和权益的变动情况以及企业财务状况做出恰当的评价,具体包括以下五个方面。

1. 揭示资产负债表及相关资产、负债及权益项目的内涵

资产负债表上的数据是企业财务活动的直接结果,但这种结果是通过企业管理人员依据某种会计政策,按照某种具体会计处理方法进行会计处理后编制出来的。因此,企业采用何种会计政策,使用何种会计处理方法,必然会对资产负债表上的数据产生影响。例如,采用不同存货计价方法,在耗用的材料相同的情况下,期末资产负债表上的存货金额就会有很大差异。因此,要解读资产负债表中相关项目的真正内涵,必须了解企业所依据的会计政策和采用的会计方法。

2. 了解企业财务状况的变动情况和变动原因

在企业运营过程中,企业资产规模和各项资产会不断发生变动,与之相适应的是资金来源也会发生相应的变动,资产负债表只是静态地反映出变动后的结果。而企业的资产、负债及股东权益在经过一段时期的经营后发生的变化,及这种变动对企业未来运营产生的影响,只有通过对资产负债表进行分析才能明确,在此基础上,再对企业财务状况的变动情况作出

合理的解释和评价。

3. 评价企业会计对企业经营状况的反映程度

企业管理者出于某种需要,既可能客观地、全面地通过资产负债表反映企业的经营状况,也可能隐瞒企业经营中的某些重大事项。资产负债表是否充分反映了企业的经营状况,其真实性如何,资产负债表本身不能全部说明这个问题。只有通过资产负债表分析,才能对其信息反映的真实程度作出评价,进而对企业真实的财务状况进行解读。

4. 评价企业的会计政策

企业的会计核算必须在企业会计准则指导下进行,但在会计政策选择和会计处理方法选择上也有相当的灵活性,如存货计价方法、折旧政策和减值准备计提等。不同的会计政策和会计处理方法,体现在资产负债表上的结果往往不同,某种会计处理的背后,总是反映企业的会计政策运用和会计处理目的。企业所选择的会计政策和会计处理方法是否合适,企业是否利用会计政策的选择达到特定会计目的,深入分析资产负债表及相关项目的异常变动,了解企业会计政策选择的动机,可以揭示出管理人员的倾向,评价企业的会计政策,消除会计报表外部使用者对企业会计信息的疑惑。

5. 修正资产负债表的数据

资产负债表是进行财务分析的重要基础资料,即使剔除管理人员的主观因素,资产负债表数据的变化也不完全是企业经营活动的结果。会计政策变更、会计估计变更等企业经营以外的因素对资产负债表数据也有相当大的影响,通过资产负债表分析,揭示出资产负债表数据所体现的财务状况与真实财务状况的差异,通过差异调整,修正资产负债表数据,尽可能消除会计信息失真,为进一步利用资产负债表进行财务分析奠定资料基础。

二、资产负债表分析的内容

资产负债表分析主要包括以下四个方面的内容。

1. 资产负债表水平分析

资产负债表水平分析,是指通过对企业各项资产、负债和股东权益进行对比分析揭示企业筹资与投资过程的差异,从而分析与揭示企业生产经营活动、经营管理水平、会计政策及会计估计变更对筹资与投资的影响。

2. 资产负债表垂直分析

资产负债表垂直分析,是指通过将资产负债表中各项目与总资产或权益总额进行对比,分析企业的资产构成、负债构成和股东权益构成,揭示企业资产结构和资本结构的合理程度,探索企业资产结构优化、资本结构优化的思路。

3. 资产负债表趋势分析

资产负债表趋势分析,是指通过对较长时期企业总资产及主要资产项目、负债及主要负债项目、股东权益及主要股东权益项目变化趋势的分析,揭示筹资活动和投资活动的状况、规律及特征,推断企业发展的前景。

4. 资产负债表项目分析

资产负债表项目分析,是指在资产负债表全面分析的基础上,对资产负债表中资产、负债和股东权益的主要项目进行深入分析,包括会计政策、会计估计等变动对相关项目影响的分析。

第二节 | 资产负债表水平分析

一、资产负债表水平分析表的编制

资产负债表水平分析的目的是从总体上了解资产、权益的变动情况,揭示出资产、负债和股东权益变动的差异,分析其差异产生的原因。

资产负债表水平分析的依据是资产负债表数据,通过采用水平分析法,将资产负债表的实际数与选定的标准进行比较,编制出资产负债表水平分析表,在此基础上进行分析评价。

资产负债表水平分析要根据分析的目的来选择比较的标准,如果分析的目的在于揭示资产负债表实际变动情况,分析产生实际差异的原因时,应当选择历史标准,即选择资产负债表的上年实际数作为比较标准。如果分析的目的在于揭示资产负债表预算或计划执行情况,分析影响资产负债表预算或计划执行情况的原因时,应当选择预算标准,即选择资产负债表的预算数或计划数作为比较标准。

资产负债表水平分析除了要计算某项目的变动额和变动率外,还应计算出该项目变动对总资产或权益总额的影响程度,以便确定影响总资产或权益总额的重点项目,为进一步分析指明方向。某项目变动对总资产或权益总额的影响程度可按下式计算:

$$某项目变动对总资产(权益总额)的影响 = \frac{某项目的变动额}{基期总资产(权益总额)} \times 100\%$$

根据 DF 公司的资产负债表,编制 DF 公司资产负债表水平分析表,如表 2-1 所示。

表 2-1　　　　　　　　　　DF 公司资产负债表水平分析表

金额单位:元

项目	2021 年	2020 年	变动情况		对总额的影响
			变动额	变动率	
流动资产:					
货币资金	1 998 024 746.42	1 565 255 999.33	432 768 747.09	27.65%	8.40%
交易性金融资产	160 000 000.00	0	160 000 000.00	—	3.10%
应收票据	30 519 862.93	110 846 462.74	−80 326 599.81	−72.47%	−1.56%
应收账款	1 269 085 684.86	1 244 592 456.31	24 493 228.55	1.97%	0.48%
应收款项融资	196 847 484.25	0	196 847 484.25	—	3.82%
预付款项	133 439 990.52	66 573 763.56	66 866 226.96	100.44%	1.30%
其他应收款	66 136 321.72	78 911 911.01	−12 775 589.29	−16.19%	−0.25%
其中:应收利息	0	2 423 552.77	−2 423 552.77	−100%	−0.05%
应收股利	0	0	0	—	0

（续表）

项目	2021 年	2020 年	变动情况		对总额的影响
			变动额	变动率	
存货	1 404 660 849.37	958 539 776.40	446 121 072.97	46.54%	8.65%
一年内到期的非流动资产	2 963 431.23	0	2 963 431.23	—	0.06%
其他流动资产	20 173 556.30	189 836 928.26	−169 663 371.96	−89.37%	−3.29%
流动资产合计	5 281 851 927.60	4 214 557 297.61	1 067 294 629.99	25.32%	20.71%
非流动资产:					
可供出售金融资产	0	21 499 463.85	−21 499 463.85	−100%	−0.42%
长期应收款	11 853 724.93	0	11 853 724.93	—	0.23%
长期股权投资	47 961 245.04	16 309 561.76	31 651 683.28	194.07%	0.61%
其他权益工具投资	12 515 000.00	0	12 515 000.00	—	0.24%
其他非流动金融资产	1 004 162.46	0	1 004 162.46	—	0.02%
投资性房地产	125 721 101.59	130 435 851.93	−4 714 750.34	−3.61%	−0.09%
固定资产	594 551 482.20	583 265 471.43	11 286 010.77	1.93%	0.22%
在建工程	5 066 490.83	7 445 592.62	−2 379 101.79	−31.95%	−0.05%
无形资产	93 943 045.46	95 797 826.35	−1 854 780.89	−1.94%	−0.04%
开发支出	21 569 167.30	19 919 831.76	1 649 335.54	8.28%	0.03%
长期待摊费用	21 945 756.85	15 751 787.83	6 193 969.02	39.32%	0.12%
递延所得税资产	43 151 913.62	41 249 225.18	1 902 688.44	4.61%	0.04%
其他非流动资产	0	8 381 543.00	−8 381 543.00	−100%	−0.16%
非流动资产合计	979 283 090.28	940 056 155.71	39 226 934.57	4.17%	0.76%
资产总计	6 261 135 017.88	5 154 613 453.32	1 106 521 564.56	21.47%	21.47%
流动负债:					
短期借款	117 800 000.00	132 300 000.00	−14 500 000.00	−10.96%	−0.28%
应付票据	188 457 849.79	31 367 713.10	157 090 136.69	500.80%	3.05%
应付账款	933 629 978.13	715 093 223.64	218 536 754.49	30.56%	4.24%
预收款项	899 964 596.60	439 453 232.78	460 511 363.82	104.79%	8.93%
应付职工薪酬	233 465 136.52	181 614 552.39	51 850 584.13	28.55%	1.01%
应交税费	61 176 682.06	86 279 415.98	−25 102 733.92	−29.09%	−0.49%

（续表）

项目	2021 年	2020 年	变动情况		对总额的影响
			变动额	变动率	
其他应付款	170 533 763.89	191 114 996.46	−20 581 232.57	−10.77%	−0.40%
其中:应付利息					
应付股利	136 680.00	136 680.00	0	0	0
流动负债合计	2 605 028 006.99	1 777 223 134.35	827 804 872.64	46.58%	16.06%
非流动负债:					
预计负债	66 315 507.88	60 481 491.76	5 834 016.12	9.65%	0.11%
递延收益	32 832 920.89	35 787 940.63	−2 955 019.74	−8.26%	−0.06%
非流动负债合计	99 148 428.77	96 269 432.39	2 878 996.38	2.99%	0.06%
负债合计	2 704 176 435.76	1 873 492 566.74	830 683 869.02	44.34%	16.12%
所有者权益:					
股本	1 340 727 007.00	1 340 727 007.00	0	0	0
资本公积	1 198 872 324.15	1 199 317 830.61	−445 506.46	−0.04%	−0.01%
其他综合收益	−7 685 908.29	−71 491.71	−7 614 416.58	10 650.77%	−0.15%
盈余公积	31 947 577.18	26 509 392.91	5 438 184.27	20.51%	0.11%
未分配利润	696 158 189.72	455 970 699.13	240 187 490.59	52.68%	4.66%
归属于母公司所有者权益合计	3 260 019 189.76	3 022 453 437.94	237 565 751.82	7.86%	4.61%
少数股东权益	296 939 392.36	258 667 448.64	38 271 943.72	14.80%	0.74%
所有者权益合计	3 556 958 582.12	3 281 120 886.58	275 837 695.54	8.41%	5.35%
负债和所有者权益总计	6 261 135 017.88	5 154 613 453.32	1 106 521 564.56	21.47%	21.47%

二、资产负债表变动情况的分析评价

企业总资产表明企业资产的存量规模,随着企业经营规模的变动,资产存量规模也处在变动之中。一方面,资产存量规模过小,将难以满足企业经营的需要,影响企业的正常经营活动;另一方面,资产存量规模过大,将造成资产的闲置,使资金周转缓慢,影响资产的利用效率。资产作为保证企业经营活动的物质基础,它的获得必须有相应的资金来源。企业通过举债或吸收投资来满足对企业资产的资金融通,从而产生了债权人、投资人对企业资产的两种不同要求权,即债权人权益和所有者权益。资产与负债和所有者权益分别列示在资产负债表左右两边,反映出企业的基本财务状况,对资产负债表变动情况的分析评价也应当从这两大方面进行。

（一）从资产角度进行分析评价

资产角度的分析评价主要从以下四个方面进行：

第一，分析总资产规模的变动状况以及各类、各项资产的变动状况，揭示出资产变动的主要方面，从总体上了解企业经过一定时期经营后资产的变动情况。

第二，发现变动幅度较大或对总资产变动影响较大的重点类别和重点项目。分析时首先要注意发现变动幅度较大的资产类别或资产项目，特别是发生异常变动的项目。其次要把对总资产影响较大的资产项目作为分析重点。某资产项目变动自然会引起总资产发生同方向变动，但不能完全根据该项目本身的变动来说明对总资产的影响。该项目变动对总资产的影响，不仅取决于该项目本身的变动程度，还取决于该项目在总资产中所占的比重。当某项目本身变动幅度较大时，如果该项目在总资产中所占比重较小，则该项目变动对总资产变动的影响就不会太大；反之，即使某个项目本身变动程度很小，如果其比重较大时，其影响程度也很大。例如，表2-1中长期待摊费用项目，本身变动幅度高达39.32%，但由于该项目仅占总资产的0.35%（21 945 756.85÷6 261 135 017.88），所以仅使总资产增加了0.12%。而货币资金项目本期增加27.65%，但由于其所占比重比较大，对总资产的影响却达8.4%。分析时只有注意到这一点，才能突出分析重点，抓住关键问题，有助于深入分析，并减轻分析工作量。

第三，要注意分析资产变动的合理性与效率性，具体分析见本节"三、资产变动的合理性与效率性分析评价"。

第四，注意分析会计政策变动的影响。企业资产的变动主要受到生产经营规模的影响，但企业管理人员在进行会计核算和编制财务报表时所采用的会计政策和会计方法等对企业资产变动的影响也不可忽视。尽管会计准则和会计制度对会计核算乃至财务报表的编制都有相应的要求，会计准则和会计制度也给企业选择会计政策和会计方法留有相当大的余地，企业管理人员可以通过会计政策变更或灵活地选用会计方法对资产负债表的数据做出调整。例如，改变存货计价方法，就会引起资产负债表上存货的变化。此外，企业大量的经营业务需要做出会计估计。又如，对于企业当期的坏账损失占应收账款的比率，会计估计的随意性就会使应收账款净值发生变动。因此，分析时首先要了解企业所采用的会计政策，把会计政策变更或会计估计随意性所造成的影响充分地揭示出来，以便纠正失真的会计数据，使财务分析能够依据真实可靠的会计资料进行，保证财务分析结论的正确性。其具体分析情况见本章第四节。

根据表2-1，可以对DF公司总资产变动情况做出以下分析评价：

DF公司总资产本期增加1 106 521 564.56元，增长幅度为21.47%，说明DF公司本年资产规模增长较大。进一步分析可以发现：

（1）流动资产本期增加1 067 294 629.99元，增长的幅度为25.32%，使总资产规模增长了20.71%。非流动资产本期增加了39 226 934.57元，增长的幅度4.17%，使总资产规模增长0.76%，两者合计使总资产增加了1 106 521 564.56元，增长幅度为21.47%。

（2）本期总资产的增长主要体现在流动资产的增长上。如果仅从这一变化来看，该公司资产的流动性有所增强。其增长主要体现在三个方面：一是货币资金的大幅度增加。货币资金本期增加432 768 747.09元，增长幅度为27.65%，对总资产的影响为8.40%。货币资金的增长对提高企业的偿债能力、满足资金流动性需要都是有利的。当然，对于货币资金这种变化,还应结合 DF 公司现金需求量,从资金利用效果方面进行分析,这样才能做出恰当的评价。二是存货的增长。存货本期增加 446 121 072.97 元,增长幅度为 46.54%,对总资产的影响为 8.65%。结合固定资产的增加情况以及利润表营业收入与营业成本的增加情况,说明 DF 公司整体生产规模扩大,增加了存货储备。三是应收款项的增加。应收票据、应收账款和应收款项融资三者合计使总资产本期增加了 2.74%(−1.56%+0.48%+3.82%)。应收款项融资是 DF 公司背书或贴现的银行承兑汇票,是一种获得银行流动资金的融资方式。该项目的增加意味着应收款项总额的增加,对此,应结合 DF 公司销售规模变动、信用政策和收账政策进行评价。从流动资产的变动来看,货币资金、应收款项与存货增加,表明 DF 公司本年度规模有所扩大。

(3)由于非流动资产占总资产的比重不大,仅为 15.64%(979 283 090.28÷6 261 135 017.88),非流动资产项目的增减变动对总资产的影响也相对较小。非流动资产的变动主要体现在以下三个方面:一是长期股权投资大幅度增加。长期股权投资本期增加 31 651 683.28 元,增长幅度为 194.07%,对总资产的影响为 0.61%。长期股权投资与企业经营战略取向密切相关。对于长期股权投资的变动,需要利用资产负债表附注获取更多的信息。根据 DF 公司的资产负债表附注,长期股权投资的增加主要是由对联营企业追加投资造成的。DF 公司投资的企业都是相关的科技公司,与 DF 公司的发展战略是一致的。二是固定资产的增长。固定资产净值本期增加 11 286 010.77 元,增长幅度为 1.93%,对总资产的影响为 0.22%。固定资产规模体现了一个企业的生产能力,但仅仅根据固定资产净值的变动并不能得出企业生产能力上升或下降的结论。固定资产净值反映了企业在固定资产项目上占用的资金,其既受固定资产原值的影响,也受固定资产折旧的影响。表 2-1 中固定资产净值增长一方面是由新资产购置及在建工程转入导致的,另一方面是因为固定资产当年的处置和计提折旧也造成了其价值的减少。三是长期应收款的增加。长期应收款从 0 增长到了 11 853 724.93 元,对总资产的影响为 0.23%。这部分长期应收款为分期收款销售商品。

值得注意的是,交易性金融资产、应收票据、应收款项融资、其他流动资产、可供出售金融资产、其他权益工具投资、其他非流动金融资产在本期也出现了较大幅度的变化。这主要是受到新修订的金融工具准则的影响,对部分资产计提了减值以及重分类。主要变化如下:

(1)DF 公司金融资产减值的计量按照"预期信用损失法"重新进行了计量。

(2)将以前年度分类为其他流动资产的理财投资重新分类为交易性金融资产。

(3)DF 公司在日常资金管理中将部分银行承兑汇票背书或贴现,管理上述应收票据的业务模式既以收取合同现金流量为目标又以出售为目标,因此将该应收票据重分类为以公允价值计量且其变动计入其他综合收益的金融资产,列报为应收款项融资。

(4)DF 公司将原计入可供出售金融资产的权益类投资,部分按公允价值计量且其变动计入当期损益的金融资产,列报为其他非流动金融资产;部分指定为以公允价值计量且其变动计入其他综合收益的金融资产,列报为其他权益工具投资。

(二)从权益角度进行分析评价

权益角度的分析评价主要从以下四个方面进行:

第一,分析权益总额的变动状况以及各类、各项筹资的变动状况,揭示出权益总额变动的主要方面,从总体上了解企业经过一定时期经营后权益总额的变动情况。

第二,发现变动幅度较大或对权益总额变动影响较大的重点类别和重点项目,为进一步分析指明方向。

第三,分析评价权益资金变动对企业未来经营的影响。在资产负债表上,资产总额等于负债与所有者权益之和,当资产规模发生变动时,必然要有相应的资金来源。如果资产总额的增长幅度大于所有者权益的增长幅度,表明企业债务负担加重,这虽然可能是由企业筹资政策变动而引起的,但后果是引起偿债保证程度下降,偿债压力加重。因此,不仅要分析评价权益资金发生了怎样的变动,而且要注意分析评价这种变动对企业未来经营的影响。具体分析见本节"四、权益资金变动对企业未来经营影响的分析评价"。

第四,注意分析评价表外业务的影响。例如,按目前会计准则规定,资产负债表仅反映了企业按历史成本原则核算的现实负债,一个企业所承担的或有负债并不反映在资产负债表上,而这种可能成为企业现实负债的事项及对企业财务状况可能产生的影响,也是分析评价时要特别关注的。

根据表2-1,可以对DF公司权益总额变动情况做出以下分析评价:

该公司权益总额较上年同期增加1 106 521 564.56元,增长幅度为21.47%,说明DF公司本年权益总额有较大幅度的增长。进一步分析可以发现:

(1) 负债和所有者权益均有增加,但负债的变动水平高于所有者权益的变动水平。负债本期增加830 683 869.02元,增长的幅度为44.34%,使权益总额增长了16.12%;所有者权益本期增加了275 837 695.54元,增长的幅度为8.41%,使权益总额增长了5.35%。

(2)本期负债总额增长主要体现在流动负债方面。流动负债本期增长827 804 872.64元,增长幅度为46.58%,对权益总额的影响为16.06%,流动负债的增加,可能会增加企业偿债压力,加大财务风险。流动负债增加主要表现在两个方面:一是应付款项的增长。应付账款本期增加218 536 754.49元,应付票据本期增加157 090 136.69元,其增长幅度分别为30.56%和500.80%,对权益总额的影响合计为7.29%(3.05%+4.24%)。该项目的大幅度增长给公司带来了巨大的偿债压力,如不能按期支付,将对公司的信用产生不良影响。二是预收款项的增加。预收款项本期增加460 511 363.82元,增长幅度为104.79%,对权益总额的影响为8.93%。预收款项全部为DF公司的预收销售款。预收款项是一种非货币性债务,同时在预收金的形势下,也意味着企业完工后可能还会获得一定的增量资金。非流动负债项目变动不大,可不作为重点项目分析。

(3)本期所有者权益总额增加275 837 695.54元,增长幅度为8.41%,对权益总额的影响为5.35%。未分配利润是所有者权益变动的主要原因。未分配利润本期增加240 187 490.59元,增长幅度为52.68%,对权益总额的影响为4.66%。此外,其他综合收益也在本期出现了大幅度变动。其他综合收益本期减少7 614 416.58元,减少幅度为10 650.77%,对权益总额的影响为-0.15%。其他综合收益变动主要是由会计政策变动造成的,DF公司将其金融资产按照新金融工具准则中的"预期信用损失法"重新计提了减值,其中其他权益工具投资公允价值变动计入了其他综合收益。

另外,水平分析仅考虑了资产负债表各项目在不同期间的变动,没有考虑各项目的内部结构,以及该项目占总体的比重。因此,对资产负债表水平分析表的分析评价还应结合资产负债表垂直分析、资产负债表附注分析和资产负债表项目分析进行,同时还应注意与利润表、现金流量表相结合进行分析评价。

三、资产变动的合理性与效率性分析评价

对总资产变动情况进行分析,不仅要考察其增减变动额和变动幅度,还要对其变动的合理性与效率性进行分析,特别是对企业经营者进行分析时,更要注意到这一点。企业取得资产的目的不是单纯占有资产,而是运用资产以实现企业的目标。资产变动是否合理,直接关系到资产生产能力的形成与发挥,并通过资产的利用效率体现出来,因此,对资产变动合理性与效率性的分析评价,可借助企业产值、销售收入、利润和经营活动现金净流量等指标。

将资产视为企业资源的占用,那么资产变动的合理性,取决于资源的产出。因此,通过资产变动与产值变动、销售收入变动、利润变动及经营活动现金净流量变动的比较,能够对资产变动的合理性与效率性做出评价。比较的结果可能有以下几种情况:

(1)增产、增收、增利或增加经营活动现金净流量的同时增资,但增资的幅度小,表明企业资产利用效率提高,形成资金相对节约。

(2)增产、增收、增利或增加经营活动现金净流量的同时不增资,表明企业资产利用效率提高,形成资金相对节约。

(3)增产、增收、增利或增加经营活动现金净流量的同时减少资产,表明企业资产利用效率提高,形成资金绝对节约和相对节约。

(4)产值、收入、利润、经营活动现金净流量持平,资产减少,表明企业资产利用效率提高,形成资金绝对节约。

(5)增产、增收、增利或增加经营活动现金净流量的同时,资产增加,且资产增加幅度大于增产、增收、增利或增加经营活动现金净流量的幅度,表明企业资产利用效率下降,资产增加不合理。

(6)减产、减收、减利或减少经营活动现金净流量的同时,资产不减或资产减少幅度低于减产、减收、减利或减少经营活动现金净流量的幅度,表明企业资产利用效率下降,资产调整不合理。

(7)减产、减收、减利或减少经营活动现金净流量的同时,资产增加,必然造成资产大量闲置,生产能力利用不足,资产利用效率大幅度下降。

分析时还应注意,有些资产会随产量或销售规模变动而变动,如应收账款、货币资金、存货等;有些资产与产销规模变动没有直接联系,在产销规模发生变动时,这些资产基本不变或只发生较小的变动,如固定资产、无形资产等。分析时,可根据资产与产销变动之间的差异,将随产销规模变动的资产项目与产销变动情况单独比较,以准确评价资产变动的合理性。

四、权益资金变动对企业未来经营影响的分析评价

企业经营规模变动的一种表现形式是企业资产规模的变动,当企业资产规模变动时必然要有相应的资金来源满足其需求。企业可以通过增加或减少负债、投资者追加或收回投资和留存收益这三种方式解决其资金来源。不同的资金来源方式会影响企业的未来经营、财务状况及财务成果,因此,要注意分析评价不同资金来源方式可能产生的影响,以便对企业未来发展做出推断。

（一）举债

在企业资产规模发生变动时,如果企业通过举债方式满足其资金需求,这是一种外延型扩大再生产,可能对企业未来经营产生如下影响:

(1) 负债比重提高,债务负担加重。在其他权益资金项目不变时,企业举债必然会提高资产负债率,企业的资本结构因此而发生变化,财务风险会提高。企业债务负担加重会加大企业的偿债压力,对企业资产流动性要求更高。资金安全是债权人进行信贷决策时要考虑的最重要的因素,当企业不断地通过举债扩大其经营规模时,企业财务风险不断增加,债权人会感到其资金安全受到威胁,会采取减少贷款或停止贷款等相应措施以保证其资金的安全性。如果一个企业单纯地依靠举债扩大其经营规模,没有债权人会无条件地承诺随时会满足企业的资金需求,一旦资金链断裂,企业的经营会受到严重影响甚至威胁到企业的生存。从极端情况来看,企业负债水平的不断提升,会导致企业破产可能性的不断增加。特别是当企业所在行业处于经济下行阶段时,必须要对负债率的提升给予足够的警惕和重视。

(2) 资金制约。理论上,企业能够举借债务的数额存在上限。当企业根据投资需求提升负债水平时,可能很快触及债务上限。这会导致面对未来投资机会时,企业无法通过债务渠道获得资金来源。为此,在分析负债水平时,必须考虑企业未来投资机会和潜在债务上限所产生的资金约束,避免因负债水平过高而无法募集资金,错失投资机会。

(3) 财务杠杆作用加大。负债经营必然会产生相应的财务杠杆作用,负债比率越高,财务杠杆作用越大。需要注意的是,财务杠杆是把"双刃剑",既能帮助企业产生更高的财务收益,也会增加企业的财务风险。企业获取财务杠杆利益的基本前提是总资产报酬率大于负债利息率,企业在进行负债筹资决策时,不能仅考虑资金需求,还要结合其盈利水平,以避免造成财务杠杆损失。

(4) 负债能够约束经理人员的自利行为,产生治理效果。负债水平的提升会导致破产可能性的增加,企业破产不但会导致管理人员失去现有工作,也会导致其声誉受到损害,降低未来收益水平。同时,债务利息的支付会降低管理人员可以自由支配的资源,从而降低其浪费资源的可能性,对企业管理人员形成约束机制。

（二）追加投资

企业经营规模的扩张,也可以通过吸收投资来实现,从本质上讲,这也是一种外延型扩大再生产,可能对企业未来经营产生如下影响:

(1) 资金制约。企业的投资人数量是有限的,这些投资人所拥有的资本也是有限的,任何一个企业,其经营规模的扩张不可能完全依赖投资人的不断追加投资来实现。

(2)运用不当会失去投资人的支持。通过投资人追加投资满足企业规模扩张的资金需求,是企业普遍使用的筹资策略,但若运用不当,会产生消极作用,因为这种策略通常与投资人的最佳利益相悖。投资人将其拥有的资本投资于企业,是期望通过企业的经营活动使资本增值,如果企业无视投资人的这种利益要求,一味地要求投资人追加投资来满足企业规模扩张的资金需求,把投资人当成提款机,就会引起投资人的反感,甚至失去投资人的支持。

(3) 有助于企业财务实力的提升。投资人投资是企业成立的基本前提,其投资规模是企业财务实力的直观表现。投资人追加投资,可以增强企业的财务实力,减轻债务负担,为企业进行资本结构调整、资金筹集、降低财务风险等奠定物质基础。

（三）留存收益

留存收益由两部分组成：一是提取的盈余公积；二是保留的未分配利润。留存收益的数量取决于企业的盈利、盈余公积的提取比例和企业的利润分配政策。留存收益对企业生产经营的作用体现在以下两个方面：

（1）为企业可持续发展提供源源不断的资金来源。企业经营规模的扩张无论是依靠举债还是投资人追加投资都会受到资金制约，而留存收益来源于企业经营所得，是企业主观努力的结果，属于内涵型扩大再生产，是一种"滚雪球式"的增长。

（2）促进企业经营步入良性循环。任何一个企业要想健康发展，单纯依赖外部"输血"是不行的，必须提高自身"造血"功能。企业通过卓有成效的经营，增加自身积累，从根本提高偿债能力、改善财务状况、满足各方利益要求、树立企业形象和争取投资人支持，从而使企业步入良性循环的轨道。

第三节 | 资产负债表垂直分析

一、资产负债表垂直分析表的编制

资产负债表结构反映了资产负债表各项目的相互关系及各项目所占的比重。资产负债表垂直分析是通过计算资产负债表中各项目占总资产或权益总额的比重，分析评价企业资产结构和权益结构的变动情况及合理程度，即分析评价企业资产结构的变动情况及变动的合理性；分析评价企业资本结构的变动情况及变动的合理性。

资产负债表垂直分析可以从静态角度和动态角度两方面进行。从静态角度分析就是以本期资产负债表为分析对象，分析评价其实际构成情况。从动态角度分析就是将资产负债表的本期实际构成与选定的标准进行对比分析，对比的标准可以是上期实际数、预算数和同行业的平均数或可比企业的实际数。对比标准的选择视分析目的而定。

根据 DF 公司的资产负债表，编制 DF 公司资产负债表垂直分析表，如表 2-2 所示。

表 2-2 　　　　　　　　　　　DF 公司资产负债表垂直分析表

单位：元

项目	2021 年	2020 年	2021 年	2020 年	变动情况
流动资产：					
货币资金	1 998 024 746.42	1 565 255 999.33	31.91%	30.37%	1.55%
交易性金融资产	160 000 000.00	0	2.56%	0	2.56%
应收票据	30 519 862.93	110 846 462.74	0.49%	2.15%	−1.66%
应收账款	1 269 085 684.86	1 244 592 456.31	20.27%	24.15%	−3.88%
应收款项融资	196 847 484.25	0	3.14%	0	3.14%

(续表)

项目	2021 年	2020 年	2021 年	2020 年	变动情况
预付款项	133 439 990.52	66 573 763.56	2.13%	1.29%	0.84%
其他应收款	66 136 321.72	78 911 911.01	1.06%	1.53%	−0.47%
其中:应收利息	0	2 423 552.77	0	0.05%	−0.05%
应收股利	0	0	0	0	0
存货	1 404 660 849.37	958 539 776.40	22.43%	18.60%	3.84%
一年内到期的非流动资产	2 963 431.23	0	0.05%	0	0.05%
其他流动资产	20 173 556.30	189 836 928.26	0.32%	3.68%	−3.36%
流动资产合计	5 281 851 927.60	4 214 557 297.61	84.36%	81.76%	2.60%
非流动资产:					
可供出售金融资产	0	21 499 463.85	0	0.42%	−0.42%
长期应收款	11 853 724.93	0	0.19%	0	0.19%
长期股权投资	47 961 245.04	16 309 561.76	0.77%	0.32%	0.45%
其他权益工具投资	12 515 000.00	0	0.20%	0	0.20%
其他非流动金融资产	1 004 162.46	0	0.02%	0	0.02%
投资性房地产	125 721 101.59	130 435 851.93	2.01%	2.53%	−0.52%
固定资产	594 551 482.20	583 265 471.43	9.50%	11.32%	−1.82%
在建工程	5 066 490.83	7 445 592.62	0.08%	0.14%	−0.06%
无形资产	93 943 045.46	95 797 826.35	1.50%	1.86%	−0.36%
开发支出	21 569 167.30	19 919 831.76	0.34%	0.39%	−0.04%
长期待摊费用	21 945 756.85	15 751 787.83	0.35%	0.31%	0.04%
递延所得税资产	43 151 913.62	41 249 225.18	0.69%	0.80%	−0.11%
其他非流动资产	0	8 381 543.00	0	0.16%	−0.16%
非流动资产合计	979 283 090.28	940 056 155.71	15.64%	18.24%	−2.60%
资产总计	6 261 135 017.88	5 154 613 453.32	100%	100%	0
流动负债:					
短期借款	117 800 000.00	132 300 000.00	1.88%	2.57%	−0.69%
应付票据	188 457 849.79	31 367 713.10	3.01%	0.61%	2.40%
应付账款	933 629 978.13	715 093 223.64	14.91%	13.87%	1.04%
预收款项	899 964 596.60	439 453 232.78	14.37%	8.53%	5.85%

（续表）

项目	2021 年	2020 年	2021 年	2020 年	变动情况
应付职工薪酬	233 465 136.52	181 614 552.39	3.73%	3.52%	0.21%
应交税费	61 176 682.06	86 279 415.98	0.98%	1.67%	−0.70%
其他应付款	170 533 763.89	191 114 996.46	2.72%	3.71%	−0.98%
其中:应付利息					
应付股利	136 680.00	136 680.00	0	0	0
流动负债合计	2 605 028 006.99	1 777 223 134.35	41.61%	34.48%	7.13%
非流动负债:					
预计负债	66 315 507.88	60 481 491.76	1.06%	1.17%	−0.11%
递延收益	32 832 920.89	35 787 940.63	0.52%	0.69%	−0.17%
非流动负债合计	99 148 428.77	96 269 432.39	1.58%	1.87%	−0.28%
负债合计	2 704 176 435.76	1 873 492 566.74	43.19%	36.35%	6.84%
所有者权益:					
股本	1 340 727 007.00	1 340 727 007.00	21.41%	26.01%	−4.60%
资本公积	1 198 872 324.15	1 199 317 830.61	19.15%	23.27%	−4.12%
其他综合收益	−7 685 908.29	−71 491.71	−0.12%	0	−0.12%
盈余公积	31 947 577.18	26 509 392.91	0.51%	0.51%	0
未分配利润	696 158 189.72	455 970 699.13	11.12%	8.85%	2.27%
归属于母公司所有者权益合计	3 260 019 189.76	3 022 453 437.94	52.07%	58.64%	−6.57%
少数股东权益	296 939 392.36	258 667 448.64	4.74%	5.02%	−0.28%
所有者权益合计	3 556 958 582.12	3 281 120 886.58	56.81%	63.65%	−6.84%
负债和所有者权益总计	6 261 135 017.88	5 154 613 453.32	100%	100%	0

二、资产负债表结构变动情况的分析评价

资产负债表结构变动情况的分析评价可从以下三个方面进行。

（一）资产结构的分析评价

第一，从静态角度观察企业资产的配置情况,特别关注流动资产和非流动资产的比重以及其中重要项目的比重,分析时可通过与行业的平均水平或可比企业资产结构的比较,对企业资产的流动性和资产风险做出判断,进而对企业资产结构的合理性做出评价。从整体上看,流动资产和非流动资产的比重,主要受制于企业所处的行业。比如,交通运输业的非流动资产所占比重较大;而在教育文化等行业中,非流动资产所占比例并不大。

第二，从动态角度分析企业资产结构的变动情况，对企业资产结构的稳定性做出评价，进而对企业资产结构的调整情况做出评价。

根据表 2-2，可以对 DF 公司资产结构的变动情况做出以下分析评价：

（1）从静态方面分析，一般而言，企业流动资产变现能力较强，其资产风险较小；非流动资产变现能力较差，其资产风险较大。所以，流动资产比重较大时，企业资产的流动性强而风险小，非流动资产比重高时，企业资产弹性较差，不利于企业灵活调度资金，风险较大。本期 DF 公司流动资产比重高达 84.36%，非流动资产比重仅为 15.64%。根据 DF 公司的资产结构，可以认为该公司流动性较强，资产风险较小。

（2）从动态方面分析，本期 DF 公司流动资产比重上升了 2.60%，非流动资产比重下降了 2.60%。结合各资产项目的结构变动来看，在流动资产内部，货币资金比重上升了 1.55%，应收票据、应收账款和应收款项融资合计比重下降了 2.40%（-1.66%-3.88%+3.14%），存货比重上升了 3.84%，交易性金融资产和其他流动资产的比重一升一降，主要是由重分类导致的，除此之外，其他项目变动幅度不是很大，说明 DF 公司的资产结构相对稳定。

（二）资本结构的分析评价

第一，从静态角度观察资本的构成，衡量企业的财务实力，评价企业的财务风险，同时结合企业的盈利能力和经营风险，评价其资本结构的合理性。

第二，从动态角度分析企业资本结构的变动情况，对资本结构的调整情况及对股东收益可能产生的影响做出评价。

根据表 2-2，可以对 DF 公司资本结构的变动情况做出以下分析评价：

（1）从静态方面看，该公司股东权益比重为 56.81%，负债比重为 43.19%，资产负债率还是比较高的，财务风险相对较大。这样的财务结构是否合适，仅凭以上分析难以做出判断，必须结合公司盈利能力，通过权益结构优化分析才能予以说明。

（2）从动态方面分析，该公司的资本结构发生了变动，负债比重上升 6.84%，股权权益比重下降 6.84%。结合各负债项目的结构变动来看，应付票据和应付账款的比重合计上升了 3.44%，预收款项比重上升了 5.85%，其他负债类项目比重变化不大。结合各所有者权益项目的结构变动来看，股本和资本公积的比重分别下降了 4.60% 和 4.12%，未分配利润的比重上升了 2.27%。说明 DF 公司的资本结构还是比较稳定的。

（三）资产负债表整体结构的分析评价

第一，分析资产结构与资本结构的依存关系。企业的资产结构受制于企业的行业性质，不同的行业性质，其资金融通的方式也有差异。因此，尽管总资产与总资本在总额上一定相等，但由不同投资方式产生的资产结构与不同筹资方式产生的资本结构却不完全相同，通常资本结构受制于资产结构，资本结构也会影响资产结构。

第二，分析评价不同结构可能产生的财务结果，以便对企业未来的财务状况及对企业未来经营的影响做出推断。

资产负债表整体结构主要有以下两种表现形式。

1. 稳健结构

稳健结构的主要标志是企业流动资产的一部分资金需要使用流动负债来满足，另一部分资金则需要由非流动负债来满足，其形式如表 2-3 所示。

表 2-3　　　　　　　　　　　　　　稳健结构的资产负债表

流动资产	临时性占用流动资产	流动负债
	永久性占用流动资产	非流动负债
非流动资产		所有者权益

从表 2-3 可以看出,稳健型的资产负债表整体结构的财务结果如下:

(1) 足以使企业保持相当优异的财务信誉,通过流动资产的变现足以满足偿还短期债务的需要,企业风险较小。

(2) 企业可以通过调整流动负债与非流动负债的比例,使负债成本达到企业目标。

(3) 无论是资产结构还是资本结构,都具有一定的弹性,特别是当临时性资产需要降低或消失时,可通过偿还短期债务或进行短期证券投资来调整,一旦临时性资产需要再产生时,又可以重新举借短期债务或出售短期证券来满足其需求。

多数企业资产负债表整体结构都表现为这种形式。

2. 风险结构

风险结构的主要标志是流动负债不仅用于满足流动资产的资金需要,而且还用于满足部分长期资产的资金需要。这一结构形式不因流动负债在多大程度上满足长期资产的资金需要而改变,其形式如表 2-4 所示。

表 2-4　　　　　　　　　　　　　　风险结构的资产负债表

| 流动资产 | 流动负债 |
| 非流动资产 | 非流动负债
所有者权益 |

从表 2-4 可以看出,风险型的资产负债表整体结构的财务结果如下:

(1) 财务风险较大、较高的资产风险与较高的筹资风险不能匹配。流动负债和长期资产在流动性上并不对称,如果通过长期资产的变现来偿还短期内到期的债务,必然给企业带来沉重的偿债压力,从而需要企业大大提高资产的流动性。

(2) 相对于稳健结构形式,其负债成本较低。

(3) 企业存在"黑字破产"的潜在危险,由于企业时刻面临偿债的压力,一旦市场发生变动,或意外事件发生,就可能引发企业资产经营风险,使企业资金周转不灵而陷入财务困境,造成企业因不能偿还到期债务而"黑字破产"。在实务中,风险结构的企业可能是希望利用流动负债成本较低的优势,来显示更为优异的业绩表现。但是,流动负债较高的财务风险往往会抵消其融资成本的优势。"短贷长用"企业通常会表现出风险结构的资产负债表。

这一结构形式只适用于企业处在发展壮大时期,或者在短期内作为一种财务策略来使用。

根据 DF 公司的资产负债表垂直分析表(表 2-2)可以发现,该公司 2021 年流动资产的比重为 84.36%,流动负债的比重为 41.61%,属于稳健型结构。该公司 2020 年流动资产的比重为81.76%,流动负债的比重为34.48%。从动态方面看,相对于2020年,虽然该公司的资产结构有所改变,但该公司资产结构与资本结构适应程度的性质并未改变。

三、资产结构、负债结构和股东权益结构的具体分析评价

(一)资产结构的具体分析评价

企业资产结构的具体分析评价应特别关注以下三个方面。

1. 经营资产与非经营资产的比例关系

企业所占有的资产是企业进行经营活动的物质基础,但并不是所有的资产都是用于企业自身经营的,其中有些资产被其他企业所运用,如一些债权类资产和投资类资产;有些资产已转化为今后的费用,如长期待摊费用、开发支出和递延所得税资产等。尽管这些是企业的资产,但已无助于企业自身经营。如果这些非经营资产所占比重过大,企业的经营能力就会远远小于企业总资产所表现出来的经营能力。当企业资产规模增长时,从表面上看,似乎是企业经营能力增加了,但如果仅仅是非经营资产比重增加,经营资产比重反而下降,是不能真正提高企业的经营能力的。区分经营资产和非经营资产有助于深入分析企业的经营活动。若生产型企业出现非经营资产高于经营资产,特别是金融性非经营资产较高,这表明企业可能并没有将经营管理的重心放在主业之上。

根据表2-1的资料,整理编制DF公司经营资产与非经营资产结构分析表,如表2-5所示。

表2-5   **DF公司经营资产与非经营资产结构分析表**

单位:元

项目	金额		结构		
	2021年	2020年	2021年	2020年	变动情况
经营资产:					
货币资金	1 998 024 746.42	1 565 255 999.33	31.91%	30.37%	1.55%
预付款项	133 439 990.52	66 573 763.56	2.13%	1.29%	0.84%
存货	1 404 660 849.37	958 539 776.40	22.43%	18.60%	3.84%
固定资产	594 551 482.20	583 265 471.43	9.50%	11.32%	−1.82%
在建工程	5 066 490.83	7 445 592.62	0.08%	0.14%	−0.06%
无形资产	93 943 045.46	95 797 826.35	1.50%	1.86%	−0.36%
经营资产合计	4 229 686 604.80	3 276 878 429.69	67.55%	63.57%	3.98%
非经营资产:					
交易性金融资产	160 000 000.00	0	2.56%	0	2.56%
应收票据	30 519 862.93	110 846 462.74	0.49%	2.15%	−1.66%
应收账款	1 269 085 684.86	1 244 592 456.31	20.27%	24.15%	−3.88%
应收款项融资	196 847 484.25	0	3.14%	0	3.14%

(续表)

项目	金额		结构		
	2021 年	2020 年	2021 年	2020 年	变动情况
其他应收款	66 136 321.72	78 911 911.01	1.06%	1.53%	−0.47%
其中:应收利息	0	2 423 552.77	0	0.05%	−0.05%
应收股利	0	0	0	0	0
一年内到期的非流动资产	2 963 431.23	0	0.05%	0	0.05%
其他流动资产	20 173 556.30	189 836 928.26	0.32%	3.68%	−3.36%
可供出售金融资产	0	21 499 463.85	0	0.42%	−0.42%
长期应收款	11 853 724.93	0	0.19%	0	0.19%
长期股权投资	47 961 245.04	16 309 561.76	0.77%	0.32%	0.45%
其他权益工具投资	12 515 000.00	0	0.20%	0	0.20%
其他非流动金融资产	1 004 162.46	0	0.02%	0	0.02%
投资性房地产	125 721 101.59	130 435 851.93	2.01%	2.53%	−0.52%
开发支出	21 569 167.30	19 919 831.76	0.34%	0.39%	−0.04%
长期待摊费用	21 945 756.85	15 751 787.83	0.35%	0.31%	0.04%
递延所得税资产	43 151 913.62	41 249 225.18	0.69%	0.80%	−0.11%
其他非流动资产	0	8 381 543.00	0	0.16%	−0.16%
非经营资产合计	2 031 448 413.08	1 877 735 023.63	32.45%	36.43%	−3.98%
资产总计	6 261 135 017.88	5 154 613 453.32	100%	100%	0

根据表 2-5 可以看出,DF 公司的经营性资产与非经营性资产都有所增长,但由于经营资产的增长速度高于非经营资产的增长速度,经营资产的比重还是增加了 3.98%,表明该公司的实际经营能力有所增长。

2. 固定资产与流动资产的比例关系

一般而言,固定资产的盈利能力较强,但是流动性较差,风险较高;而流动资产的盈利能力较弱,流动性较强,风险较低。企业固定资产与流动资产之间只有保持合理的比例结构,才能形成现实的生产能力,否则,就有可能造成部分生产能力闲置或加工能力不足。以下三种固流结构政策可供企业选择:

(1)适中的固流结构政策。采取这种策略,即将固定资产存量与流动资产存量的比例保持在平均水平。在这种情况下,企业的盈利水平一般,风险程度一般。

(2)保守的固流结构政策。采取这种策略,流动资产的比例较高。在这种情况下,由于增加了流动资产,企业资产的流动性提高,资产风险会因此降低,但可能导致盈利水平的下降。

(3) 激进的固流结构政策。采取这种策略,固定资产的比例较高。在这种情况下,由于增加了固定资产,会相应提高企业的盈利水平,同时可能导致企业资产的流动性降低,资产风险会因此提高。

从表 2-2 的分析可以看出,DF 公司本年度流动资产比重为 84.36%,固定资产比重为 15.64%,固流比例大致为 1∶5.39,上年度流动资产比重为 81.76%,固定资产比重为 18.24%,固流比例大致为 1∶4.48,固流比例有所提升。说明该公司资产的流动性提高,资产的风险有所下降。

3. 流动资产的内部结构

流动资产内部结构是指组成流动资产的各个项目占流动资产总额的比重。分析流动资产结构,可以了解流动资产的分布情况、配置情况、资产的流动性及支付能力。

根据表 2-1 的资料,编制流动资产结构分析表,如表 2-6 所示。

表 2-6　　　　　　　　　　流动资产结构分析表　　　　　　　　　单位:元

项目	金额		结构		
	2021 年	2020 年	2021 年	2020 年	差异
货币资产	1 998 024 746.42	1 565 255 999.33	37.83%	37.14%	0.69%
债权资产	1 696 029 344.28	1 500 924 593.62	32.11%	35.61%	−3.50%
存货资产	1 404 660 849.37	958 539 776.40	26.59%	22.74%	3.85%
其他	183 136 987.53	189 836 928.26	3.47%	4.50%	−1.04%
流动资产合计	5 281 851 927.60	4 214 557 297.61	100%	100%	0

从表 2-6 可以看出,货币资产比重略有上升,公司的即期支付能力较为稳定;债权资产比重虽然有所下降,但其比重较高,应当引起注意;存货的比重上升,表明生产过程中可能遇到某些不利因素,导致存货有所积压。流动资产结构变化的分析,需要选择恰当的标准,选择行业标准或预算标准较为合适。最重要的是,需要将流动资产结构变动与公司经营情况变动相结合,才能正确评价资产结构的合理性。

(二) 负债结构的具体分析评价

1. 负债结构分析应考虑的因素

负债是指过去的交易、事项形成的现时义务,履行该义务预期会导致经济利益流出企业。根据债务偿还期限,负债可以分为流动负债和非流动负债,需要在一年内偿还的债务称为流动负债,其余则为非流动负债。

负债结构是因为企业采用不同负债筹资方式所形成的,是负债筹资的结果,因此,负债结构分析必须结合其他相关因素进行。

(1) 负债结构与负债规模。负债结构反映的是各种类型债务在全部负债中的组成情况,负债结构与负债规模相关,却不能说明负债规模的大小。负债结构变化既可能是负债规模变化引起的,也可能是负债各项目变化引起的。分析时,只有联系负债规模,才能真正揭示出负债结构变动的原因和趋势。

(2)负债结构与负债成本。企业举债,不仅要按期归还本金,还要支付利息,这是企业使用他人资金必须付出的代价,通常称为资金成本。企业在筹集资金时,总是希望付出最低的代价,对资金成本的权衡,会影响到企业筹资方式的选择,进而对负债结构产生影响。反过来,负债结构的变化也会对负债成本产生影响。这是因为,不同的负债筹资方式所取得的资金,其资金成本是不一样的,任何一个企业都很难只用一种负债筹资方式来获取资金,当企业用多种负债筹资方式筹资时,其负债成本的高低除了与各种负债筹资方式的资金成本相关外,还取决于企业的负债结构。

(3)负债结构与债务偿还期限。这是负债结构分析要考虑的一个极其重要的因素。负债是必须要按期偿付的,企业在举债时,就应当根据债务的偿还期限来安排负债结构。企业负债结构是否合理的一个重要标志就是使债务的偿还时间与企业现金流入的时间相吻合,债务的偿还金额与现金流入量相适应。如果企业能够根据其现金流入的时间和流入量妥善安排举债的时间、偿债的时间和债务金额,使各种长、短期债务相配合,各种长、短期债务的偿还时间分布合理,企业就能及时偿付各种到期债务,维护企业信誉。否则,如果债务结构不合理,各种债务偿还期相对集中,就可能产生偿付困难,造成现金周转紧张的局面,影响到企业的形象,也会增加企业今后通过负债筹资的难度。

(4)负债结构与财务风险。企业的财务风险源于企业采用的负债经营方式。不同类型的负债,其风险是不同的,在安排企业负债结构时,必须考虑到这种风险。任何企业,只要采取负债经营方式,就不可能完全回避风险,但通过合理安排负债结构降低风险是完全可以做到的。一般说来,短期负债的风险要高于长期负债,这是因为长期负债的偿还期较长,使企业有充裕的时间为偿还债务积累资金,虽有风险,但相对较小。如果企业以多期的短期负债相衔接来满足长期资金的需要,可能因频繁的债务周转而发生一时无法偿还的情况,从而落入财务困境,甚至导致企业破产。

(5)负债结构与经济环境。企业生产经营所处的经济环境也是影响企业负债结构的因素之一,其中,资本市场的资金供求情况尤为重要。当国家紧缩银根时,企业取得短期借款就可能比较困难,其长期债务的比重就会高些;反之,企业较容易取得贷款时,其流动负债的比重就会大些。在这种情况下,经济环境对企业负债结构的影响是主要方面,企业自身的努力也会发挥相当的作用。

(6)负债结构与筹资政策。企业负债结构的安排和变动受到许多主、客观因素的影响和制约,企业筹资政策是一个纯粹的主观因素。企业根据自身的经营状况和资产配置情况所制定的筹资政策,直接决定企业的负债结构。从这个意义上说,负债结构分析也是筹资政策分析。

2. 典型负债结构分析评价

负债的不同分类方式,可以形成不同的负债结构,因此,对负债结构的分析,可以从以下三个方面来进行:

(1)负债期限结构分析评价。负债按期限长短分为流动负债和非流动负债,负债的期限结构可以用流动负债比率和非流动负债比率来表示。根据表2-1,经整理编制负债期限结构分析表,如表2-7所示。

表 2-7 负债期限结构分析表 单位：元

项目	金额		结构		
	2021 年	2020 年	2021 年	2020 年	差异
流动负债	2 605 028 006.99	1 777 223 134.35	96.33％	94.86％	1.47％
非流动负债	99 148 428.77	96 269 432.39	3.67％	5.14％	−1.47％
负债合计	2 704 176 435.76	1 873 492 566.74	100％	100％	0

负债期限结构更能说明企业的负债筹资政策。从表 2-7 可以看出，DF 公司流动负债比重高达 96％左右，并且在不同年份间差别不大。短期资金来源的成本较低，但是对于企业流动性要求较高，带来较大的财务风险。这也意味着必须时刻关注公司资产的流动性，以避免财务风险事件出现。

（2）负债方式结构分析评价。负债按其取得方式的不同可以分为银行信用、商业信用、应交款项、内部结算款项、外部结算款项、应付债券、应付股利和其他负债等。根据表 2-1，将负债按取得来源和方式汇总整理后，编制负债方式结构分析表，如表 2-8 所示。

表 2-8 负债方式结构表 单位：元

项目	金额		结构		
	2021 年	2020 年	2021 年	2020 年	差异
银行信用	117 800 000.00	132 300 000.00	4.36％	7.06％	−2.71％
应付债券	0	0	0	0	0
商业信用	1 122 087 827.92	746 460 936.74	41.49％	39.84％	1.65％
应交款项	61 176 682.06	86 279 415.98	2.26％	4.61％	−2.34％
内部结算款项	233 465 136.52	181 614 552.39	8.63％	9.69％	−1.06％
外部结算款项	170 397 083.89	190 978 316.46	6.30％	10.19％	−3.89％
应付股利	136 680.00	136 680.00	0.01％	0.01％	0
其他负债	999 113 025.37	535 722 665.17	36.95％	28.59％	8.35％
负债合计	2 704 176 435.76	1 873 492 566.74	100％	100％	0

表 2-8 说明，公司商业信用是公司负债资金的最主要来源。商业信用主要利用公司在经营过程中，与供应商形成的商业关系实现融资，DF 公司 2021 年商业信用所占比重高达 41.49％，比重比 2020 年增加 1.65％，应注意该项目可能对公司声誉产生的影响。虽然银行信贷资金的风险要高于其他负债方式所筹资金的风险，但 DF 公司的银行信用占比不高，且呈下降趋势，其风险也有所下降，因此不需要过分关注。此外，还应注意到其他负债所占比例较高的现象，DF 公司的其他负债主要为预收款项。

（3）负债成本结构分析评价。各种负债，由于其来源渠道和取得方式不同，成本也有较大差异。有些负债,如应付账款等,基本属于无成本负债。有些负债,如短期借款,则属于低成本负债。长期借款、应付债券等则属于高成本负债。根据对各种负债成本的划分,然后进行归类整理,就会形成负债成本结构。

根据表 2-1,经整理后编制负债成本结构分析表,如表 2-9 所示。

表 2-9 负债成本结构分析表 单位:元

项目	金额		结构		
	2021 年	2020 年	2021 年	2020 年	差异
无成本负债	2 586 376 435.76	1 741 192 566.74	95.64%	92.94%	2.71%
低成本负债	117 800 000.00	132 300 000.00	4.36%	7.06%	−2.71%
高成本负债	0	0	0	0	0
负债合计	2 704 176 435.76	1 873 492 566.74	100%	100%	0

从表 2-9 可以看出,无成本负债在全部负债中占据绝对主导地位,占比高达 95.64%,比 2020 年提高 2.71%。这与负债方式分析中,商业信用占比较高的结果相一致。再加上低成本负债比重降低了 2.71%,且无高成本负债,这必然使得企业负债平均成本下降。但是,需要强调的是,虽然商业信用并不会产生较高的直接负债成本,但是若不能及时支付货款,将对公司的声誉产生较大负面的影响,不利于经营活动的开展。

(三)股东权益结构的具体分析评价

1. 股东权益结构分析应考虑的因素

股东权益是指所有者在企业资产中享有的经济利益,其金额为资产减去负债后的余额。股东权益是由企业投资人投资和企业生产经营所得净收益的积累而形成的,具体包括四部分:①投资人直接投资所形成的投入资本;②资本公积;③从生产经营所得净收益中提取的盈余公积;④保留的未分配利润的积累。

股东权益又称为自有资本、主权资金、权益资金,是企业资金来源中最重要的组成部分,是其他资金来源的前提和基础。权益资金在企业生产经营期间不需返还,是可供企业长期使用的永久性资金,而且没有固定的利息负担。所以,权益资金越多,企业的财务实力越雄厚,财务风险越小,如果企业的资金全部是权益资金,则无财务风险可言。

股东权益结构是企业采用权益筹资方式而形成的,是权益筹资的结果。对股东权益结构进行分析,必须考虑以下因素:

(1)股东权益结构与股东权益总量。股东权益结构变动可能是由股东权益总量变动引起的,也可能是由股东权益内部各项目本身变动引起的,两者的变化可分为三种情况:①总量变动,结构变动。例如,当各具体项目发生不同程度变动时,其总量会因此变动,但由于各项目变动幅度不同,其结构会随之变动。例如,经营活动带来未分配利润的增加。②总量不变,结构变动。这是由股东权益内部各项目之间相互转化造成的。例如,以资本公积转增股本。③总量变动,结构不变。当股东权益内部各项目按相同比例呈同方向变动时,会出现这种情况。实务中第三种情况几乎没有,而第一种、第二种情况却是普遍存在的。

(2)股东权益结构与企业利润分配政策。股东权益虽然由四个部分组成,实质上却可以分为两类：投资人投入的资本和生产经营活动形成的积累。一般说来，投资人投资不是经常变动的，因此，由企业生产经营获得的利润积累会直接影响股东权益结构，而这完全取决于企业的生产经营业绩和利润分配政策。如果企业奉行高利润分配政策，就会把大部分利润分配给投资者，留存收益的数额就较小，股东权益结构变动就不太明显，生产经营活动形成的股东权益所占比重就较低；反之，其比重就较高。

（3）股东权益结构与企业控制权。企业的真正控制权掌握在投资人手里，特别是投资比例较大的投资人。如果企业吸收新的投资人追加投资来扩大企业规模，就会增加股东权益中投入资本比重，使股东权益结构发生变化，同时也会分散企业的控制权。如果投资人不想他对企业的控制权被分散，在企业需要资金时，会倾向于采取负债筹资方式，在其他条件不变时，既不会引起企业股东权益结构发生变动，也不会分散企业控制权。

（4）股东权益结构与股东权益资金成本。股东权益结构影响股东权益资金成本的一个基本前提是，股东权益各项目的资金成本不同。事实上，在股东权益各项目中，只有投资人投入的资本，才会发生实际资金成本支出，其余各项目是一种无实际筹资成本的资金来源，其资金成本只不过是机会成本，即它们无须像投入资本那样分配企业的利润。从理论上看，企业必须给予投资者应有的回报，否则投资者可以通过各种方式进行反击。例如，如果企业不能实现资本的价值，投资者能够撤换管理层。但是，在实务中，考虑到我国资本市场的实际情况，投资者在利益受到损害时，很难通过上述途径保护自己的利益。因而，这类资金的成本通常被视为低于投入资本。基于此类资金的这一特点，在股东权益中，这类资金比重越大，股东权益资金成本就越低。

（5）股东权益结构与经济环境。企业筹资渠道有多条，筹资方式也有多种，企业可以根据需要进行选择。企业在选择筹资渠道和筹资方式时，不仅取决于企业的主观意愿而且还受外界经济环境影响。例如，当资金市场比较宽松时，企业可能更愿意通过举债来筹集资金，这样既可以降低整个企业的资金成本，又可以获得财务利益，而资金市场紧张时企业则会利用产权筹资方式来筹集资金，更注意企业自身的积累，其结果就会影响到股东权益结构。

2. 股东权益结构分析评价

股东权益结构变动情况分析依据资产负债表提供的资料，采用垂直分析法进行。

根据表 2-1 提供的资料，编制股东权益结构变动情况分析表，如表 2-10 所示。

表 2-10　　　　　　　　　　　股东权益结构变动情况分析表　　　　　　　　　　单位：元

项目	金额		结构		
	2021 年	2020 年	2021 年	2020 年	差异
股本	1 340 727 007.00	1 340 727 007.00	41.13%	44.36%	−3.23%
其他权益工具	0	0	0	0	0
资本公积	1 198 872 324.15	1 199 317 830.61	36.78%	39.68%	−2.91%
其他综合收益	−7 685 908.29	−71 491.71	−0.24%	0	−0.23%
专项储备	0	0	0	0	0

（续表）

项目	金额		结构		
	2021 年	2020 年	2021 年	2020 年	差异
盈余公积	31 947 577.18	26 509 392.91	0.98%	0.88%	0.10%
一般风险准备	0	0	0	0	0
未分配利润	696 158 189.72	455 970 699.13	21.35%	15.09%	6.27%
归属于母公司 所有者权益合计	3 260 019 189.76	3 022 453 437.94	100%	100%	0

从表 2-10 可以看出，从静态方面分析，投入资本仍然是该公司股东权益的最重要来源。从动态方面分析，本期投入资本没有变动，但因为本年留存收益的增加幅度较大，使投资人投入资本的比重下降了，说明该公司股东权益结构的变动主要是生产经营上的原因引起的。

第四节 资产负债表重点项目分析

一、主要资产项目分析

（一）货币资金

货币资金包括现金、银行存款和其他货币资金。货币资金是企业流动性最强、最有活力的资产，同时又是获利能力最低，或者说几乎不产生收益的资产，其拥有量过多或过少对企业生产经营都会产生不利影响。货币资金分析应关注以下两个方面。

1. 分析货币资金发生变动的原因

企业货币资金变动的主要原因可能是：

（1）销售规模的变动。企业销售商品或提供劳务是取得货币资金的重要途径，当销售规模发生变动时，货币资金存量规模必然会发生相应的变动，并且两者具有一定的相关性。

（2）信用政策的变动。在销售时，企业提高现销比例，货币资金存量规模就会变大些；反之，货币资金存量规模就会小些。如果企业奉行较严格的收账政策，收账力度较大，货币资金存量规模就会大些。

（3）为大笔现金支出做准备。在企业生产经营过程中，可能会发生大笔的现金支出，如准备派发现金股利，偿还将要到期的巨额银行贷款，或集中购货等，企业为此必须提前做好准备，积累大量的货币资金以备需要，这样就会使货币资金存量规模变大。

（4）资金调度。一般来说，企业货币资金存量规模过小，会降低企业的支付能力；反之，如果货币资金存量规模过大，则会使企业丧失这部分资金的获利机会，影响企业资金的利用效果。企业管理人员对资金的调度会影响货币资金存量规模，如在货币资金存量规模过小时通过筹资活动提高其存量规模，而在其存量规模较大时，通过短期证券投资的方法加以充分利用,就会降低其存量规模。

(5) 所筹资金尚未使用。企业通过发行新股、债券和银行借款而取得大量现金,但由于时间关系而没来得及运用或暂时没有合适的投资机会进行投资,就会形成较大的货币资金余额。

2. 分析货币资金规模及变动情况与货币资金比重及变动情况是否合理

货币资金是企业资产中的一项特殊资产,其特殊性表现在货币资金是满足企业正常经营必不可少的资产,但它又是几乎不产生收益的资产。货币资金存量过低,不能满足日常经营所需;存量过高,既影响资产的利用效率,又降低资产的收益水平。因此,企业货币资金存量及比重是否合适应结合以下因素进行分析:

(1) 企业货币资金的目标持有量。企业货币资金的目标持有量是指既能满足企业正常经营需要,又避免现金闲置的合理存量。企业应根据其目标持有量,控制货币资金存量规模及比重。

(2) 资产规模与业务量。一般说来,企业资产规模越大,业务量越大,处于货币资金形态的资产就可能越多。这里的业务量,不但包括现有业务,还包括潜在的投资机会。企业会为可能出现的潜在业务而储备一定量的现金。

(3) 企业融资能力。如果企业有良好信誉,融资渠道畅通,就没有必要持有大量的货币资金,其货币资金的存量与比重就可以低些。

(4) 企业运用货币资金的能力。如果企业运用货币资金的能力较强,能灵活进行资金调度,那么货币资金的存量与比重便可维持较低水平。

(5) 行业特点。行业特点由其行业性质决定。处于不同行业的企业,其货币资金存量与比重会有差异。

根据表 2-1 和表 2-2 可以对 DF 公司的货币资金存量规模、比重及变动情况作如下分析评价:

(1) 从存量规模及变动情况看,该公司本期货币资金比上年增加了 432 768 747.09,元,增长了 27.65%,增长幅度较大,究其原因:一是营业收入增长了 12.36%,使货币资金相应增加;二是预收款项增加 460 511 363.82 元,使货币资金有所增加。

(2) 从比重及变动情况来看,期末货币资金比重为 31.91%,期初比重为 30.37%,货币资金比重上升了 1.55%。虽然本期货币资金比重上升幅度不大,但货币资金的比重相对较高,公司应该注意控制其存量和规模。

(二) 应收款项

应收款项主要包括应收账款(应收票据)和其他应收款,两者产生的原因不同,所以分析时也应分别进行。另外,坏账准备作为应收款项的备抵科目,也被经常用来进行利润调整,从而对资产负债表和利润表产生影响。

1. 应收账款(应收票据)

应收账款是企业提供商业信用所产生的。单纯从资金占用角度讲,应收账款的资金被占用是一种最不经济的行为,但这种损失往往可以通过企业扩大销售而得到补偿,所以,应收账款的资金占用又是必要的。对应收账款的分析,应从以下四个方面进行。

(1) 关注企业应收账款的规模及变动情况。企业销售产品是应收账款形成的直接原因,在其他条件不变时,应收账款会随销售规模的增加而同步增加。如果企业的应收账款增长率超过销售收入、流动资产和速动资产等项目的增长率,就可以初步判断其应收账款存在不合理增长的倾向,对此,应分析应收账款增加的具体原因是否正常。从经营角度讲,应收账款变动可能出于以下原因:①企业销售规模变动导致应收账款变动。②企业信用政策改变,当企业实行比较严格的信用政策时,应收账款的规模就会小些;反之,则会大些。③企业收账政策或收账工作执行情况。当企业采取较严格的收账政策或收账工作得力时,应收账款的规模就会小些;反之,则会大些。④应收账款质量不高,存在长期挂账且难以收回的账款,或因客户发生财务困难,暂时难以偿还所欠货款。

(2)分析会计估计变更的影响。由于企业经营活动中存在不确定因素,某些会计报表项目不能精确地计量,而只能加以估计。会计估计变更是因为:①赖以进行估计的基础发生变化,或者由于取得新的信息、积累更多的经验以及后来的发展变化,可能需要对会计估计进行修订。②会计的随意性。企业管理人员为达到特定的目的,如追求高盈利,使用带有倾向性的假设对当前业务的未来结果做出预测。如果会计估计变更是因为①发生的,这种变更会增加财务报表资料的真实性,但如果是因为②发生的,财务报表资料就可能会掩盖某些事实,造成财务信息人为失真。无论哪种情况发生,对应收账款的会计估计变更,最终都会使应收账款发生变动。

(3)分析企业是否利用应收账款进行利润调节。企业利用应收账款进行利润调节的案例屡见不鲜,因此,分析时要特别关注:①应收账款的异常增长,特别是会计期末突发性产生的与营业收入相对应的应收账款。如果一个企业平时的营业收入和应收账款都很均衡,而唯独第四季度特别是12月份营业收入猛增,并且与此相联系的应收账款也直线上升,就有理由怀疑企业可能通过虚增营业收入或提前确认收入进行利润操纵。②应收账款中关联方应收账款的金额与比例。由于关联方之间的交易并不总是按照市场价格进行,因此关联方交易为企业提供了操纵利润的盈余管理机会。如果一个企业应收账款中关联方应收账款的金额增长异常或所占比例过大,应视为企业可能利用关联交易进行利润调节的信号。

(4)特别关注企业是否有应收账款巨额冲销行为。一个企业巨额冲销应收账款,特别是其中的关联方应收账款,是不正常的,通常是在还历史旧账,或者是为今后进行盈余管理扫清障碍。

根据表2-1的信息可知,DF公司本年应收账款、应收票据和应收款项融资合计余额为1 496 453 032.04,比上年增加了141 014 112.99元,增长率为10.4%。与营业收入的增长比例(12.36%)基本一致。

2. 其他应收款

其他应收款的发生通常是由企业间或企业内部往来事项引起的。实务中,一些上市公司为了某种目的,常常把其他应收款作为企业调整成本费用和利润的手段,甚至公司大股东会通过该项目侵占公司利益,分析时对其他应收款项目应予以充分注意。其他应收款分析应关注以下五个方面。

(1)其他应收款的规模及变动情况。分析时应注意观察其他应收款增减变动趋势,如果其他应收款规模过大,或有异常增长现象,如其他应收款余额远远超过应收账款余额,其他应收款增长率大大超过应收账款增长率,就应注意分析企业是否有利用其他应收款进行利润操纵的行为。

（2）其他应收款包括的内容。一些企业常常把其他应收款项目当成蓄水池,任意调整成本费用,进而达到调节利润的目的。分析时要注意:①是否将应计入当期成本费用的支出计入其他应收款;②是否将本应计入其他项目的内容计入其他应收款。

（3）关联方其他应收款余额及账龄。近年来,大股东占用巨额上市公司资金的事例频繁曝光,已严重威胁到上市公司的正常经营。分析时应结合会计报表附注,观察是否存在大股东或关联方长期、大量占用上市公司资金,造成其他应收款余额长期居高不下的现象。

（4）是否存在违规拆借资金。上市公司以委托理财等名义违规拆借资金往往借助其他应收款来实现。特别要注意的是,其他应收款是否成为大股东或者实际控制人占用公司资金的手段。针对该类问题,可以分析其他应收款是否涉及公司的关联方。

（5）分析会计政策变更对其他应收款的影响。根据表 2-1 和表 2-2 以及 DF 公司会计报表附注可知,该公司本年其他应收款余额为 66 136 321.72 元,占总资产 1.06%,上年其他应收款余额为 78 911 911.01 元,占总资产 1.53%,本年其他应收款减少 12 775 589.29 元,变动率为 16.19%。其他应收款所占比重并不高,且比重有所下降。前五名欠款合计占比仅为 15.74%,款项性质全部为非关联方保证金,说明债务人分布较为分散,不存在关联方占用或大股东掏空行为。

3. 坏账准备

坏账准备的分析应关注以下三个方面。

（1）分析坏账准备的提取方法、提取比例的合理性。按会计制度规定,企业可以自行确定计提坏账准备的方法和计提的比例。这可能导致一些企业出于某种动机,利用会计估计的随意性选择提取比例,随意选择计提方法,人为地调节应收款项净额和当期利润。

（2）比较企业前后会计期间坏账准备提取方法、提取比例是否改变。一般说来,企业坏账准备的提取方法和提取比例一经确定,就不能随意变更了。企业随意变更坏账准备的提取方法和提取比例,往往隐藏着一些不可告人的目的。分析时应首先查明当企业坏账准备提取方法和提取比例变更时,企业是否按照信息披露制度的规定,对其变更原因予以说明。然后分析企业这种变更的理由是否充分合理,区分是正常的会计估计变更还是为了调节利润。

（3）区别坏账准备提取数变动的原因。坏账准备提取数发生变动,既可能是由应收款项变动引起的,也可能是由会计政策或会计估计变更引起的,分析时应加以区别。

根据 DF 公司的资产负债表和会计报表附注,对该公司坏账准备变动情况作如下分析:应收票据的坏账准备是按组合计提的,计提比例为 0.36%;应收账款坏账准备可分为按单项计提和按组合计提,金额分别占了应收账款余额的 0.82% 和 99.18%。按单项坏账准备平均计提比例为 92.12%,按组合平均计提比例为 8.50%。对于应收账款和应收票据,无论是否包含重大融资成分,DF 公司始终按照相当于整个存续期内预期信用损失的金额计量其损失准备。对于其他应收款,DF 公司根据其性质划分了不同的组合,参考历史信用损失经验,结合当前状况以及对未来经济状况的预测,通过违约风险敞口和未来 12 个月内或整个存续期预期信用损失率,计算预期信用损失。

（三）存货

存货是一个企业最重要的流动资产之一,通常在流动资产中占很大的比例。存货核算的准确性对资产负债表和利润表有较大的影响,因此,应特别重视对存货的分析。存货分析主要包括存货构成分析和存货计价分析。

1. 存货构成分析

企业存货资产按其性质可分为原材料存货、在产品存货和产成品存货。存货构成分析既包括各类存货规模与变动情况分析,也包括各类存货结构与变动情况分析。

(1) 存货规模与变动情况分析。存货规模与变动情况分析,主要是观察各类存货的变动情况与变动趋势,分析各类存货增减变动的原因。在分析存货规模和变动情况时,需要将存货信息与企业所处行业的生产经营特点,上下游行业的联动效应以及供应商和客户关系相结合。

根据 DF 公司财务报表附注提供的资料,编制该公司存货变动情况分析表,如表 2-11 所示。

表 2-11   存货变动情况分析表

单位:元

项目	2021 年	2020 年	变动情况	
			变动额	变动率
原材料	107 441 049.51	133 574 688.58	−26 133 639.07	−19.56%
在产品	267 467 020.88	171 545 829.28	95 921 191.60	55.92%
库存商品	1 060 764 880.04	682 580 496.71	378 184 383.33	55.41%
存货总值	1 435 672 950.43	987 701 014.57	447 971 935.86	45.36%
存货跌价准备	31 012 101.06	29 161 238.17	1 850 862.89	6.35%
存货净值	1 404 660 849.37	958 539 776.40	446 121 072.97	46.54%

根据表 2-11 可知,按照存货资产总值计算,本年度存货资产增加 447 971 935.86 元,增长率为 45.36%。按照存货净值计算,则增加了 446 121 072.97 元,增长率为 46.54%。虽然存货净值变动比率高于存货总值的变动比率,但这只是存货资产因计提跌价准备而造成的价值量变动,这种变化对生产经营活动本身不会产生实质影响。对生产经营活动进行分析时,还是应依据存货资产总值变动进行评价。

企业各类存货规模及其变动是否合理,应结合企业具体情况进行分析评价。材料存货和在产品存货是保证企业生产经营活动连续进行必不可少的条件。一般说来,随着企业生产规模的扩大,材料存货和在产品存货相应增加是正常的,其非正常减少会对今后企业生产的连续性产生影响。本例中,DF 公司本年度销售收入增长 12.36%,在产品和库存商品的都增长了 55% 左右,说明企业可能正在储备存货以应对销售规模的扩大,但也应注意,过多的存货会占用资金,造成资源浪费,也会增加管理难度。

(2) 存货结构与变动情况分析。存货资产结构指各种存货资产在存货总额中的比重。各种存货资产在企业再生产过程中的作用是不同的,其中库存商品是存在于流通领域的存货,不是保证企业再生产过程不间断进行的必要条件,必须压缩到最低限度。材料类存货是维护再生产活动的必要物质基础,然而它只是生产的潜在因素,所以应把它限制在能够保证再生产正常进行的最低水平上。在产品存货是保证生产过程连续性的存货,企业的生产规模和生产周期决定了在产品存货的存量,在企业正常经营条件下,在产品存货应保持一个稳定的比例。

企业生产经营的特点决定了企业存货资产的结构,在正常情况下,存货资产结构应保持相对的稳定性。分析时,应特别注意对变动较大的项目进行重点分析。任何存货资产比重的剧烈变动,都表明企业生产经营过程中有异常情况发生,因此应深入分析其原因,以便采取有针对性的措施加以纠正。

根据 DF 公司财务报表附注提供的资料,编制存货资产结构分析表,如表 2-12 所示。

表 2-12 　　　　　　　　　　存货资产结构分析表 　　　　　　　　　　单位:元

项目	金额		结构		
	2021 年	2020 年	2021 年	2020 年	差异
原材料	107 441 049.51	133 574 688.58	7.48%	13.52%	−6.04%
在产品	267 467 020.88	171 545 829.28	18.63%	17.37%	1.26%
库存商品	1 060 764 880.04	682 580 496.71	73.89%	69.11%	4.78%
存货总值	1 435 672 950.43	987 701 014.57	100%	100%	0
存货跌价准备	31 012 101.06	29 161 238.17	—	—	—
存货净值	1 404 660 849.37	958 539 776.40			

从表 2-12 可以看出,DF 公司存货中所占比重较大的是库存商品,比重高达 73.89%,且有上升的趋势。原材料比重下降,说明企业生产加速,储备了更多的产成品。

2. 存货计价分析

存货的计价方法、存货的盘存制度和跌价准备的计提等因素也会影响存货的变动。虽然存货的计价方法不会改变存货实物量,但是计价方法能够反映出企业存货管理水平和管理人员对未来经营趋势的预期。

(1) 分析企业对存货计价方法的选择与变更是否合理。可供企业选择的存货计价方法有先进先出法、个别计价法和加权平均法。因为价格的变动,存货的不同计价方法会导致不同的结果。在通货膨胀条件下,存货的不同计价方法对资产负债表和利润表的影响如表 2-13 所示。

表 2-13 　　　　　　存货的不同计价方法对资产负债表和利润表的影响

计价方法	对资产负债表的影响	对利润表的影响
先进先出法	基本反映存货当前价值	利润被高估
个别计价法	基本反映存货真实价值	基本反映真实利润水平
加权平均法	介于两者之间	介于两者之间

存货计价方法的不同选择会产生重大的差异,一些企业在实务中往往将存货计价方法的选择作为操纵利润的手段。分析时应结合企业的具体情况、行业特征和价格变动情况,评价其存货计价方法选择的合理性,同时结合财务报表附注对存货会计政策变更的说明,判断其变更的合理性。

(2)分析存货的盘存制度对确认存货数量和价值的影响。存货数量变动是影响资产负债表存货项目的基本因素,企业存货数量的确定主要有两种方法:定期盘存法和永续盘存法。当企业采用定期盘存法进行存货数量核算时,资产负债表上存货项目反映的就是存货的实有数量。如果采用永续盘存法,除非在编制资产负债表时对存货进行盘存,否则,资产负债表上存货项目所反映的只是存货的账面数量。两种不同的存货数量确认方法会造成资产负债表上存货项目的差异,这种差异不是由存货数量本身的变动引起的,而是由存货数量的会计确认方法不同造成的。

(3)分析期末存货价值的计价原则对存货项目的影响。期末存货价值的确定采用"成本与可变现净值孰低法"来确定。当存货的可变现净值小于成本时,存货期末价值应按照可变现净值确定。可变现净值的确定是一种会计估计,会影响资产负债表中存货的价值。

根据 DF 公司的财务报表附注可知,该公司本年和上年存货数量的确定方法是永续盘存制,计价原则是于资产负债表日按"成本与可变现净值孰低法"确定期末存货价值对存货提取存货跌价准备。该公司本年未发生存货会计政策和会计估计变更事项。根据表 2-11 可知,本年存货计提了 2 047 890.81 元的跌价准备。存货跌价准备反映了企业存货的质量,如果存货跌价准备占存货的比例过高,可以判定企业存货质量过低。本例中存货跌价准备所占比例仅为 2.16%,说明该公司存货的质量还是比较高的。

(四)固定资产

固定资产是企业最重要的劳动手段,对企业的盈利能力有重大影响。固定资产分析主要从固定资产规模与变动情况分析、固定资产结构与变动情况分析、固定资产折旧分析和固定资产减值准备分析四方面展开。

1. 固定资产规模与变动情况分析

固定资产规模与变动情况分析主要从固定资产原值变动情况分析和固定资产净值变动情况分析两个方面来进行。

(1)固定资产原值变动情况分析。固定资产原值反映了企业固定资产规模,其增减变动受当期固定资产增加和当期固定资产减少的影响。当期固定资产增加的主要原因有:①投资转入固定资产;②自行购入固定资产;③自建、自制固定资产;④融资租入固定资产;⑤接受捐赠固定资产;⑥固定资产盘盈;⑦其他原因。当期固定资产减少的主要原因有:①出售转让固定资产;②投资转出固定资产;③固定资产报废清理;④固定资产盘亏及毁损;⑤发生非常损失;⑥其他原因。对固定资产原值变动情况及变动原因的分析,可根据财务报表附注和其他相关资料进行。

(2)固定资产净值变动情况分析。固定资产净值的变动取决于两个方面:一是固定资产原值的变动;二是折旧的变动,而折旧的变动取决于折旧政策的选择。固定资产净值变动情况分析就是分析固定资产原值变动和固定资产折旧变动对固定资产净值的影响。

下面以 DF 公司为例对其固定资产规模与变动情况进行分析。

首先,分析固定资产原值变动情况。根据 DF 公司财务报表附注提供的资料编制该公司固定资产规模变动分析表,如表 2-14 所示。

表 2-14 固定资产规模变动分析表

单位:元

项目	房屋及建筑物	机器设备	仪器仪表	运输工具	合计
期初原值	681 312 866.68	188 073 370.01	90 668 826.92	14 979 800.98	975 034 864.59
本期增加	17 273 484.13	17 990 980.34	14 086 227.33	1 240 103.99	50 590 795.79
其中:购置	17 273 484.13	13 045 756.53	13 989 863.04	1 240 103.99	45 549 207.69
在建工程转入	0	4 945 223.81	96 364.29	0	5 041 588.10
本期减少	82 142.68	14 149 741.15	437 980.45	1 557 075.73	16 226 940.01
其中:处置或报废	82 142.68	14 149 741.15	437 980.45	1 557 075.73	16 226 940.01
期末余额	698 504 208.13	191 914 609.20	104 317 073.80	14 662 829.24	1 009 398 720.37
增减额	17 191 341.45	3 841 239.19	13 648 246.88	−316 971.74	34 363 855.78
增减率	2.52%	2.04%	15.05%	−2.12%	3.52%

从表 2-14 可以看出,该公司本期固定资产原值增加 34 363 855.78 元,增长率 3.52%,可以从三个不同角度分析:第一,增长原因。本期固定资产原值增加的主要原因是①该公司本期购置新增,占本期增加额 90%;②在建工程项目本期完工转入。第二,增长结果。本期固定资产原值增长主要是房屋及建筑物增加 17 273 484.13 元、机器设备增加 17 990 980.34 元和仪器仪表增加 14 086 227.33 元。房屋及建筑物、机器设备和仪器仪表的增加都属于生产用固定资产的增长,有利于提高公司的生产能力。第三,本期固定资产减少主要是处置或报废。

其次,分析固定资产净值变动情况。根据表 2-1、表 2-14 和该公司财务报表附注的相关资料,DF 公司固定资产净值变动分析如下:由于本期固定资产原值增加 34 363 855.78 元,固定资产折旧增加 23 340 198.23 元,固定资产减值准备减少 262 353.22 元,合计导致固定资产净值增加 11 286 010.77 元。

2. 固定资产结构与变动情况分析

固定资产按使用情况和经济用途不同,可以分为生产用固定资产、非生产用固定资产、经营性租出固定资产、未使用和不需用固定资产等。固定资产结构反映固定资产的配置情况,合理配置固定资产,既可以在不增加资金占用量的同时提高企业生产能力,又可以使固定资产得到充分利用。在各类固定资产中,生产用固定资产,特别是其中的机器设备,与企业生产经营直接相关,在固定资产中占较大比重。非生产用固定资产主要指职工宿舍、食堂、俱乐部等非生产单位使用的房屋和设备。虽然非生产用固定资产并不直接参与生产经营,但也是企业正常运营过程中不可缺少的。企业应在发展生产的基础上,根据实际需要适当增加这方面的固定资产,但增加速度一般应低于生产用固定资产的增加速度,其比重的降低应属正常现象。未使用和不需用固定资产对资金的有效使用是不利的,应该查明原因,采取措施,积极处理,将其压缩到最低限度。如因购入未来得及安装,或正在进行检修,虽属正常现象,也应加强管理,尽可能缩短安装和检修时间,使固定资产尽早投入到生产运营中。若因错误的投资决策造成固定资产闲置,则应改善资产管理流程和水平。

根据现行会计制度,企业无需对外披露固定资产的使用情况,企业外部分析人员通常无法获得这方面的相关信息。但是企业内部分析人员仍有必要分析固定资产的结构与变动趋势,考察固定资产分布和利用的合理性,为企业合理配置固定资产、挖掘固定资产利用潜力提供依据。固定资产结构分析应特别注意从以下三个方面进行:①特别注意分析生产用固定资产与非生产用固定资产之间的比例变化情况。②特别注意考察未使用和不需用固定资产比率的变化情况,查明企业在处置闲置固定资产方面的工作是否得力。③考察生产用固定资产内部结构是否合理。

3. 固定资产折旧分析

会计准则和制度允许企业使用的折旧方法有平均年限法、工作量法、双倍余额递减法、年限总和法。不同的折旧方法导致各期所提折旧不同,会引起固定资产价值发生不同的变化。固定资产折旧方法的选择对固定资产的影响还隐含着会计估计对固定资产的影响,如对折旧年限的估计、对固定资产残值的估计等。固定资产折旧分析应注重以下三个方面。

(1)分析固定资产折旧方法的合理性。企业应根据科技发展、环境及其他因素,合理选择固定资产折旧方法,对于利用固定资产折旧方法的选择及折旧方法的变更,达到调整固定资产净值和利润的目的的做法,要通过分析比较揭示出来。

(2)分析企业固定资产折旧政策的连续性。固定资产折旧方法一经确定,一般不得随意变更。企业变更固定资产折旧方法,可能隐藏着一些不可告人的目的,因此,应分析其变更理由是否充分,同时确定折旧政策变更的影响。

(3)分析固定资产预计使用年限和预计净残值确定的合理性。在分析时,应注意固定资产使用年限和固定资产预计净残值的估计是否符合国家有关规定,是否符合企业实际情况。实务中,一些企业在固定资产没有减少的情况下,往往通过延长固定资产使用年限,使折旧费用大幅减少,达到扭亏增盈的目的。对于这种会计信息失真现象,分析人员应予以揭示,并加以修正。

DF公司提供的财务报表表明,该公司采取年限平均法按固定资产类别计提折旧,预计净残值、折旧年限都符合会计制度规定。对照上年的财务报表附注,可以发现本年公司的固定资产折旧方法、预计净残值、折旧年限均未发生变化,由此可以判断该公司资产负债表所列示的固定资产折旧比较可靠。

4. 固定资产减值准备分析

固定资产减值准备分析主要从以下三个方面进行。

(1)固定资产减值准备变动对固定资产的影响。

(2)固定资产可回收金额的确定。这是确定固定资产减值准备提取数的关键。

(3)固定资产发生减值对生产经营的影响。固定资产减值是由有形损耗或无形损耗造成的,如已遭毁损不再具有使用价值和转让价值或因技术进步已不可使用等,虽然固定资产的实物数量并没有减少,但其价值量和企业的实际生产能力都会相应变动。需要指出的是,根据现行准则规定,固定资产减值无法在将来转回,这会降低管理人员计提减值的意愿。如果固定资产实际上已发生了减值,企业不提或少提固定资产减值准备,不仅虚夸了固定资产价值,同时也虚夸了企业的生产能力。

二、主要负债项目分析

(一)短期借款

短期借款数额的多少,往往取决于企业生产经营和业务活动对流动资金的需要量、现有流动资产的沉淀和短缺情况等。企业应结合短期借款的使用情况和使用效果分析该项目。为了满足流动资产的资金需求,一定数额的短期借款是必需的,但如果数额过大,超过企业的实际需要,不仅会影响资金利用效果,还会因超出企业的偿债能力而给企业的持续发展带来不利影响。短期借款适度与否,可以根据流动负债的总量、当前的现金流量状况和对未来会计期间现金流量的预期来确定。

短期借款发生变化,其原因不外乎两大方面:生产经营需要变化;企业负债筹资政策变化。其具体变动的原因可归纳为:

(1)流动资产资金需要,特别是临时性占用流动资产需要发生变化。当季节性或临时性需要产生时,企业就可能通过举借短期借款来满足其资金需要,当这种季节性或临时性需要消除时,企业就会偿还这部分短期借款,从而造成短期借款的变化。

(2)节约利息支出。一般来讲,短期借款的利率低于长期借款和长期债券的利率,举借短期借款相对于长期借款来说,可以减少利息支出。

(3)调整负债结构和财务风险。企业增加短期借款,就可以相对减少对长期负债的需求,使企业负债结构发生变化。相对于长期负债而言,短期借款具有风险大、利率低的特点,负债结构变化将会引起负债成本和财务风险发生相应的变化。

(4)增加企业资金弹性。短期借款可以随借随还,有利于企业对资金存量进行调整。

表 2-1 显示,DF 公司本期短期借款的金额减少了 14 500 000.00 元,相应的财务风险有所降低。

(二)应付票据及应付账款

应付票据及应付账款因商品交易而产生,其变动原因包括以下四个方面。

(1)企业销售规模的变动。当企业销售规模扩大时,会增加存货需求,使应付票据及应付账款等债务规模扩大;反之,会使其降低。

(2)充分利用无成本资金。应付票据及应付账款是因商业信用产生的一种无资金成本或资金成本极低的资金来源,企业在遵守财务制度、维护企业信誉的条件下对其充分利用,可以减少其他筹资方式筹资数额,节约利息支出。虽然从资本成本来看,应付票据及应付账款并不发生直接的资金支出,但是会产生机会成本。更为重要的是,应付账款会影响企业的商业信誉,对企业的长期生产经营产生深远影响。

(3)提供商业信用企业的信用政策发生变化。如果其他企业放宽信用政策和收账政策,企业应付票据及应付账款的规模就会大些;反之,就会小些。

(4)企业资金的充裕程度。企业资金相对充裕,应付票据及应付账款规模会相对缩减些,当企业资金比较紧张时,就会影响到应付票据及应付账款的清偿。

在市场经济条件下,企业之间相互提供商业信用是正常的。利用应付票据及应付账款进行资金融通,基本上可以说是无代价的融资方式,但企业应注意合理使用,以避免造成企业信誉损失。表 2-1 显示,DF 公司本年应付账款增加 218 536 754.49 元,增长率为 30.56%,应付票据增加 157 090 136.69 元,增长率 500.80%。无论是从增长金额还是从增长率来看,两者的变动都比较大,公司应该特别注意其偿付时间,以便做好资金方面的准备,避免出现到期支付能力不足而影响公司信誉的情况发生。

(三)应交税费和应付股利

应交税费反映企业应交未交的各种税金和附加费,包括流转税、所得税和各种附加费。交纳税费是每个企业应尽的法定义务,企业应按有关规定及时、足额交纳。应交税费的变动与企业营业收入、利润的变动相关。分析时应注意查明企业是否有拖欠国家税款的现象。

应付股利反映企业应向投资者支付而未付的现金股利,是因企业宣告分派现金股利而形成的一项负债。支付股利需要大量现金,企业应在股利支付日之前做好支付准备。本例应付股利金额较小,对 DF 公司的支付能力不会造成太大的压力。

(四)其他应付款

与其他应收款类似,其他应付款也属于往来类别的科目。但是,其他应付款并不直接与生产经营行为相关,因而规模通常较小,变动幅度有限。其他应付款分析的重点是:

(1)其他应付款规模与变动是否正常;

(2)是否存在企业长期占用关联方企业资金的现象。分析时应结合财务报表附注提供的资料进行。本例中,DF 公司本期其他应付款余额较上年减少了 20 581 232.57 元,变动率为 10.77%,应对其合理性作进一步分析。

(五)长期借款

长期借款是企业利用负债方式获得长期资金来源的方式。长期借款属于企业重要的融资决策,对于企业生产经营产生深远影响。影响长期借款变动的原因有:

(1)银行信贷政策及资金市场的资金供求状况。

(2)为了满足企业对资金的长期需要。

(3)保持企业权益结构的稳定性。

(4)调整企业负债结构和财务风险。

根据表 2-1 提供的资料,DF 公司无长期借款。

关于股东权益项目变动的分析可参见第四章。

练 习 题

一、单选题

1. 下列项目中,不属于长期资产项目的是(   )。
   A. 固定资产　　　　B. 无形资产　　　　C. 交易性金融资产　D. 长期投资

2. 进行资产结构变动分析,应采用(   )。
   A. 水平分析法　　　B. 垂直分析法　　　C. 趋势分析法　　　D. 比率分析法

3. 下列选项中,不属于货币资金变动原因的是(   )。
   A. 为大笔支出做准备　　　　　　　B. 信用政策变动
   C. 销售规模变动　　　　　　　　　D. 将库存现金存入银行

4. 企业资产利用效率提高,形成的资金绝对节约是指(   )。
   A. 增产增收时不增资　　　　　　　B. 产值、收入持平,资产减少
   C. 增产增收时增资　　　　　　　　D. 减产减收时增资

5. 下列各项中,属于短期借款的特点的是(   )。
   A. 风险较大　　　　　　　　　　　B. 利率较低
   C. 弹性较差　　　　　　　　　　　D. 满足长期资金需求

6. 下列项目中,属于经营性资产项目的是(   )。
   A. 货币资金　　　　B. 应收账款　　　　C. 应收票据　　　　D. 其他应收款

7. 存货发生减值是因为(   )。
   A. 采用先进先出法　　　　　　　　B. 采用移动加权平均法
   C. 可变现净值低于账面成本　　　　D. 可变现净值高于账面成本

8. 正常情况下,在资产负债表上,期末值不应过高的是(   )。
   A. 应收账款　　　　B. 其他应收款　　　C. 存货　　　　　　D. 货币资金

9. 在物价上涨的情况下,使存货余额最高的计价方法是(   )。
   A. 加权平均法　　　B. 后进先出法　　　C. 先进先出法　　　D. 个别计价法

10. 资产负债表中固定资产项目反映的是(   )。
    A. 固定资产市值　　B. 固定资产减值　　C. 固定资产净值　　D. 固定资产原值

11. 从投资或资产的角度对资产负债表进行分析评价时,分析的内容不包括(   )。
    A. 分析总资产规模的变动状况以及各类、各项资产的变动状况揭示资产变动的主要方面
    B. 发现变动幅度较大或对总资产变动影响较大的重点类别和重点项目
    C. 要注意分析资产变动的合理性与效率性
    D. 注意分析会计估计变更的影响

12. 减少企业流动资产变现能力的因素是(　　)。
　　A. 长期投资到期收回　　　　　　　　　B. 有可动用的银行贷款指标
　　C. 未决诉讼形成的或有负债　　　　　　D. 取得银行承兑汇票

13. 当企业存在"黑字破产"的可能时,属于资产负债表整体(　　)结构的财务结果。
　　A. 风险型　　　　　B. 稳健型　　　　　C. 中庸型　　　　　D. 保守型

二、多选题

1. 下列各项中,属于资产负债表分析的目的有(　　)。
　　A. 了解企业财务状况的变动情况
　　B. 评价企业会计对企业经营状况的反映程度
　　C. 修正资产负债表的数据
　　D. 评价企业的会计政策

2. 企业资产利用效率提高,形成资金节约,包括的绝对节约有(　　)。
　　A. 产值、收入、利润、经营活动现金净流量持平,资产减少
　　B. 增产、增收、增利或增加经营活动现金净流量的同时,资产增加,且资产增加幅度大于
　　　增产、增收、增利或增加经营活动现金净流量的幅度
　　C. 减产、减收、减利或减少经营活动现金净流量的同时,资产增加
　　D. 增产、增收、增利或增加经营活动现金净流量的同时,资产减少

3. 采取保守的固流结构政策可能出现的财务结果有(　　)。
　　A. 资产流动性提高　　　　　　　　　　B. 资产风险降低
　　C. 资产流动性降低　　　　　　　　　　D. 资产风险提高

4. 下列各项中,属于货币资金存量变动的原因的有(　　)。
　　A. 资金调度　　　B. 信用政策变动　　　C. 销售规模变动　　　D. 会计估计变更

5. 在分析评价企业货币资金存量及比重是否合理时,应考虑的因素有(　　)。
　　A. 行业特点　　　　　　　　　　　　　B. 企业融资能力
　　C. 资产规模与业务量　　　　　　　　　D. 货币资金的目标持有量

6. 进行负债结构分析时必须考虑的因素有(　　)。
　　A. 负债规模　　　B. 负债成本　　　　C. 债务偿还期限　　　D. 财务风险

7. 下列各项中,属于短期借款变动的原因的有(　　)。
　　A. 流动资产资金需要　　　　　　　　　B. 节约利息支出
　　C. 调整债结构和财务风险　　　　　　　D. 增加企业资金弹性

8. 风险型的资产负债表整体结构的财务结果有(　　)。
　　A. 企业信誉良好　　　　　　　　　　　B. 资金成本较低
　　C. 筹资结构弹性大　　　　　　　　　　D. 企业风险极大

9. 下列情况中,属于其他应收款异常的有(　　)。
　　A. 其他应收款余额远远超过应收账款余额
　　B. 其他应收款增长率大大超过应收账款增长率
　　C. 其他应收款规模过大
　　D. 其他应收款余额为零

10. 下列各项中,属于影响存货期末数值的因素的有( )。

    A. 存货计价方法   B. 存货的盘存制度

    C. 存货价值的计价原则   D. 存货与应收账款的比例

三、判断题

1. 资产负债表中某项目的变动幅度越小,对资产或权益的影响就越小。 ( )

2. 增产增收的同时减少资产会形成资金相对节约。 ( )

3. 如果本期总资产比上期有较大幅度增加,表明企业本期经营卓有成效。 ( )

4. 只要本期盈余公积增加,就可以断定企业本期经营是有成效的。 ( )

5. 资产负债表结构分析通常采用垂直分析法。 ( )

6. 固定资产比重越高,企业资产的流动性越小。 ( )

7. 负债结构变动一定会引起负债规模发生变动。 ( )

8. 从资产负债表垂直分析来看,负债比率提高对企业经营而言起负面作用。 ( )

9. 如果本期末分配利润少于上期,说明企业本期经营亏损。 ( )

10. 应收账款增长率超过销售收入增长率表明企业收账不力或信用政策变动。 ( )

11. 非生产用固定资产的增长速度一般不应超过生产用固定资产的增长速度。 ( )

12. 商业信用带来的负债不会产生实际的成本,因而可以尽量推迟支付,以便多占用对方资金。 ( )

13. 稳健结构的主要标志是流动资产的资金全部需要由短期资金来满足。 ( )

14. 风险结构的主要标志是流动资产的一部分资金来源需要由长期资金来解决。 ( )

15. 提取坏账准备表明企业预计的应收款项可能减少。 ( )

16. 在物价上涨的情况下,使存货余额最高的计价方法是先进先出法。 ( )

17. 正常情况下,在资产负债表上,期末值不应过高的是存货。 ( )

18. 存货发生减值的主要原因为可收回金额低于账面成本。 ( )

19. 稳健的资产负债表整体结构的财务结果是存在"黑字破产"的可能。 ( )

20. 存货期末数值会受到存货计价方法的影响。 ( )

四、计算分析题

1. 已知 A 公司负债的相关资料如表 2-15 所示。

表 2-15   A 公司负债情况资料

单位:万元

项目	2021 年	2020 年
流动负债:		
短期借款	50 000.00	40 000.00
应付票据	7 000.00	7 000.00
应付账款	7 500.00	6 600.00
预收款项	2 400.00	4 100.00

(续表)

项目	2021 年	2020 年
应付职工薪酬	300.00	
应交税费	4 500.00	1 600.00
其他应付款	2 200.00	1 500.00
其中:应付利息		
应付股利	2 000.00	1 100.00
流动负债合计	73 900.00	60 800.00
非流动负债:		
长期借款	20 000.00	18 500.00
应付债券	26 000.00	20 000.00
长期应付款	180 000.00	180 000.00
非流动负债合计	226 000.00	218 500.00
负债合计	299 900.00	279 300.00

要求:对 A 公司负债的变动情况和负债结构进行分析。

2. 已知 B 公司存货的相关资料如表 2-16 所示。

表 2-16 　　　　　　　　　　B 公司存货分析资料

单位:万元

项目	2021 年	2020 年
原材料	2 000 000.00	2 400 000.00
在产品	660 000.00	520 000.00
自制半成品	1 320 000.00	1 400 000.00
产成品	1 100 000.00	780 000.00
合计	5 080 000.00	5 100 000.00

要求:对 B 公司存货的变动情况和存货结构进行分析。

第三章　利润表分析

知识导航

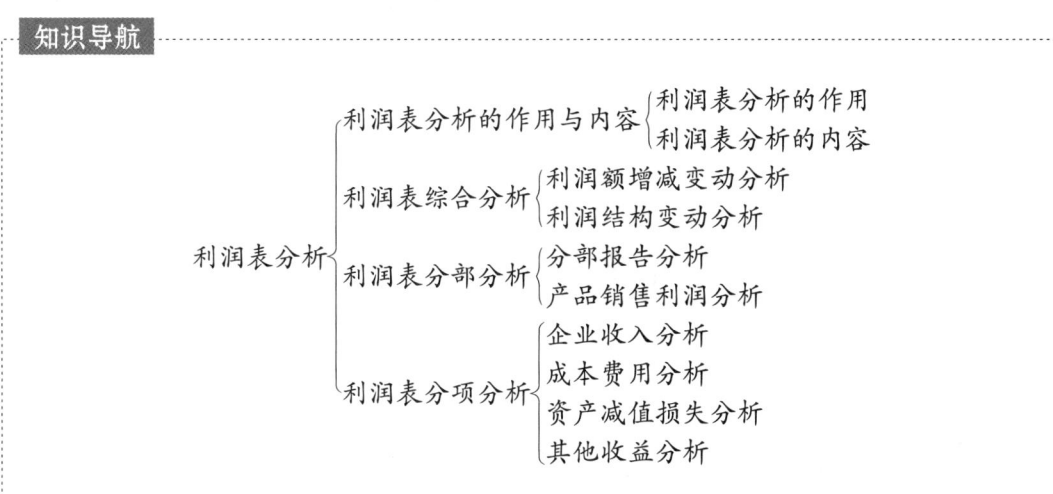

利润表分析
- 利润表分析的作用与内容
  - 利润表分析的作用
  - 利润表分析的内容
- 利润表综合分析
  - 利润额增减变动分析
  - 利润结构变动分析
- 利润表分部分析
  - 分部报告分析
  - 产品销售利润分析
- 利润表分项分析
  - 企业收入分析
  - 成本费用分析
  - 资产减值损失分析
  - 其他收益分析

学习目标

1. 了解利润表的内涵及利润表分析的作用。
2. 掌握利润表综合分析、分部分析以及分项分析的基本方法、评价思路与原理。
3. 熟练运用利润分析方法对企业利润进行总体分析评价。

案例导入

獐子岛扇贝出逃事件

问题一：肆意操纵财务报表·寅吃卯粮

2016 年,獐子岛公司已经连续两年亏损,当年能否盈利直接关系到公司是否会"暂停上市"。为了达到盈利目的,獐子岛利用底播养殖产品的成本与捕捞面积直接挂钩的特点,在捕捞记录中刻意少报采捕面积,通过虚减成本的方式来虚增 2016 年利润。调查发现,獐子岛捕捞面积的多少由公司负责捕捞的人员按月提供给财务人员,整个过程无逐日客观记录可参考,财务人员也没有有效手段核验,公司内控严重缺失。可实际上公司采捕船去过哪些海域,停留了多长时间,早已被数十颗北斗卫星组成的"天网"记录了下来。

问题二：抽测数据造假·虾夷扇贝库存成谜

獐子岛在 2017 年披露的《秋测结果公告》中称,公司在 120 个不同点位进行了抽测。但卫星定位系统数据显示,抽测船只在执行秋测期间并没有经过其中 60 个点位,这说明抽测船只根本没有在这些点位执行过抽测。獐子岛故弄玄虚,凭空捏造"抽测"数据,掩盖自身资产盘点混乱的问题。

问题三：短时间内业绩大变脸·公司未及时披露

2018 年 1 月初,獐子岛财务总监勾荣就知晓公司 2017 年净利润不超过 3 000 万元。之前獐子岛一直对外声称,2017 年的盈利预估在 9 000 万元至 1.1 亿元之间。勾荣还向獐子岛公司董事长吴厚刚汇报了此事,这属于应当在 2 个工作日内披露的重大事项,但是獐子岛并没有按规定时间披露,直到 1 月 30 日,业绩变脸的公告才对外披露,严重误导了投资者。

资料来源：央视财经,2020 年 06 月 24 日,《獐子岛扇贝 6 年逃 4 次?! 证监会借北斗卫星找扇贝,"弥天大谎"无所遁形》。

思考： 结合獐子岛公司肆意操纵利润表的案例,阐述成本费用分析对企业财务成果的重要意义。

第一节 | 利润表分析的作用与内容

一、利润表分析的作用

利润,通常是指企业在一定会计期间收入减去费用后的净额以及直接计入当期损益的利得和损失等,也称为企业一定时期内的财务成果或经营成果,具体包括营业利润、利润总额和净利润等。在商品经济条件下,企业追求的根本目标是企业价值最大化或股东权益最大化。而无论是企业价值最大化,还是股东权益最大化,其基础都是企业利润。利润已成为现代企业经营与发展的直接目标。企业生产经营过程中的各项工作,最终都聚焦在所创造利润的多少这一结果上。

在开始研究利润表分析的意义及作用之前,首先要搞清利润本身的意义与作用。利润的意义与作用主要表现在以下三个方面。

(1) 利润是企业和社会积累与扩大再生产的重要源泉。企业实现的利润,从分配渠道看:一是分给企业所有者,二是留在企业内部形成留存收益。然而,无论利润分配到何处,其用途主要都是两个,即积累和消费。究其原因,可以说没有积累,就没有扩大再生产,即没有利润就没有扩大再生产的资本。用企业内部留存收益直接进行扩大再生产是这样,采用筹资方式扩大再生产也是这样。因为企业筹资的一部分可能来自内部资金的积累,筹资本金或利息及股息的偿还和支付也离不开利润。

(2) 利润是反映企业经营业绩最重要的指标,也是反映企业经营成果最综合的指标。企业生产经营各步骤、各因素的变动都会对利润产生影响。供、产、销各环节,人、财、物各要素等的变动都会反映在利润的增减变动中。企业各环节和各因素的表现良好利润就高;反之,如果某一环节或因素出现问题,就会影响利润的增长,甚至会导致下降。因此,利润对于评价企业经营者经营业绩的重要性不言而喻。

(3) 利润是企业进行投资与经营决策的重要依据。在现代企业制度下,政企职责分离,所有权与经营权分离,企业的经营自主权扩大。在这样的背景下,决策问题就成为企业经营管理中的核心问题,也是企业外部各投资者、债权人尤为关心的问题。但是,无论企业做出何种投资与经营决策,都离不开利润这一关键的依据及标准。只要是最终有利于利润增长的方案,或唯有能使利润增长的方案才是经济上可行、决策上可执行的方案。

研究利润本身的作用,为明确利润分析的作用打好了基础。利润分析,正是实现上述利润作用的方式或途径。利润分析的作用具体表现在以下三个方面。

(1)通过利润分析可正确评价企业各方面的经营业绩。由于利润受企业生产经营过程中各环节、各步骤的影响,因此,通过对不同环节进行利润分析,可准确评价各环节的业绩。通过产品销售利润分析,不仅可以说明产品销售利润受哪些因素影响以及各因素的影响程度,还可以说明造成影响的是主观因素还是客观因素,是有利影响还是不利影响等。这满足了准确评价各部门和各环节业绩的要求。

(2)利润分析可及时、准确地发现企业经营管理中存在的问题。正因为利润分析不仅能评价业绩,还能发现问题,因此,借助利润分析,企业在各环节存在的问题或缺陷都会一目了然,为企业进一步改进经营管理工作指明了可行的方向。这有利于企业放宽眼界,全面改善经营管理,从而促使利润持续增长。

(3)利润分析为投资者、债权者进行投资与信贷决策提供可靠信息。前面提及,由于企业经营权自主化及管理体制的改变,人们愈发关心企业的利润。企业经营者关心利润,投资者、债权人也是如此,他们通过对利润做出分析,预测判断企业的经营潜力及发展前景,进一步做出切合实际的投资与信贷决策。另外,国家宏观管理者研究企业对国家的贡献时也会用到利润分析这一重要手段。

二、利润表分析的内容

在明确利润分析作用之后,进一步进行利润分析时,应凭借利润表及相关信息展开。利润表分析主要由以下三大内容构成。

(一)利润表综合分析

利润表综合分析,主要是对利润表主表各项利润额增减变动、利润结构变动情况进行分析。

(1)利润额增减变动分析。借助水平分析法,结合利润形成过程中相关的影响因素,反映利润额的变动情况,评价企业在利润形成过程中的各方面管理业绩并揭露存在的问题。

(2)利润结构变动分析。利润结构变动分析,主要是在对利润表进行垂直分析的基础上,通过各项利润及成本费用相对于收入的占比,反映企业各环节的利润构成、利润率及成本费用水平。

(二)利润表分部分析

利润表分部分析主要是由分部报告分析和产品销售利润分析两部分构成。

(1)分部报告分析。通过对分部报告的分析,展示企业各经营分部的经营状况和成果,有助于改善企业内部组织结构、满足管理要求、优化产业结构、加强内部报告制度,也为企业分部进行战略调整指明方向。

(2)产品销售利润分析。在进行这项分析前,首先要采用因素分析方法明确影响产品销售利润的因素,其次通过实际的案例分析进一步揭示各因素变动对产品营业利润的影响,从而分清生产经营中的绩效与不足。

（三）利润表分项分析

利润表分项分析主要是结合利润表有关附注所提供的详细信息,对企业利润表中重要项目的变动情况进行分析说明,深入揭示利润形成的主观及客观原因。具体分析内容可根据分析对象的具体情况选择利润表重要项目进行分析。

（1）企业收入分析。收入是影响利润的重要因素。企业收入分析的具体内容包括收入的确认与计量分析;影响收入的价格因素与销售量因素分析;企业收入的构成分析等。

（2）成本费用分析。成本费用分析主要包括产品销售成本分析和期间费用分析两部分。产品销售成本分析包括销售总成本分析和单位销售成本分析;期间费用分析包括销售费用分析、财务费用分析和管理费用分析。

（3）资产减值损失分析。资产减值损失分析包括资产减值损失的构成分析以及资产减值损失变动原因分析。

（4）其他收益分析。其他收益分析包括其他收益的构成分析以及其他收益变动原因分析。

此外,还可以根据不同企业利润表的资料,对一些重要项目进行深入分析,如投资收益、公允价值变动损益、资产处置收益与营业外收入等的变动情况进行分析。

第二节 利润表综合分析

一、利润额增减变动分析

利润额增减变动的分析采用水平分析法。利润表水平分析,主要是指对利润表主表中各项利润额的增减变动情况进行分析。

（一）编制利润水平分析表

利用利润额增减变动水平分析法,编制利润水平分析表,可以采用增减变动额和增减变动百分比两种方式表示,分析的主要目的在于认清净利润增减变动的原因。根据 DF 公司的利润表,编制利润水平分析表,如表 3-1 所示。

表 3-1　　　　　　　　　　DF 公司利润表水平分析表

金额单位:元

项目	2021 年	2020 年	变动额	变动率
一、营业总收入	3 418 615 326.00	3 042 353 725.30	376 261 600.70	12.37%
其中:营业收入	3 418 615 326.00	3 042 353 725.30	376 261 600.70	12.37%
二、营业总成本	3 172 962 885.47	2 866 451 301.04	306 511 584.43	10.69%
其中:营业成本	2 227 322 780.16	2 057 594 095.40	169 728 684.76	8.25%
税金及附加	32 679 518.78	32 137 192.10	542 326.68	1.69%

（续表）

项目	2021 年	2020 年	变动额	变动率
销售费用	429 595 100.83	357 572 157.56	72 022 943.27	20.14％
管理费用	254 121 391.98	230 662 896.75	23 458 495.23	10.17％
研发费用	260 216 563.89	210 513 368.28	49 703 195.61	23.61％
财务费用	−30 972 470.17	−22 028 409.05	−8 944 061.12	40.60％
其中：利息费用	4 822 101.37	7 812 679.51	−2 990 578.14	−38.28％
利息收入	36 680 901.39	32 279 082.32	4 401 819.07	13.64％
加：其他收益	66 661 328.99	67 047 977.51	−386 648.52	−0.58％
投资收益（损失以"−"号填列）	13 656 620.61	18 694 437.92	−5 037 817.31	−26.95％
其中：对联营企业和合营企业的投资收益	7 960 175.41	3 106 690.56	4 853 484.85	156.23％
公允价值变动收益（损失以"−"号填列）	−495 301.39	0	−495 301.39	—
信用减值损失（损失以"−"号填列）	−8 827 352.25	0	−8 827 352.25	—
资产减值损失（损失以"−"号填列）	−1 850 862.89	−11 869 609.53	10 018 746.64	−84.41％
资产处置收益（损失以"−"号填列）	−199 387.07	3 987 621.90	−4 187 008.97	−105.00％
三、营业利润（亏损以"−"号填列）	314 597 486.53	253 762 852.06	60 834 634.47	23.97％
加：营业外收入	2 737 145.29	1 132 759.05	1 604 386.24	141.64％
减：营业外支出	2 750 442.30	2 315 931.62	434 510.68	18.76％
四、利润总额（亏损以"−"号填列）	314 584 189.52	252 579 679.49	62 004 510.03	24.55％
减：所得税费用	31 841 019.97	29 358 655.37	2 482 364.60	8.46％
五、净利润（净亏损以"−"号填列）	282 743 169.55	223 221 024.12	59 522 145.43	26.67％
（一）按经营持续性分类				
1. 持续经营净利润	282 743 169.55	223 221 024.12	59 522 145.43	26.67％
2. 终止经营净利润	0	0	0	—

（续表）

项目	2021 年	2020 年	变动额	变动率
（二）按所有权归属分类				
1. 归属于母公司所有者的净利润	247 085 399.66	171 101 008.97	75 984 390.69	44.41%
2. 少数股东损益	35 657 769.89	52 120 015.15	−16 462 245.26	−31.59%
六、其他综合收益的税后净额	653 583.42	572 717.29	80 866.13	14.12%
归属母公司所有者的其他综合收益的税后净额	653 583.42	572 717.29	80 866.13	14.12%
归属于少数股东的其他综合收益的税后净额	0	0	0	—
七、综合收益总额	283 396 752.97	223 793 741.41	59 603 011.56	26.63%
归属于母公司所有者的综合收益总额	247 738 983.08	171 673 726.26	76 065 256.82	44.31%
归属于少数股东的综合收益总额	35 657 769.89	52 120 015.15	−16 462 245.26	−31.59%
八、每股收益				
（一）基本每股收益	0.18	0.14	0.04	28.57%
（二）稀释每股收益	0.18	0.14	0.04	28.57%

（二）利润增减变动分析评价

企业的利润取决于收入和费用、直接计入当期利润的利得和损失金额的计量。从总体来看,DF 公司 2021 年相比 2020 年营业利润、利润总额和净利润均有一定幅度的增长。利润表增减变动分析应抓住几个关键利润指标的变动情况,分析其变动原因。

（1）净利润或税后利润分析。净利润是指企业所有者最终取得的财务成果,或可供企业所有者分配或使用的财务成果。表 3-1 中,DF 公司 2021 年实现净利润 282 743 169.55 元,本期增加 59 522 145.43 元,增长了 26.67%。其中,归属于母公司股东的净利润本期增加 75 984 390.69 元,增长了 44.41%;少数股东损益本期减少 16 462 245.26 元,减少了 31.59%。从水平分析表来看,公司净利润增长的主要原因是利润总额比上年增长了 62 004 510.03 元,由于所得税费用比上年增长 2 482 364.60 元,两者相抵,导致净利润增长了 59 522 145.43 元。

（2）利润总额分析。利润总额是反映企业全部财务成果的指标,它不仅反映企业的营业利润,而且还可以反映企业的营业外收支情况。表 3-1 中,DF 公司 2021 年利润总额本期增长 62 004 510.03 元,增长了 24.55%,主要原因是公司营业利润本期增加了 60 834 634.47 元,增长了 23.97%;同时,营业外收入本期增加 1 604 386.24 元,增长了 141.64%,是影响利润总额的有利因素；营业外支出本期增加了 434 510.68 元，增长了 18.76%，这是影响利润总额的不利因素。综合上述影响，导致利润总额增加了 62 004 510.03 元。

（3）营业利润分析。营业利润是企业计算利润的第一步，通常也是一定时期内企业盈利最主要、最稳定的关键来源。它既包括企业在销售商品、提供劳务等日常活动中所产生的营业毛利，又包括企业公允价值变动净收益、对外投资的净收益和接受政府补助的其他收益，营业利润大致反映了企业自身生产经营业务的财务成果。表 3-1 中，DF 公司营业利润增加主要是由营业收入增加和资产减值损失减少所致。营业收入本期增加 376 261 600.70 元，增长 12.37%。根据该公司年报，其营业收入有一定幅度的增长，主要原因是公司不断调整产品结构，增加产量，拓宽海内外市场，不断满足市场需求，从而造成营业收入的增加；资产减值损失的减少，导致营业利润增加 10 018 746.64 元；但由于营业成本、税金及附加、销售费用、管理费用、财务费用和信用减值损失的增加，以及其他收益、投资收益和公允价值变动收益的减少等不利影响，使增减相抵后营业利润增加 60 834 634.47 元，增长了 23.97%。

（4）营业毛利分析。营业毛利是指企业营业收入与营业成本之间的差额。表 3-1 中，DF 公司 2021 年营业毛利是 1 191 292 545.84 元，2020 年营业毛利是 984 759 629.90 元，2021 年营业毛利比上年增加 206 532 915.94 元，增长率为 20.97%。其中最关键的影响因素是营业收入大幅增加 376 261 600.70 元，增长率为 12.37%，虽然营业成本增加 169 728 684.76 元，增长率为 8.25%，对营业毛利形成不利影响，但依然抵不过营业收入大幅增加的有利因素。各种因素综合作用，导致营业毛利增加 206 532 915.94 元。

除上述利润表关键指标分析以外，"其他综合收益的税后净额"项目反映根据企业会计准则规定未在损益中确认的各项利得和损失扣除所得税影响后的净额。DF 公司其他综合收益本期为 653 583.42 元，比上年增加了 80 866.13 元，增长了 14.12%，全部是由于归属于母公司所有者的其他综合收益的税后净额减少所致；综合收益总额等于企业净利润加上其他综合收益，DF 公司本年不仅净利润有较好表现，其他综合收益也有所增加，两者共同作用导致 DF 公司综合收益总额比上年增加 59 603 011.56 元，增长了 26.63%；基本每股收益相比上年有较大幅度增长，基本每股收益比上年增加 0.04 元，增长率为 28.57%。

二、利润结构变动分析

利润结构变动分析可采用垂直分析法，即根据利润表中的资料，通过计算各因素或各种财务成果在营业收入中所占的比重，分析财务成果的结构及其增减变动的合理程度。

（一）编制利润垂直分析表

根据 DF 公司利润表资料，可编制利润垂直分析表，如表 3-2 所示。

表 3-2　　　　　　　　　　DF 公司利润垂直分析表

项目	2021 年	2020 年	差异
一、营业总收入	100%	100%	0
其中：营业收入	100%	100%	0

（续表）

项目	2021 年	2020 年	差异
二、营业总成本	92.81%	94.22%	−1.41%
其中：营业成本	65.15%	67.63%	−2.48%
税金及附加	0.96%	1.06%	−0.10%
销售费用	12.57%	11.75%	0.81%
管理费用	7.43%	7.58%	−0.15%
研发费用	7.61%	6.92%	0.69%
财务费用	−0.91%	−0.72%	−0.18%
其中：利息费用	0.14%	0.26%	−0.12%
利息收入	1.07%	1.06%	0.01%
加：其他收益	1.95%	2.20%	−0.25%
投资收益（损失以"－"号填列）	0.40%	0.61%	−0.21%
其中：对联营企业和合营企业的投资收益	0.23%	0.10%	0.13%
公允价值变动收益（损失以"－"号填列）	−0.01%	0	−0.01%
信用减值损失（损失以"－"号填列）	−0.26%	0	−0.26%
资产减值损失（损失以"－"号填列）	−0.05%	−0.39%	0.34%
资产处置收益（损失以"－"号填列）	−0.01%	0.13%	−0.14%
三、营业利润（亏损以"－"号填列）	9.20%	8.34%	0.86%
加：营业外收入	0.08%	0.04%	0.04%
减：营业外支出	0.08%	0.08%	0
四、利润总额（亏损以"－"号填列）	9.20%	8.30%	0.90%
减：所得税费用	0.93%	0.96%	−0.03%
五、净利润（净亏损以"－"号填列）	8.27%	7.34%	0.93%
（一）按经营持续性分类			
1. 持续经营净利润	8.27%	7.34%	0.93%
2. 终止经营净利润	0	0	0
（二）按所有权归属分类			
1. 归属于母公司所有者的净利润	7.23%	5.62%	1.60%
2. 少数股东损益	1.04%	1.71%	−0.67%

（续表）

项目	2021 年	2020 年	差异
六、其他综合收益的税后净额	0.02％	0.02％	0
归属母公司所有者的其他综合收益的税后净额	0.02％	0.02％	0
归属于少数股东的其他综合收益的税后净额	0	0	—
七、综合收益总额	8.29％	7.36％	0.93％
归属于母公司所有者的综合收益总额	7.25％	5.64％	1.60％
归属于少数股东的综合收益总额	1.04％	1.71％	−0.67％
八、每股收益：			
（一）基本每股收益	—	—	—
（二）稀释每股收益	—	—	—

（二）利润结构变动分析评价

从表 3-2 可以看出 DF 公司本年度各项经营财务成果的构成情况。其中，营业利润占营业总收入的比重为 9.20％，比上年度的 8.34％ 上升了 0.86％；本年度利润总额占营业总收入的比重为 9.20％，比上年度的 8.30％ 上升了 0.90％；本年度净利润占营业总收入的比重为 8.27％，比上年度的 7.34％ 上升 0.93％。可见，从利润的构成情况上看，DF 公司盈利能力 2021 年比上年度略有提高。进一步分析 DF 公司各项财务成果结构变化的原因，从营业利润结构看，主要是由营业成本、税金及附加、管理费用、财务费用和资产减值损失结构下降所致，说明营业成本、税金及附加、管理费用、财务费用和资产减值损失构成下降是导致营业利润构成上升的根本原因。另外销售费用和研发费用结构上升以及其他收益、投资收益和资产处置收益结构下降，都对营业利润、利润总额和净利润带来了一定的不利影响。

对利润结构变动分析，还可以针对综合收益总额进行垂直分析，分别考察净利润、其他综合收益构成的比重及变动，归属于母公司所有者的综合收益以及归属于少数股东的综合收益构成的比重及变动情况，进一步分析综合收益总额的构成及变动情况。

第三节 利润表分部分析

一、分部报告分析

（一）报告分部的界定

《企业会计准则第 35 号——分部报告》和《企业会计准则解释第 3 号》主要规范了企业

分部报告的编制方法和应披露的信息,有助于充分披露会计信息,满足会计信息使用者的决策需要。企业提供分部信息,能够帮助会计信息使用者更好地理解企业以往的经营业绩,更好地评估企业的风险和报酬,以便更好地把握企业整体的经营情况,对未来的发展趋势做出合理的预期。随着企业跨行业和跨地区经营,许多企业生产和销售各种各样的产品和提供多种劳务,只有分析每种产品(或所提供劳务)和不同经营地区的经营业绩,才能更好地把握企业整体的经营业绩。因此,企业(或企业集团)存在多种经营或跨地区经营的,应当披露分部信息,且区分经营分部和报告分部。

企业应当以内部组织结构、管理要求、内部报告制度为依据确定经营分部。经济特征不相似的经营分部,应当分别确定为不同的经营分部。在实务中,并非所有的经营分部均作为独立的经营分部来考虑。在某些情况下,两个或两个以上的经营分部如果具有相似的经济特征,这些经营分部经常会表现出相似的长期财务业绩,如长期平均毛利率、资金回报率、未来现金流量等。此时,将其合并披露可能更为恰当。

报告分部是指符合经营分部定义,按规定应予披露的经营分部。报告分部的确定应当以经营分部为基础,而经营分部的划分通常是以不同的风险和报酬为基础,而不论其是否重要。存在多种产品经营或者跨多个地区经营的企业可能会拥有大量规模较小、不是很重要的经营分部,而单独披露数量如此之多的但规模较小的经营分部信息不仅会给财务报表使用者带来困惑,也会给财务报表编制者带来不必要的披露成本。因此,报告分部的确定应当考虑重要性原则,在通常情况下,符合重要性标准的经营分部才能确定为报告分部。

(二) 报告分部分析的内容

根据《企业会计准则第 35 号——分部报告》和《企业会计准则解释第 3 号》的要求,报告分部分析包括分部报告增减变动分析和报告分部结构变动分析。

1. 报告分部增减变动分析

报告分部增减变动分析,可运用水平分析法来对比不同分部各项目之间的差异。

2. 报告分部结构变动分析

报告分部结构变动分析,可运用垂直分析法来比较不同分部各项目占营业收入的比重及其变动情况。

根据 DF 公司的内部组织结构、管理要求及内部报告制度,鉴于 DF 公司经济特征相似性较强,其经营业务未划分为经营分部,无相关信息披露。

二、产品销售利润分析

通常,在企业中,产品销售利润的高低是影响营业利润最重要的因素,而产品销售利润的增长变化可能受销售量、品种构成、价格、质量、成本等诸多因素影响。因此,还应针对产品销售利润做进一步分析。这是企业内部财务分析的重要内容。

(一) 影响产品销售利润的因素

产品销售利润,又称主营业务利润,是综合反映企业主营业务最终财务成果的指标。产品销售利润的高低,直接反映了企业生产经营状况和经济效益状况。企业盈利状况最终还取决于主营业务利润的高低。因此,对产品销售利润进行因素分析是十分必要的。

进行产品销售利润因素分析,首先,应找出影响产品销售利润的因素;其次,确定各因素变动对产品销售利润的影响程度;最后,对产品销售利润完成情况进行分析评价。由于利润是反映企业经营状况的综合指标,因此,从不同角度看,影响产品销售利润的因素有许多,且影响程度各不相同。如果从人的因素看,它受职工人数和人均创利影响;从资金的因素看,它受资金占用额和资金利润率的影响等等。但是,影响产品销售利润最基本的因素,可从它的计算公式中找出,即:

$$产品销售利润 = \sum\left[产品销售量 \times (产品单价 - 单位销售成本)\right]$$

从上式可看出,影响产品销售利润的基本因素是销售量、单价和单位销售成本。在生产多种产品的企业,它还受产品销售品种构成的影响;在生产等级品的企业,由于优质优价,它又受产品等级影响。

(二) 产品销售利润因素分析方法

1. 销售量变动对利润的影响分析

产品销售量是影响利润的一个重要因素。在产品单位利润一定的情况下,销售量的增减速度,直接决定着利润的增减速度。销售量变动对利润的影响,可用下式计算:

$$销售量变动对利润的影响 = 产品销售利润基期数 \times (产品销售量完成率 - 1)$$

其中,产品销售量完成率的计算公式如下:

$$产品销售量完成率 = \frac{\sum\left[产品本期销售量 \times 基期单价(或单位成本)\right]}{\sum\left[产品基期销售量 \times 基期单价(或单位成本)\right]}$$

产品销售量完成率主要考察销售量的完成情况,因此,企业在生产一种产品时,可直接用实物量进行计算,但在生产多种产品时,实物量不能直接相加,通常可以价格或成本为参数,以便于汇总。计算销售量完成率所用的单价或单位成本,都应使用基期数。至于用单价还是单位成本,理论与实践中有不同做法,一般按单价计算较多,但在各种产品比价不合理时,用单位成本计算可能更好。

2. 销售品种构成变动对利润的影响分析

企业生产多种产品时,必然存在着产品品种构成问题。产品品种构成,是指某种产品的产量或销售量在全部产品的产量或销售量中所占的比重。研究品种构成变动对利润的影响,是利润分析评价中的一个难点问题。为什么品种构成变动会引起利润额变动呢? 主要是因为各种产品的利润率高低不同。企业多生产利润率水平高的产品,少生产利润率水平低的产品,必然引起综合利润率或企业平均利润率的提高,使企业利润额增加;反之,则会使利润额下降。确定品种构成变动对利润额影响的方法较多,且各有利弊,下面对几种主要方法进行说明:

第一种方法:

$$\begin{array}{l}品种构成变动\\对利润的影响\end{array} = \sum\left(\begin{array}{l}产品本期\\销售量\end{array} \times \begin{array}{l}产品基期\\单位利润\end{array}\right) - \begin{array}{l}基期产品\\销售利润\end{array} \times \begin{array}{l}产品销售\\量完成率\end{array}$$

第二种方法：

$$品种构成变动\atop对利润的影响 = \sum\left[\sum\left({产品本期\atop销售量}\times{产品基\atop期单价}\right)\times\left({本期品\atop种构成}-{基期品\atop种构成}\right)\times{基期销售\atop利润率}\right]$$

第三种方法：

$$品种构成变动\atop对利润的影响 = \sum\left[\sum\left({产品本期\atop销售量}\times{产品基\atop期单价}\right)\times\left({本期品\atop种构成}-{基期品\atop种构成}\right)\right.$$
$$\left.\times\left({基期销售\atop利润率}-{基期综合\atop销售利润率}\right)\right]$$

上述三个公式计算的品种构成变动对利润的影响程度应当是一致的。第一个公式可计算出品种构成变动对利润影响的总额，但不能说明各产品的影响情况。第二个公式与第三个公式则既能说明总影响额，又能说明各产品的影响额。第一个公式相对于第二个公式和第三个公式在计算上要简单。第二个公式和第三个公式虽然都试图说明各产品品种构成变动对利润的影响，但二者有明显的区别。按第二个公式计算，某产品销售比重变化与利润变动同方向。按第三个公式计算，如果某产品销售利润率高于综合销售利润率，则该产品销售比重变化与利润成正比；如果某产品销售利润率低于综合销售利润率，则该产品销售比重变化与利润成反比。应当说，第三个公式比第二个公式更能准确反映品种构成对利润的影响程度，但它的计算要比第二个公式复杂。因此，实践中应根据分析的目的和条件，选择相应的分析方法。

3. 销售价格变动对利润的影响分析

价格与销售利润成正比，即在其他条件不变的情况下，价格越高，利润越高。随着价格体制改革，国家定价范围逐渐减少，市场调节价范围不断扩大。价格成为影响企业产品销售利润的重要因素。价格变动对利润的影响一般可用下式计算：

$$价格变动对销售利润的影响 = \sum\left[产品本期销售量\times(本期销售单价-基期销售单价)\right]$$

实践中，价格变动的原因是多种多样的，如国家调整价格、地区差价、批零差价、质量差价等。因此，分析价格变动对利润的影响，可分不同情况加以计算与评价。但是，概括地说，价格变动无非是质量差价和供求差价两种情况。对于质量变动差价对利润的影响，我们将在质量变动对利润的影响中分析，非质量差价通常可按上式计算。但是，如果属于等级品的价格变动，则应按下式进行计算：

$$等级品的价格变动\atop对销售利润的影响 = \sum\left[{产品本期\atop销售量}\times\left({本期等级本\atop期平均单价}-{本期等级基\atop期平均单价}\right)\right]$$

其中：

$$本期等级本期平均单价 = \frac{\sum(各等级本期销售量\times该等级本期单价)}{各等级本期销售量之和}$$

$$本期等级基期平均单价 = \frac{\sum(各等级本期销售量\times该等级基期单价)}{各等级本期销售量之和}$$

4. 等级构成变动对利润的影响分析

产品等级构成是指在等级产品总产销量中，各等级品产销量所占的比重，它是反映等级品质量的重要指标。由于不同等级的产品其价格不同，因此，等级构成变动必然引起等级品平均价格的变动，从而引起产品销售利润的变动。确定等级品质量变动对利润的影响，可用下式计算：

$$\text{质量变动对销售利润的影响} = \sum\left[\text{等级产品本期销售量}\times\left(\text{本期等级基期平均单价}-\text{基期等级基期平均单价}\right)\right]$$

其中：

$$\text{基期等级基期平均单价} = \frac{\sum(\text{各等级基期销售量}\times\text{该等级基期单价})}{\text{各等级基期销售量之和}}$$

上式只适用于等级品质量变动对利润的影响分析。对于一般产品优质优价变动对利润的影响，只要能计算出质量变动对单价的影响，套用前面的公式就可计算出质量变动对利润的影响。

5. 销售成本变动对利润的影响分析

销售成本变动会对利润具有直接影响，在其他因素不变的情况下，销售成本降低多少，利润就会增加多少，即销售成本是与利润成反比的。因此，计算成本变动对利润的影响的公式如下：

$$\text{成本变动对利润的影响} = \sum\left[\text{产品本期销售量}\times\left(\text{单位产品基期成本}-\text{单位产品本期成本}\right)\right]$$

需要说明的是，在现行税收体制下，企业缴纳的税金主要有增值税、消费税等。由于产品销售价格中不含产品销项税，产品成本中也不含进项税，因此，增值税对产品销售利润没有直接影响。因此上述利润影响因素分析都没有考虑税率的变化问题。应当注意，由于企业缴纳的城市维护建设税及教育费附加等的计税依据与增值税有关，因此，增值税变动可通过城市维护建设税及教育费附加间接影响销售利润。但是，因为其金额较小，且与销售量关系复杂，分析时通常将其作为期间成本处理，将其增减变动额单独作为对分析对象的影响额。

如果企业生产并销售烟、酒、高档化妆品、贵重首饰及珠宝玉石、鞭炮、焰火、成品油、摩托车、小汽车等应缴纳消费税的产品，消费税税率或单位税金变动将影响产品销售利润。消费税税率变动对产品销售利润影响的计算公式为：

$$\text{消费税税率变动对利润的影响} = \sum\left[\text{产品本期销售收入}\times\left(\text{基期消费税税率}-\text{本期消费税税率}\right)\right]$$

这一公式主要适用于企业实行从价定率法计算消费税的情况。如果企业实行从量定额法计算消费税税额，则单位消费税税额变动对利润的影响的计算公式为：

$$\text{消费税税额变动对利润的影响} = \sum\left[\text{产品本期销售量}\times\left(\text{单位产品基期消费税税额}-\text{单位产品本期消费税税额}\right)\right]$$

在实行从价定率计税时,前述价格和质量变动对利润影响的计算公式后都应乘以"1—基期消费税税率"。

(三)产品销售利润因素分析案例

假设 DF 公司某子公司 2021 年和 2020 年主要产品销售利润明细资料如表 3-3 和表 3-4 所示。

表 3-3   **2021 年产品销售利润明细表**

金额单位:万元

产品名称	销售数量(台)	单位产品销售价格	单位产品销售成本	单位产品销售利润	产品销售利润
甲	250	5.00	4.00	1.00	250
乙	450	24.80	18.60	6.20	2 790
丙	100	120.00	84.00	36.00	3 600
合计					6 640

表 3-4   **2020 年产品销售利润明细表**

金额单位:万元

产品名称	销售数量(台)	单位产品销售价格	单位产品销售成本	单位产品销售利润	产品销售利润
甲	200	5.00	4.20	0.80	160
乙	500	24.00	19.00	5.00	2 500
丙	80	120.00	83.00	37.00	2 960
合计					5 620

根据表 3-3 和表 3-4 的资料对企业产品销售利润进行因素分析。

首先,确定分析对象:

$$6\ 640 - 5\ 620 = 1\ 020(万元)$$

其次,进行因素分析。

1. 销售量变动对利润的影响

$$产品销售量完成率 = \frac{250 \times 5 + 450 \times 24 + 100 \times 120}{200 \times 5 + 500 \times 24 + 80 \times 120} \times 100\%$$

$$= \frac{24\ 050}{22\ 600} \times 100\%$$

$$= 106.42\%$$

销售量变动对利润的影响 $= 5\ 620 \times 106.42\% - 5\ 620$

$$= 5\ 980.80 - 5\ 620 = 360.80(万元)$$

2. 销售品种构成变动对利润的影响

$$250 \times 0.80 + 450 \times 5 + 100 \times 37 - 5\,980.80 = 169.20 (万元)$$

3. 单位价格变动对利润的影响

$$450 \times (24.80 - 24) = 360 (万元)$$

4. 销售成本变动对利润的影响

$$250 \times (4.20 - 4) + 450 \times (19 - 18.60) + 100 \times (83 - 84) = 130 (万元)$$

可见,企业主要产品销售利润比上年增加 1 020 万元,是各因素共同作用的结果,其中增加销售量、降低成本是利润增加的主要原因。品种结构变动也给利润增长带来有利影响。

应当注意,假如上述乙产品是等级产品,其有关补充资料如表 3-5 所示。

表 3-5　　　　　　　　　　乙产品有关等级及销售资料表

金额单位:万元

等级	销售量(台)		价格		2020 年销售额	2021 年销售额	
	2020 年	2021 年	2020 年	2021 年		基期单价*	本期单价
一等品	350	360	24.90	25.20	8 715	8 964	9 072
二等品	150	90	21.90	23.20	3 285	1 971	2 088
合计	500	450			12 000	10 935	11 160

* 本列数为各等级本期销售量×该等级基期单价,以一等品为例,基期单价=360×24.90=8 964(万元)。

根据表 3-5 的资料可确定等级品质量变动对利润的影响。

第一,计算等级品平均单价:

$$上年等级构成的上年平均单价 = \frac{12\,000}{500} = 24 (万元)$$

$$本年等级构成的上年平均单价 = \frac{10\,935}{450} = 24.30 (万元)$$

$$本年等级构成的本年平均单价 = \frac{11\,160}{450} = 24.80 (万元)$$

第二,确定等级品价格变动对利润的影响:

$$450 \times (24.80 - 24.30) = 225 (万元)$$

第三,确定等级构成变动对利润的影响:

$$450 \times (24.30 - 24.00) = 135 (万元)$$

可见,价格变动对利润的影响数 225 万元和质量变动对利润的影响数 135 万元之和,正是上例中价格变动对利润的影响数 360 万元。说明表 3-5 中的价格变动对利润的影响,实际上受到了纯价格因素和质量因素两个因素的影响。

(四)产品销售利润完成情况评价

进行产品销售利润分析评价,应在确定各因素对利润影响程度的基础上,从以下三个方面展开:

第一,分清影响产品销售利润的有利因素与不利因素。一般来说,凡是使利润增加的因素都被看成是有利因素,使利润减少的因素都被看成是不利因素。从案例计算结果可看出,影响企业利润的各种因素都是有利因素。

第二,分清影响产品销售利润的主观因素与客观因素。通常,把销售量、成本、质量因素等看成是主观因素。如果企业自行安排产品品种生产,那么,品种构成因素也属于主观因素。价格因素要具体分析,除国家政策调价等客观原因外,在市场经济条件下,价格因素也可看成是主观因素,税率因素属于客观因素。当然,对具体情况要具体分析。评价中,应排除客观因素,抓住主观因素。案例中利润增加主要是受到主观因素的影响。

第三,分清生产经营中的成绩与问题。一般地说,企业的成绩与问题都应从主观因素来看。凡是经过主观努力产生的对利润的有利影响,属于企业成绩;凡主观不努力产生的对利润的不利影响,属于企业的问题。案例中,销售量增加、成本下降、质量和价格提高等使利润增加,应看成是企业的成绩。对于品种构成,要结合具体情况具体分析:一要考虑国家计划与合同的完成情况;二要将品种构成与其相应的资产投入结合起来分析。因为在一些情况下,品种构成变动使销售利润增加,但可能使总资产报酬率下降。

第四节 | 利润表分项分析

一、企业收入分析

(一)企业收入确认与计量分析

1. 企业收入确认分析

我国《企业会计准则基本准则》对收入的定义中,工业企业制造并销售产品、商品流通企业销售商品、咨询公司提供咨询服务、软件公司为客户开发软件、安装公司提供安装服务、建筑企业提供建造服务等,均属于企业的日常活动。日常活动所形成的经济利益的流入应当确认为收入。

企业应根据《企业会计准则第 14 号——收入》中规定的五步法确认收入。收入的确认至少应当符合以下条件:一是合同各方已批准该合同并承诺将履行各自义务;二是该合同明确了合同各方与所转让商品或提供劳务(以下简称转让商品)相关的权利和义务;三是该合同有明确的与所转让商品相关的支付条款;四是该合同具有商业实质,即履行该合同将改变企业未来现金流量的风险、时间分布或金额;五是企业因向客户转让商品有权取得的对价很可能收回。

在明确收入内涵的基础上,应着重从以下三个方面进行分析。

(1)收入确认时间合法性分析,即分析本期收入与前期收入或后期收入的界限是否分清。

（2）在特殊情况下,企业收入确认的分析,如附有销售退款条件销售时收入的确认、附有质量保证条款销售时收入的确认、售后回购收入的确认等,其收入的确认与一般性收入确认不同。

（3）收入确认方法合理性的分析,如对采用产出法和投入法的条件与估计方法是否合理等的分析。

2. 企业收入计量分析

企业应当首先确定合同的交易价格,再按照分摊至各单项履约义务的交易价格计量收入。企业在确定交易价格时,应当考虑可变对价、合同中存在的重大融资成分、非现金对价以及应付客户对价等因素的影响,并应当假定按照现有合同的约定向客户转让商品,且该合同不会被取消、续约或变更。

企业收入计量分析主要是指营业收入计量分析。企业的营业收入是指全部营业收入减去销售退回、折扣与折让后的余额。因此,营业收入计量分析,关键在于确认销售退回、折扣与折让的计量是否准确。根据会计准则规定,销售退回与折让的计量比较简单,而销售折扣问题相对较复杂,应作为分析重点。分析时应根据商业折扣与现金折扣的特点,分别分析折扣的合理性与准确性以及对企业收入的影响。

无论是收入确认分析,还是收入计量分析,关键在于明确分析的目的是确认收入的正确性,而其正确与否的关键在于分析时选择的会计政策、会计方法的准确性与合理性。

（二）销售数量与销售价格分析

企业营业收入的多少主要受销售数量和销售价格影响。因此,营业收入分析,应在分析收入总量变动的基础上,进一步确认销售量和价格对其影响的程度。分析的步骤如下:

第一,计算营业收入增长额和增长率。

$$营业收入增长额 = 本期实际营业收入 - 基期营业收入$$

$$营业收入增长率 = \frac{营业收入增长额}{基期营业收入} \times 100\%$$

第二,计算销售量变动对营业收入的影响。

$$销售量变动对营业收入的影响 = 基期营业收入 \times 销售量增长率$$

$$销售量增长率 = \left(\frac{\sum(产品实际销售量 \times 基期单价)}{\sum(产品基期销售量 \times 基期单价)} - 1 \right) \times 100\%$$

第三,计算价格变动对收入的影响。

$$价格变动对收入的影响 = 营业收入增长额 - 销售量变动对营业收入的影响$$

通过销售量与价格对收入的影响分析,不仅可明确企业销售量及价格对收入的影响程度,而且可了解企业的竞争战略选择及其效果。

（三）企业收入构成分析

企业收入分析不仅要研究其总量,而且应分析其结构及其变动情况,以了解企业的经营方向和会计政策选择。收入构成分析可主要从主营业务收入与其他业务收入、现销收入与赊销收入的结构进行。

1. 主营业务收入与其他业务收入分析

企业收入包括主营业务收入和其他业务收入。通过对主营业务收入与其他业务收入的构成情况分析,可以了解与判断企业的经营方针、方向及效果,进而可分析、预测企业的持续发展能力。如果一个企业的主营业务收入结构较低或不断下降,其发展潜力和前景显然是值得怀疑的。DF 公司 2021 年、2020 年年度收入构成分析如表 3-6 所示。

表 3-6　　　　　　　　　　DF 公司年度营业收入构成分析表

金额单位:元

项目	2021 年		2020 年	
	金额	比重	金额	比重
主营业务收入	1 397 644 862.41	99.14%	1 237 435 608.11	98.67%
其他业务收入	12 178 436.54	0.86%	16 667 936.49	1.33%
营业收入	1 409 823 298.95	100%	1 254 103 544.60	100%

由表 3-6 可知,DF 公司营业收入总额 2021 年比 2020 年有所增加,主要原因在于主营业务收入增加。在这两年公司营业收入中,超过 98% 的部分均来自主营业务收入,只有不到 2% 的部分来源于其他业务收入,说明 DF 公司主业突出,收入来源稳定,主营业务收入相比上年略有上升,增长率为 0.47%,营业收入处于增长态势,主要原因是主营业务收入增加。

2. 现销收入与赊销收入分析

企业收入中的现销收入与赊销收入构成受企业的产品适销程度、企业竞争战略、会计政策选择等多个因素影响。通过对两者结构及其变动情况分析,可了解与掌握企业产品销售情况及其战略选择,分析判断其合理性。当然,在市场经济条件下,赊销作为商业秘密并不要求企业披露其赊销收入情况,所以,这种分析方法更适用于企业内部分析。

(四) 收入操纵的常用手段

稳定增长的营业收入是上市公司经营良好的象征,也是股价攀升的有力依托,许多上市公司在粉饰财务报表时,几乎都进行收入操纵,以此获得投资者的青睐。收入操纵可以分为虚构收入、提前确认收入、推迟确认收入等手法。现举例如下:

(1) 寅吃卯粮,透支未来收入。该类手段属于提前确认收入,提前确认收入是把本应该属于以后年度确认的收入通过各种手段提前予以确认。它操纵的只是收入确认的时间,而没有改变收入的总量。这一收入操纵手法固然可以在短期内使销售收入大幅提升,但其实质是透支未来会计期间的收入,很容易产生两个负效应:以牺牲销售毛利为代价,不顾上市公司的持续发展。

(2) 以丰补歉,储备当期收入。该类手段属于推迟确认收入,这一操纵手法与寅吃卯粮的手法完全相反。这种手法往往以稳健主义为幌子,通过递延收入或指使被收购企业在收购日之前推迟确认收入等手法,将本应在当期确认的收入推迟至以后期间确认,并将当期储备的收入在经营陷入困境的年份予以释放,达到以丰补歉,平滑收入和利润的目的。

(3) 鱼目混珠,伪装收入性质。该类手段属于虚构收入,投资收益、其他收益、资产处置收益和营业外收入等收益项目虽然也与主营业务收入一样能够增加上市公司的利润,但由于这些项目属于非经营性收益,且难以预测,在评价上市公司的经营业绩时,一般将它们剔除。尽管这种收入操纵手法并不会改变收入与利润总额,但他歪曲了收入与利润的结构,夸大了企业创造营业收入和经营现金流量的能力,特别容易误导投资者对上市公司盈利质量和现金流量的判断。

目前中国上市公司虚构收入或提前确认收入最主要的方法仍然是对开发票、虚开发票、持货开票及发货确认销售等方式,在虚构收入或提前确认收入的同时会导致一项或多项资产虚增,分析时需结合资产负债表和现金流量表项目。

二、成本费用分析

成本费用是指营业成本、销售费用、管理费用及财务费用等的统称。从各项财务成果的分析可以看出,成本费用对财务成果具有十分重要的影响,降低成本费用是增加财务成果的关键或重要途径。因此,进行财务成果分析,应在揭示财务成果完成情况的基础上,进一步对影响财务成果的基本要素——成本费用进行分析,以找出影响成本升降的原因,为降低成本费用、促进财务成果的增长指明方向。

(一)营业成本分析

营业成本分析包括全部营业成本完成情况分析、单位生产成本分析和营业成本构成分析。

1. 全部营业成本完成情况分析

全部营业成本分析,是根据产品生产、销售成本表的资料,对企业全部已销售产品营业成本的本年实际完成情况与上年度实际情况进行对比分析,从产品类别角度找出各类产品或各主要产品营业成本升降的幅度,以及对全部营业成本的影响程度。全部营业成本分析的一般步骤如下:

第一,将本年度全部产品营业成本与按本年实际销售量计算的上年实际营业成本进行对比,求出营业成本的增减额和增减率。其计算公式为:

$$全部营业成本降低 = 本年实际营业总成本 - 按本年实际销售量计算的上年营业总成本$$

$$全部营业成本降低率 = \frac{全部营业成本降低额}{按本年实销量计算的上年营业总成本} \times 100\%$$

第二,计算主要产品和非主要产品的营业成本降低额和降低率,以及对全部营业成本降低率的影响。主要产品和非主要产品营业成本降低额和降低率的计算可依据上式进行,只是产品的范围不同。它们对全部营业成本降低率影响的计算公式为:

$$\frac{主要产品营业成本降低对}{全部营业成本降低率的影响} = \frac{主要产品营业成本降低额}{按本年实销量计算的上年营业总成本}$$

$$\frac{非主要产品营业成本降低}{对全部营业成本降低率的影响} = \frac{非主要产品营业成本降低额}{按本年实销量计算的上年营业总成本}$$

第三,计算各主要产品营业成本降低额和降低率,以及它们对全部产品营业总成本降低率的影响。计算方法可采用上述全部营业成本降低额和降低率的计算公式,以及主要产品降低对全部营业成本降低率影响的公式,只是产品的口径和范围不同。

通过以上三个步骤,不仅分析了全部营业成本的完成情况,而且从产品类别上找出了营业总成本增减变动的原因,为加强成本管理指明了方向。

下面举例说明全部营业成本完成情况分析的方法。假设 DF 公司某子公司 2021 年和 2020 年度生产、销售成本表的资料,按照分析的目的和要求整理出所需资料,如表 3-7 所示。

表 3-7 产品营业成本资料表

金额单位:万元

产品名称	实际销售量（件）	实际单位生产成本		实际营业总成本	
		2021 年	2020 年	2021 年	2020 年
主要产品				17 770	17 900
其中:甲	250	4.00	4.20	1 000	1 050
乙	450	18.60	19.00	8 370	8 550
丙	100	84.00	83.00	8 400	8 300
非主要产品				1 808	1 705
其中:丁	100	8.20	8.00	820	800
…					
全部产品				19 578	19 605

根据表 3-7 的数据,按照全部产品营业成本完成情况分析的步骤,可对该企业全部营业成本分析如下:

第一步,计算全部营业成本增减变动额和变动率。

全部营业成本降低额 $= 19\,578 - 19\,605 = -27$(万元)

全部营业成本降低率 $= -27 \div 19\,605 \times 100\% = -0.14\%$

可见,企业全部营业成本比上年有所下降,降低额为 27 万元,降低率为 0.14%。

第二步,确定主要产品和非主要产品成本变动情况及对全部营业成本的影响。

主要产品营业成本降低额 $= 17\,770 - 17\,900 = -130$(万元)

主要产品营业成本降低率 $= -130 \div 17\,900 \times 100\% = -0.73\%$

主要产品营业成本对全部销售成本降低率的影响 $= -130 \div 19\,605 \times 100\% = -0.67\%$

非主要产品销售成本降低额 $= 1\,808 - 1\,705 = +103$(万元)

非主要产品销售成本降低率 $= 103 \div 1\,705 \times 100\% = 6.04\%$

非主要产品营业成本对全部营业成本降低率的影响 $= 103 \div 19\,605 \times 100\% = 0.53\%$

从第二个步骤分析可看出,全部营业成本之所以比上年有所下降,关键是由主要产品营业成本下降引起的。主要产品营业成本比上年降低了 0.73%,使全部营业成本降低了 0.67%。而非主要产品的营业成本却比上年提高了,成本超支率为 6.04%,使全部营业成本上升了 0.53%。

第三步,分析各主要产品营业成本完成情况及对全部营业成本的影响。

甲产品营业成本降低额＝1 000－1 050＝－50(万元)

甲产品营业成本降低率＝－50÷1 050×100％＝－4.76％

对全部营业成本降低率的影响＝－50÷19 605×100％＝－0.26％

乙产品营业成本降低额＝837－855＝－18(万元)

乙产品营业成本降低率＝－180÷8 550×100％＝－2.11％

对全部营业成本降低率的影响＝－180÷19 605×100％＝－0.92％

丙产品营业成本降低额＝840－830＝＋10(万元)

丙产品营业成本降低率＝＋100÷8 300×100％＝＋1.20％

对全部营业成本降低率的影响＝＋100÷19 605×100％＝＋0.51％

可见,企业全部营业成本比上年下降主要是由主营产品营业成本下降引起的,而非主要产品的营业成本是上升的;在主要产品成本中,甲产品和乙产品的营业成本有所下降,而丙产品的营业成本却有所上升,应抓住关键产品对其成本升降情况进行进一步的分析。

2. 单位生产成本分析

从上述产品营业成本分析可以看出,单位生产成本是全部营业成本分析的重要影响因素。因此深入地对单位生产成本进行分析是十分必要的。单位生产成本与全部营业成本的关系,可通过以下关系式反映出来:

$$某产品单位生产成本 = 该产品本期生产总成本 ÷ 该产品当期生产量$$

$$某产品营业总成本 = \sum 某产品单位生产成本 × 该产品销售量$$

假设某子公司的丙产品期初无库存,且当期生产的产品当期全部销售,其产品单位成本简表,如表3-8所示。

表 3-8 　　　　　　　　　　　　丙产品单位成本简表

金额单位:万元

成本项目	本年度实际		上年度实际	
直接材料	59.40		51.60	
直接人工	16.20		12.00	
制造费用	8.40		19.40	
产品单位成本	84.00		83.00	
补充明细项目	单位用量(千克)	金额	单位用量(千克)	金额
直接材料:A	66	26.40	72	21.60
B	60	27.00	60	30.00
直接人工工时(小时)	108		120	
产品产销量(件)	100		80	

根据表3-8的资料,运用水平分析法对单位成本完成情况进行分析,如表3-9所示。

表 3-9　　　　　　　　　　　丙产品单位成本分析表

金额单位：万元

成本项目	2021年实际成本	2020年实际成本	增减变动情况		项目变动对单位成本的影响
			增减额	增减率	
直接材料	59.40	51.60	7.80	15.12%	9.40%
直接人工	16.20	12.00	4.20	35.00%	5.06%
制造费用	8.40	19.40	−11.00	−56.70%	−13.25%
合计	84	83	1	1.20%	1.20%

从表 3-9 的分析可以看出,企业丙产品单位生产成本比上年增加了 1 万元,增长1.20%,主要原因是直接人工成本和直接材料成本上升,两者共同使单位成本增加了 12 万元,但制造费用的下降,使单位成本又降低了 11 万元。因此,综合来看,单位成本上升 1 万元,上升率为 1.20%。至于直接材料和人工成本上升的原因,以及制造费用下降的原因,还应进一步结合企业的各项消耗和价格的变动进行分析,从而找出单位成本升降的最根本原因。

3. 营业成本构成分析

与收入分析相对应,企业营业成本分析不仅要研究其总量,而且应分析其结构及其变动情况,以了解企业的经营方向和会计政策选择。营业成本构成分析可主要从主营业务成本与其他业务成本的结构进行对比。

通过对主营业务成本与其他业务成本的构成情况分析,可以了解与判断企业的经营方针、方向及效果,进而可分析、预测企业已销售产品的成本构成及变动情况。

DF 公司 2021 年、2020 年年度营业成本构成分析如表 3-10 所示。

表 3-10　　　　　　　　　　DF公司年度营业成本构成分析表

金额单位：元

项目	2021年		2020年	
	金额	比重	金额	比重
主营业务成本	988 962 559.38	98.94%	931 583 485.65	98.40%
其他业务成本	10 604 744.29	1.06%	15 144 701.11	1.60%
营业成本	999 567 303.67	100%	946 728 186.76	100%

由表 3-10 可知,DF 公司营业成本总额 2021 年较 2020 年有所增加,主要原因在于主营业务成本增加。在这两年公司营业成本中,超过 98% 的部分均来自主营业务成本,只有不到2% 的部分来源于其他业务成本,说明 DF 公司主业突出,营业成本几乎由主营业务成本构成。营业成本处于增长态势,主要原因是主营业务成本增加所致。应深入分析主营业务成本增加的具体原因,做好成本管控,提升利润空间。

(二) 期间费用分析

与财务成果直接相关的费用有销售费用、管理费用和财务费用等。对期间费用进行分析可采用水平分析法和垂直分析法。运用水平分析法可将各费用项目的实际数与上期数或预算数进行对比,以揭示各项费用的完成情况及产生差异的原因。运用垂直分析法则可揭示各项费用的构成变动,说明费用构成变动的特点。从上述 DF 公司的利润表实际情况看,在期间费用中销售费用在各项费用总额中的比例最大,下面就通过对该公司销售费用的分析,说明费用分析的方法。根据 DF 公司 2021 年度和 2020 年度销售费用资料运用水平分析法分析销售费用的完成情况,如表 3-11 所示。

表 3-11 　　　　　　　　　　DF 公司 2021 年销售费用完成情况分析表

单位:元

项　　目	2021 年	2020 年	增减额	增减率
职工薪酬	91 360 644.05	80 801 260.26	10 559 383.79	13.07%
差旅费	63 823 621.95	50 132 737.32	13 690 884.63	27.31%
办公费	13 771 468.22	13 399 335.88	372 132.34	2.78%
营销活动经费	184 145 419.96	147 817 372.43	36 328 047.53	24.58%
运输费	24 776 256.90	24 687 156.24	89 100.66	0.36%
中标费	31 323 324.13	25 381 216.85	5 942 107.28	23.41%
产品质量保证金	8 907 936.52	9 139 272.64	−231 336.12	−2.53%
其他	11 486 429.10	6 213 805.94	5 272 623.16	84.85%
合　计	429 595 100.83	357 572 157.56	72 022 943.27	20.14%

从表 3-11 可以看出,DF 公司 2021 年销售费用相比 2020 年增加了 72 022 943.27 元,增长率为 20.14%。销售费用变动的主要原因:第一,营销活动经费比 2020 年增加 36 328 047.53 元,增长率 24.58%;第二,差旅费比 2020 年增加 13 690 884.63 元,增长率为 27.31%;第三,职工薪酬增加 10 559 383.79 元,增长率为 13.07%。除了产品质量保证金有小幅度下降,另外几项销售费用均有一定程度增长,几项因素共同作用导致销售费用增长明显。

为了深入说明销售费用变动情况及其合理性,还应进一步从结构方面及万元销售收入销售费用方面进行分析。分析指标和方法,如表 3-12 所示。

表 3-12 　　　　　　　　　DF 公司销售费用结构分析表　　　　　金额单位:元

项　　目	产品销售费用构成			万元营业收入销售费用		
	2021 年	2020 年	差异	2021 年	2020 年	差异
职工薪酬	21.27%	22.60%	−1.33%	2.67	2.66	0.02
差旅费	14.86%	14.02%	0.84%	1.87	1.65	0.22
办公费	3.21%	3.75%	−0.54%	0.40	0.44	−0.04
营销活动经费	42.86%	41.34%	1.53%	5.39	4.86	0.53

(续表)

项 目	产品销售费用构成			万元营业收入销售费用		
	2021 年	2020 年	差异	2021 年	2020 年	差异
运输费	5.77%	6.90%	−1.14%	0.72	0.81	−0.09
中标费	7.29%	7.10%	0.19%	0.92	0.83	0.08
产品质量保证金	2.07%	2.56%	−0.48%	0.26	0.30	−0.04
其他	2.67%	1.74%	0.94%	0.34	0.20	0.13
合 计	100%	100%	0	12.57	11.75	0.82

从表 3-12 可以看出,2021 年产品销售费用结构中营销活动经费占的比重最大,超过销售费用的 40%。另外,职工薪酬位于其次,占比为 21.27%,差旅费占比位于第三,为 14.86%。从动态上看,本年度差旅费、营销活动经费、中标费和其他所占比重增加,而职工薪酬、办公费、运输费和产品质量保证金所占比重下降,虽然有增有减,但各项销售费用的占比相对较稳定,变动幅度不大。从万元营业收入的销售费用看,本年度比上年度增加了 0.82 元,增加幅度最大的是营销活动经费,增加了 0.53 元;其次是差旅费,增加了 0.22 元;再次是其他,增加了 0.13 元,其他项目变动不大。至于各项销售费用增减变动的具体原因,应结合实际进一步分析。

期间费用中的其他项目,如对管理费用、财务费用等进行分析均可采用相同的分析思路和方法。

三、资产减值损失分析

利润表中资产减值损失项目的构成以及增减变动情况,通常在财务报表附注中,以编制资产减值准备明细表的形式加以说明。目前,除了金融类资产改为信用减值损失以外几乎所有的其他资产都涉及资产减值损失。这些损失具体包括存货跌价损失及合同履约成本减值损失、投资性房地产减值损失、固定资产减值损失、长期股权投资减值损失、在建工程减值损失、工程物资减值损失、无形资产减值损失、开发支出减值损失、商誉减值损失等。

根据 DF 公司会计报表附注中有关资产减值损失的资料,可编制资产减值损失分析表,如表 3-13 所示。

表 3-13　　　　　　　　　　DF 公司资产减值损失分析表

金额单位:元

项 目	2021 年	2020 年	增减额	变动率
坏账损失	0	9 487 540.57	−9 487 540.57	−100%
存货跌价损失	1 850 862.89	2 382 068.96	−531 206.07	−22.30%
合 计	1 850 862.89	11 869 609.53	−10 018 746.64	−84.41%

从表 3-13 可以看出，DF 公司 2021 年度资产减值损失相比上年减少 10 018 746.64 元，降低了 84.41%。主要原因是 2021 年度公司坏账准备和存货跌价准备都有所减少。其中，坏账损失与上年相比，减少 9 487 540.57 元；同时，存货跌价准备减少 531 206.07 元。两者导致资产减值损失共减少 10 018 746.64 元。

此外，还可以分析 DF 公司信用减值损失。由于会计准则变更，上市公司开始实施修订后的金融工具准则，因利润表不追溯调整上期，所以 DF 公司 2021 年年报中信用减值损失只有本期数，且资产减值损失中的一些项目转入信用减值损失。未来年度年报分析，可以根据信用减值损失对利润的影响程度，有选择地进行分析。

四、其他收益分析

利润表中的其他收益，是指与企业日常活动相关，但又不宜确认收入或冲减成本费用的政府补助，是企业营业利润的组成部分。其他收益分析包括其他收益规模变动分析和其他收益结构变动分析。

1. 其他收益规模变动分析

其他收益规模变动分析，主要是指对利润表附注中其他收益各明细项目增减变动情况的分析。其分析目的在于认清其他收益增减变动的原因。

根据 DF 公司会计报表附注中有关其他收益的资料，可编制其他收益规模变动表，如表 3-14 所示。

表 3-14 　　　　　　　　　　　DF 公司其他收益规模变动表

金额单位：元

项　　目	2021 年	2020 年	变动额	变动率
软件增值税退税	39 170 636.32	35 418 942.23	3 751 694.09	10.59%
与资产相关的政府补助	7 160 694.60	7 419 411.24	−258 716.64	−3.49%
与收益相关的政府补助	20 329 998.07	24 209 624.04	−3 879 625.97	−16.03%
合　　计	66 661 328.99	67 047 977.51	−386 648.52	−0.58%

从表 3-14 可以看出，2021 年 DF 公司其他收益减少 386 648.52 元，降低了 0.58%，变动幅度较小，对利润的影响不大。其中，软件增值税退税比上年增加 3 751 694.09 元，增长 10.59%，与收益相关的政府补助比上年减少了 3 879 625.97 元，降低了 16.03%，与资产相关的政府补助比上年减少，但减少的金额较小。各项目的增减金额互相抵消，导致 DF 公司 2021 年其他收益减少 386 648.52 元。

2. 其他收益结构变动分析

根据利润表中附表的资料，通过计算各因素在其他收益中所占的比重，分析其他收益的结构及其增减变动的合理程度。其他收益结构变动情况如表 3-15 所示。

表 3-15   DF 公司其他收益结构变动表

项 目	2021 年	2020 年	差异
软件增值税退税	58.76%	52.83%	5.93%
与资产相关的政府补助	10.74%	11.07%	−0.32%
与收益相关的政府补助	30.50%	36.11%	−5.61%
合 计	100%	100%	0

从表 3-15 可以看出,在 2021 年度其他收益中,软件增值税退税占比最大,占比为 58.76%,且比上年增加了 5.93%;其次是与收益相关的政府补助,占比 30.50%,比上年减少了 5.61%;与资产相关的政府补助占比最小,为 10.74%,比重变动不大。

练　习　题

一、单选题

1. 下列各项中,属于反映企业全部财务成果的指标是(　　)。
   A. 主营业务利润　　　B. 营业利润　　　　C. 利润总额　　　　D. 净利润

2. 下列各项中,属于对企业商品经营盈利状况最终起决定性作用的因素是(　　)。
   A. 主营业务利润　　　B. 营业利润　　　　C. 利润总额　　　　D. 投资收益

3. 企业提取法定盈余公积是在(　　)。
   A. 提取法定公益金之后　　　　　　　B. 弥补企业以前年度亏损之后
   C. 支付各项税收的滞纳金和罚款之后　D. 支付普通股股利之前

4. 企业用盈余公积分配股利后,法定盈余公积不得低于注册资本的(　　)。
   A. 10%　　　　　　　B. 20%　　　　　　C. 25%　　　　　　D. 50%

5. 下列各项中,属于营业利润影响因素的是(　　)。
   A. 营业外收入　　　　B. 所得税费用　　　C. 营业外支出　　　D. 其他收益

6. 下列各项中,属于计算销售量变动对利润影响的公式是(　　)。
   A. 销售量变动对利润的影响＝产品销售利润实际数×(产品销售量完成率－1)
   B. 销售量变动对利润的影响＝产品销售利润实际数×(1－产品销售量完成率)
   C. 销售量变动对利润的影响＝产品销售利润基期数×(产品销售量完成率－1)
   D. 销售量变动对利润的影响＝产品销售利润基期数×(1－产品销售量完成率)

7. 下列各项中,属于销售品种构成变动引起产品销售利润变动原因的是(　　)。
   A. 各种产品的价格不同　　　　　　　B. 各种产品的单位成本不同
   C. 各种产品的单位利润不同　　　　　D. 各种产品的利润率高低不同

8. 下列各项中,属于产品等级构成变动引起产品销售利润变动原因的是(　　)。
   A. 等级构成变动必然引起等级品平均成本的变动
   B. 等级构成变动必然引起等级品平均价格的变动
   C. 等级构成变动必然引起等级品平均销售量的变动
   D. 等级构成变动必然引起等级品平均利润的变动

9. 下列各项中,属于产品质量变动引起产品销售利润变动原因的是(　　)。
   A. 各等级品的价格不同　　　　　　　B. 各等级品的单位成本不同
   C. 各等级品的单位利润不同　　　　　D. 各等级品的利润率高低不同

10. 如果企业本年营业收入增长快于营业成本的增长,那么企业本年营业利润(　　)。
    A. 一定大于零　　　　　　　　　　　B. 一定大于上年营业利润
    C. 一定大于上年利润总额　　　　　　D. 不一定大于上年营业利润

11. 下列各项中,属于企业收入的是( )。
    A. 公允价值变动净收益   B. 营业收入
    C. 投资收入   D. 营业外收入

12. 下列各项中,不属于利润表分项变动情况分析内容的是( )。
    A. 投资收益   B. 成本费用   C. 资产减值损失   D. 营业利润

13. 下列各项中,不属于与当期损益直接相关的费用是( )。
    A. 销售费用   B. 管理费用   C. 财务费用   D. 制造费用

14. 下列各项中,属于影响产品价格高低最主要的因素是( )。
    A. 营业利润   B. 税金及附加   C. 产品成本   D. 财务费用

15. 在各种产品利润率不变的情况下,提高利润率低的产品在全部产品中所占的比重,则全部产品的平均利润率将( )。
    A. 提高   B. 降低   C. 不变   D. 无法确定

二、多选题

1. 下列各项中,属于影响产品销售利润的基本因素的有( )。
    A. 销售量   B. 单价   C. 单位销售成本   D. 销售品种构成

2. 下列各项中,属于产品销售利润因素分析的主要步骤的有( )。
    A. 找出影响产品销售利润的因素
    B. 将影响产品销售利润的因素分为有利因素和不利因素
    C. 确定各因素变动对产品销售利润的影响程度
    D. 对产品销售利润完成情况进行分析评价

3. 下列各项中,不属于影响企业营业利润因素的有( )。
    A. 投资收益   B. 营业外收入   C. 其他收益   D. 营业外支出

4. 企业的营业收入是指从全部营业收入中扣除( )。
    A. 销售退回   B. 销售折扣   C. 数量折扣   D. 销售折让

5. 下列各项中,属于期间费用的有( )。
    A. 税金及附加   B. 制造费用   C. 财务费用   D. 销售费用

6. 下列各项中,属于利润表综合分析内容的有( )。
    A. 收入分析   B. 成本费用分析
    C. 利润额增减变动分析   D. 利润结构变动分析

7. 下列各项中,属于符合确定分部报告条件的有( )。
    A. 销售量   B. 管理要求   C. 内部组织结构   D. 内部报告制度

8. 下列各项中,属于销售费用分析主要内容的有( )。
    A. 销售费用变动率   B. 销售费用变动额
    C. 销售费用构成率   D. 万元营业收入销售费用

9. 下列各项中,属于利润表分析内容的有( )。
    A. 现金流入分析   B. 综合分析   C. 分部分析   D. 分项分析

10. 下列各项中,属于营业成本分析内容的有( )。
    A. 营业成本构成分析   B. 全部营业成本完成情况分析
    C. 资产减值损失分析   D. 单位生产成本分析

三、判断题

1. 营业利润是企业营业收入与营业成本费用及税金之间的差额,它既包括产品销售利润,又包括其他业务利润,并在两者之和的基础上减去管理费用与财务费用。 （　　）

2. 净利润是指税后利润,即等于利润总额与所得税费用之差。 （　　）

3. 收入是指企业在日常活动中形成的、会导致所有者权益增加的经济利益的总流入。

　　（　　）

4. 企业的利润取决于收入和费用金额的计量。 （　　）

5. 营业成本变动对利润有着直接影响,营业成本降低多少,利润就会增加多少。 （　　）

6. 税率的变动对产品销售利润没有影响。 （　　）

7. 借助结构变动分析,再结合利润形成过程中相关的影响因素,反映利润额的变动情况,评价企业在利润形成过程中的各方面管理业绩并揭露存在的问题。 （　　）

8. 价格变动的原因是多种多样的,但是概括地说,价格变动无非是质量差价和供求差价两种。 （　　）

9. 价格因素是影响产品销售利润的主观因素。 （　　）

10. 按我国现行会计制度规定,企业当期实现的净利润即为企业当期可供分配的利润。

　　（　　）

11. 企业成本总额的增加不一定意味着利润的下降和企业管理水平的下降。 （　　）

12. 其他收益,是指与企业日常活动相关,但又不宜确认收入或冲减成本费用的政府补助。

　　（　　）

13. 直接材料成本不只受材料的单位耗用量和单价两个因素的影响。 （　　）

14. 全部营业成本分析是从产品类别的角度找出各类产品或主要产品营业成本的构成内容及结构比重。 （　　）

15. 除了资产减值损失以外,信用减值损失也对利润有影响。 （　　）

四、计算分析题

1. 成本水平分析

甲企业生产 A 产品的有关单位成本资料如表 3-16 所示。

表 3-16　　　　　　　　　　　A 产品单位成本表

单位:元

成本项目	2021 年实际成本	2020 年实际成本
直接材料	655	602
直接人工	159	123
制造费用	322	356
产品单位成本	1 136	1 081

要求:根据表 3-16 的资料,运用水平分析法对单位成本完成情况进行分析。

2. 营业成本完成情况分析

乙企业 2020 年度和 2021 年度的产品营业成本资料如表 3-17 所示。

表 3-17　　　　　　　　　　产品营业成本资料图

金额单位：元

产品名称	实际销售量(件)	实际单位生产成本		实际营业总成本	
		2020 年	2021 年	2020 年	2021 年
主要产品				19 100	18 000
其中：A	120	80	75	9 600	9 000
B	100	95	90	9 500	9 000
非主要产品				2 300	2 380
其中：C	20	70	75	1 400	1 500
D	10	90	88	900	880
全部产品				21 400	20 380

要求：根据表 3-17 的资料，对该企业的全部营业成本完成情况进行分析。

3. 等级品利润分析

A 产品是等级产品，其有关资料如表 3-18 所示。

表 3-18　　　　　　　　　A 产品有关等级及销售资料表

金额单位：元

等级	销售量（台）		价格	
	2020 年	2021 年	2020 年	2021 年
一等品	12 000	12 500	150	158
二等品	9 400	8 800	135	136
合计	21 400	21 300		

要求：根据表 3-18 的资料，确定等级品构成变动和价格变动对利润的影响。

第四章　其他报表分析

 知识导航

其他报表分析
├─ 所有者权益变动表分析
│　├─ 所有者权益变动表分析的目的与内容
│　├─ 所有者权益变动表综合分析
│　└─ 所有者权益变动影响因素分析
└─ 现金流量表分析
　　├─ 现金流量表分析的目的与内容
　　├─ 现金流量表综合分析
　　├─ 现金流量表分项分析
　　└─ 现金流量与利润综合分析

学习目标

1. 了解所有者权益变动表分析和现金流量表分析的目的与内容。
2. 掌握所有者权益变动表水平分析、构成分析和趋势分析的方法。
3. 掌握现金流量表总体分析、水平分析和结构分析等方法。
4. 熟练运用报表分析方法,对所有者权益变动表和现金流量表进行分析。

案例导入

东鹏饮料资金链危机案例

东鹏饮料,作为中国饮料行业的佼佼者,自 1994 年成立以来,以其功能饮料和茶饮料产品在市场上占据了一席之地。然而,2023 年对于东鹏饮料来说,是充满挑战的一年。随着市场竞争的加剧和原材料成本的上涨,东鹏饮料的生产成本大幅增加,这对公司的盈利能力构成了严峻考验。在这一背景下,公司在扩张过程中未能有效控制成本,导致了一系列财务问题。

首先,东鹏饮料在市场扩张中遭遇了应收账款回收困难的问题。这不仅影响了公司的现金流,也加剧了资金链的紧张。其次,库存积压问题同样不容忽视,过多的库存不仅占用了宝贵的资金,也增加了仓储成本,进一步削弱了公司的财务状况。随着销售额的下滑,东鹏饮料的资金流动性危机愈发严重,这对公司的持续运营构成了威胁。

尽管东鹏饮料尚未宣布破产,但其资金链问题已经引起了市场的广泛关注。公司目前正在积极寻求融资和重组方案,以期缓解当前的财务困境。这包括与潜在的投资者进行谈判,以及探索资产重组的可能性,以优化公司的资产负债结构,提高资金的使用效率。

东鹏饮料的案例提醒我们,即使是行业内的知名企业,也必须对市场变化保持敏感,并

采取有效的成本控制措施。在快速扩张的同时,企业需要平衡增长与风险,确保资金链的稳定性。对于东鹏饮料而言,未来的路并不平坦,但通过积极的财务调整和市场策略,仍有可能渡过难关,重拾增长势头。

2023年,东鹏饮料因市场竞争加剧和原材料价格上涨,导致生产成本大幅增加。同时,公司在扩张过程中未能有效控制成本,面临应收账款回收困难、库存积压等问题,使资金链逐渐紧张。随着销售额的下滑,东鹏饮料面临严重的资金流动性危机。虽然东鹏饮料尚未正式宣布破产,但其资金链问题引发了市场的广泛关注,公司正在寻求融资和重组方案,以应对当前的财务困境。

资料来源:国际金融报,2023年08月09日,《半年才赚11亿,股东、高管却套现103亿!东鹏饮料怎么了?》。

思考: 从现金流出结构分析的角度,分析东鹏饮料的资金链为什么会发生断裂?

第一节 所有者权益变动表分析

所有者权益变动表是一张总结性的报表,它总结了影响所有者权益的所有交易,反映了公司本期(年度或中期)内截至期末所有者权益变动情况的报表。

所有者权益又称净资产,是指公司资产扣除负债后由股东享有的剩余权益,是股东投资资本与经营过程中形成的留存收益的集合,是股东投资和公司发展实力的资本体现。所有者权益在公司经营期内可供企业长期、持续地使用,是公司生存和发展的基础,按其来源或者形成渠道,可分为投入资本(包括实收资本和资本公积)和留存收益(包括盈余公积和未分配利润),也可以称投入资本为原始投入的资本,称留存收益为经营形成的资本。前者主要来自股东投入,后者源于企业经营积累。

所有者权益变动表应当反映构成所有者权益的各组成部分当期的增减变动情况。综合收益总额以及与所有者(或股东)的资本交易导致的所有者权益的变动,应当分别列示。与所有者的资本交易,是指企业与所有者以其所有者身份进行的、导致所有者权益变动的交易。

所有者权益变动表至少应当单独列示下列项目的信息:

(1)综合收益总额,在合并所有者权益变动表中还应单独列示归属于母公司所有者的综合收益总额和归属于少数股东的综合收益总额。

(2)会计政策变更和会计差错更正的累积影响金额。

(3)所有者投入资本和向所有者分配利润等。

(4)按照规定提取的盈余公积。

(5)所有者权益各组成部分的期初和期末余额及其调节情况。

一、所有者权益变动表分析的目的与内容

(一)所有者权益变动表分析的目的

所有者权益变动表分析,是通过所有者权益的来源及变动情况,了解会计期间内影响所

有者权益增减变动的具体原因,判断构成所有者权益各个项目变动的合法合规性与合理性,为报表使用者提供较为真实的所有者权益总额及其变动信息。

所有者权益变动表分析的具体目的如下:

(1)清晰体现会计期间构成所有者权益各个项目的变动规模与结构,了解其变动趋势,反映公司净资产的实力,提供资本保值增值的重要信息。

(2)进一步从全面收益角度报告更全面、更有用的财务业绩信息,以满足报表外部和内部使用者进行投资、信贷、监管及其他经济决策的需要。

(3)反映会计政策变更的合理性以及会计差错更正的幅度,具体报告会计政策变更和会计差错更正对所有者权益的影响数额。

(4)反映股利分配政策、股票回购等公司战略对所有者权益的影响。

(二)所有者权益变动表分析的内容

(1)所有者权益变动表的水平分析、构成分析和趋势分析。

(2)所有者权益变动表的主要项目分析。

(3)所有者权益变动因素影响分析。

二、所有者权益变动表综合分析

(一)所有者权益变动表的水平分析

所有者权益变动表的水平分析,是将所有者权益变动表的整体数据变动与各个项目的数据变动进行对比,揭示公司当期所有者权益规模与各个组成要素变动的关系,解释公司净资产的变动原因,从而进行相关分析与决策的过程。

所有者权益变动表的水平分析思路,是通过所有者权益的来源及其变动情况,了解会计期间内影响所有者权益增减变动的具体原因,判断构成所有者权益各个项目变动的合法合规性与合理性,为报表使用者提供较为真实的所有者权益总额及其变动信息。对于所有者权益变动表所包含的财务状况质量信息,主要应关注:"输血性"变化和"盈利性"变化;所有者权益内部项目互相结转的财务效应;公司股权结构的变化与方向性含义;会计核算因素的影响;公司股利分配方式所包含的财务状况质量信息等。

下面以 DF 公司 2021 年所有者权益变动表为例,对 DF 公司所有者权益变动表的规模变动原因予以具体项目分析,如表 4-1 所示。

从表 4-1 可知,DF 公司 2021 年所有者权益比 2020 年增加了 286 236 602.97 元,增长幅度为 8.75%;从影响的主要项目看,最主要的原因是本年综合收益总额 283 396 752.97 元的贡献,而综合收益总额中净利润为 282 743 169.55 元(283 396 752.97−653 583.42),占所有者权益增加额的 98.78%(282 743 169.55÷286 236 602.97×100%),说明 DF 公司以盈利为资本保值增值的模式。增加净利润是经营资本增加的源泉,也是所有者权益增长的重要途径,正如定价理论信条所言,价值是股东在经营过程中产生的,而非股东在财务活动中产生的;健康成长型公司,应通过投资收益实现经营积累,实现投资者资本的保值增值。从目前看来,DF 公司正是在重视和追求权益回报,以回归公司本质——"以盈利为目的的经济组织"。

表4-1

DF 公司所有者权益变动表的水平分析表

2021 年度

金额单位：元

项目	股本	优先股	永续债	库存股	资本公积	减:库存股	其他综合收益	专项储备	盈余公积	一般风险准备	未分配利润	其他	小计	少数股东权益	所有者权益合计
		其他权益工具					归属于母公司所有者权益								
一、上年期末余额	1340727007.00				1199317830.61		-71491.71		26509392.91		455970699.13		3022453437.94	23866748.64	3281120886.58
加:会计政策变更							8268000.00		-12932.89		-1446791.91		-9727724.80	-671182.63	-10398907.43
前期差错更正															
同一控制下企业合并															
其他															
二、本年期初余额	1340727007.00				1199317830.61		-8339491.71		26496460.02		454523907.22		3012725713.14	257996266.01	3270721979.15
三、本期增减变动金额(减少以"一"号填列)					-445506.46		653583.42		5451117.16		241634282.50		247293476.62	38943126.35	286236602.97
本年增减变化率	0				-0.04%		-7.84%		20.57%		53.16%		8.21%	15.09%	8.75%
本年增减变动构成比重	0				-0.16		0.23		1.90		84.42		86.39	13.61	100
(一)综合收益总额							653583.42				247085399.66		247738983.08	35657769.89	283396752.97
(二)所有者投入和减少资本					-445506.46								-445506.46	7267236.46	6821730.00
1.所有者投入的普通股														7056730.00	7056730.00
2.其他权益工具持有者投入资本															
3.股份支付计入所有者权益的金额															
4.其他					-445506.46								-445506.46	210506.46	-235000.00
(三)利润分配									5451117.16		-5451117.16			-3981880.00	-3981880.00

（续表）

2021 年度

项目	归属于母公司所有者权益													少数股东权益	所有者权益合计
	股本	其他权益工具			资本公积	减:库存股	其他综合收益	专项储备	盈余公积	一般风险准备	未分配利润	其他	小计		
		优先股	永续债	库存股											
1. 提取盈余公积									5451117.16		−5451117.16				
2. 提取一般风险准备															
3. 对所有者（或股东)的分配														−3981880.00	−3981880.00
4. 其他															
（四）所有者权益内部结转															
1. 资本公积转增资本（或股本)															
2. 盈余公积转增资本（或股本)															
3. 盈余公积弥补亏损															
4. 设定受益计划变动额结转留存收益															
5. 其他综合收益结转留存收益															
6. 其他															
（五）专项储备															
1. 本期提取															
2. 本期使用															
（六）其他															
四、本期期末余额	1340727007.00				1198872324.15		−7685908.29		319475577.18		696158189.72		3260019189.76	296939392.36	3556958582.12

说明：本年增减变动额＝本年年末余额－本年年初余额；企业综合收益总额＝企业净利润＋其他综合收益税后净额。

除此之外,所有者权益变动表的水平分析还应当对所有者权益规模变动原因逐一分析,具体包括以下五个方面。

1. 实收资本(或股本)变动情况的分析

实收资本(或者股本)的增加包括资本公积转入、盈余公积转入、利润分配转入和发行新股等多种渠道,前三种都会稀释股票的价格,而发行新股既能增加注册资本和股东权益,又可增加公司的现金资产,这是对公司发展最有利的增股方式。DF 公司 2021 年并未增加新股。

2. 资本公积变动情况的分析

资本公积是指归所有者所共有的、非收益转化而形成的资本。资本公积增加的原因包括资本(股本)溢价和其他资本公积,如接受捐赠、法定财产重估增值和资本溢价。

接受捐赠是指企业因接受其他部门或个人的现金或实物等捐赠而增加的资本公积;法定财产重估增值是指企业在分立、合并、变更和投资时资产评估或者合同、协议约定的资产价值与原账面净值的差额;资本溢价是指投资人缴付的出资额超出其认缴资本金的差额,包括股份有限公司发行股票的溢价净收入及可转换债券转换为股本的溢价净收入等。DF 在 2021 年年末所有者权益变动表中,资本公积减少 445 506.46 元,较上年下降 0.04%,变动很小,变动的主要原因是所有者资本减少。

3. 其他综合收益变动情况的分析

其他综合收益是指企业根据其他会计准则规定未在当期损益中确认的各项利得和损失,扣除所得税影响后的净额。其中包括以后会计期间不能重分类进损益的其他综合收益项目和以后会计期间在满足规定条件时将重分类进损益的其他综合收益项目两大类。

DF 公司在 2021 年年末所有者权益变动表中,由于执行新金融工具准则,相应调减年初其他综合收益 8 268 000.00 元;本期其他综合收益增加 653 583.42 元,根据财务报表附注中的信息,变动主要来源于其他权益工具投资公允价值变动和外币财务报表折算差额。

4. 盈余公积变动情况的分析

盈余公积是指公司从税后净利润中提取的公司积累基金。盈余公积按规定可用于弥补亏损,也可按法定程序转增资本金,法定公积金提取率为 10%,盈余公积的增减变动情况可以直接反映出公司创利及其积累的情况。由于执行新金融工具准则,DF 公司调减年初盈余公积 12 932.89 元,2021 年从净利润中提取盈余公积 5 451 117.16 元,较年初余额增加了 20.57%,体现出 DF 公司利润积累的实力。

5. 未分配利润的分析

未分配利润是企业留待以后年度分配的结存利润。2021 年 DF 公司未分配利润当期增加 241 634 282.50 元,增幅达 53.16%,占母公司当期净利润的 53.80%(241 634 282.50÷247 085 399.66×100%)。

除了上述母公司层面的原因外,影响 DF 公司本期所有者权益变动的项目还包括少数股东权益对本期所有者权益变动的影响为 38 943 126.35 元。

(二)所有者权益变动表的构成分析

所有者权益变动表的构成分析,是对所有者权益各个子项目变动占所有者权益变动的比重予以计算,并进行分析评价,揭示公司当期所有者权益各个子项目的比重及其变动情况,解释公司净资产构成的变动原因,从而进行相关决策的过程。以 DF 公司所有者权益变动表为基础资料,编制 DF 公司 2021 年所有者权益变动构成分析表如表 4-2 所示。从表 4-2 可以看出 DF 公司 2021 年所有者权益变动项目总构成为 100%。其中,资本公积的构成为 -0.16%,其他综合收益的构成为 -2.76%,盈余公积的构成为 1.97%,未分配利润的构成为 87.08%,归属于母公司所有者权益变动的构成为 86.13%,少数股东权益的构成为 13.87%。

从所有者权益变动总构成可见,DF 公司 2021 年"盈利性"变化使所有者权益增加的比重为 89.05%,其中包括留存收益增加的比重 $89.05\%(1.97\%+87.08\%)$ 以及其他综合收益减少 2.76%;"输血性"变化使所有者权益减少的比重为 1.97%。总体而言,DF 公司的股东权益的增加,基本都是通过经营形成的资本。

留存收益的直接效果就是在利润分配前提取盈余公积,限制向投资者分配利润,在利润分配中不完全分配以便以后年度分配,其目的在于:①降低公司财务风险。要发展、要扩大经营,必须保持一定数量的流动资本,以便保证企业能不断更新固定资产,按期偿还债务或应对经营中可能出现的意外损失,这一切可以通过留存收益来实现。②均衡各期利润分配。因为公司各年实现利润不可能一样,为了给投资者以良好形象,显示公司经营稳定,可通过留存收益,以丰补歉,使投资者各年能得到大体相同的投资回报。③为公司扩充实力追加投资。作为公司,为了增强抗风险能力,必须扩大企业规模,在外界无追加投资的情况下,可以通过盈余公积转增资本的形式来补充原始投入资本的不足。④出于某些特殊目的的考虑。

实收资本(或股本)是指投资者按照公司章程或合同、协议的约定,实际投入公司并依法进行注册的资本,它体现了公司所有者对公司的基本产权关系。实收资本(或股本)的构成比例是确定所有者参与公司财务经营决策的基础,也是公司进行利润分配或股利分配的依据,同时还是公司清算时确定所有者对净资产的要求权的依据。资本公积是投资者的出资中超出其在注册资本中所占份额的部分,以及直接计入所有者权益的利得和损失,它不直接表明所有者对公司的基本产权关系。资本公积从形成来源上看,它不是由公司实现的利润转化而来的,从本质上讲应属于投入型资本范畴,因此,它与留存收益有根本区别,因为后者是由公司实现的利润转化而来的。资本公积尽管属于投入资本范畴,但它与实收资本又有所不同,实收资本属于法定资本,在金额上有比较严格的限制,资本公积在金额上则没有严格的限制,而且在来源上相对灵活,它可以来源于投资者的额外投入,也可以来源于除投资者之外的其他企业或个人,如接受捐赠的资产等。

(三)所有者权益变动表的趋势分析

所有者权益变动表的趋势分析,是通过所有者权益变动表各个项目的变动情况,观察和分析股本、资本公积、盈余公积、未分配利润等项目的变动趋势,深入理解和掌握所有者权益项目增减变动的原因与规律,为财务预测、财务决策、编制财务预算和估算企业价值提供依据。由于所有者权益变动表已反映资产负债表中所有者权益项目由期初到期末的具体变动,因此,所有者权益变动表趋势分析是对资产负债表趋势分析的补充与延伸。

DF 公司所有者权益变动构成分析表

表 4-2

2021 年度

金额单位：元

项目	归属于母公司所有者权益										少数股东权益	所有者权益合计
---	股本	其他权益工具	资本公积	减：库存股	其他综合收益	专项储备	盈余公积	一般风险准备	未分配利润	其他	小计		
上年期末余额	1340727007.00		1199317830.61		−71491.71		26509392.91		455970699.13		3022453437.94	258667448.64	3281120886.58
本期期末余额	1340727007.00		1198872324.15		−7685908.29		31947577.18		696158189.72		3260019189.76	296939392.36	3556958582.12
本年增减变动额	0		−445506.46		−7614416.58		5438184.27		240187490.59		237565751.82	38271943.72	275837695.54
本年增减变动构成比重	0		−0.16%		−2.76%		1.97%		87.08%		86.13%	13.87%	100%

下面根据 DF 公司 2017—2021 年的所有者权益变动表中的数据,进行所有者权益主要项目的趋势分析,如表 4-3 和图 4-1 所示。

表 4-3　　　　　　　　　　DF 公司所有者权益项目趋势分析

单位:元

项目	2017 年	2018 年	2019 年	2020 年	2021 年
所有者权益	1 895 977 938.54	3 153 010 177.95	3 153 010 177.95	3 281 120 886.58	3 556 958 582.12
未分配利润	175 682 348.77	232 785 781.37	293 316 651.06	455 970 699.13	696 158 189.72
盈余公积	12 453 244.63	15 075 639.17	18 062 432.01	26 509 392.91	31 947 577.18

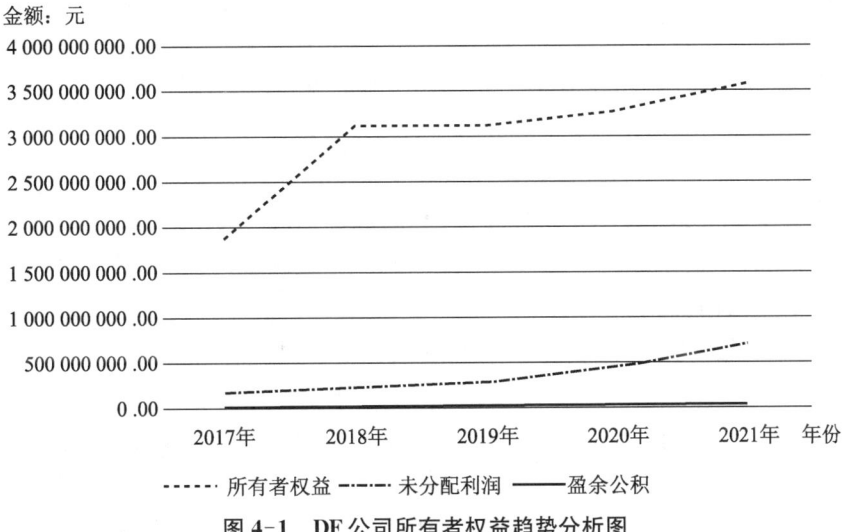

图 4-1　DF 公司所有者权益趋势分析图

由 DF 公司 2017—2021 年的所有者权益变动表重要数据的变化趋势可见,所有者权益 2018 年规模明显提升,主要原因是公司净利润的增长 3 478.39 万元(14 818.78 - 11 340.39),拉动未分配利润和盈余公积的增长,说明同期股东权益增长留存收益占比较大,在之后的 2018—2021 年保持平稳增长。

(四)所有者权益变动表主要项目的分析

所有者权益变动表主要项目的分析,是将组成所有者权益的主要项目进行具体剖析对比,分析其变动成因、合理合法性、有无人为操控的迹象等事项的过程。

所有者权益变动表的主要项目,可以从以下公式具体理解:

$$本期所有者权益变动额 = 净利润 + 其他综合收益税后净额 + 会计政策变更和前期差错更正的累积影响 + 所有者或股东投入资本 - 向所有者或股东分配的利润$$

为了避免与资产负债表分析重复,本章所有者权益变动表主要项目的分析主要包括以下三项。

1. 其他综合收益

其他综合收益是指企业根据其他会计准则规定未在当期损益中确认的各项利得和损失。利得是指由企业非日常活动所形成的、会导致所有者权益增加的、与所有者投入资本无关的经济利益的流入。损失是指由企业非日常活动所发生的、会导致所有者权益减少的、与向所有者(或股东)分配利润无关的经济利益的流出。根据定义,其他综合收益中的利得和损失是指不应计入当期损益、会导致所有者权益发生增减变动的、与所有者投入资本或者向所有者(或股东)分配利润无关的利得或者损失。

其他综合收益项目应当根据其他相关会计准则的规定分为下列两类列报:以后会计期间不能重分类进损益的其他综合收益项目;以后会计期间在满足规定条件时将重分类进损益的其他综合收益项目。

2014 年《企业会计准则第 30 号——财务报表列报》修订前,已实现的利得与损失在发生当年计入利润表,未实现确认的利得与损失则应在资产负债表中确认,同时,所有者权益变动表涵盖这些信息。该准则修订后,利润表新增"其他综合收益税后净额"和"综合收益总额"两类其他综合收益在利润表中进行列报,以下将对这两大类其他综合收益进行说明。

1) 后会计期间不能重分类进损益的其他综合收益项目

(1) 重新计量设定受益计划净负债或净资产导致的变动。

根据《企业会计准则第 9 号——职工薪酬》的规定,有设定受益计划形式离职后福利的企业应当将重新计量设定受益计划净负债或净资产导致的变动计入其他综合收益,并且在后续会计期间不允许转回至损益。

(2) 按照权益法核算的在被投资单位不能重分类进损益的其他综合收益变动中所享有的份额。

根据《企业会计准则第 2 号——长期股权投资》的规定,投资方取得长期股权投资后,应当按照应享有或应分担的被投资单位其他综合收益的份额,确认其他综合收益,同时调整长期股权投资的账面价值。投资单位在确定应享有或应分担的被投资单位其他综合收益的份额时,该份额的性质取决于被投资单位的其他综合收益的性质,即如果被投资单位的其他综合收益属于"以后会计期间不能重分类进损益"类别,则投资方确认的份额也属于"以后会计期间不能重分类进损益"类别。

2) 以后会计期间在满足规定条件时将重分类进损益的其他综合收益

(1) 按照权益法核算的在被投资单位可重分类进损益的其他综合收益变动中所享有的份额。

根据《企业会计准则第 2 号——长期股权投资》的规定,投资方取得长期股权投资后,应当按照应享有或应分担的被投资单位其他综合收益的份额,确认其他综合收益,同时调整长期股权投资的账面价值。关于其他综合收益的具体处理为:如果确认的其他综合收益是利得,则按相应比例计算增加数,贷记"其他综合收益——权益法下享有被投资单位的相应利得";如果是损失,则借记"其他综合收益——权益法下享有被投资单位的相应损失"。在处置该项长期股权投资时,应将计入其他综合收益的累计金额转入当期损益。

(2) 以公允价值计量且其变动计入其他综合收益的金融工具(债务工具)产生的其他综合收益。

（3）按照金融工具准则规定,对金融资产重分类按规定可以将原计入其他综合收益的利得或损失转入当期损益的部分。

（4）现金流量套期工具产生的利得或损失中属于有效套期的部分。

按照《企业会计准则第24号——套期保值》的规定,现金流量套期工具产生的利得或损失中属于有效套期的部分,应当确认为所有者权益(其他综合收益);属于无效套期的部分(扣除直接确认为所有者权益后的其他利得或损失),应当计入当期损益;境外经营净投资的套期,应当按照类似于现金流量套期的规定处理。具体账务处理为:属于无效套期形成的利得或损失记入"公允价值变动损益"科目,属于有效套期形成的利得或损失记入"其他综合收益——现金流套期工具损益"或"其他综合收益——境外经营净投资损益"科目。对于有效套期形成的利得或损失部分,套期保值准则规定在一定的条件下,将原直接计入所有者权益(其他综合收益)中的套期工具损益累计金额转出,计入当期损益。

（5）外币财务报表折算差额。

根据《企业会计准则第19号——外币折算》的规定,企业对境外经营的财务报表进行折算时,应当将外币财务报表折算差额在资产负债表中所有者权益项目下单独列示(通过其他综合收益项目)。具体账务处理为:借或贷记"其他综合收益——外币报表折算差额",贷或借记"财务费用——汇兑差额";企业在处置境外经营时,应当将资产负债表中所有者权益项目下列示的、与该境外经营相关的外币报表折算差额,自所有者权益项目转入处置当期损益,部分处置境外经营的,应当按处置的比例计算处置部分的外币财务报表折算差额,转入处置当期损益。

（6）根据相关会计准则规定的其他项目。

根据《企业会计准则第3号——投资性房地产》,非投资性房地产转换为以公允价值模式计量的投资性房地产时,应当按该项房地产转换日的公允价值入账,公允价值与账面价值的差额计入所有者权益(其他综合收益)。具体账务处理为:转换日,公允价值与账面价值借方差额记入"公允价值变动损益",贷方差额记入"其他综合收益——投资性房地产转换损益"。该项投资性房地产处置时,将"其他综合收益"的累计金额转入当期损益。

2. 会计政策变更的分析

1）会计政策与会计政策变更

会计政策是指会计主体在会计核算过程中所采用的原则、基础和会计处理方法。公司在会计核算中所采用的会计政策,通常应在会计报表附注中加以披露,需要披露的项目包括合并政策、外币折算方法、收入的确认原则、存货的计价方法、长期投资的核算方法、坏账损失的核算方法、借款费用的处理方法等。

会计政策变更是指在特定的情况下,企业可以对相同的交易或事项由原来采用的会计政策改用另一会计政策。在一般情况下,公司应在每期采用相同的会计政策,不应也不能随意变更会计政策。否则,势必削弱会计信息的可比性,使会计报表使用者在比较公司的经营业绩时发生困难。

但是,满足下列条件之一的,可以变更会计政策:

第一,法律、行政法规或者国家统一的会计制度等要求变更。例如,国家发布统一的关于增值税会计处理的核算办法后,企业应及时按照新的办法处理有关增值税事项。

第二,会计政策变更能够提供更可靠、更相关的会计信息。例如,企业原先一直采用直接转销法核算坏账,由于信用环境的改变,应收账款演变为坏账的可能性增大,继续使用直接转销法核算坏账将会虚增企业某一会计期间的资产和盈利,因此备抵法的会计政策则更能体现应收账款的账面价值。

2)会计政策变更在表中的列示与分析

会计政策变更能够提供更可靠、更相关的会计信息的,主要应当采用追溯调整法进行处理,将会计政策变更累积影响数调整列报前期最早期初留存收益。其中,追溯调整法是指对某项交易或事项变更会计政策,视同该项交易或事项初次发生时即采用变更后的会计政策,并以此对财务报表相关项目进行调整的方法。

会计政策变更的累积影响数,是指按照变更后的会计政策,对以前各期追溯计算的列报前期最早期初留存收益应有金额与现有金额之间的差额。会计政策变更的累积影响数需要在所有者权益变动表中单独列示。

对于会计政策变更的累积影响数的分析,主要目的在于合理区分属于会计政策变更和不属于会计政策变更的业务或事项。一般而言,不属于会计政策变更的业务或事项具体包括:

(1)当期发生的交易或事项与以前相比具有本质差别而采用新的会计政策。例如,企业将自用的办公楼改为出租,将办公楼由固定资产转为了投资性房地产。由于办公楼自用和出租有本质区别,因而这种变化不属于会计政策变更。

(2)对初次发生的或不重要的交易或事项而采用新的会计政策。例如,企业第一次发生跨年度的劳务供应合同项目,对这种项目采取了完工百分比法于年末确认收入。对企业来说,虽然采取了新的收入确认方法,但这种做法不属于会计政策变更。又如,企业一直将购买办公用品而发生的费用直接记入管理费账户,从本期开始,企业决定凡购买的办公用品都要先记入物料用品账户,然后在领用后转入有关费用账户。由于办公用品支出属于企业的零星开支,且这种改变对资产、费用和利润的影响很小,属于不重要的事项,因而这种变更不必作为会计政策变更的内容进行专门披露。

3)影响会计方法选择的深层原因

无论财务报告中所陈述的会计方法选择或变更的理由看起来多么合理,无论审计给出的审计意见多么肯定,作为财务报告分析者,都不能仅仅停留于此,而应该关注公司会计方法选择或变更的深层次原因:

(1)出于税收支出的考虑。企业会计准则与税法规定之间存在一定程度的关联性与制约性,会计方法的选择或变更极有可能出于税收筹划的考虑。

(2)数据收集成本的影响。不同的会计政策下的会计方法所导致的数据收集成本可能也是不尽相同的。例如,历史成本计量较公允价值计量的数据收集成本为低;用直线法计提固定资产折旧较用其他方法的数据收集成本为低。

(3)经营成本的影响。会计方法的选择可能间接影响公司的经营成本。例如,对固定资产采取加速折旧方法,在固定资产使用的前期与后期,由此而负担的公司经营费用就会有所不同。

（4）出于融资成本的考虑。融资成本的变化将影响会计方法的选择或变更。例如，假定某企业在向银行借款时所签订的借款协议中，规定了资产负债率的上限为65%，但没有对企业会计方法的选择或变更加以限制。在这种情况下，如果企业管理层预见到某年年末企业的资产负债率很可能突破60%，那么企业管理层就可能通过变更会计方法，设法增大资产的账面价值或减少负债的账面价值，以使资产负债率指标不超过65%，从而避免违背借款协议条款。否则，一旦违约行为发生，银行所将采取的行动，如通过重新谈判调高利率或强行收回贷款等，都会导致企业融资成本的直接或间接上升。

（5）出于对利益相关者之间财富再分配的考虑。财务报告数据常常是各种不同的利益群体进行财富分配（如经理报酬、薪酬计划等）的基本依据，因此，企业选择和变更会计方法的可能原因之一，是改变这种利益分配的依据。国内外研究表明，企业管理层往往会通过采取一定的技术处理（包括有意识地选择或变更会计方法）操控利润，以增加自己所得的报酬。

3. 前期差错更正的分析

1）前期差错与前期差错更正

前期差错是指由于没有运用或错误运用以下两种信息，而对前期财务报表造成遗漏或误报：第一，编报前期财务报表时能够合理预计取得并应当加以考虑的可靠信息；第二，前期财务报表批准报出时能够取得的可靠信息。前期差错通常包括计算错误、应用会计政策错误、疏忽或曲解事实以及舞弊产生的影响，以及存货、固定资产盘盈等。

前期差错更正是指企业应当在重要的前期差错发现后的财务报表中，调整前期相关数据。前期差错更正主要采用追溯重述法，它是指在发现前期差错时，视同该项前期差错从未发生过，从而对财务报表相关项目进行更正的方法。

2）前期差错更正在表中的列示与分析

本期发现与以前期间相关的重大会计差错，如果影响损益，应按其对损益的影响数调整发现当期的期初留存收益，会计报表其他相关项目的期初数也应一并调整；如不影响损益，应调整会计报表相关项目的期初数。

对于前期差错更正累积影响数的分析，主要目的在于及时发现与更正前期差错，合理判断和区分相关业务是属于会计政策变更还是属于会计差错更正类别，以确保信息的准确。

会计差错发生的原因可归纳为三类：①会计政策使用方面的差错。例如，按照国家统一的会计制度规定，为购建固定资产而发生的借款费用，在固定资产达到预定可使用状态后，其发生额应计入当期损益，若继续予以资本化，则属于采用了法律或会计准则等行政法规、规章所不允许的会计政策。②会计估计方面的差错。会计估计是指企业对其结果不确定的交易或事项以最近可利用的信息为基础所作的判断。常见的需要进行估计的项目包括：坏账，存货遭受毁损、全部或部分陈旧过时，固定资产的耐用年限与净残值，无形资产的受益期，收入确认中的估计等。由于经济业务中不确定因素的影响，企业在会计估计过程中出现了差错。例如，国家规定企业可以根据应收账款期末余额的一定比例计提坏账准备，企业有可能在期末多计提或少计提坏账准备,从而影响损益的结果。③其他差错。在会计核算中,企业有可能发生除以上两种差错之外的其他差错。例如,错记借贷方向、错记账户、漏记交易或事项、对事实的忽视和滥用等。

会计差错只要发生就会使报出信息失真,按其影响程度的不同,会计差错可分为重大会计差错和非重大会计差错。重大会计差错是指影响会计报表可靠性的会计差错,其特点是差错的金额比较大,足以影响会计报表的使用者对企业的财务状况和经营成果做出正确判断。

按照重要性原则,如果某项差错占有关交易或事项金额的 10% 以上,则认为是重大会计差错。非重大会计差错是指不足以影响会计报表使用者对企业财务状况和经营成果做出正确判断的会计差错。

无论是不是重大会计差错,都应在发现前期差错的当期进行前期差错更正,在所有者权益变动表中适时披露。

三、所有者权益变动影响因素分析

(一) 股利决策对所有者权益的影响

目前我国上市公司主要采用的是派现和送股这两种形式发放股利,股利决策对公司财务状况的影响是不同的:派现使公司的资产和所有者权益同时减少,股东手中的现金增加;送股使流通在外的股份数增加,公司账面的未分配利润减少,股本增加,影响每股账面价值和每股收益。

1. 派现

1) 派现的含义

派现即派发现金股利,是指公司以现金向股东支付股利的形式,是公司最常见的、最易被投资者接受的股利支付方式。这种形式能够满足大多数投资者希望得到稳定投资回报的要求。公司是否支付现金股利,既取决于公司是否有足额的可供分配的利润,又取决于公司的投资需要、现金流量和股东意愿等因素。

2) 派现对所有者权益的影响

派现会导致公司现金流出,减少公司的资产和所有者权益规模,降低公司内部筹资的总量,既影响所有者权益内部结构,也影响整体资本结构。

【例 4-1】 甲公司有流通在外的股数 100 万股,每股股价 6 元,公司的市场价值总额是 600 万元。甲公司简化的上年末的资产负债表,如表 4-4 所示。

表 4-4　　　　　　　　资产负债表(现金股利支付前)

单位:元

资产		负债及所有者权益	
现金	1 500 000	负债	0
其他资产	4 500 000	所有者权益	6 000 000
总计	6 000 000	总计	6 000 000

假设该公司管理层本年年末决定每股发放 1 元的派现,支付股利后的公司资产负债表如表 4-5 所示。

表 4-5   资产负债表(现金股利支付后)

单位:元

资产		负债及所有者权益	
现金	500 000	负债	0
其他资产	4 500 000	所有者权益	5 000 000
总计	5 000 000	总计	5 000 000

由表 4-5 可知,如果该公司决定每股发放 1 元的额外现金股利,则需支付现金 100 万元,由此使公司资产的市场价值和所有者权益均下降到 500 万元,每股市值下降到 5 元。

派现将减少公司的资产和留存收益规模,降低公司的财务弹性,并影响公司整体的投资与筹资决策。所以,管理层在决定派现时,应当权衡各方面的因素。一般而言,公司派现决策的动机如下:

(1) 消除不确定性。投资者对股利和资本利得有不同的偏好,大多数投资者认为,现金股利是在本期收到的实惠,而未来的资本利得则具有很大的不确定性,公司通过派现将消除投资者期望收益的不确定性,树立良好的市场形象。

(2) 传递优势信息。根据股利传播信息论,在非完善资本市场中,派现常常被管理者用作传递公司未来前景的信息。当管理者对公司未来发展前景看好时,就会通过一定的派现向市场传递公司的绩优信息,从而提高公司的股票价格。

(3) 减少代理成本。将剩余的现金流量以股利的形式发放给股东可以降低经营者控制企业资源的能力,从而降低因所有者和经营者之间的冲突而产生的代理成本。

(4) 返还现金。每个公司都会走向成熟期,在这个阶段,公司很难找到投资收益率超过投资者要求的必要收益率的项目,这时就应该考虑向投资者派现,以稳定投资者的心态。

2. 送股

1) 送股的含义

送股即送股票股利,是指公司以股票形式向投资者发放股利的方式。其具体做法是:在公司注册资本尚未足额时,以股东认购的股票作为股利支付,也可以发行新股支付股利。在实际操作过程中,有的公司增发新股时,预先扣除当年应分配股利,减价配售给老股东;也有的公司发行新股时进行无偿增资配股,即股东无须缴纳任何现金和实物即可取得公司发行的股票。

公司选择送股的动因如下:

(1) 送股固然不会增加股票的内在价值,但是对股东来说将收益作为本金留存公司是一种再投资行为。只要公司经营长线看好,股票红利就很诱人。

(2) 从市场评价来看,送股相当吸引人。大量送股后每股收益被稀释,填补每股盈利的缺口给公司经营提出了更高的要求。根据信息理论,大量送股给市场这样一个信号——公司对盈利增长有信心。

（3）公司送股决策最直接的动因还是为了更多地筹资。例如,承销商会建议某些小盘股,先送红股将盘子做大,然后配股,这样配股价不致太高,还可以多筹资。

（4）送股还有避税、降低交易成本等优点。

2）送股对所有者权益的影响

送股是一种比较特殊的股利形式,它不直接增加股东的财富,不会导致企业资产的流出或负债的增加,不影响公司的资产、负债及所有者权益总额的变化,所影响的只是所有者权益内部有关各项目及其结构的变化,即将未分配利润转为股本(面值)或资本公积(超面值溢价)。

3）送股对每股收益和每股市价的影响

送股后,如果盈利总额不变,普通股股数的增加会引起每股收益和每股市价的下降,但由于股东所持股份的比例不变,每位股东所持股票的市场价值总额仍保持不变。

发放股票股利对每股收益和每股市价的影响,可以通过对原每股收益、每股市价的调整直接算出。其计算公式如下:

$$发放股票股利后的每股收益 = E_0 \div (1 + D_S)$$

式中,E_0——发放股票股利前的每股收益;

D_S——股票股利发放率。

$$发放股票股利后的每股市价 = M \div (1 + D_S)$$

式中,M——除权日的每股市价。

【例 4-2】 假定乙公司本年净利润为 250 000 万元,股利分配时的股票市价为 20 元每股,发行在外的流通股股数为 200 000 万股,股利分配政策为 10 股送 0.5 股,则每股收益和每股市价的影响计算如下:

送股后的每股收益 = 250 000 ÷ [200 000 × (1 + 5%)] = 1.19(元)

送股后的每股市价 = 20 ÷ (1 + 5%) = 19.05(元)

4）转增股本与送股

转增股本是指公司将资本公积转化为股本,转增股本并没有改变股东的权益,但却增加了股本的规模,因而客观结果与送股相似。

(二)股票分割对所有者权益的影响

1. 股票分割的含义

股票分割是在保持原有股本总额的前提下,将每股股份分割为若干股,使股票面值降低而增加股票数量的行为。

股票分割对中小投资者购买股票更具吸引力,具体说来可归纳为:

（1）股票分割可降低公司股票的市场价格,从而易于在市场上流通。这有利于吸引投资买卖公司股票。

（2）股票分割实际上是向投资者传递公司发展前景良好的信息。因为股票分割意味着公司想以较低的发行价吸引投资者购买公司的新股票,公司的股票价格有上升趋势。

（3）如果股票分割后的每股现金股利比股票分割前高,股东可获得较多的利益,从而对公司的发展充满信心,并且不会随便出售手中持有的股票。这无疑有利于稳定公司的股票价格。

当然,公司如果认为流通中的股票价格过低,可通过反分割的方法将每股价格提高。在国际上,股票的分割和反分割都会受到有关法律的限制。

2. 股票分割对公司所有者权益的影响

股票分割不属于股利分配,但与股票股利在效果上有一些相似之处,即股票分割也不直接增加股东的财富,不影响公司的资产、负债及所有者权益的金额变化。与送股的不同之处在于股票股利影响所有者权益有关各项目的结构发生变化,而股票分割则不会改变公司的所有者权益结构。

3. 股票分割对每股收益和每股市价的影响

虽然股票分割不属于某种股利,但和股票股利一样,它会对公司的每股收益、每股市价等产生影响。在其他条件不变的情况下,进行股票分割会使公司的每股收益和每股市价下降。

(三) 库存股对所有者权益的影响

1. 库存股的含义

库存股又称库藏股,是指公司购回而没有注销并由该公司持有的已发行的股份,库存股在回购后并不一定注销,由公司持有并决策,在适当的时机可以再向市场出售或用于对员工的激励。库存股是发行总股本的减项,可以被理解为将股利一次性支付给股东,属于间接股利分配形式。

股票回购的原因一般有以下两点:

(1) 实施基于股票的管理层激励,管理层可以以低于市价的价格购买公司的股票,从而使管理层和股东的利益一致。

(2) 提高每股收益,减少发行在外的股票数量,会使每个股东享有的利润增加,从而提高每股收益。

库存股同时具备以下四个特点:①库存股是本公司的股票;②库存股是已发行的股票;③库存股是收回后尚未注销的股票;④库存股是可以再次出售的股票。根据定义,我们也可以作如下理解:凡是属于公司未发行的股票、公司持有的其他公司的股票或者是公司已收回并注销的股票都不能被视为库存股。

回购股份时,借记库存股,贷记银行存款;注销回购股份时,借记股本(按回购数乘以股票购买的价格)、资本公积(也可以在贷方,表示回购价格低于股本价格),贷记库存股,其中按股本和回购价格先冲减资本公积,再冲减盈余公积,不够冲减的情况下再冲减未分配利润。

除了股票回购外,本公司股东或债务人以股票抵偿公司的债务、股东捐赠本公司的股票等行为都会形成库存股。

2. 库存股对公司所有者权益的影响

(1) 库存股不是公司的一项资产,而是所有者权益的减项,发生时不影响总股本变化,注销库存股时,所有者权益减少。具体可见[例 4-3]。

【例 4-3】　丁公司 2020 年股票为 1 000 万股,面值 1 元,资本公积(股本溢价)为 300 万元,盈余公积为 400 万元,经过股东大会批准,以现金回购本公司股票 200 万股并注销。假

定按每股 2 元回购,其账务处理为:

借:股本   2 000 000

    资本公积——股本溢价   2 000 000

  贷:库存现金   4 000 000

(2)库存股的变动不影响损益,只影响权益。由于库存股不是公司的一项资产,因此再次发行库存股时,其所产生的收入与取得时的账面价值之间的差额不会引起公司损益的变化,而是引起公司所有者权益的增加或减少。例如,公司以低价格买入库存股,以高价格卖出库存股,则成本和卖价间的差异会记录为资本公积的增加。

(3)库存股的权利受限。由于库存股没有具体股东,因此,库存股的权利会受到一定的限制。例如,它不具有股利分派权、表决权、优先认购权、分派剩余财产权等。

3. 对库存股分析应该注意的问题

从实质影响看,股票回购可以被认为是将股利一次性支付给股东,属于间接股利分配,但股票回购比高股利政策更有财务影响:①合理增加库存股能进一步提高股票价格吸引投资者。公司通过增加库存股可以减少发行在外的流通股,从而达到提高每股净收益和每股股利的目的,以保持或提高股价。②合理增加库存股可减少股东人数,化解外部控制或减少施加重要影响的公司和企业,以避免公司自身被收购或者恶意运作。③公司通过库存股的合理运用,可以调整自身的资本结构,保证股东和债权人的利益。

库存股会影响到公司的股价、资本结构、公司形象等,因此在报表分析中应该注意以下几项:

(1)法律、法规、章程等对发行在外的股票数量及金额的限制。

(2)法律、法规、章程等因持有库存股而对其股利分配的限制。

(3)依法回收股票的原因、库存股的增减变动状况。

(4)法律、法规、章程对库存股所享有的股东权利的限制。

(5)若子公司于母公司财务报表期间持有母公司股票,母公司利润表应揭示相关资料,并在财务报表附注中揭示子公司购入的股数及账面价值、再出售股数及售价、期末持有数及市价。

(6)有无利用股票回购内幕操纵股价、粉饰财务数据、误导投资者、满足公司管理层短期行为的动机等。

第二节 现金流量表分析

现金流量表是以收付实现制为基础编制的,反映企业一定会计期间内现金及现金等价物流入和流出信息的动态报表。现金流量表中的现金是一个广义的概念,它包括现金和现金等价物。现金是指企业库存现金以及可以随时用于支付的存款。不能随时用于支取的存款不属于现金。现金等价物是指企业持有的期限短、流动性强、易于转换为已知金额现金、价值变动风险很小的投资。期限短,一般是指从购买日起三个月内到期。现金等价物通常包括三个月内到期的短期债券投资。权益性投资变现的金额通常不确定,因而不属于现金等价物。企业可以根据具体情况,确定现金等价物的范围,一经确定不得随意变更。除了三个月内到期的债券投资,在实务当中被企业认定为现金等价物的常见资产主要有:三个月内到期的票据保证金、结构性存款、定期存放同业款项等。

现金流量,包括现金流入量和现金流出量,是用来表示企业现金和现金等价物的增减变动情况,现金及现金等价物的增加被称为现金流入量,现金及现金等价物的减少被称为现金流出量。企业从银行提取现金、用现金购买短期的国库券等现金和现金等价物之间的转换不属于现金流量。

现金流量根据企业经济活动的性质,通常可分为经营活动现金流量、投资活动现金流量和筹资活动现金流量。现金流量根据现金的流程,又可分为现金流入量、现金流出量和现金流量净额。我国会计准则规定现金流量表主表的编制格式为按经济活动的性质分别归集经营活动、投资活动和筹资活动产生的现金流入量、现金流出量和现金流量净额,最后得出企业净现金流量。现金流量表补充资料的编制格式为以净利润为基础调整相关项目,得出经营活动净现金流量。

一、现金流量表分析的目的与内容

(一) 现金流量表分析的目的

现金流量表反映了企业在一定时期内创造的现金数额,揭示了在一定时期内现金流动的状况,通过现金流量表分析,可以达到以下目的:

1. 从动态上了解企业现金变动情况和变动原因

资产负债表中货币资金项目反映了企业一定时期现金变动的结果,是静态上的现金存量,企业从哪里取得现金,又将现金用于哪些方面。只有通过现金流量表的分析,才能从动态上说明现金的变动情况,并揭示现金变动的原因。

2. 判断企业获取现金的能力

企业获取现金的能力是价值评估的基础,恰当地预测经营活动现金流量是采用净现值法进行股票定价的前提。通过对现金流量表进行现金流量分析,能够对企业获取现金的能力作出判断。

3. 评价企业盈利的质量

利润是按权责发生制计算的,用于反映当期的财务成果,利润不代表真正实现的收益,账面上的利润满足不了企业的资金需要,因此,盈利企业仍然有可能发生财务危机,高质量盈利必须有相应的现金流入做保证,这就是人们更重视现金流量的原因之一。

(二) 现金流量表分析的内容

现金流量表的分析,包括如下内容:

(1) 现金流量表综合分析。该分析主要包括现金流量表总体分析、现金流量表水平分析、现金流量表结构分析和现金流量组合分析。

(2) 现金流量表分项分析。该分析主要包括经营活动现金流量项目分析、投资活动现金流量项目分析、筹资活动现金流量项目分析、汇率变动对现金的影响分析和现金及现金等价物分析。

（3）现金流量与利润综合分析。该分析主要包括经营活动现金流量净额与净利润关系分析和现金流量表附表主要项目分析。

二、现金流量表综合分析

（一）现金流量表总体分析

进行现金流量表的总体分析，就是要根据现金流量表的数据，对企业现金流量主要情况进行总体分析与评价。这时，现金流量表本身就可作为一张分析表，根据表中资料可分析说明企业现金流量情况，对于公司现金变动情况进行总体把握，了解公司现金增减变动的主要原因。下面以 DF 公司现金流量表的资料为基础，对该公司 2021 年现金流量进行总体分析。

第一，该公司资产负债表货币资金项目年末比年初增加 432 768 747.09 元。剔除包含于年末及年初货币资金项目当中的使用受限制资金的影响，本年现金及现金等价物共增加 402 760 893.91 元。其中，经营活动产生现金流量净额 508 350 957.01 元；投资活动产生现金流量净额 -86 669 636.21 元；筹资活动产生现金流量净额 -21 201 043.13 元。

第二，该公司本年经营活动现金流量净流入 508 350 957.01 元，即经营活动现金流入量大于经营活动现金流出量。通过初步对比可以发现，经营活动现金流入主要项目"销售商品、提供劳务收到的现金"和上年比较有所增加。虽然经营活动现金流出主要项目"购买商品、接受劳务支付的现金""支付其他与经营活动有关的现金""支付给职工以及为职工支付的现金"都有所增加，但整体增加金额小于现金流入项目的增加幅度。

第三，该公司投资活动现金流量净流出 86 669 636.21 元。公司当年对外投资活动非常活跃，"投资支付的现金"和"收回投资收到的现金"分别是 570 158 597.99 元和 558 204 997.99 元，流出量大于流入量；同时，购建固定资产、无形资产等长期资产，也导致现金流出 81 854 519.49 元。"取得投资收益收到的现金"为 6 704 937.33 元。

第四，该公司筹资活动现金流量净流出 21 201 043.13 元。公司主要的筹资方式是债务筹资。公司当期取得借款收到现金 124 600 000.00 元，通过吸收投资筹得资金 7 056 730.00 元。筹资活动的现金流出主要是偿还债务支付现金 139 100 000.00 元，分配股利、利润以及偿付利息支付现金 8 241 911.46 元，支付其他与筹资活动有关的现金 5 515 861.67 元。

（二）现金流量表水平分析

现金流量表总体分析只说明了企业当期现金流量产生的主要原因，没能揭示本期现金流量与前期或预计现金流量的差异。为了解决这个问题，可采用水平分析法对现金流量表进行分析。仍以 DF 公司资料为例，编制现金流量水平分析表，如表 4-6 所示。

表 4-6　　　　　　　　　　DF 公司现金流量表水平分析表

金额单位：元

项目	2021 年	2020 年	变动额	变动率
一、经营活动产生的现金流量：				

（续表）

项目	2021 年	2020 年	变动额	变动率
销售商品、提供劳务收到的现金	3 860 575 351.00	3 101 287 410.69	759 287 940.31	24.48%
收到的税费返还	48 435 616.49	50 009 968.82	−1 574 352.33	−3.15%
收到其他与经营活动有关的现金	82 863 093.39	81 893 057.84	970 035.55	1.18%
经营活动现金流入小计	3 991 874 060.88	3 233 190 437.35	758 683 623.53	23.47%
购买商品、接受劳务支付的现金	2 069 882 923.89	1 859 570 058.33	210 312 865.56	11.31%
支付给职工以及为职工支付的现金	649 082 400.33	541 241 855.50	107 840 544.83	19.92%
支付的各项税费	256 479 332.63	201 377 127.03	55 102 205.60	27.36%
支付其他与经营活动有关的现金	508 078 447.02	365 035 706.73	143 042 740.29	39.19%
经营活动现金流出小计	3 483 523 103.87	2 967 224 747.59	516 298 356.28	17.40%
经营活动产生的现金流量净额	508 350 957.01	265 965 689.76	242 385 267.25	91.13%
二、投资活动产生的现金流量：				
收回投资收到的现金	558 204 997.99	870 500 000.00	−312 295 002.01	−35.88%
取得投资收益收到的现金	6 704 937.33	8 730 534.69	−2 025 597.36	−23.20%
处置固定资产、无形资产和其他长期资产收回的现金净额	433 545.95	16 245 517.98	−15 811 972.03	−97.33%
处置子公司及其他营业单位收到的现金净额	0	8 807 973.16	−8 807 973.16	−100%
收到其他与投资活动有关的现金	0	50 500 000.00	−50 500 000.00	−100%
投资活动现金流入小计	565 343 481.27	954 784 025.83	−389 440 544.56	−40.79%
购建固定资产、无形资产和其他长期资产支付的现金	81 854 519.49	92 843 323.98	−10 988 804.49	−11.84%
投资支付的现金	570 158 597.99	1 061 093 700.00	−490 935 102.01	−46.27%
投资活动现金流出小计	652 013 117.48	1 153 937 023.98	−501 923 906.50	−43.50%

(续表)

项目	2021 年	2020 年	变动额	变动率
投资活动产生的现金流量净额	−86 669 636.21	−199 152 998.15	112 483 361.94	−56.48%
三、筹资活动产生的现金流量:				
吸收投资收到的现金	7 056 730.00	1 800 000.00	5 256 730.00	292.04%
其中:子公司吸收少数股东投资收到的现金	7 056 730.00	1 800 000.00	5 256 730.00	292.04%
取得借款收到的现金	124 600 000.00	329 793 026.80	−205 193 026.80	−62.22%
收到其他与筹资活动有关的现金	0	8 000 000.00	−8 000 000.00	−100%
筹资活动现金流入小计	131 656 730.00	339 593 026.80	−207 936 296.80	−61.23%
偿还债务支付的现金	139 100 000.00	275 207 026.80	−136 107 026.80	−49.46%
分配股利、利润或偿付利息支付的现金	8 241 911.46	11 692 182.04	−3 450 270.58	−29.51%
其中:子公司支付给少数股东的股利、利润	3 981 880.00	4 680 676.68	−698 796.68	−14.93%
支付其他与筹资活动有关的现金	5 515 861.67	24 542 866.37	−19 027 004.70	−77.53%
筹资活动现金流出小计	152 857 773.13	311 442 075.21	−158 584 302.08	−50.92%
筹资活动产生的现金流量净额	−21 201 043.13	28 150 951.59	−49 351 994.72	−175.31%
四、汇率变动对现金及现金等价物的影响	2 280 616.24	2 167 948.75	112 667.49	5.20%
五、现金及现金等价物净增加额	402 760 893.91	97 131 591.95	305 629 301.96	314.65%
加:期初现金及现金等价物余额	1 504 261 967.27	1 407 130 375.32	97 131 591.95	6.90%
六、期末现金及现金等价物余额	1 907 022 861.18	1 504 261 967.27	402 760 893.91	26.77%

从表 4-6 可以看出,DF 公司 2021 年"现金及现金等价物净增加额"比 2020 年增加了 305 629 301.96 元。经营活动、投资活动和筹资活动产生的净现金流量较上年的变动额分别是 242 385 267.25 元、112 483 361.94 元、−49 351 994.72 元。

经营活动现金流量净额比上年增加 242 385 267.25 元。经营活动现金流入量比上年增加 758 683 623.53 元,增加比率值是 23.47%,经营活动流出量比上年增长 516 298 356.28 元,增长率为17.40%。经营活动现金流入量的增加金额和幅度大于流出量,导致经营活动现金流量净额大幅度高于上年。经营活动现金流量项目变化较为显著的包括:"销售商品、提供劳务收到的现金"增加759 287 940.31元,增长率为24.48%;"购买商品、接受劳务支付的现金"增加210 312 865.56元,增长率为11.31%;"支付其他与经营活动有关的现金"增加143 042 740.29元,增长率为39.19%。

投资活动现金流量净额比上年增加了112 483 361.94元,投资活动现金流入量减少389 440 544.56元,降低率为40.79%,投资活动现金流出量减少501 923 906.50元,降低率为43.50%。投资活动现金流量项目中变化较为显著的包括:"收回投资收到的现金"减少312 295 002.01元,降低率为35.88%,"投资支付的现金"减少490 935 102.01元,降低率为46.27%。可以看出,DF公司2021年相对于2020年减少了整体投资活动。

筹资活动现金流量净额本年比上年减少了49 351 994.72元,筹资活动现金流入量减少207 936 296.80元,降低率为61.23%,筹资活动现金流出量减少158 584 302.08元,降低率为50.92%,可见筹资活动现金流量净额减少的主要原因是筹资活动现金流入的减少额要大于筹资活动现金流出量的减少额。变化比较显著的筹资活动现金流量项目包括:"取得借款收到的现金"减少205 193 026.80元,降低率为62.22%;"偿还债务支付的现金"减少136 107 026.80元,降低率为49.46%。

(三) 现金流量表结构分析

现金流量表结构分析的目的在于揭示现金流入量和现金流出量的结构情况,从而抓住企业现金流量管理的重点。现金流量结构分析的资料通常使用直接法编制的现金流量表,分析方法为垂直分析法。以下以DF公司现金流量表的资料为基础,经过整理,可得出现金流量结构分析表,如表4-7所示。

1. 现金流入结构分析

现金流入结构分为总流入结构和内部流入结构。总流入结构是反映企业经营活动的现金流入量、投资活动的现金流入量和筹资活动的现金流入量分别占现金总流入量的比重。内部流入结构反映的是经营活动、投资活动和筹资活动等各项业务活动现金流入中具体项目的构成情况。现金流入结构分析可以明确企业的现金来源,以及增加现金流入应采取的措施等。

DF公司2021年现金流入总量为4 688 874 272.15元,其中经营活动现金流入量、投资活动现金流入量和筹资活动现金流入量所占比重分别为85.13%、12.06%和2.81%。可见企业的现金流入量主要是由经营活动产生的。"销售商品、提供劳务收到的现金"项目占现金流入总量的比重为82.33%,是最为主要的现金流入项目,与上年相比有所提高。除此之外,现金流入总量当中比重较大的项目有:"收回投资收到的现金"占比11.90%;"取得借款收到的现金"占比2.66%;"收到其他与经营活动有关的现金"占比1.77%。

经营活动现金流入量中"销售商品、提供劳务收到的现金"比重小幅增加,"收到的税费返还"和"收到其他与经营活动有关的现金"比重小幅降低。投资活动现金流入量中"收回投资收到的现金"比重增加,"收到其他与投资活动有关的现金"比重减少。筹资活动现金流入量中"吸收投资收到的现金"比重增加,"取得借款收到的现金"和"收到其他与筹资活动有

表 4-7　DF 公司现金流量表垂直分析表

金额单位：元

项目	2021 年度	2020 年度	流入结构			流出结构			内部结构		
			2021 年	2020 年	变动情况	2021 年	2020 年	变动情况	2021 年	2020 年	变动情况
一、经营活动产生的现金流量：											
销售商品、提供劳务收到的现金	3860575351.00	3101287410.69	82.33%	68.50%	13.84%				96.71%	95.92%	0.79%
收到的税费返还	48435616.49	50009968.82	1.03%	1.10%	-0.07%				1.21%	1.55%	-0.33%
收到其他与经营活动有关的现金	82863093.39	81893057.84	1.77%	1.81%	-0.04%				2.08%	2.53%	-0.46%
经营活动现金流入小计	3991874060.88	3233190437.35	85.13%	71.41%	13.72%				100%	100%	0
购买商品、接受劳务支付的现金	2069982923.89	1859570058.33				48.27%	41.95%	6.31%	59.42%	62.67%	-3.25%
支付给职工以及为职工支付的现金	649082400.33	541241855.50				15.14%	12.21%	2.93%	18.63%	18.24%	0.39%
支付的各项税费	256417332.63	201377127.03				5.98%	4.54%	1.44%	7.36%	6.79%	0.58%
支付其他与经营活动有关的现金	508078447.02	365035706.73				11.85%	8.24%	3.61%	14.59%	12.30%	2.28%
经营活动现金流出小计	3483523103.87	2967224747.59				81.23%	66.94%	14.29%	100%	100%	0
经营活动产生的现金流量净额	508350957.01	265965589.76									
二、投资活动产生的现金流量：											

（续表）

项目	2021年度	2020年度	流入结构			流出结构			内部结构		
			2021年	2020年	变动情况	2021年	2020年	变动情况	2021年	2020年	变动情况
收回投资收到的现金	558204997.99	870500000.00	11.90%	19.23%	-7.32%				98.74%	91.17%	7.56%
取得投资收益收到的现金	6704937.33	8730534.69	0.14%	0.19%	-0.05%				1.19%	0.91%	0.27%
处置固定资产、无形资产和其他长期资产收回的现金净额	433545.95	16245517.98	0.01%	0.36%	-0.35%				0.08%	1.70%	-1.62%
处置子公司及其他营业单位收到的现金净额	0	8807973.16	0	0.19%	-0.19%				0	0.92%	-0.92%
收到其他与投资活动有关的现金	0	50500000.00	0	1.12%	-1.12%				0	5.29%	-5.29%
投资活动现金流入小计	565343481.27	954784025.83	12.06%	21.09%	-9.03%				100%	100%	0
购建固定资产、无形资产和其他长期资产支付的现金	81854519.49	92843323.98				1.91%	2.09%	-0.19%	12.55%	8.05%	4.51%
投资支付的现金	570158597.99	1061093700.00				13.30%	23.94%	-10.64%	87.45%	91.95%	-4.51%
投资活动现金流出小计	652013117.48	1153937023.98				15.20%	26.03%	-10.83%	100%	100%	0
投资活动产生的现金流量净额	-86669636.21	-199152998.15									
三、筹资活动产生的现金流量:											
吸收投资收到的现金	7056730.00	1800000.00	0.15%	0.04%	0.11%				5.36%	0.53%	4.83%
其中:子公司吸收少数股东投资收到的现金	7056730.00	1800000.00	0.15%	0.04%	0.11%				5.36%	0.53%	4.83%

（续表）

项目	2021 年度	2020 年度	流入结构 2021 年	流入结构 2020 年	流入结构 变动情况	流出结构 2021 年	流出结构 2020 年	流出结构 变动情况	内部结构 2021 年	内部结构 2020 年	内部结构 变动情况
取得借款收到的现金	124600000.00	329793026.80	2.66%	7.28%	-4.63%				94.64%	97.11%	-2.47%
收到其他与筹资活动有关的现金	0	8000000.00	0	0.18%	-0.18%				0	2.36%	-2.36%
筹资活动现金流入小计	131656730.00	339593026.80	2.81%	7.50%	-4.69%				100%	100%	0
偿还债务支付的现金	139100000.00	275207026.80				3.24%	6.21%	-2.97%	91.00%	88.37%	2.63%
分配股利、利润或偿付利息支付的现金	8241911.46	11692182.04				0.19%	0.26%	-0.07%	5.39%	3.75%	1.64%
其中:子公司支付给少数股东的股利、利润	3981880.00	4680676.68				0.09%	0.11%	-0.01%	2.60%	1.50%	1.10%
支付其他与筹资活动有关的现金	5515861.67	24542866.37				0.13%	0.55%	-0.43%	3.61%	7.88%	-4.27%
筹资活动现金流出小计	152857773.13	311442075.21				3.56%	7.03%	-3.46%	100%	100%	0
筹资活动产生的现金流量净额	-21201043.13	28150951.59									
现金流入总额	4688874272.15	4527567489.98	100%	100%	0						
现金流出总额	4288393994.48	4432603846.78				100%	100%	0			
四、汇率变动对现金及现金等价物的影响	2280616.24	2167948.75									
五、现金及现金等价物净增加额	402760893.91	97131591.95									
加:期初现金及现金等价物余额	1504261967.27	1407130375.32									
六、期末现金及现金等价物余额	1907022861.18	1504261967.27									

关的现金"比重减少。

总体来说,企业的现金流入量中,经营活动的现金流入量应当占较高比例,特别是其销售商品、提供劳务收到的现金应明显高于其他业务活动流入的现金。但是对于不同性质的企业,这个比例也可能有较大的差异。例如,一个单一经营、专心于某一特定经营业务、较少进行对外投资、筹资政策保守、较少举债经营的企业,该比例可能尤其高。

2. 现金流出结构分析

现金流出结构分为现金总流出结构和内部现金流出结构。现金总流出结构是反映企业经营活动的现金流出量、投资活动的现金流出量和筹资活动的现金流出量分别在全部现金流出量中所占的比重。内部现金流出结构反映的是经营活动、投资活动和筹资活动等各项业务活动现金流出中具体项目的构成情况。现金流出结构可以表明企业的现金流向,要节约开支应从哪些方面入手等。

DF 公司 2021 年现金流出总量为 4 288 393 994.48 元,其中经营活动现金流出量、投资活动现金流出量和筹资活动现金流出量所占比重分别为 81.23%、15.20% 和 3.56%。现金流出总量中占比重较大的项目有:"购买商品、接受劳务支付的现金"占比 48.27%;"支付给职工以及为职工支付的现金"占比 15.14%;"投资支付的现金"占比 13.30%;"支付其他与经营活动有关的现金"占比 11.85%。可见当期主要的现金流出是用于生产经营活动以及购建长期资产发展未来生产能力。

在经营活动现金流出量当中,"购买商品、接受劳务支付的现金"占比 59.42%,比重最大。投资活动的现金流出量主要用于对外投资活动以及购建长期资产,所占比例分别是 87.45% 和 12.55%,上年两者的比例分别是 91.95% 和 8.05%,可见公司的投资方向有所转变。筹资活动的现金流出量主要用于偿还债务,所占比例高达 91%。

在一般情况下,购买商品、接受劳务支付的现金往往要占到较大的比重,投资活动和筹资活动的现金流出比重则因企业的投资政策和筹资政策状况不同而存在很大的差异。

(四)现金流量组合分析

将经营活动、投资活动和筹资活动的现金流量净额的正负组合进行分析,可以发现企业当前的经营状况特征。各种组合情况如表 4-8 所示。

表 4-8　　　　　　　　　　　现金流量组合分析表

序号	经营活动现金流量	投资活动现金流量	筹资活动现金流量
1	+	+	+
2	+	+	−
3	+	−	+
4	+	−	−
5	−	+	+

（续表）

序号	经营活动现金流量	投资活动现金流量	筹资活动现金流量
6	−	＋	−
7	−	−	＋
8	−	−	−

（1）同时存在大量的经营活动、投资活动和筹资活动现金净流入量。这种组合体现出公司拥有充沛的现金流入量。经营活动和投资活动都为企业带来现金净流入量的同时，企业还在积极地开展筹资活动，可能在为大笔支出做准备。企业的现金存量增加，如果没有很好的投资计划，可能会出现资金闲置的情况。

（2）经营活动和投资活动产生现金净流入量，筹资活动导致现金净流出量。这种组合往往意味着企业的经营和投资状况良好，已进入债务偿还期或者为股东分配股利。

（3）经营活动和筹资活动产生现金净流入量，投资活动导致现金净流出量。这种组合反映公司利用经营活动产生的现金流量以及筹资获得的资金进行了投资活动。企业实施积极的扩张政策，可能有助于企业未来持续稳定的利润增长，还要视投资活动效果而定。

（4）经营活动产生现金净流入量，投资活动和筹资活动导致现金净流出。这种组合意味着企业依赖经营活动的现金流入量进行投资活动并偿还债务或分配股利，体现经营活动强大的现金产生能力，也要提防现金消耗过大导致现金不足。

（5）经营活动产生现金净流出，投资活动和筹资活动带来现金净流入。在这种情况下，经营收现收入无法弥补经营付现成本，出现现金短缺；正在通过筹资活动以及投资变现或投资收益来补充经营活动现金缺口。如果企业无法采取有效措施扭转经营活动的困境，长此以往将可能导致企业资金链断裂。

（6）经营活动和筹资活动导致现金净流出，投资活动带来现金净流入。这样的企业形成了由投资活动现金流量独自苦苦支撑的局面。投资活动产生的现金流量既要填补经营活动现金缺口，又要偿还债务或支付股利。此时要分析投资活动现金流量的产生来源。如果是来自子公司或联营、合营企业的可持续的投资收益，尚可维持局面。如果是来自出售投资性资产，只怕会有坐吃山空的一天。

（7）经营活动和投资活动带来现金净流出量，筹资活动产生现金净流入量。企业一方面经营陷入困境，一方面扩大投资，此时严重依赖外部融资，希望能通过高质量的投资挽救困局。

（8）经营活动、投资活动和筹资活动现金流量全部净流出。此时的企业内部经营活动在流失现金，外部的筹资活动也在抽取现金，只能通过消耗存量资金进行对外投资，投资活动的效果决定了企业未来的命运。

DF公司2021年现金流量组合属于经营活动产生现金净流入量，投资活动和筹资活动导致现金净流出。说明企业创造现金的能力和稳定性较好，企业生产经营状况良好。

现金流量组合分析只是针对一般性情况的初步分析,在此基础上应结合具体的现金流量信息进一步深入。如有特殊情况发生,影响了分析结论应及时纠正。

三、现金流量表分项分析

(一) 经营活动现金流量项目分析

1. 销售商品、提供劳务收到的现金

销售商品、提供劳务收到的现金项目反映企业本期销售商品、提供劳务收到的现金,以及前期销售商品、提供劳务本期收到的现金(包括销售收入和应向购货方收取的增值税销项税额)和本期预收的款项,减去本期销售本期退回的商品和前期销售本期退回的商品支付的现金。

销售商品、提供劳务收到的现金项目是企业现金流入的主要来源,通常具有数额大、所占比例高的特点。其与利润表中的营业收入项目相对比,可以判断企业销售收现情况。计算销售收现率指标时需要注意,销售商品、提供劳务收到的现金项目中包含了向购买者收取的增值税销项税额,而营业收入项目中却不包含销项税额,所以建议参考报表附注中所披露的税率进行调整。较高的收现率表明企业产品定位正确,适销对路,并已形成卖方市场的良好经营环境。但应注意也有例外的情况,如某上市公司曾将证券买卖收益的现金流入量包装成销售商品、提供劳务收到的现金,美化现金流量表,给投资者的决策带来误导。由于 DF 公司产品及服务所用税率不同,且有减免、免征等各种优惠政策,实际平均增值税税率一定小于 16%。为了简便计算,用 DF 公司 2021 年销售商品、提供劳务收到的现金额与按 16% 增值税税率调整营业收入后的金额对比,计算出来的销售收现率为 97.35%[3 860 575 351.00÷(3 418 615 326.00×1.16)×100%]。可以认为企业的销售收现情况良好。

"营业收入"与"销售商品、提供劳务收到的现金"的差额,将会导致"应收账款""应收票据"和"预收账款"等项目的变化。所以可以根据这些项目之间的关联性来判断营业收入确认的合理性。但由于上述增值税影响的确切金额超出企业对外披露信息范围,所以外部分析者往往无法观测到"营业收入"与"销售商品、提供劳务收到的现金"的差额与"应收票据"和"预收账款"等项目的变动额之间的金额上呈绝对相等关系。另外,如果两者之间差异悬殊,则需要从视同销售、非货币性交易和会计处理差错等方面寻找原因,如对下面将要讲到的票据贴现业务处理不当。

以应收票据为基础的出售和融资事项的会计处理应遵循"实质重于形式"的原则,即关注与应收票据相关的风险和报酬是否已实质转移。由于风险和报酬已实质转移,在资产负债表上未作为短期质押借款处理的应收票据贴现业务,于发生时,在现金流量表上直接将所收到的贴现款项作为"销售商品、提供劳务收到的现金"处理。由于票据的付款期限和贴现期限一般较短,从重要性出发,对带息票据所计提的应收利息,以及贴现时银行所扣的贴现息和手续费等均可不单独反映。

对附有追索权的应收票据贴现是一种筹资行为,但是贴现时所收到的款项又是来自经营活动中销售商品、提供劳务所形成的应收款项。因此,贴现时所收到的现金兼有筹资活动和经营活动的性质。贴现时所收到的现金应当作为筹资活动中"取得借款收到的现金"处理。在所贴现的应收票据到期时,如果票据承兑人按照有关条款履行了付款义务则贴现申请人在当期不会有现金流入或流出,但在现金流量表上要同时反映两笔业务方面,将该笔应收票据的账面余额(包含贴现前已计提的利息在内)在现金流量表上反映为"销售商品、提供劳务收到的现金",同时在间接法部分中反映为"经营性应收项目的减少";另一方面,将该笔应收票据的账面余额计入筹资活动中"偿还债务支付的现金"(这里假定应收票据的期限较短,利息金额不重大,故作简化处理。如果利息金额较大,应考虑单列反映)。如果票据到期时,票据承兑人无力或者拒绝支付票据款,因而申请贴现的企业遭到追索的,则按以下办法处理:如果原先将贴现所收到的现金直接作为"销售商品、提供劳务收到的现金"的,则此时支付的票据款可作为"支付其他与经营活动有关的现金"处理;如果原先将贴现所收到的现金作为"取得借款收到的现金"的,则此时支付的票据款应作为"偿还债务所支付的现金"处理。其后行使再追索权,从原票据承兑人处收回全部或者部分票据款时,在上述两种情形下,可分别作为"收到其他与经营活动有关的现金"和"销售商品、提供劳务收到的现金"处理。

2. 收到的税费返还

收到的税费返还项目反映企业收到返还的增值税、营业税、所得税、消费税、关税和教育费附加等各种税费。返还增值税记"其他收益";返还消费税、营业税、教育费附加等,冲减"税金及附加";返还所得税,冲减"所得税"。可结合相关项目信息对该项目进行分析。此项目通常数额不大,对经营活动现金流入量影响也不大。DF 公司 2021 年收到的税费返还金额为 48 435 616.49 元,占现金流入量比重为 1.03%。

3. 收到其他与经营活动有关的现金

收到其他与经营活动有关的现金项目反映企业收到的银行存款利息收入、捐赠收入、罚款收入、流动资产损失中由个人赔偿的现金收入等其他与经营活动有关的现金流入金额,金额较大的应当单独列示。

收到其他与经营活动有关的现金项目可结合利润表的"营业外收入""其他业务收入""财务费用""其他应收款"等项目的附注披露信息进行分析。此项目具有不稳定性,数额不应过多。DF 公司 2021 年"收到其他与经营活动有关的现金"为 82 863 093.39 元,根据附注资料显示,主要是收到政府补助和利息收入。

4. 购买商品、接受劳务支付的现金

购买商品、接受劳务支付的现金项目反映企业本期购买商品、接受劳务实际支付的现金(包括增值税进项税额),以及本期支付前期购买商品、接受劳务的未付款项和本期预付款项。本期发生的购货退回收到的现金应从本项目内扣除。

购买商品、接受劳务支付的现金项目一般是企业现金流出的主要方向,通常具有数额大、所占比重高的特点。将其与资产负债表的"应付账款""应付票据"和"预付账款"等项目变化情况相比较,可以判断企业购买商品付现率的情况,借此可以了解企业资金的紧张程度或企业的商业信用情况,从而可以更加清楚地认识到企业目前所面临的财务状况如何。DF 公司 2021 年"购买商品、接受劳务支付的现金"为 2 069 882 923.89 元,占现金流出总量的比

重为 48.27%。

5. 支付给职工以及为职工支付的现金

支付给职工以及为职工支付的现金项目反映企业本期实际支付给职工的工资、奖金、各种津贴和补贴等职工薪酬,但是应由在建工程、无形资产负担的职工薪酬以及支付给离退休人员的职工薪酬除外。两者分别在"购建固定资产、无形资产和其他长期资产支付的现金"和"支付其他与经营活动有关的现金"项目反映。此项目能够反映出企业的人力成本水平。DF 公司 2021 年"支付给职工以及为职工支付的现金"为 649 082 400.33 元,占现金流出总量的比重为 15.14%。

6. 支付其他与经营活动有关的现金

支付其他与经营活动有关的现金项目反映企业支付的罚款支出、差旅费、业务招待费、保险费等其他与经营活动有关的项目的现金流出,金额较大的应当单独列示。该项目主要与利润表的"销售费用"以及"管理费用"项目相对应,可结合相关信息进行分析。DF 公司 2021 年支付的其他与经营活动有关的现金为 508 078 447.02 元,占现金流出总量的比重为 11.85%。根据利润表信息,当年销售费用和管理费用两个项目的合计金额为 683 716 492.81 元。该项目出现差异的原因除了支付时间性差异之外,主要是支付给职工以及为职工支付的现金还有折旧费用未含在支付其他与经营活动有关的现金当中。

7. 经营活动现金流量净额

在三类业务活动引起的现金流量中,经营活动现金流量的稳定性和再生性较好,一般情况下应占较大比例。如果经营活动现金流入量小于现金流出量,即经营活动现金流量净额小于零,说明经营活动的现金流量自我适应能力较差,经营活动现金流入量不仅不能支持投资或偿债的资金需要,而且经营活动还在"蚕食"企业的现金存量。如果这种状况一直持续,企业将要借助于收回投资或举借新债取得现金才能维持正常的经营。

形成这种情况的主要原因可能是销货款的回笼不及时,或存货大量积压无法变现。当然,也可能是企业处于初创期或季节性销售等导致的。如果经营活动的现金流入量大于现金流出量,即经营活动的现金流量净额大于零,反映通过经营活动收取的现金不仅能够弥补经营的付现成本,还可弥补一部分非付现成本。如果经营活动现金流量净额大于非付现成本,反映企业经营活动的现金流量自我适应能力较强,通过经营活动收取的现金,不仅能够弥补经营的付现成本和非付现成本,经营现金流量净额大于零的部分可以用于再投资或偿债。

在对经营活动净现金流量进行评价时,还应考虑企业所处的生命周期阶段的影响。从企业的成长过程来分析,在企业从事经营活动的萌芽期,由于其生产阶段的各个环节都处于"磨合"状态,设备、人力资源的利用率相对较低,材料的消耗量相对较高,导致企业的成本消耗较高。同时,为了开拓市场,企业有可能投入大量资金,采用各种手段将自己的产品推向市场(包括采用渗透法定价、加大广告支出、放宽收账期等),从而有可能使企业在这一时期的经营活动现金流量表现为"入不敷出"的状态。如果是由上述原因导致经营活动产生的现金流量净额小于零,则应该认为这是企业在发展过程中不可避免的正常状态。如果企业在成长期和成熟期仍然出现这种状态,应当具体分析形成这种状态的具体原因,如果是由于企业的季节性生产或一些特殊原因(如正赶上原材料低价销售而大量用现金购入原材料)而出现的暂时或短期的经营活动产生的现金流入小于流出的状态则仍然不能草率地得出经营活动产生的现金流量质量不高的结论。如果处在成长期和成熟期的企业长期持续呈现这种状态,应该认为企业经营活动回笼现金的能力较弱。处于衰退期的企业,经营活动产生的现金流量往往呈现流入长期持续小于流出的状态,这是企业经营活动严重萎缩和萧条的预警。

经营活动净流量阶段性分析及其评价结果,如表4-9所示。

表4-9　　　　　　　　　　经营活动现金流量净额阶段性分析评价表

现金流量	经营周期			
	萌芽期	成长期	成熟期	衰退期
经营活动产生的现金流量小于零	正常	长期持续状态说明回笼现金的能力很差		很差
经营活动产生的现金流量等于零	中等	长期持续状态说明回笼现金的能力很差		一般
经营活动产生的现金流量大于零但不足以补偿当期的非现金消耗性成本	较好	长期持续状态仍然不能给予较高评价		较好
经营活动产生的现金流量大于零并恰能补偿当期的非现金消耗性成本	好	较好	好	好
经营活动产生的现金流量大于零并在补偿当期的非现金消耗性成本后仍有剩余	很好	很好	很好	很好

(二) 投资活动现金流量项目分析

1. 收回投资收到的现金

收回投资收到的现金项目反映企业出售、转让或到期收回除现金等价物以外的交易性金融资产、长期股权投资而收到的现金,以及收回长期债权投资本金而收到的现金,但长期债权投资收回的利息除外。该项目可结合资产负债表各对外投资项目的减少额,以及利润表的"投资收益"项目分析。

如果因盈利出售投资性资产而导致现金流入量,说明前期投资活动取得了收益。如果企业在大量出售投资,缩小投资规模,可能意味着企业在规避投资风险、投资战略改变或企业存在资金紧张的问题。DF公司2021年"收回投资收到的现金"为558 204 997.99元,占现金流入总量比重为11.90%。

2. 取得投资收益收到的现金

取得投资收益收到的现金项目反映企业因股权性投资而分得的现金股利,从子公司、联营企业或合营企业分回利润而收到的现金,以及因债权性投资而取得的现金利息收入,但股票股利除外。此项目存在发生额,说明企业进入投资回收期。该项目金额同利润表当中的"投资收益"项目进行对比分析,可以考察投资收益的收现状况,同资产负债表当中的投资资产金额进行对比分析,可以考察投资资产的现金回报情况。DF公司2021年"取得投资收益收到的现金"为6 704 937.33元,占现金流入总量的比重为0.14%。DF公司2021年确认投资收益金额为 13 656 620.61 元,投资收益的现金回收率为 49.10%。

3. 处置固定资产、无形资产和其他长期资产收回的现金净额

该项目反映企业出售、报废固定资产、无形资产和其他长期资产所取得的现金(包括因资产毁损而收到的保险赔偿收入),减去为处置这些资产而支付的有关费用后的净额,但现金净额为负数的除外。该项目可与资产负债表中的"固定资产""在建工程"和"无形资产"等项目的减少额进行比较分析。此项目如果数额较大,表明企业产业、产品结构将有所调整,或者表明企业未来的生产能力将受到严重的影响、已经陷入深度的债务危机之中,靠出售设备来维持经营。DF 公司 2021 年"处置固定资产、无形资产和其他长期资产收回的现金"净额为 433 545.95 元,占现金流入总量的比重为 0.01%。

4. 处置子公司及其他营业单位收到的现金净额

该项目反映企业处置子公司及其他营业单位所取得的现金减去相关处置费用后的净额。处置子公司及其他营业单位属于公司的重大影响事项,公司一般会单独发布公告或者在年度报告中详细予以说明,可结合相关信息判断该事项对企业未来经营发展会产生何种影响。

5. 购建固定资产、无形资产和其他长期资产支付的现金

该项目反映企业购买、建造固定资产、无形资产和其他长期资产所支付的现金及增值税税款,支付的应由在建工程和无形资产负担的职工薪酬现金支出,但为购建固定资产而发生的借款利息资本化部分、融资租入固定资产所支付的租赁费除外。该项目可与资产负债表中的"固定资产""在建工程"和"无形资产"等项目的增加额比较分析。此项目能够表明企业扩大再生产能力的强弱,可以了解企业未来的经营方向和获利能力,揭示企业未来经营方式和经营战略的发展变化。DF 公司 2021 年"购建固定资产、无形资产和其他长期资产支付的现金"为 81 854 519.49 元,占现金流出总量的比重为 1.91%。可见公司生产规模将进一步扩大,生产能力增强。

6. 投资支付的现金

该项目反映企业取得的除现金等价物以外的权益性投资和债权性投资所支付的现金以及支付的佣金、手续费等附加费用。该项目可结合资产负债表的对外投资各项目的增加额分析。此项目可以表明企业参与资本市场运作、实施股权及债权投资能力的强弱,分析投资方向与企业的战略目标是否一致。DF 公司 2021 年投资支付的现金金额为 570 158 597.99 元,占现金流出总量的比重为 13.30%,比上年有所降低。

7. 取得子公司及其他营业单位支付的现金净额

该项目反映企业购买子公司及其他营业单位购买出价中以现金支付的部分,减去子公司或其他营业单位持有的现金和现金等价物后的净额。购买子公司及其他营业单位属于公司的重大影响事项,公司一般会单独发布公告或者在年度报告中详细予以说明,可结合相关信息判断该事项对企业未来经营发展会产生何种影响。

(三)筹资活动现金流量项目分析

1. 吸收投资收到的现金

吸收投资收到的现金项目反映企业以发行股票实际收到的款项,减去直接支付给金融

企业的佣金、手续费、宣传费、咨询费、印刷费等发行费用后的净额。这个项目可以表明企业通过资本市场筹资能力的强弱。此项目如有发生额,数额一般较大,可结合资产负债表中的"股本"和"应付债券"等项目的增加额进行分析。DF 公司 2021 年"吸收投资收到的现金"为 7 056 730.00 元,占现金流入总量的比重为 0.15%,全部为子公司吸收少数股东投资收到的现金。

2. 取得借款收到的现金

取得借款收到的现金项目反映企业举借各种短期、长期借款而收到的现金。该项目可结合资产负债表中的"短期借款"和"长期借款"等项目分析。此项目数额的大小,表明企业通过银行筹集资金能力的强弱,在一定程度上代表了企业信用水平的高低。DF 公司 2021 年因取得借款收到的现金为 124 600 000.00 元,占现金流入总量的 2.66%,借款是公司当年所采取的主要筹资方式。

3. 偿还债务支付的现金

偿还债务支付的现金项目反映企业以现金偿还债务的本金,可结合资产负债表中的"短期借款""长期借款"和"应付债券"项目的减少额分析。此项目有助于分析企业资金周转是否已经达到良性循环状态。DF 公司偿还债务支付的现金额为 139 100 000.00 元,占现金流出总量的比重是 3.24%。

4. 分配股利、利润或偿付利息支付的现金

该项目反映企业实际支付的现金股利支付给其他投资单位的利润或用现金支付的借款利息、债券利息。该项目可结合利润表的"财务费用"和所有者权益变动表的"利润分配"项目分析,还需要考虑利息资本化的影响。利润的分配情况可以反映企业现金的充裕程度。DF 公司 2021 年该项目的现金流出额为 8 241 911.46 元,占现金流出总量的比重为 0.19%。

(四) 汇率变动对现金的影响分析

汇率变动对现金的影响反映于下列项目的差额:

(1) 企业外币现金流量及境外子公司的现金流量折算为记账本位币时,所采用的现金流量发生日即期汇率或按照系统合理的方法确定的、与现金流量发生日即期汇率近似的汇率折算的金额。

(2) "现金及现金等价物净增加额"项目当中外币现金净增加额按期末汇率折算的金额。

此项目如果数额较大,需要借助会计报表附注的相关内容分析其原因及其合理性。DF 公司期末约持有外币合计 92 697 191.71 元,汇率变动对现金及现金等价物的影响金额为 2 280 616.24 元。

(五) 现金及现金等价物分析

(1) "现金及现金等价物净增加额"项目金额等于"经营活动产生的现金流量净额""投资活动产生的现金流量净额"和"筹资活动产生的现金流量净额"三者的代数和,再调整外币现金资产汇率变动影响金额。DF 公司 2021 年"现金及现金等价物净增加额"为 402 760 893.91 元。

(2) "期初现金及现金等价物余额"项目可结合资产负债表"货币资金"项目期初余额分

析。DF公司2021年初"货币资金"余额为1 565 255 999.33元,其中包含使用权受到限制的资产60 994 032.06元,不存在现金等价物,所以"期初现金及现金等价物余额"为1 504 261 967.27元。

(3)"期末现金及现金等价物余额"项目可结合资产负债表"货币资金"项目期末余额分析。DF公司2021年末货币资金余额为1 998 024 746.42元,剔除其中的限制部分91 001 885.24元,不存在现金等价物,所以"期末现金及现金等价物余额"为1 907 022 861.18元。

四、现金流量与利润综合分析

(一)经营活动现金流量净额与净利润关系分析

利润表是按照权责发生制来归集企业的收入和支出,而现金流量表是按照收付实现制来归集企业的收入和支出。它们所反映的经济活动内容是相同的,只是反映的角度不同。但是在某个会计期间内,净利润和经营活动产生的现金流量净额却往往不一致。用公式表示经营活动净现金流量与净利润之间的关系如下:

经营活动现金流量净额 = 净利润 - 非付现经营性收入 + 非付现经营性费用 - 非经营性收入 + 非经营性费用 - 非现金流动资产净变化额 + 非现金流动负债净变化额

通过对这一关系式的分析,我们可以揭示出从净利润到经营活动净现金流量的变化过程,反映经营活动净现金流量与净利润的区别与联系。财务报表附注当中根据此原理编制的,披露了将净利润调节为经营活动的现金流量的资料如表4-10所示。

表4-10 净利润现金流量调节表

单位:元

补充资料	2021年	2020年
净利润	282 743 169.55	223 221 024.12
加:资产减值准备	10 666 364.87	11 869 609.53
固定资产折旧、油气资产折耗、生产性生物资产折旧	41 880 475.46	39 789 530.31
无形资产摊销	12 622 835.32	10 926 197.85
长期待摊费用摊销	11 272 369.00	6 591 715.33
处置固定资产、无形资产和其他长期资产的损失(收益以"-"号填列)	199 387.07	-3 987 621.90
固定资产报废损失(收益以"-"号填列)	202 696.11	148 428.32
公允价值变动损失(收益以"-"号填列)	495 301.39	

（续表）

补充资料	2021 年	2020 年
财务费用（收益以"－"号填列）	2 541 485.13	5 481 305.88
投资损失（收益以"－"号填列）	−13 656 620.61	−18 694 437.92
递延所得税资产减少（增加以"－"号填列）	−1 774 079.23	−4 966 289.59
递延所得税负债增加（减少以"－"号填列）		
存货的减少（增加以"－"号填列）	−448 777 511.61	−152 103 035.94
经营性应收项目的减少（增加以"－"号填列）	−252 145 377.05	−52 202 877.29
经营性应付项目的增加（减少以"－"号填列）	862 253 485.41	200 065 164.86
其他	−173 023.80	−173 023.80
经营活动产生的现金流量净额	508 523 980.81	265 965 689.76

DF 公司 2021 年的净利润为 282 743 169.55 元，而其在这一期间内的经营活动现金流量净额为 508 523 980.81 元。形成这种差距的主要原因在于当期发生如下业务：

（1）非现金流动资产增加，如存货增加 448 777 511.61 元，经营性应收项目增加 252 145 377.05 元。

（2）经营性应付项目和非付现经营性费用的增加，如经营性应付项目增加 862 253 485.41 元，固定资产折旧 41 880 475.46 元，无形资产摊销 12 622 835.32 元。

（3）净利润中包含非经营性收益，如投资收益 13 656 620.61 元。

（二）现金流量表附表主要项目分析

补充资料是采用间接法报告经营活动产生的现金流量，在企业当期净利润的基础上进行某些项目的调整，从而得到经营活动的现金流量净额。

1. 资产减值准备

该项目反映企业本期计提的各项资产减值损失，如坏账准备、存货跌价准备、长期股权投资减值准备、固定资产减值准备等。本期计提资产减值准备时，减值损失已计入本期利润表中的相关损益项目，但并未引起实际的经营活动现金流出。因此，在净利润的基础上进行调整计算时，应将其加回到净利润中。该项目可结合利润表的"资产减值损失"项目，以及发生减值的资产项目分析。

2. 固定资产折旧、油气资产折耗、生产性生物资产折旧

该项目分别反映企业本期计提的固定资产折旧、油气资产折耗、生产性生物资产折旧。由于资产折旧、折耗并不影响经营活动现金流量，因此在净利润基础上调整计算时，应将其全部加回到净利润中。该项目可结合资产负债表的"固定资产""油气资产"和"生产性生物

资产"等项目分析。

3. 无形资产摊销、长期待摊费用摊销

这两个项目分别反映企业本期计提的无形资产摊销、长期待摊费用摊销。无形资产、长期待摊费用的摊销,增加了成本费用,并在计算净利润时从中扣除,由于没有发生现金流出,在将净利润调节为经营活动现金流量时应加回。该项目可结合资产负债表的"无形资产"和"长期待摊费用"等项目分析。

以上 4 个项目都是未涉及现金的经营性成本费用项目,在计量过程中需要运用的会计职业判断比较多,会计灵活性也比较大。所以对于金额较大、变化显著的项目应结合会计报表附注中的相关项目及相关会计政策进行详细分析,以发现操纵会计利润的行为。

4. 处置固定资产、无形资产和其他长期资产的损失和固定资产报废损失

这两个项目属于投资活动产生的损益,所以在将净利润调节为经营活动现金流量时需要予以调节。

5. 公允价值变动损失

该项目反映持有的金融资产、金融负债以及采用公允价值计量模式的投资性房地产的公允价值变动损益。该项目属于投资活动损益,应予调整。

6. 财务费用

企业发生的财务费用可以分别归属于经营活动、投资活动和筹资活动。对于属于经营活动产生的财务费用,若既影响净利润又影响经营活动现金流量,如到期支付应付票据的利息,则不需要调整;对属于投资活动和筹资活动产生的财务费用,如长期借款利息,则只影响净利润,不影响经营活动现金流量,应在净利润的基础上进行调整。

7. 投资损益

投资损益是由投资活动所引起的,与经营活动无关。因此无论是否有现金流量,该项目都应全额调节净利润。

8. 递延所得税资产减少和递延所得税负债增加

它们分别反映企业资产负债表"递延所得税资产"和"递延所得税负债"项目的期初余额与期末余额的差额。递延所得税在计提和缴纳时间上的不一致性导致了其对利润和现金流量影响时间上的不一致。因此,它们应在净利润的基础上进行调整。

9. 存货的减少、经营性应收项目的减少和经营性应付项目的增加

它们分别反映了企业资产负债表"存货"项目、企业本期经营性应收项目(包括应收票据、应收账款、预付账款、长期应收款和其他应收款中与经营活动有关的部分及应收的增值税销项税额等)和企业本期经营性应付项目(包括应付票据、应付账款、预收账款、应付职工薪酬、应交税费、应付利息、应付股利、长期应付款、其他应付款中与经营活动有关的部分及应付的增值税进项税额等)的期初余额与期末余额的差额。

经营活动存货的增加,说明现金减少或经营性应付项目增加;存货减少,说明非付现销售成本增加。所以在调节净利润时,应减去存货的净增加数,或加上存货的净减少数。

至于赊购增加的存货,通过同时调整经营性应付项目的增减变动而进行自动抵消。若存货的增减变动不属于经营活动,则不作调整,如接受投资者投入的存货应作扣除。

经营性应收项目增加,说明企业未收到现金的收入增加,即利润增加但现金流量未增加。经营性应收项目减少,说明应收款项收回,现金增加,但不影响利润。所以要对由此引起的净利润与现金流量的差异进行调整。经营性应付项目的情况与此相反。DF 公司2021 年经营性应付项目增加 862 253 485.41 元,是导致净利润和经营活动现金流差异的最主要项目。

练 习 题

一、单选题

1. 所有者权益也称( ),是指企业资产扣除负债后由股东享有的"剩余权益"。
   A. 净负债　　　　B. 净资产　　　　C. 净收益　　　　D. 净流量

2. 下列各项中,不影响当期所有者权益变动额的项目是( )。
   A. 综合收益总额　　　　　　　　B. 所有者投入和减少资本
   C. 所有者权益内部结转　　　　　D. 利润分配

3. 下列各项中,属于产生库存股的条件的是( )。
   A. 股票回购　　　B. 股票分割　　　C. 股票股利　　　D. 流通股权对价

4. 其他权益工具投资公允价值增加时,同时增加的是( )。
   A. 未分配利润　　B. 资本公积　　　C. 盈余公积　　　D. 其他综合收益

5. A上市公司股东代其偿还一笔应付账款2 000万元,经济实质表明属于对企业的资本性投入,则下列会计处理中正确的是( )。
   A. 公司减少应付账款的同时增加其他权益工具
   B. 公司减少应付账款的同时增加资本公积——其他资本公积
   C. 公司减少应付账款的同时增加营业外收入
   D. 公司减少应付账款的同时增加资本公积——股本溢价

6. 下列各项中,会引起留存收益总额发生增减变动的是( )。
   A. 盈余公积转增资本　　　　　　B. 盈余公积补亏
   C. 资本公积转增资本　　　　　　D. 用税后利润补亏

7. 下列各项中,会引起其他综合收益变动的是( )。
   A. 盈余公积转增资本　　　　　　B. 资本公积转增资本
   C. 投资房地产时的佣金　　　　　D. 投资股票时的佣金

8. 下列各项中,不会影响当期所有者权益变动额的是( )。
   A. 净利润　　　　　　　　　　　B. 所有者投入和减少资本
   C. 所有者权益内部结转　　　　　D. 分配现金股利

9. 现金流量表中的现金是一个广义的概念,具体是指( )。
   A. 银行存款　　　　　　　　　　B. 现金及现金等价物
   C. 企业库存现金　　　　　　　　D. 有价证券投资

10. 下列各项中,会使经营活动净现金流量小于净利润的是( )。
    A. 无形资产摊销　　B. 计提坏账准备　　C. 存货增加　　D. 收回应收账款

11. 企业处于高速成长阶段时,投资活动现金流量往往是( )。

A. 流入量大于流出量   B. 流出量大于流入量

C. 流入量等于流出量   D. 不一定

12. 根据《企业会计准则第 31 号——现金流量表》的规定。支付的现金股利归属于（　　）现金流量。

    A. 经营活动   B. 筹资活动   C. 投资活动   D. 销售活动

13. 企业采用间接法确定经营活动现金流量时,应该在净利润的基础（　　）。

    A. 加上投资收益   B. 减去预提费用的增加

    C. 减去固定资产折旧   D. 加上投资损失

14. 下列各项财务活动中,不属于企业筹资活动的是（　　）。

    A. 发行债券   B. 分配股利   C. 吸收权益性投资   D. 购建固定资产

15. 下列各项中,属于现金流量表的编制基础的是（　　）。

    A. 权责发生制   B. 应计制   C. 永续盘存制   D. 收付实现制

二、多选题

1. 下列各项中,属于所有者权益内部结转的有（　　）。

    A. 资本公积转增资本   B. 盈余公积转增资本

    C. 盈余公积弥补亏损   D. 股票分割

2. 下列各项中,影响当期所有者权益变动额的有（　　）。

    A. 净利润   B. 所有者投入和减少资本

    C. 所有者权益内部结转   D. 分配现金股利

3. 库存股没有具体股东,因此其权利将受到一定的限制,具体受到限制的权利包括（　　）。

    A. 股利分派权   B. 剩余财产分派权   C. 表决权   D. 决策权

4. 下列各项中,属于前期差错的有（　　）。

    A. 应用会计政策错误   B. 计算错误

    C. 疏忽产生的影响   D. 曲解事实产生的影响

5. 下列各项中,属于公司派现决策的动机的有（　　）。

    A. 消除不确定性   B. 传递优势信息

    C. 减少代理成本   D. 公司处于初创期

6. 所有者权益变动表所包含的财务状况质量信息有"输血型"变动和"盈利型"变动,下列各项中,属于"输血型"变动的有（　　）。

    A. 增资扩股   B. 发放股票股利   C. 接受捐赠   D. 当期扭亏为盈

7. 所有者权益变动表中的所有者权益内部结转包括（　　）。

    A. 股份支付计入所有者权益的金额   B. 其他权益工具持有者投入资本

    C. 实收资本   D. 其他综合收益结转的留存收益

8. 下列各项中,属于筹资活动现金流量的项目有（　　）。

    A. 短期借款增加   B. 资本净增加

    C. 增加长期投资   D. 偿还长期债券

9. 从净利润调整为经营活动现金流量,应调增的项目有（　　）。

    A. 流动负债减少   B. 财务费用

C. 不减少现金的经营性费用　　　　　　　D. 非流动资产增加

10. 下列活动中,属于经营活动产生的现金流量的有(　　　)。
    A. 销售商品收到的现金　　　　　　　　B. 分配股利支出的现金
    C. 提供劳务收到的现金　　　　　　　　D. 出售设备收到的现金

11. "支付其他与经营活动有关的现金"项目可结合利润表的(　　　)项目附注信息予以分析。
    A. "营业成本"　　　　B. "资产减值损失"　　　C. "管理费用"　　　　D. "销售费用"

12. 下列各项中,属于筹资活动现金流量的项目有(　　　)。
    A. 短期借款的增加　　　　　　　　　　B. 支付给职工的现金
    C. 或有收益　　　　　　　　　　　　　D. 分配股利支付的现金

13. 下列选项可能导致资产负债表"货币资金"项目期末余额,不等于现金流量表"现金及现金等价物"期末余额的有(　　　)。
    A. 以交易为目的的股票投资
    B. 银行定期存款
    C. 三个月内到期的短期债券投资
    D. 申请开立银行承兑汇票时支付的保证金

14. 下列各项中,可能导致净利润和经营活动净现金流量不一致的有(　　　)。
    A. 不减少现金的经营性费用　　　　　　B. 付现经营性费用
    C. 非现金流动资产的减少　　　　　　　D. 从银行提取备用金

15. 下列各项中,可能导致"营业收入"和"销售商品、提供劳务收到的现金"两个项目不一致的有(　　　)。
    A. 应付账款增加　　　　　　　　　　　B. 应收账款增加
    C. 应付票据增加　　　　　　　　　　　D. 应收票据增加

三、判断题

1. 所有者权益变动表可以反映债权人所拥有的权益,据以判断资本保值、增值的情况以及对负债的保障程度。　　　　　　　　　　　　　　　　　　　　　　　　　(　　　)

2. 所有者权益变动表中,所有者权益净变动额等于资产负债表中的期末所有者权益。
　　　　　　　　　　　　　　　　　　　　　　　　　　　　　　　　　　　(　　　)

3. 其他综合收益项目均可以在以后会计期间满足规定条件时重分类进损益。　　(　　　)

4. 在不考虑其他项目时,将净利润调整为本期所有者权益变动额,应该在净利润的基础上,减去向股东分配的利润。　　　　　　　　　　　　　　　　　　　　　　　(　　　)

5. 库存股是指公司收回已发行的且尚未注销的不可以再次出售的股票。　　　　(　　　)

6. 对初次发生的或不重要的交易或事项采用新的会计政策不属于会计政策变更。(　　　)

7. 转增股本是指公司将盈余公积转化为股本,它并没有改变股东的权益规模。　(　　　)

8. 股票分割会影响所有者权益的内部结构,而股票股利则不会改变公司的所有者权益结构。　　　　　　　　　　　　　　　　　　　　　　　　　　　　　　　　　(　　　)

9. 送股不会导致企业资产的流出或负债的增加,不影响企业的资产、负债及所有者权益总额的变化。　　　　　　　　　　　　　　　　　　　　　　　　　　　　　　(　　　)

10. 无论是否为重大会计差错,都应在发现前期差错的当期进行前期差错更正,在所有者权益变动表中适时披露。 （　　）

11. 固定资产折旧的变动不影响当期现金流量的变动。 （　　）

12. 经营活动产生的现金流量大于零,则说明企业盈利。 （　　）

13. 企业分配股利必然引起现金流出量的增加。 （　　）

14. 利息支出将对筹资活动现金流量和投资活动现金流量产生影响。 （　　）

15. 企业支付所得税将引起筹资活动现金流量的增加。 （　　）

四、计算分析题

1. 某公司 2020 年实现净利润 3 000 万元,分配股利 806 万元,增发新股 2 000 万元,长期投资于 A 单位,股权占 40%,A 单位 2021 年盈利 250 万元。

   要求:请计算该公司所有者权益的变动额。

2. 假定 A 公司本年净利润为 5 000 万元,股利分配时的股票价格为 10 元/股,发行在外的流通股股数为 10 000 万股,股利分配政策为 10 送 5。

   要求:请计算此政策对每股收益和每股市价的影响。

3. B 公司本年的部分财务信息如表 4-11 所示。

表 4-11　　　　　　　　　　B 公司本年部分财务信息

金额单位:元

项目	本年
销售商品、提供劳务收到的现金	305 425 640
经营活动产生的现金流量净额	28 957 530
营业收入	286 902 670
净利润	32 780 730
总资产平均余额	54 942 670
股份数(股)	43 536 940

要求:根据上述资料,分别计算以下财务指标:

(1) 盈利现金比率。

(2) 全部资产现金回收率。

(3) 销售获现比率。

(4) 每股经营活动现金流量。

第五章　企业偿债能力分析

知识导航

企业偿债能力分析
- 偿债能力分析的内涵、目的与内容
  - 偿债能力分析的内涵
  - 偿债能力分析的目的
  - 偿债能力分析的内容
- 企业短期偿债能力分析
  - 短期偿债能力的内涵
  - 短期偿债能力的影响因素
  - 短期偿债能力指标的计算与分析
- 企业长期偿债能力分析
  - 影响长期偿债能力的因素
  - 长期偿债能力指标的计算与分析

学习目标

1. 了解偿债能力分析的目的和内容。
2. 熟悉短期、长期偿债能力分析指标的计算。
3. 熟练运用分析指标评价企业的偿债能力。

案例导入

恒大集团债务危机案例

恒大集团(以下简称恒大)成立于1996年,是中国最大的房地产开发公司之一,曾在市场上迅速扩张,业务遍及全国。恒大以高杠杆融资和大规模的土地购置而闻名,迅速成为行业领军者。

自2021年起,恒大面临严重的债务危机。公司的负债总额超过3 000亿元人民币,主要原因包括:第一,高杠杆经营。恒大在扩张过程中采取了高杠杆的融资模式,以借贷资金进行土地购置和项目开发,但未能有效控制风险。第二,市场环境变化。房地产市场的调控政策加剧,导致销售额下降,现金流紧张。特别是在2021年,政府对房地产市场的融资限制使得恒大面临资金链断裂的风险。第三,销售不畅。由于市场信心不足,消费者购房意愿下降,恒大的多个项目销售不如预期,造成资金回流缓慢。第四,偿债能力问题。由于上述因素,恒大的现金流出现严重问题,无法按时偿还到期债务。2021年及2022年,恒大多次发布公告,表示将无法按时偿还部分债务,导致其信用评级大幅下调,融资渠道受限,进一步加剧了企业的偿债压力。

债务危机给恒大带来了诸多负面影响。一方面,因未能按时还款,恒大面临多起债务诉讼,进一步影响了企业形象和市场信任。另一方面,员工面临薪资延迟,消费者对未交付房产的担忧加剧,导致公司声誉受到严重打击。并且,恒大的债务危机引发了整个房地产行业的连锁反应,其他房地产企业的融资环境也受到影响。

资料来源：容逸财经,2023 年 07 月 23 日,《恒大危机：从房地产巨头到资不抵债近6 000 亿,规模扩张的代价!》。

思考：结合中国房地产行业发展趋势,浅析影响恒大偿债能力的内外部因素,从而帮助房地产企业提高偿债能力,避免陷入债务危机。

第一节 | 偿债能力分析的内涵、目的与内容

一、偿债能力分析的内涵

偿债能力是指企业偿还全部到期债务的能力和现金的保障程度。负债是指企业过去的交易或者事项形成的、预期会导致经济利益流出企业的现时义务。企业的负债按照偿还期限的长短,可以分为流动负债和非流动负债两大类。

短期偿债能力是指企业以流动资产偿还流动负债的现金保障程度。一个企业的短期偿债能力大小,要根据流动资产和流动负债的多少和质量情况而定。流动资产的质量是指"流动性"和"变现能力"。流动性是指流动资产转化为现金所需要的时间。资产转换为现金所需要的时间越短,资产的流动性越强,越能尽快地转换为偿还债务的资金。变现能力是指资产是否能很容易地、不受损失地转换为现金。如果流动资产的预计出售价格与实际出售价格的差额越小,则认为资产的变现能力越强。其中,反映企业偿付流动负债能力的是短期偿债能力;反映企业偿付非流动负债能力的是长期偿债能力。

长期偿债能力是指企业偿还长期债务的现金保障程度。企业的长期债务是指偿还期在1 年以上,或者超过 1 个营业周期的负债。企业对一笔债务总是负有两种责任:偿还本金和支付债务利息。分析一个企业的长期偿债能力,主要是为了确定该企业偿还债务本金和支付债务利息的能力。由于长期债务的期限长,企业的长期偿债能力主要取决于企业的获利能力和资本结构,而不是资产的短期流动性。但在实务中,充裕的现金才能保证真正的偿债能力,因此分析长期偿债能力也需要考察现金流量。

综上所述,短期偿债能力分析主要是利用企业资产负债表数据,计算和分析流动资产与流动负债之间的关系,考察企业偿还短期债务的能力和水平,其核心问题是企业的现金流量分析;长期偿债能力分析是分别利用资产负债表、利润表和现金流量表的数据,计算和分析企业资产负债率、利息保障倍数等指标,同时结合企业的盈利能力,来全面综合评价企业的长期偿债能力。

二、偿债能力分析的目的

偿债能力是企业投资人、债权人、经营人等都十分关心的重要问题。站在不同的角度,偿债能力分析的目的有所区别。

(一) 企业偿债能力分析有利于投资者进行正确的投资决策

投资人更重视企业的盈利能力,但他们认为若企业拥有一个良好的财务环境和较强的偿债能力更有助于提高企业的盈利能力。因此,他们同样会关注企业的偿债能力。对于投资人来说,如果企业的偿债能力发生问题,就会使企业的经营者花费大量精力去筹措资金以

应付还债,这不仅会增加筹资难度,加大临时性紧急筹资的成本,还会使企业管理者难以全神贯注地进行企业经营管理,使企业盈利受到影响,最终影响到投资人的利益。

(二)企业偿债能力分析有利于债权人进行正确的信贷决策

债权人是从维护自身利益角度出发分析企业偿债能力的,只有企业具有较强的偿债能力,才能保证债权人按期收回信贷资金,并得到相应的利息。而企业是否有能力按期支付借款本金和利息,是债权人向企业提供信用贷款的基本前提,因此债权人在进行贷款决策时,需要对企业的偿债能力进行深入分析。

(三)企业偿债能力分析有利于经营者进行正确的经营决策

企业各环节畅通的关键在于企业的资金循环和周转速度。企业偿债能力的好坏,既是对企业资金循环状况的直接反映,又对企业生产经营各环节的资金循环和周转有着重要的影响。企业经营者要保证企业经营目标的实现,必须保证企业生产经营各环节的畅通或顺利,因此,企业偿债能力的分析,对于企业经营者及时发现企业在经营过程中存在的问题,并采取相应措施加以解决,保证企业生产经营顺利进行有着十分重要的作用。

(四)企业偿债能力分析有利于关联企业正确评价企业的财务状况

偿债能力是企业经营信誉的重要指标,是企业外部形象的重要方面。企业的偿债能力强,融资能力也强,能及时筹集必要的资金保证生产经营需要。对经营关联企业(如企业的购货单位和供货单位)而言,偿债能力分析的主要目的是判断其业务往来企业是否有足够的支付能力和供货能力,以确定是否继续与其发生业务往来。供货单位分析的着眼点为该企业在购入商品后,能否及时足额支付货款。购货单位的偿债能力主要分析该企业的财务信用是否良好,财务状况是否稳定,能否保证其正常生产经营,从而保障购货单位进货渠道的畅通和生产经营。

三、偿债能力分析的内容

企业的负债按照偿还期的长短,可以分为流动负债和非流动负债两大类。反映企业偿付流动负债能力的是短期偿债能力;反映企业偿付非流动负债能力的是长期偿债能力。因此,偿债能力分析主要包括以下两方面内容。

(1)短期偿债能力分析。该项分析首先要明确影响短期偿债能力的因素,在此基础上,通过对反映短期偿债能力的主要指标和辅助指标的分析,了解企业短期偿债能力的高低和短期偿债能力的变化情况,揭示企业的财务状况和风险程度。

(2)长期偿债能力分析。该项分析要结合长期负债的特点,在明确影响长期偿债能力因素的基础上,通过对反映企业长期偿债能力指标的分析,了解企业长期偿债能力的高低及其变动情况,揭示企业整体财务状况和债务负担及偿债能力的保障程度。

第二节 企业短期偿债能力分析

一、短期偿债能力的内涵

短期偿债能力是指企业对短期债权人权益或其担负的短期债务的保障程度,主要取决于企业资产的流动性与变现力。一般来说,企业资产的流动性与变现力是指在无需大幅度让价的情况下,资产产生或转换为现金的可能性。它反映短期内企业资产变现的时间及变现价格的确定性,尤其是流动资产转变为现金的速度,以及这种转化所导致的流动资产价值缩水的程度,从而影响乃至决定企业的短期偿债能力。事实上,也可以将短期偿债能力理解为:企业以充足的现金流入满足现金流出需要的能力,其中包括对意外的流入减少或流出的考虑。严格来说,未来的现金流入是资产流动性及短期偿债能力最好的指示器。从长远的观点来看,它在很大程度上反映企业财务的稳健程度即财务稳健性,其本身却受制于盈利能力,最终取决于营运水平和管理效率。因此,进行短期偿债能力分析,对于债权人、投资者及经营管理者等利益相关者都具有极其重要的意义,它是企业财务分析的重要组成部分。

二、短期偿债能力的影响因素

从短期偿债能力对企业的影响可以看出,企业必须十分重视短期偿债能力的分析和研究。了解影响短期偿债能力的因素,对于分析企业短期偿债能力的变动情况、变动原因及促进企业短期偿债能力的提高是十分有用的。总的来说,影响短期偿债能力的因素可以分为企业内部因素和企业外部因素。企业内部因素是指企业自身的资产结构、流动负债的规模与结构、融资能力、经营现金流量水平等因素。企业外部因素是指与企业所处经济环境相关的因素,如宏观经济形势、证券市场的发育与完善程度、银行的信贷政策等因素。下面分别加以说明。

(一) 企业内部因素

1. 资产结构

在企业的资产结构中,如果流动资产所占比重较大,则企业短期偿债能力相对强些,因为流动负债一般要通过流动资产变现来偿还。如果流动资产所占比重较高,但其内部结构不合理,其实际偿债能力也会受到影响。企业流动资产包括现金及各种存款、交易性金融资产、应收及预付款、存货等。存货相对于流动资产而言流动性较差,变现时间长,而且有些存货由于品种、质量等原因变现能力可能很差,甚至无法变现。在流动资产中,如果存货资产占较大比重,而存货资产的变现速度通常又低于其他类流动资产,则其偿债能力是要打折扣的。从这个意义上讲,流动资产中应收账款、存货资产的周转速度也是反映企业偿债能力强弱的辅助性指标。

2. 流动负债的规模与结构

流动负债又称短期负债,是指企业可以在1年内或者超过1年的一个营业周期内偿还的债务。短期负债的规模是影响企业短期偿债能力的重要因素。因为短期负债规模越大,短期内企业需要偿还的债务负担就越重。企业的短期负债包括短期借款、应付票据、应付账款、预收账款、应付职工薪酬等项目。企业的流动负债有些必须以现金偿付,如短期借款、应缴款项等,有些则要用商品或劳务来偿还,如预收货款等。需要用现金偿付的流动负债对资产的流动性要求更高,企业只有拥有足够的现金才能保证其偿债能力。此外,流动负债中各种负债的偿还期限是否集中,都会对企业偿债能力产生影响。分析时,不仅要看各种反映偿债能力指标的数值,还要根据各种因素考察其实际的偿债能力。

3. 融资能力

单凭各种偿债能力指标还不足以判断企业的实际偿债能力。有时企业各种偿债能力指标都较好,但却不能按期偿付到期的债务;而另一些企业因为有较强的融资能力,如与银行等金融机构保持良好的信用关系,随时能够筹集到大量的资金,即使各种偿债能力指标不高,却总能按期偿付其债务和支付利息。可见,企业的融资能力也是影响偿债能力的一个重要因素。

4. 经营现金流量水平

企业的短期债务通常是用现金进行偿还的,因此,现金流量是决定企业短期偿债能力的重要因素。企业现金流量状况如何,主要受企业的经营状况和融资能力两方面影响。如果没有充足的现金流量,即使是盈利的企业也可能因无法及时偿还到期债务而导致信用危机甚至被迫破产。例如,海尔公司在内部确定了一个原则:"没有现金流支持的利润就不算销售额。"很多企业的破产并不是赤字破产,而是黑字破产,即现金流的问题。

(二) 企业外部因素

1. 宏观经济形势

宏观经济形势是影响企业短期偿债能力的重要外部因素。当一国经济持续稳定增长时,社会的有效需求也会随之稳定增长,产品畅销。由于市场条件良好,企业的产品和存货可以较容易地通过销售转化为货币资金,从而提高企业短期偿债能力。如果国民经济进入迟滞阶段,国民购买力不足,就会使企业产品积压,企业资金周转不灵,企业间货款相互拖欠,形成所谓的"三角债",企业的偿债能力就会受到影响,反映短期偿债能力的指标也不实。

2. 证券市场的发育与完善程度

在企业的流动资产中,常常会包括一定比例的有价证券,在分析企业偿债能力时,可以把有价证券视为等量现金。事实上,这样计算的偿债能力指标与企业的实际偿债能力是有区别的。这是因为,对于以公允价值计量的有价证券,与转让价格必然有一定的差异,且转让有价证券时,要支付一定的转让费用。证券市场的发展完善程度会影响到其后续计量是否准确,进而影响偿债能力指标的计算。另外,如果证券市场发达,企业随时可将手中持有的有价证券转换为现金;如果证券市场不发达,企业转让有价证券就很困难,或者不得不以较低的价格出售。这些都会对企业的短期偿债能力产生影响,特别是当企业把投资有价证券作为资金调度手段时,证券市场的发展和完善程度对企业的短期偿债能力的影响就更大。

3. 银行的信贷政策

国家为保证整个国民经济的健康发展,必然要通过宏观调控,利用金融、税收等宏观经济政策的制定,调整国家的产业结构和经济发展速度。一个企业如果其产品是国民经济急需的,发展方向是国家政策鼓励的,就会较容易地取得银行借款,其偿债能力也会提高。此外,当国家采取较宽松的信贷政策时,所有的企业都会在需要资金时较容易地取得银行信贷资金,其实际偿债能力就会提高。

除以上主要因素外,还有许多因素会影响到企业的短期偿债能力,如企业的财务管理水平,母公司与子公司之间的资金调拨等。有些因素对企业偿债能力的影响往往难以通过数量指标来表达,分析时必须结合各有关因素做出综合判断。

三、短期偿债能力指标的计算与分析

在具体的财务分析中,短期偿债能力的分析与评价主要根据财务报表,并结合其他相关资料,将短期债务与可得到的用于偿还这些债务的短期资金来源进行比较,并通过计算一些偿债能力比率指标来判断企业目前的偿付能力及在困难时保持偿付的能力。由于比率本身准确性的缺陷以及时空条件的变化,各种比率所反映的偿债能力也只是综合的、大致的、仅供参考的信息,并非百分之百准确,这在分析时应特别注意。

企业短期偿债能力可以从两个方面进行分析评价,一是根据资产负债表进行静态分析评价;二是根据现金流量表和其他有关资料进行动态分析评价。

(一) 短期偿债能力的静态分析

根据资产负债表,可以了解一个企业的流动资产规模和流动负债规模,但资产规模仅仅表明企业资产的流动性,而不能说明偿债能力。流动负债规模也只能表明企业目前所承担的债务和资金的流动性,同样不能说明企业偿债能力。最能反映企业短期偿债能力的流动性比率,是建立在对企业流动资产和流动负债关系的分析之上的,主要有营运资本、流动比率、速动比率和现金比率。

1. 营运资本

营运资本是指流动资产总额减去流动负债总额后的剩余部分,也称净营运资本,表示企业企业的流动资产在偿还全部流动负债后还有多少剩余,它是一个绝对数指标。其计算公式为:

$$营运资本 = 流动资产 - 流动负债$$

从财务观点看,如果流动资产高于流动负债,表示企业具有一定的短期偿债能力。该指标越高,表示企业可用于偿还流动负债的资金越充足,企业的短期偿付能力越强,企业所面临的短期流动性风险越小,债权人安全程度越高。因此,可将营运资本作为衡量企业短期偿债能力的绝对数指标。对营运资本指标进行分析,可以从静态上评价企业当期的偿债能力状况,也可以结合企业规模等因素,评价企业不同时期的偿债能力变动情况。

根据表 2-1 所提供的 DF 公司资产负债表资料,可以计算出 DF 公司的营运资本指标。

期初营运资本 = 4 214 557 297.61 - 1 777 223 134.35 = 2 437 334 163.26(元)
期末营运资本 = 5 281 851 927.60 - 2 605 028 006.99 = 2 676 823 920.61(元)

DF 公司期初、期末流动资产均可以抵补流动负债,从营运资本角度来看,说明公司的短期偿债能力较好,而且期末营运资本与期初营运资本相比,表明企业财务状况变好,短期偿债能力有一定提升。

2. 流动比率

流动比率是指企业的流动资产与流动负债的比率。由于其原理的易理解性、计算的简单性及数据的可得性,流动比率逐渐成为短期偿债能力比率指标。它表明企业每单位流动负债有多少流动资产作为偿还的保证,反映企业动用可以在短期内产生或转换为现金的流动资产偿还到期流动负债的能力。其计算公式为:

$$流动比率 = \frac{流动资产}{流动负债}$$

上式中的分子即流动资产,包括现金、有价证券、应收票据、应收账款和存货等,公式中的分母即流动负债,包括应付票据、应付账款、其他应付款、应交税费及 1 年内到期的非流动负债等。不少分析者认为,企业的流动比率指标越高,说明企业资产流动性越好,反映企业短期偿债能力越强,债权人的本息权益越有保障。流动比率较高,表明企业拥有的流动资产较多,或者营运资本较多,能够应对资金流动不平衡或其他紧急情况以及偿还短期债务甚至部分长期债务,还表明企业可以变现的资产数额较大,债权人遭受风险损失的可能性较小,并且企业具有的亏损缓冲能力(即抵御在清算等特殊情况下非现金资产价值缩水的能力)和应对不确定性与突发事件(如罢工和意外损失导致暂时不利的现金流)等方面的能力较强。当然,这些都是建立在企业清算假设之上的。但在持续经营的情况下,由于流动资产和流动负债都具有可再生性,因而上述理解或解释是静态的、狭隘的、不恰当的,甚至是不切实际的。

一般认为,流动比率为2∶1比较适宜,此时企业的财务基础较为稳固。但2∶1只是经验值,不同企业流动比率的确定还要结合企业自身的情况。如果流动比率指标过低,表明企业可能存在短期偿债能力较弱,偿还短期债务困难等问题;相反,如果流动比率指标过高,则表明企业可能存在闲置浪费、配置欠佳、资金使用效率不高、利用效果不好等问题。

1) 流动比率指标的优缺点

流动比率能被普遍采用,作为衡量企业短期偿债能力高低的标准,主要是因为该指标有以下优点:

第一,流动比率可以揭示企业用流动资产抵补流动负债的程度,流动比率越大,对流动负债的保证程度越高,就越能保证债权人的权益。

第二,流动比率可以表明一个企业所拥有的营运资本与短期负债之间的关系,可以使指标的使用者了解企业的营运资本是否充足,也可据以判断企业抵抗经营中发生意外风险的能力,判断企业一旦发生风险,其营运资本是否足以抵偿其损失,并保证按期偿还债务。

第三,流动比率超过1的部分,可以对流动负债的偿还提供一项特殊的保证,显示出债权人安全边际的大小。由于交易性金融资产和存货资产等在变现时可能会发生损失,所以,流动比率超过1的部分越多,债权人的安全边际越大,全额收回债权的可靠程度越高。

第四,流动比率的计算方法简单,资料来源比较可靠,即使企业外部关系人也能很容易地计算出企业的流动比率,以对企业的偿债能力作出判断。

但该指标也不可避免地存在一些问题,主要有:

第一,流动比率所反映的是企业某一时点上可以动用的流动资产存量与流动负债的比率关系,而这种静止状态的资产与未来的资金流量并没有必然联系。流动负债是企业今后短时期内要偿还的债务,而企业现存的流动资产能否在较短时期内变成现金却难以确定。所以,流动比率只反映了企业短期内由流动资产和流动负债产生的现金流入量与流出量的可能途径,企业的经营、销售利润的取得与分配又与现金流入和流出有直接关系,这些因素在计算流动比率时未加以考虑。

第二,企业应收账款规模的大小,受企业销售政策和信用条件的影响,信用条件越是宽松,销售量越大,应收账款规模就越大,发生坏账损失的可能性就越大。因此,不同的主观管理方法,会影响应收账款的规模和变现程度,使指标计算的客观性受到损害,容易导致计算结果产生误差。

第三,企业现金储备的目的在于防范出现现金流入量小于现金流出量的现象,而现金是不能带来收益的资产,故企业应尽可能减少现金持有量,至于其他存货也应尽可能降低到保证生产正常需要的最低水平。显然,增强企业的偿债能力与节约使用资金、减少流动资产上的资金占用的要求相矛盾。

第四,存货资产在流动资产中占较大比重,而企业又可以随意选择存货的计价方式,不同的计价方式对存货规模的影响也不同,也会使流动比率的计算带有主观色彩。同时,如果企业存货积压或在管理方面存在问题,反而会表现出较高的流动比率。

第五,企业的债务并不是全部反映在资产负债表上,如企业支付的职工薪酬,是经常发生的,但却没有列入资产负债表中,只以资产负债表上的流动资产与流动负债相比较来判断企业的偿债能力是不全面的。

尽管流动比率存在上述缺点,但在没有更好的指标取代它时,它仍是目前最重要的判断企业短期偿债能力的指标。

2) 流动比率分析

根据表 2-1 所提供的 DF 公司资产负债表资料,可以计算出 DF 公司的流动比率指标:

$$期初流动比率 = \frac{4\,214\,557\,297.61}{1\,777\,223\,134.35} = 2.37$$

$$期末流动比率 = \frac{5\,281\,851\,927.6}{2\,605\,028\,006.99} = 2.03$$

DF 公司期初流动比率为 2.37,尽管期末相比期初下降到 2.03,表面上看该公司的短期偿债能力有所降低。按照经验标准来判断,该公司无论是期初还是期末,流动比率都大于 2,说明公司短期偿债不具有压力。

需要强调的是,随着时间的推移,影响企业经营的主、客观因素可能会发生较大的变化。人们的认识在不断深入,企业对资产的流动性及资产的利用效果更加重视,任何企业都不会牺牲资产的流动性和利用效果来维持较高的偿债能力。因此,近年来流动比率已呈下降的趋势。此外,还需要结合行业竞争对手以及行业标准,对企业的流动比率作进一步的分析。

如果就 DF 公司流动比率变动的原因进行分析,就会发现:尽管该公司本年流动资产增长了 25.32%,但由于流动负债增长了 46.58%,其增长速度大于流动资产的增长速度,所以导致期末流动比率低于期初。

3) 分析流动比率时应注意的问题

需要指出的是,在进行具体的财务分析时,应注意以下八点:

第一,要注意分析流动资产的结构。流动资产结构是指流动资产各组成部分之间的关系及各项流动资产在流动资产总额中所占的比重,表明企业流动资产的具体分布状况和各项目占用资金的份额。分析流动资产的结构或组合情况,主要是考察流动资产各项目的比例关系,了解与评价各项目所占比重及其合理性,以确定重点项目与重点资产,进而恰当地评价资产的流动性和短期偿债能力,从而抓住关键问题,完善资产组合,改进资产管理。

第二,要注意分析具体项目的流动性。事实上,流动比率指标只能用来粗略地衡量流动性与短期偿债能力,并没有考虑流动资产中各个具体项目的流动性和质量。一般来说,一个流动资产主要由现金和有价证券构成的企业,其流动性要比一个拥有同等数额的流动资产,且流动资产主要由现金和未到期应收账款构成的企业强;而一个流动资产主要由现金和未到期应收账款组成的企业,其流动性又比一个拥有同等数额的流动资产,且流动资产主要由存货组成的企业强。因为在资产变现的时间或变现价格的确定性方面,通常有价证券比应收账款流动性好、变现力强,而应收账款又较存货流动性好、变现力强;资产变现时间主要取决于周转速度,变现价格的确定主要取决于资产质量,两者最终都取决于市场发育程度和企业管理效率。在分析流动比率时,流动负债的质量也很重要,而流动负债的质量主要取决于偿付的紧迫性。事实上,并非所有流动负债都需要立即偿还。例如,各种应交税费大多须立即偿还,但对与企业有长期合作关系的那些供应商的债务,在供应商对其业务具有依赖性并且需要估价,而企业又处于财务困境的情况下,很有可能被推迟支付或者重新协商。

第三,要注意分析流动负债的结构。流动负债结构是指流动负债各组成部分之间的关系及各项流动负债在流动负债总额中所占的比重,表明企业流动负债的分布状况和各项目提供资金的数额。分析流动负债的结构或组合情况,主要是了解和判断流动负债各项目对短期债务的影响及其权重。在分析流动比率指标时,需要对不同性质的流动负债分别加以考察,分析流动负债的数额及结构对流动资产需要程度的具体影响。对于因短期借款或商业信用形成的负债项目,以及因结算程序所形成的负债项目,都需企业用资产加以偿还,以维系信用关系和维护企业信誉;但是在具体偿付的过程中,不同的流动负债项目仍有先后之别,企业可以区分轻重缓急,进行有序、合理的安排。

第四,要注意分析流动比率的恰当性。在大多数情况下,人们仅根据计算出来的流动比率指标本身是无法断定其高低的,因而要将之与同行业平均的流动比率、本企业历史的流动比率进行比较,以确定其恰当性,进而据以评价资产的流动性,判断企业的短期偿债能力。需要指出的是,前已提及的较为适宜的流动比率2∶1,在具体分析流动比率时,虽可作为一个参考比率,但事实上它只是一个经验比率,在理论上仍无法加以论证;另外,与行业平均的流动比率相比,虽然不一定能够揭示出企业财务状况的好坏,但有助于发现企业是否偏离标准。当明显偏离标准或出现"危险信号"时,分析者需要判断其产生的领域,并探寻其背后的原因。从分析的角度看,为支持决策,需要财务指标具有预测含义或应用价值,但流动比率指标是对企业在某个时点用于偿还流动负债的可用资源的静态(存量)的相对计量,而当期现金存量与未来现金流入并没有逻辑上的因果关系;况且,前者与企业的现有经营水平几乎无关,没有什么预测含义,后者又取决于诸如销售、利润、现金支出及商业环境的变化等多种因素,而流动比率指标本身并没有考虑这些因素。

第五,要注意分析人为因素的影响。一般来说,如果会计人员技术水平较低,可能导致财务报表不真实,从而导致数据中存在过失性差错;如果会计人员技术水平较高,可能不恰当地利用会计政策来调整报表项目,导致数据中存在故意性错误,如对存货计价由先进先出法不恰当地改为后进先出法从而影响期末存货的计价结果,有时甚至出现极端的情形,即在财务报表编制前,采取某些策略与方法,人为地制造出一种比现实情况更令人满意的财务状况,这就是故意操纵或报表粉饰,分析者必须加以提防。例如,某企业于2020年6月30日有流动资产28 360 000元与流动负债16 000 000元,流动比率为1.77(28 360 000÷16 000 000),该企业的外部审计师即将到达,企业欲在下一周取得一项短期借款,而银行十分关注企业的流动性,并把流动比率指标作为判断企业短期偿债能力的主要依据。于是,企业推迟一些购买业务,并用出售有价证券所得到的现金支付应付账款5 066 000元,流动比率则变为2.13[(28 360 000−5 066 000)÷(16 000 000−5 066 000)]。显然,通过一次提前付款,流动比率指标大幅提高,若将其与流动比率的经验数据相比,则可推断此前流动性较差、短期偿债能力较弱,而现时流动性较好、短期偿债能力较强。但是,如果企业经营依旧,管理如常,那么其流动性实际上并没有好转,短期偿债能力也未增强,即企业通过一次提前付款,其财务指标及其昭示的经济意义向好,而事实上企业的财务状况并没有改善。

第六,要注意分析企业的经营特点及其所在行业的特性。在主要依据财务报表及其派生的财务比率进行财务分析时,即使企业没有使用仔细斟酌的方法来人为地改善财务状况,年末财务报表也往往会描绘得比年度中其他时点的情况更好。例如,某公司管理层在临近期末时非常规性地敦促回收应收账款,并将之用于偿还流动负债,从而提高流动比率指标。又如,某企业以季节性低点为期末设立其会计年度,此举也许并非为了欺诈,而是为了更容易地进行存货盘点。但是,此时现金存量也许因存货购买预期处于全年的最高点,应付账款却处于全年的最低点,其结果自然是此时的流动比率和速动比率均高于年度其他时点值。再如,一个企业若在7月的经营旺季经历了信用困难,则它在12月出现较高的流动比率指标很有可能会产生误导。因此,财务分析者要注意了解和考察企业的经营特点,尤其是季节性特征。鉴于此,包括经营管理者在内的分析者,要了解和使用月份或季度偿债能力比率指标的平均数,以消除极端值对简单算术平均数的影响;其他分析者为使企业管理层的比率操纵及报表粉饰等行为变得更加困难,也需要了解和判断企业短期的平均流动性及其合理性。

另外,不同的行业因其特性差别而在流动性方面有所不同。例如,生产性行业的流动性通常较商业性行业要差,而金融服务业的流动性往往比加工制造业要好。当然,在进行具体的财务分析时,尚需结合盈利性等因素进行分析。例如,企业所在行业本身流动性就较高,而所分析的企业尽管流动比率指标相对较低,但基本上其盈利性还是良好的;相反,虽然所分析的企业流动比率指标相对于本行业也许较高,但其盈利性实际上很差。对此,就需要结合行业特性作较为全面、深入的分析,以便合理地判断和评价其流动性与短期偿债能力。

第七,要注意分析和利用财务报表以外的资料及情况。在现实经济生活中,尚有一些财务报表本身没有反映出来的因素或情况,也会有利或不利地、较小或较大地影响企业的流动性及短期偿债能力。对此,财务分析者应予以关注和重视,并尽可能多地了解有关的资料及情况,以便进行较为全面的分析,作出较为合理的判断和评价。由于某些有利因素的存在或影响,企业实际的流动性、变现力及短期偿债能力,可能比财务报表项目及其生成的比率指标所反映的情况要好一些。例如,银行已同意、企业未办理贷款手续或未使用的银行贷款限额即"授信额度",是企业可动用的银行贷款指标,作为现金的替代品,它和备用信用计划都可随时用来增加企业现金,增强支付能力,但它并不反映在财务报表中,不参与流动比率指标的计算,有时仅存在于企业的财务状况说明书中。又如,企业经过慎重考虑,决定将一些长期资产很快出售变为现金,从而增强其短期偿债能力。再如,企业在长期的业务往来中若形成了良好的声誉,即使在短期偿债方面出现困难,只要筹资环境不是特别恶劣,也可以凭借其良好的声誉快速地筹措到资金,较快地解决资金短缺问题,从而增加短期偿债的可能性。另外,仅在财务报表附注中披露的很可能给企业带来经济利益的或有资产,也有助于增强短期偿债能力。

由于某些不利因素的存在或影响,企业实际的流动性、变现力及短期偿债能力,可能比财务报表项目及其生成的比率指标所反映的情况要差一些。例如,未在财务报表中反映只在财务报表附注中披露的或有负债,包括已贴现商业承兑汇票形成的或有负债、未决诉讼及仲裁形成的或有负债、为其他单位提供债务担保形成的或有负债等,是有可能发生的债务,这些或有负债一旦成为事实上的债务,将加大企业的偿债压力,减弱企业的短期偿债能力。因此,在财务分析中必须判断和确定所有最终支付可能性很大的近期债务,而这些都没有列入企业的流动负债。

严格来说,在分析流动资产的流动性及变现能力时,还应该判断和评价企业的销售趋势。通常,当销售处于上升期时,存货易于转化为现金;反之,当销售处于下降期时,则不利于甚至会阻碍存货向现金转化,作为资金来源的流动负债,主要取决于企业的销售水平。例如,就应付账款项目而言,由于产生应付账款的购货行为是销售的函数,因此,应付账款会随着销售的变化而变化,只要销售保持稳定或增长,流动负债的支付就是一个再融资问题,在这种情形下,流动比率指标的各个构成部分几乎没有提供该方面信息,其对于未来现金流量的影响也未得到反映,而且计算流动比率指标时涉及的流动负债也没有包括预期的现金支付,如采购、借贷、租赁、建筑合同或养老金合同下的义务或"承诺"等。

第八,要注意流动比率指标在各期间的变动情况,并谨慎地加以观察与解释。这是因为流动比率指标的变动未必意味着企业的流动性及经营业绩的变化,对此需要结合经济周期的规律性加以分析。一般而言,在经济成长时期,企业应交税费的增加会降低流动比率指标;在经济扩张时期,往往需要更大规模的营运资本,从而在流动性上出现"因繁荣而导致的拮据",这也会降低流动比率指标。例如,某公司第1年流动资产300万元,流动负债100万元,营运资本200万元,流动比率为3∶1;而第2年流动资产600万元,流动负债400万元,营运资本仍是200万元,但流动比率为1.5∶1,较第1年下降了50%,这就是因繁荣而产生了拮据;相反,在经济衰退时期,企业可能继续偿还流动负债,而存货和应收账款越积越多,最终导致流动比率指标上升。在分析企业短期资产的流动性和偿债能力时,必须认识到现金流量预测和预计财务报表的重要性。

3. 速动比率

速动比率又称酸性测试比率,是指企业的速动资产与流动负债的比率。这是比流动比率更严格的用于检测企业短期流动性和偿债能力的指标,表明企业每单位流动负债有多少速动资产可作为偿还的保证,反映企业动用可以在短期内迅速产生或转换为现金的流动资产偿还到期流动负债的能力。其计算公式如下:

$$速动比率 = \frac{速动资产}{流动负债}$$

速动资产是指几乎可以立即变现用来偿付流动负债的那些资产,一般包括货币资金、交易性金融资产、应收票据、应收账款、应收利息、应收股利、合同资产、其他应收款和其他流动资产。

在计算速动资产指标时,之所以要排除存货和预付账款等预付费用,是因为存货是流动资产中变现速度最慢的资产,而且存货在销售时受到市场价格的影响,使其变现价值带有很大的不确定性,在市场萧条的情况下或产品不对路时,又可能成为滞销货而无法转换为现金。至于预付账款,本质上属于预付费用,只能减少企业未来时期的现金支出,其流动性实际很低。速度资产的另一种简单表达方式是流动资产减存货。

用速动比率来评价企业的短期偿债能力,消除了存货等变现能力较差的流动资产项目的影响,可以部分地弥补流动比率指标存在的缺陷。当企业流动比率较高时,如果流动资产中可以立即变现用来支付债务的资产较少,其偿债能力也是较差的;反之,即使流动比率较低,但流动资产中的大部分都可以在较短的时间内转化为现金,其偿债能力也很强。所以用速动比率来评价企业的短期偿债能力相对更准确一些。

一般认为,在企业的全部流动资产中,存货大约占50%。所以,速动比率的一般标准为1,即每一元的流动负债,都有一元几乎可以立即变现的资产来偿付。如果速动比率低于1,一般认为偿债能力较差,但分析时还要结合其他因素进行评价。这是经验值,不适用于所有的行业和企业。

根据表 2-1 所提供的 DF 公司合并资产负债表资料,DF 公司速动比率计算如下:

$$期初速动比率=\frac{1\ 565\ 255\ 999.33+110\ 846\ 462.74+1\ 244\ 592\ 456.31+78\ 911\ 911.01+189\ 836\ 928.26}{1\ 777\ 223\ 134.35}$$

$$=1.79$$

$$期末速动比率=\frac{1\ 998\ 024\ 746.42+160\ 000\ 000+30\ 519\ 862.93+1\ 269\ 085\ 684.86+66\ 136\ 321.72+20\ 173\ 556.3}{2\ 605\ 028\ 006.99}$$

$$=1.36$$

从计算结果可以看出,DF 公司期末短期偿债能力低于期初,但期末和期初的速动比率都大于 1。联系到该公司的流动比率分析就会更清楚地发现,该公司的偿债能力整体较好。

对速动比率的分析,还应结合应收款项的收账期进行。因为速动比率的计算隐含着一个十分重要的假设条件,即所有的应收款项都能在其回收期内如数转化为现金,即使有坏账损失,其数额也非常小,可以忽略不计。但事实并非如此,企业可能有相当一部分应收款项不能按期收回,当有些应收款项超过回收期一定期限后,其发生坏账损失的可能性会非常大。换言之,按全部应收款项计算的速动比率含有一定的水分,不能真实地反映出企业的短期偿债能力。为此,有必要将可能形成坏账损失的应收款项金额从速动资产中剔除,对速动比率进行适当调整。

需要特别指出的是,一个企业的流动比率和速动比率较高,虽然能够说明企业有较强的短期偿债能力,反映企业财务状况良好,但过高的流动比率和速动比率会影响企业的盈利能力。当企业大量储备存货时,特别是有相当比例的超储积压物资时,流动比率就会较高,可是存货的周转速度会降低,形成流动资金的相对固定化,会影响流动资产的利用效率。过高的货币资金存量能使速动比率提高,但货币资金的相对闲置会使企业丧失许多能够获利的投资机会。所以,对流动比率和速动比率必须辩证分析,进行风险和收益的全面权衡。另外,一些企业的存货周转很快,产品畅销,存货对流动比率影响不大,即使剔除存货,速动比率也不能弥补流动比率的缺陷,因此还需要分析现金比率。

4. 现金比率

现金比率是指企业的现金类资产与流动负债的比率。它能够反映企业的立即偿债能力,但没有考虑流动资产和流动负债的再生性。财务分析者可将现金比率看作流动比率和速动比率的补充与延伸,是对企业短期资产的流动性、变现能力及偿债能力更为严格的计量,是比流动比率和速动比率更加直接、更为严格的指标。该指标有两种表示方式:

(1) 第一种表示方式,即现金类资产仅指货币资金。根据这一定义,现金比率的计算公式为:

$$现金比率=\frac{货币资金}{流动负债}\times100\%$$

(2) 第二种表示方式,即现金类资产除包括货币资金以外,还包括货币资金的等价物,即企业持有的期限短、流动性强、易于转换为已知金额的现金、价值变动风险很小的投资。其理由是,企业进行短期投资只是企业资金调度的一种手段,当企业有暂时闲置的货币资金时,即投资于价值变动风险很小的有价证券,以提高资金的盈利水平。一旦企业需要现金,就可以通过转让有价证券将其转化为现金。所以在管理上,现金和现金等价物并无实质区

别。因此如果把有价证券视为现金等价物,按这种理解,现金比率的计算公式为:

$$现金比率 = \frac{货币资金 + 有价证券}{流动负债} \times 100\%$$

现金比率可以准确地反映企业的直接偿付能力,当企业面临支付工资日或大宗进货日等需要大量现金时,这一指标更能显示出其重要作用。由于现金比率的两种表示方式都没有考虑企业流动资产中的存货和应收款项,所以,对于应收款项和存货变现存在问题的企业,这一指标尤为重要。

现金比率越高,表示企业可立即用于支付债务的现金类资产越多。由于企业现金类资产的盈利水平较低,企业不可能也没有必要保留过多的现金类资产。如果这一比率过高,表明企业通过负债方式所筹集的流动资金没有得到充分的利用,所以并不鼓励企业保留更多的现金类资产。一般认为这一比率应在20%左右,在这一水平上,企业的直接支付能力不会有太大的问题。

根据表2-1所提供的DF公司合并资产负债表资料,按第一种方法计算DF公司的现金比率如下:

$$期初现金比率 = \frac{1\,565\,255\,999.33}{1\,777\,223\,134.35} \times 100\% = 88.07\%$$

$$期末现金比率 = \frac{1\,998\,024\,746.42}{2\,605\,028\,006.99} \times 100\% = 76.70\%$$

由于该公司有价证券占总资产比重较小,对现金比率影响不大,故按照第一种表示方式计算DF公司的现金比率。

从计算结果可以看出,DF公司期末现金比率比期初现金比率下降了11.37%,这种变化表明企业的直接支付能力有所下降,但丝毫不影响该公司的直接支付能力,因为该公司的现金比率高于经验标准20%。因此,如果按现金比率来评价DF公司的短期偿债能力,应该说该公司短期偿债能力较强。结合该公司的期末流动比率和速动比率综合分析可以发现,DF公司期末的短期偿债能力整体较好。

应当指出,由于速动资产包括货币资金、交易性金融资产、应收款项等项目,而应收票据和应收账款并不一定能按期收回,有些应收账款的回收期可能会超过一年,甚至几年;应收票据即使可随时贴现,但有些票据当对方到期不能承付时,实际上等于增加了负债。因此,将全部应收款项都作为速动资产是不合适的。所以,计算与分析现金比率对准确反映企业的短期偿债能力十分必要。

5. 流动比率、速动比率、现金比率相互关系分析

流动比率、速动比率、现金比率是以流动资产和流动负债的相互关系,反映企业短期偿债能力的主要指标,三者之间的相互关系如下:

(1)以全部流动资产作为偿付流动负债的基础,所计算的指标是流动比率。它包括了变现能力较差的存货、持有待售资产、一年内到期的非流动资产和基本不能变现的预付费用。如果存货中有超储积压物资,会造成企业短期偿债能力较强的假象。

(2)速动比率以扣除变现能力较差的存货、持有待售资产、一年内到期的非流动资产和预付费用作为偿付流动负债的基础,它弥补了流动比率的不足。

(3)现金比率以现金类资产作为偿付流动负债的基础,但现金持有量过大会对企业资

产利用效果产生副作用,所以该比率不宜过大,因此这一指标相对流动比率和速动比率来说,其作用程度较小。

在分析企业短期偿债能力时,流动负债是计算以上三个指标的基础,流动负债的结构、规模对企业流动资产需要程度的影响是不一致的。例如,合同负债比重较大时,对流动比率的要求就相对高些;短期借款和应付账款比重较大时,对速动比率和现金比率的要求就相对高些。从以上三个指标的计算中可以看出,流动负债结构对偿债能力的影响在这三个指标中并没有反映出来,所以分析评价企业短期偿债能力时,还要结合流动负债的规模和结构来进行。

(二) 短期偿债能力的动态分析

企业偿债能力从本质上讲,是衡量企业能否按期归还到期债务的能力,但在计算短期偿债能力的静态指标中所使用的流动负债,是企业某时点上的债务,它只表明企业在这一时点上仍然承担的流动负债规模,并不表示这些债务已经到期,并且需要在这一时点上偿还,这些债务往往要在这一时点之后的未来某一时点偿还。在计算这些指标时所使用的流动资产或速动资产也只是在这一时点上的资产存量,只是为企业现在承担的债务提供了一份资产保证,反映的是用这些资产偿债的可能性,并不表示这些资产马上就可以用于偿还债务,或一定能在现有负债到期时转化成现金来偿还这些债务。因此,流动比率也好,速动比率也好,与其说是反映企业短期偿债能力的指标,倒不如说是反映企业现存负债的资产保证程度指标。企业偿还其债务是一个动态过程,其偿债能力也应该是在未来某一时点上的能力。当某一具体债务到期时,企业既可以通过现存资产的变现去偿还,也可以用债务到期前所获得的现金去偿还。所以,对企业短期偿债能力的分析还应该从动态方面进行。

从动态方面反映企业短期偿债能力的指标是建立在现金流量表和对经营活动现金流量分析的基础之上的,主要有现金流动负债比率、企业支付能力系数、速动资产够用天数和现金到期债务比率等。此外,应收账款周转率、应付账款周转率和存货周转率也是从动态上反映企业短期偿债能力的辅助性指标。

1. 现金流动负债比率

现金流动负债比率是指经营活动现金流量净额与平均流动负债的比率,用来衡量企业的流动负债由经营活动所产生的现金来支付的程度。其计算公式如下:

$$现金流动负债比率 = \frac{经营活动现金流量净额}{平均流动负债}$$

经营活动现金流量净额的大小反映企业某一会计期间经营活动产生现金的能力,是偿还企业到期债务的基本资金来源。当该指标等于或大于1时,表示企业有足够的能力以经营活动产生的现金来偿还其短期债务;如果该指标小于1,表示企业经营活动产生的现金不足以偿还到期债务,必须采取对外筹资或出售资产等其他方式才能偿还债务。

根据表 2-1 所提供的 DF 公司合并资产负债表资料,表 4-6 所提供的 DF 公司合并现金流量表资料,可以计算出该公司的现金流动负债比率。

$$本期现金流动负债比率 = \frac{508\,350\,957.01}{(2\,605\,028\,006.99 + 1\,777\,223\,134.35)/2} = 0.23$$

计算结果表明,DF 公司本期现金流动负债比率仅为 0.23,说明经营活动产生的现金无法满足偿债的需要,公司必须以其他方式取得现金,才能保证债务的及时清偿。

需要说明的是,本期经营活动现金流量净额是当前会计年度的经营结果,而流动负债则是年初和年末需要偿还债务的平均余额,两者的会计期间不同。因此,现金流动负债比率指标是建立在以上一年的经营活动现金流量来估计下一年经营活动现金流量的假设基础之上的。使用该比率时,需要考虑未来一个会计年度影响经营活动现金流量变动的因素。

2. 企业支付能力系数

企业支付能力系数是反映企业短期偿债能力的重要指标。根据企业支付能力反映的具体时间的差异,支付能力系数可分为期末支付能力系数和近期支付能力系数两种。

期末支付能力系数是指期末货币资金余额与逾期未付款项数额之比,其计算公式如下:

$$期末支付能力系数 = \frac{期末货币资金余额}{逾期未付款项数额} \times 100\%$$

其中,逾期未付款项包括逾期未缴预算款项、逾期银行借款、逾期应付款项等。该指标大于或等于1,说明企业有支付能力;反之,说明企业支付能力不足,且指标越低,说明企业支付能力越差。

近期支付能力系数是反映企业有无足够的支付能力来偿还近期到期债务的指标。其计算公式如下:

$$近期支付能力系数 = \frac{近期能够用来支付的资金}{近期需要支付的各种款项} \times 100\%$$

其中,近期能够用来支付的资金包括企业现有的货币资金、近期能取得的营业收入、近期确有把握收回的各种应收款项等。近期需要支付的各种款项包括到期或逾期应交款项和未付款项,如职工薪酬、应付账款、银行借款、各项税费、应付利润等。

企业近期支付能力系数应等于或大于100%,且越高说明企业近期支付能力越强。如果小于100%,则说明企业近期支付能力不足,应采取积极有效的措施,从各种渠道筹集资金,以便按期清偿到期债务,保证企业生产经营活动的正常进行。

3. 速动资产够用天数

在财务分析中,除了通过以流动负债为基础,分析企业的短期偿债能力之外,还可以以企业生产经营开支水平判断其短期偿债能力,通常用"速动资产够用天数"指标来反映企业速动资产维持其正常生产经营开支水平的程度。该指标可以作为速动比率的补充指标,其计算公式如下:

$$速动资产够用天数 = \frac{速动资产}{预计每天营业所需的现金支出}$$

从该指标的计算公式中可以看出,如果速动资产较多,而每天营业所需现金支出较少,速动资产够用天数就多;反之,速动资产够用天数就少。企业速动资产够用天数少,表示企业偿债能力弱。

4. 现金到期债务比率

现金到期债务比率是指经营活动现金流量净额与本期到期债务之间的比率,用来衡量企业本期到期债务由经营活动所产生的现金流量净额支付的程度。

这是一个最为严谨、最能说明企业短期内有无"支付不能"可能的指标,因而最能真实地反映企业当前财务基础的稳固程度和未来短期的财务弹性。与前述其他比率指标相比,现金到期债务比率在反映企业短期的流动性、变现力、偿债能力及财务弹性等方面都更加接近经济现实。其计算公式如下：

$$现金到期债务比率 = \frac{经营活动现金流量净额}{本期到期债务}$$

当该指标等于或大于1时，表示企业有足够的能力以生产经营活动产生的现金来偿还当期的短期债务；如果该指标小于1，表示企业生产经营活动产生的现金不足以偿还当期到期的债务，必须采取其他措施才能满足企业当期偿还到期债务的需要。

需要说明的是，由于上述指标中一些数据难以获取，如预计每天营业所需的现金支出、本期到期债务等，这些指标往往适用于企业内部分析。

此外，在进行具体的财务分析时，还应注意某些限制条件可能导致的影响。例如，当长期借款加速条款存在时，企业若未能偿还当期应付的分期付款部分，则会导致应付款（债务）全部到期。

在分析企业的短期流动性、变现力及短期偿债能力时，除了要运用上述比率指标或分析工具，还需做一些重要的定性分析。要特别注意分析企业的财务弹性，即企业已经或准备采取措施以应对资金流动意外中断的能力，包括以各种渠道借款的能力、提高权益资本的能力、出售和重新配置资产的能力，以及调整经营水平和方向以适应环境变化的能力等。另外，要高度重视公司管理层的讨论与分析报告，它对分析者很有帮助，因为它所涉及的流动性和短期偿债能力，包括可能影响企业产生足够现金能力的已知趋势、需求、责任或不确定性。若发现短期偿债能力很弱及流动性极差或严重不足，公司管理层必须讨论对已采取的行动方案或计划实施的补救措施。对影响流动性的所有重要的、未使用的流动资产来源，都必须明确并加以描述。据此，财务分析者可以更多地了解和考察企业的财务状况，以便合理地分析与评价企业的短期流动性、变现力及短期偿债能力。

5. 反映企业短期偿债能力的辅助指标分析

流动比率、速动比率和现金比率都是以企业某一时点上的流动资产存量和流动负债相比较，以反映企业的短期偿债能力，对各项流动资产和流动负债的流动性和周转性等动态变化并没有反映。所以，通过对各项流动资产和流动负债周转效率和流动情况的分析，进一步反映企业短期偿债能力的动态变化，可以弥补流动比率、速动比率和现金比率的不足。

1）应收账款周转率和应付账款周转率的比较分析

流动资产中的应收账款（包括应收票据），是因为企业赊销商品产生的。其占用额不仅取决于企业的销售政策，而且取决于企业的信用政策和收账政策。在销售政策既定的情况下，企业采取较宽松的信用政策和收账政策，其应收账款占用额就比较大，周转速度就比较缓慢，利用应收账款周转率指标可以反映企业应收账款转化为现金的速度。

流动负债中的应付账款（包括应付票据），是因为企业赊购商品产生的，其占用额的大小从主观因素来考察，取决于企业支付货款的速度和企业赊购金额的大小。赊购的金额越大，支付货款的速度越慢，其占用额就越大。利用应付账款周转率指标可以反映企业以现金支付应付账款的速度。

流动比率实际上是企业流动资产和流动负债周转速度的函数。流动资产周转速度越快，企业流动资产规模越小，流动比率越低。流动负债的周转速度越慢，企业的流动负债规模越大，流动比率就越低。在流动资产中，应收账款占有相当的比例；在流动负债中，应付账款也占相当的比例,所以将两者联系起来进行比较分析很有意义。

企业购入材料等物资的目的,在于通过企业的加工制成产品,然后通过销售收回现金,并实现价值增值。从这个意义上讲,由赊购商品所产生的应付账款应用赊销商品收回的现金偿付,在资金周转上,两者与资金周转期有关系,而且必须相互配合。应收账款与应付账款这种相互关系会对企业的短期偿债能力产生以下影响:

(1) 应收账款与应付账款的周转期相同。在这种情况下,通过赊销商品所收回的现金恰好能满足偿付因赊购业务而产生的债务,不需动用其他流动资产来偿还,企业的短期偿债能力指标不会因应收账款和应付账款的存在而改变。

(2) 应收账款的周转速度快于应付账款的周转速度。假定企业应收账款的平均收账期为30天,而应付账款的平均付款期为60天,在这种情况下,企业的流动比率就会降低,以流动比率反映的企业静态短期偿债能力就相对差一些。但是由于流动资产中的应收账款周转速度快,而流动负债中的应付账款周转速度慢,从动态上看,企业的实际偿债能力较强,因为在企业应收账款回收两次的情况下,才支付一次现金偿付应付账款。

(3) 应收账款的周转速度低于应付账款的周转速度。假定企业应收账款的平均收账期为60天,而应付账款的平均付款期为30天,在这种情况下,企业的流动比率较高,以流动比率反映的企业静态短期偿债能力就比较强。如果从动态上看,企业的实际短期偿债能力是要低于以流动比率表示的企业短期偿债能力水平的。这是因为,每当企业将其赊销商品所产生的应收账款转化为现金一次,就要支付两次现金去偿付因赊购业务产生的应付账款。这样,只有在动用其他流动资产的情况下,才能按期偿付其因赊购而形成的债务。

以上仅就周转速度进行了分析,当企业流动资产和流动负债规模不同时,也会相对增强或减弱因周转速度不同对短期偿债能力的影响。

这种对比不仅可以就流动资产与流动负债之间的对应项目进行分析,也可以按流动资产和流动负债的结构进行分析,因为短期偿债能力分析本身就是建立在流动资产与流动负债关系的基础上的。

2) 存货周转率分析

存货周转率是反映企业存货资产利用效率的指标,同时也能动态反映企业的短期偿债能力,后续章节会对存货周转率本身进行详细分析,这里仅就存货周转率对短期偿债能力的影响进行分析。

存货周转速度对存货规模有较大影响,当其他条件不变时,存货周转速度越快,存货规模越小;反之,存货规模越大。流动比率是按流动资产在某一时点上的规模计算的,当存货规模较大时,其流动比率指标也相对较大,从静态方面反映的短期偿债能力也较强,实际上这很可能是因为存货周转速度偏低引起的假象。结合存货周转速度对企业短期偿债能力进行评价,就需要对按流动比率做出的评价加以修正。在流动比率一定的情况下,如果企业预期存货周转速度加快,则企业的短期偿债能力将会因此而提高;相反,如果预期存货周转速度减慢,则企业的短期偿债能力将会出现下降趋势。

流动比率是在某一时点上,按既定的流动资产存量和流动负债计算的,这里也包括了一个隐含条件,即存货周转率也是既定的。存货周转率的变化是指在该时点之后,所以存货周转率变化对短期偿债能力的影响是反映在动态上的,是今后企业短期偿债能力可能会发生的变化。换言之,对短期偿债能力的分析,不仅要从静态上反映企业某一时点上的偿债能力,还要分析可能发生的变化及变化趋势,而应收账款周转率、应付账款周转率和存货周转率分析为反映企业短期偿债能力的动态变化提供了重要参考。

需要说明的是,进行企业短期偿债能力分析时,不能孤立地根据某指标分析就下结论,而应当根据分析的目的和要求结合企业的实际情况,将各项指标综合起来考虑,这样才有利于得出正确的结论。

第三节 企业长期偿债能力分析

一、影响长期偿债能力的因素

长期偿债能力是指企业偿还非流动负债的能力,或者说企业偿还非流动负债的保障程度。企业的非流动负债包括长期借款、应付债券、长期应付款、预计负债、递延收益、递延所得税负债及其他非流动负债等。影响企业长期偿债能力的主要因素有如下内容。

1. 企业的盈利能力

企业短期偿债能力,主要考虑流动资产结构、流动负债结构、企业变现能力以及流动资产与流动负债的对比关系,从资产变现角度来分析。长期偿债能力则不同,由于所衡量的时间较长,对未来较长时间的资金流量很难做出可靠的预测,而且所包含的因素更加复杂,所以难以通过资产变现情况做出判断。

企业的偿债义务,包括按期偿付本金和按期支付利息两个方面。短期债务可以通过流动资产变现来偿付,因为流动资产的取得往往以短期负债为其资金来源。企业的非流动负债大多用于非流动资产投资,形成企业的长期资产,在正常生产经营条件下,企业不可能靠出售资产作为偿债的资金来源,而只能依靠企业生产经营所得。从举借债务的目的来看,企业使用资金成本较低的负债资金是为了获取财务杠杆利益,增加企业收益,其利息支出自然要从所融通资金创造的收益中予以偿付。因此,企业的长期偿债能力与盈利能力密切相关。就一般情况而言,企业的盈利能力越强,长期偿债能力越强;反之,则长期偿债能力越弱。如果企业长期亏损,则必须通过变卖资产才能清偿债务,否则企业的正常生产经营活动就不能进行,最终影响投资人和债权人的利益。因此,企业的盈利能力是影响长期偿债能力最重要的因素。

2. 投资效果

企业所举借的长期债务,主要用于固定资产等方面进行长期投资,投资的效果决定了企业是否有能力偿还长期债务。特别是当某项具体投资的资金全部依靠非流动负债来筹措时,情况更是如此。当然,作为对债权人的一种保障,企业必须有相当比例的权益资金,不能因为某项投资的效果不佳而损害债权人利益。但如果企业每一项投资都不能达到预期目标时,即使有相当比例的权益资金作保证,其偿债能力也会受到相当程度的影响。

3. 权益资金的增长和稳定程度

尽管企业的盈利能力是影响长期偿债能力最重要的因素,但如果企业将绝大部分利润都分配给投资者,权益资金增长很少,就会降低偿还债务的保障性和可靠性。对于债权人来说,将利润的大部分留在企业,会使权益资金增加,减少利润外流,这对投资人并没有实质性的影响,却会增加偿还债务的可靠性,从而提高企业的长期偿债能力。

4. 权益资金的实际价值

权益资金的实际价值是影响企业最终偿债能力最重要的因素。当企业结束经营时,最终的偿债能力取决于企业权益资金的实际价值。如果资产不能按其账面价值处理,就有可能损害债权人利益,使债务不能全部清偿。

5. 企业经营现金流量

企业的债务主要还是用现金来清偿,虽然企业的盈利能力是偿还债务的根本保证,但是企业盈利毕竟不等同于现金流量充足。企业只有具备较强的变现能力,有充裕的现金,才能保证具有真正的偿债能力。因此,企业的现金流量状况是决定偿债能力保证程度的关键所在。

二、长期偿债能力指标的计算与分析

从资产、盈利能力以及现金流量的内容、特点和作用可以看出,这些因素从不同角度反映企业的偿债能力。资产是清偿债务的最终物质保障,盈利能力是清偿债务的经营收益保障,现金流量是清偿债务的支付保障。只有将这些因素加以综合分析,才能真正揭示企业的偿债能力。所以,长期偿债能力分析应从以下三个方面进行。

(一)资产规模对长期偿债能力影响的分析

负债表明一个企业的债务负担,资产则是偿债的物质保证,单凭负债或资产不能说明一个企业的偿债能力,负债少并不等于说企业偿债能力强;同样,资产规模大也不一定表明企业偿债能力强。企业的偿债能力体现在资产与负债的对比关系上。由这种对比关系反映的企业长期偿债能力的指标主要有资产负债率、股东权益比率、产权比率(净资产负债率)、固定长期适合率、资产非流动负债率和非流动负债营运资金比率。

1. 资产负债率

资产负债率是企业负债总额占企业资产总额的百分比。资产负债率是综合反映企业偿债能力的重要指标,该指标反映了在企业的全部资产中由债权人提供的资产所占比重的大小,反映了债权人向企业提供信贷资金的风险程度,也反映了企业举债经营的能力。其计算公式如下:

$$资产负债率 = \frac{负债总额}{资产总额} \times 100\%$$

该指标越大,说明企业的债务负担越重;反之,说明企业的债务负担越轻。资产负债率指标既可用于衡量企业利用债权人资金进行经营活动的能力,也可反映债权人发放贷款的安全程度。对债权人来说,该比率越低越好,因为企业的债务负担越轻,其总体偿债能力越强,债权人权益的保证程度越高。特别是在企业清算时,资产变现价值很可能低于账面价值,而所有者一般只承担有限责任,这一比率越高,债权人蒙受损失的可能性就越大。对于企业来说会希望该指标大一些,虽然这样会使企业债务负担加重,但企业也可以通过扩大举债规模获得较多的财务杠杆利益。如果该指标过高,会影响企业的筹资能力。因为人们认识到,该企业的财务风险较大,当经济衰退或不景气时,企业经营活动所产生的现金流量可能满足不了利息支出的需要,所以,人们不会再向该企业提供借款或购买其发行的债券。一般认为,资产负债率的适宜水平是 40%～60%,如果这一比率超过 100%,则表明企业已资不抵债,视为达到破产的警戒线。

通过对不同时期该指标的计算和对比分析,可以了解企业债务负担的变化情况。任何企业都必须根据自身的实际情况,确定一个适度的标准,当企业债务负担持续增长并超过这一适度标准时,企业应注意加以调整,不能只顾获取杠杆利益而不考虑可能面临的财务风险。

根据表 2-1 所提供的 DF 公司合并资产负债表资料,对 DF 公司的资产负债率计算如下:

$$期初资产负债率 = \frac{1\,873\,492\,566.74}{5\,154\,613\,453.32} \times 100\% = 36.35\%$$

$$期末资产负债率 = \frac{2\,704\,176\,435.76}{6\,261\,135\,017.88} \times 100\% = 43.19\%$$

通过比较可知,DF 公司期末资产负债率比期初上升了 6.84%,表明企业债务负担略有上升。按照经验值,DF 公司资产负值率较适宜,无论是企业本身,还是投资者或债权人,均可以接受,长期偿债能力风险不大。

从稳健原则出发,特别是考虑到企业在清算时的偿债能力,该指标可以保守些计算,即从资产中扣除无形资产等,计算有形资产负债率。

有形资产负债率是企业负债总额与有形资产总额的比率。该指标是资产负债率的延伸,是能够更加客观地评价企业偿债能力的指标。企业的无形资产如商标权、专利权、非专利技术等,不一定能用来偿还债务,可以将其视为不能偿债的资产,从资产总额中扣除。这项指标的作用及分析方法与资产负债率基本相同。其计算公式如下:

$$有形资产负债率 = \frac{负债总额}{资产总额 - 无形资产} \times 100\%$$

根据表 2-1 所提供的 DF 公司合并资产负债表资料,对 DF 公司的有形资产负债率计算如下:

$$期初有形资产负债率 = \frac{1\,873\,492\,566.74}{5\,154\,613\,453.32 - 95\,797\,826.35} \times 100\% = 37.03\%$$

$$期末有形资产负债率 = \frac{2\,704\,176\,435.76}{6\,261\,135\,017.88 - 93\,943\,045.46} \times 100\% = 43.85\%$$

通过计算可以看出,DF 公司期初、期末有形资产负债率与资产负债率相差不大,说明在资产总额中未来变现能力较差的无形资产对企业偿债能力影响不大。

2. 股东权益比率

股东权益比率是股东权益总额同资产总额的比率,反映企业全部资产中所有者投入所占的比重。其计算公式如下:

$$股东权益比率 = \frac{股东权益总额}{资产总额} \times 100\% = 1 - 资产负债率$$

股东权益比率是表示长期偿债能力保证程度的重要指标,该指标越高,说明企业资产中由所有者投资所形成的资产越多,偿还债务的保证程度越大。从"股东权益比率＝1－资产负债率"来看,该指标越大,资产负债率越小。债权人对这一比率非常感兴趣。当债权人将其资金借给股东权益比率较高的企业时,由于有较多的企业自有资产作偿债保证,债权人全额收回债权就不会有问题,即使企业清算时资产不能按账面价值收回,债权人也不会有太大损失。例如,企业资产50%来源于所有者投资,50%通过负债取得,那么,即使公司的全部资产按一半的价格转换为现金,依然能付清所有的负债,并且还有剩余。可见,债权人利益受保障的程度相当高。又如,企业资产的80%来源于所有者投资,只有20%通过负债取得,那么,只要企业资产价值不暴跌到80%以上,即每1元资产只要转换成0.20元以上的现金,债权人就不会受到任何损失。相反,如果企业资产的80%是通过各种负债资金融通的,只要企业资产价值下跌20%以上,债权人就不能全额收回其债权。自此可见,股东权益比率高低能够明确反映企业对债权人的保护程度。如果企业处于清算状态,该指标对偿债能力的保证程度就显得更加重要。

而上例中,DF公司资产的40%左右是通过各种负债资金融通的,期末股东权益比率为56.81%。可见,债权人利益的保障程度相对较高。

实务中,可将该指标以倒数的形式列示,称为业主权益乘数。业主权益乘数是指资产总额相当于股东权益总额的倍数,表示企业的负债程度,用来衡量企业的财务风险。其计算公式如下:

$$业主权益乘数 = \frac{资产总额}{股东权益总额} = 1 \div (1 - 资产负债率)$$

业主权益乘数指标表示企业的股东权益支撑着多大规模的投资,该指标越大,说明股东投入的资本在资产中所占比重越小,企业对负债经营利用得越充分,企业负债程度越高,财务风险也就越大。

3. 产权比率

产权比率(净资产负债率)是负债总额与股东权益总额的比率。该指标表明由债权人提供的和由投资者提供的资金来源的相对关系,反映企业基本财务结构是否稳定。其计算公式如下:

$$产权比率 = \frac{负债总额}{股东权益总额} \times 100\%$$

作为衡量企业长期偿债能力的指标,如果说资产负债率是反映企业债务负担的指标,股东权益比率是反映偿债保证程度的指标,产权比率就是反映债务负担与偿债保证程度相对关系的指标。产权比率和资产负债率、股东权益比率具有相同的经济意义,但该指标更直观地表示出了负债受到股东权益的保护程度。由于股东权益等于净资产,这两个指标的计算结果一样,只是角度不同而已。一般来说,产权比率可反映股东所持股权是否过多,或者是尚不够充分等情况,从另一个侧面表明企业借款经营的程度,该指标是企业财务结构稳健与否的重要标志。

考虑有些资产在企业结算时其价值会受到严重影响,如清算时商誉价值可能不存在,该指标可以更保守地计算,即计算有形净值负债率。

有形净值负债率是企业负债总额与有形净资产总额的比率。该指标在净资产中扣除了无形资产。其计算公式如下：

$$有形净值负债率 = \frac{负债总额}{净资产 - 无形资产} \times 100\%$$

4. 固定长期适合率

固定长期适合率是指固定资产净值与股东权益总额和非流动负债总额之和的比率。其计算公式如下：

$$固定长期适合率 = \frac{固定资产净值}{股东权益总额 + 非流动负债总额} \times 100\%$$

就大多数企业来说,其固定资产方面的投资都希望用权益资金来解决,这样就不会因为固定资产投资回收期长而影响企业短期偿债能力了。当企业固定资产规模较大,而权益资金规模较小,难以满足固定资产投资的需要时,可以通过举借长期债务来解决。一般的标准认为,该指标必须小于 1。就是说,当该指标超过 1 时,说明企业使用了一部分短期资金进行固定资产投资,而流动资产的投资全部由流动负债来解决,这对企业短期偿债能力是一个十分危险的信号。当企业的固定长期适合率小于 1 时,表明企业有一部分长期资金用于流动资产投资,这可以减轻企业短期偿债的压力。

根据表 2-1 所提供的 DF 公司合并资产负债表资料,DF 公司的固定长期适合率指标计算如下：

$$期初固定长期适合率 = \frac{583\ 265\ 471.43}{3\ 281\ 120\ 886.58 + 96\ 269\ 432.39} \times 100\% = 17.27\%$$

$$期末固定长期适合率 = \frac{594\ 551\ 482.2}{3\ 556\ 958\ 582.12 + 99\ 148\ 428.77} \times 100\% = 16.26\%$$

从计算结果上看,DF 公司的长期资金能够满足固定资产的投资需要,而且回旋余地比较大。从期末来看,有 83.74% 的长期资金用于其他方面,进而可以推断出,企业除用于固定资产的资金需要外,其他方面的资金需要基本上靠长期资金来满足,短期偿债的压力较小。

与固定长期适合率相配合的指标是固定资产净值与非流动负债总额比率,该指标对于反映企业清算状态的偿债能力意义较大。其计算公式如下：

$$固定资产与非流动负债比率 = \frac{固定资产净值}{非流动负债总额} \times 100\%$$

一般认为该指标应超过 100%。其依据是,当企业进入清算状态时,其资产不一定能按账面价值变现,流动负债必须依赖流动资产变现来偿还,非流动负债需依赖固定资产变现来清偿。如果固定资产净值不大于非流动负债,债权人的利益就没有足够的保证。

根据表 2-1 所提供的 DF 公司合并资产负债表资料,DF 公司的固定资产与非流动负债比率计算如下：

$$期初固定资产与非流动负债比率 = \frac{583\ 265\ 471.43}{96\ 269\ 432.39} \times 100\% = 605.87\%$$

$$期末固定资产与非流动负债比率 = \frac{594\ 551\ 482.2}{99\ 148\ 428.77} \times 100\% = 599.66\%$$

从计算结果可以看出,期初每 1 元的非流动负债有 6.06 元的固定资产作为偿付保证。因此,如果是在清算状态下,长期债务的清偿有保障。在期末,每 1 元的非流动负债有

6.00元的固定资产可以偿付。可见,期末如果是在清算状态下,DF公司长期债务的清偿有一定的保障。联系到固定长期适合率可以更清楚地知道,如果该公司真正进行清算,债权人和股东的权益都有一定的保障。

5. 资产非流动负债率

资产非流动负债率是非流动负债总额与资产总额的比率,反映企业全部资产中有多少是由非流动负债形成的。这是从清算角度计算与分析企业最终清偿能力的保守指标。其计算公式如下:

$$资产非流动负债率 = \frac{非流动负债总额}{资产总额} \times 100\%$$

资产非流动负债率指标越大,说明每1元资产中非流动负债所占比重越高,企业主要依赖长期债务进行融资,长期偿债能力风险较大。该指标应结合行业进行分析。通常受经济环境变动影响而导致销售额波动较大的企业倾向于避免高负债,因为偿还固定利息会给长期偿债能力带来压力。比如零售业往往通过短期债务进行融资,资产非流动负债率通常较低。

根据表2-1所提供的DF公司合并资产负债表资料,DF公司的资产非流动负债率计算如下:

$$期初资产非流动负债率 = \frac{96\,269\,432.39}{5\,154\,613\,453.32} \times 100\% = 1.87\%$$

$$期末资产非流动负债率 = \frac{99\,148\,428.77}{6\,261\,135\,017.88} \times 100\% = 1.58\%$$

从计算结果可以看出,DF公司的资产非流动负债率较低,长期债务负担较轻,长期债权人的保证程度较高。但结合该公司资产负债率,发现在DF公司全部债务中短期债务所占比例较大,应根据公司的实际情况适当调整长短期债务比例。

在资产非流动负债率的基础上,从分母资产总额中剔除未来变现能力较差的无形资产,计算有形资产非流动负债率,可以更保守地计算企业长期偿债能力。其计算公式如下:

$$有形资产非流动负债率 = \frac{非流动负债总额}{有形资产总额(资产总额-无形资产)} \times 100\%$$

根据表2-1所提供的DF公司合并资产负债表资料,DF公司的有形资产非流动负债率计算如下:

$$期初有形资产非流动负债率 = \frac{96\,269\,432.39}{5\,154\,613\,453.32 - 95\,797\,826.35} \times 100\% = 1.90\%$$

$$期末有形资产非流动负债率 = \frac{99\,148\,428.77}{6\,261\,135\,017.88 - 93\,943\,045.46} \times 100\% = 1.61\%$$

通过计算可以看出,DF公司期初、期末有形资产非流动负债率和资产非流动负债率相差不大,说明其长期偿债能力基本不受无形资产的影响。

6. 非流动负债营运资金比率

非流动负债营运资金比率是指营运资本与非流动负债的比率。其计算公式如下:

$$非流动负债营运资金比率 = \frac{流动资产-流动负债}{非流动负债} \times 100\%$$

通常该指标应大于1,说明企业营运资本可以用于偿还非流动负债。但该指标在一定程度上受企业筹资策略的影响,因为在资产负债比率一定的情况下,流动负债与非流动负债的结构安排因筹资策略的改变而不同。

根据表 2-1 所提供的 DF 公司合并资产负债表资料,DF 公司的非流动负债营运资金比率计算如下:

$$期初非流动负债营运资金比率=\frac{4\ 214\ 557\ 297.61-1\ 777\ 223\ 134.35}{96\ 269\ 432.39}\times100\%$$

$$=2\ 531.78\%$$

$$期末非流动负债营运资金比率=\frac{5\ 281\ 851\ 927.6-2\ 605\ 028\ 006.99}{99\ 148\ 428.77}\times100\%$$

$$=2\ 699.81\%$$

通过计算可以看出,DF 公司期初非流动负债营运资金比率较高,达到了 2 531.78%,营运资金用于偿还非流动负债的保证程度较高。期末非流动负债营运资金比率有一定程度上升,达到了 2 699.81%。企业除营运资金以外,还应考虑其他偿还长期债务的途径。

(二)盈利能力对长期偿债能力影响的分析

资产固然可以作为偿债的保证,但企业取得资产的目的并不是偿债,而是通过利用资产进行经营以获取收益,所以债务的清偿要依赖于资产变现,资产的变现更主要的是要通过产品销售来实现。因此,盈利能力对偿债能力的影响更为重要。从盈利能力角度分析,评价企业长期偿债能力的指标主要有销售利息比率、已获利息倍数和债务本息保证倍数。

1. 销售利息比率

销售利息比率是指一定时期的利息费用与营业收入的比率。其计算公式如下:

$$销售利息比率=\frac{利息费用}{营业收入}\times100\%$$

这一指标可以反映企业销售状况对偿付债务的保证程度。如前所述,企业的负债最终还是要用其经营所得去偿还,如果经营状况不佳,在其经营期间偿付债务就缺少根本的保证,而企业权益资金的多少对偿债的保证只有在企业处于清算状态时才真正发挥作用。在企业负债规模基本稳定的情况下,销售状况越好,偿还到期债务可能给企业造成的冲击越小。该指标越小越好,该指标越小,说明通过销售所得现金用于偿付利息的比例越小,企业的偿债压力越小。

2. 已获利息倍数

任何企业为了保证再生产的顺利进行,在取得营业收入后,都需要首先补偿企业在生产经营中的耗费。所以,利息支出的真正资金来源应该是营业收入补偿生产经营耗费之后的余额,若其余额不足以支付利息支出,企业的再生产就会受到影响。因此,已获利息倍数比销售利息比率更能反映企业偿债能力的保证程度。已获利息倍数是指企业息税前利润与利息支出的比率。其计算公式如下:

$$已获利息倍数=\frac{利润总额+利息支出}{利息支出}$$

上式中的利息支出包括财务费用中的利息费用和资本化利息,通常用财务费用中的利息费用来表示。上式中的分子之所以包括利息支出,是因为利息已经从营业收入中予以扣除,利润总额是扣除了利息之后的余额。

已获利息倍数指标反映了企业盈利与利息支出之间的特定关系,一般来说,该指标越高,说明企业的长期偿债能力越强;该指标越低,说明企业的偿债能力越差。运用已获利息倍数分析评价企业长期偿债能力,从静态看,一般认为该指标至少要大于1,否则说明企业偿债能力很差,无力举债经营;从动态看,已获利息倍数提高,说明偿债能力增强,否则说明企业偿债能力下降。

根据表3-1所提供的DF公司合并利润表及财务报表附注有关资料,对DF公司已获利息倍数进行计算分析,如表5-1所示。

表5-1   DF公司已获利息倍数计算分析表

金额单位:元

项目	2021年	2020年	差异
利润总额	314 584 189.52	252 579 679.49	62 004 510.03
利息支出	4 822 101.37	7 812 679.51	−2 990 578.14
息税前利润	319 406 290.90	260 392 359.00	59 013 931.89
已获利息倍数(倍)	66.24	33.33	32.91

从表5-1中可以看出,DF公司2020年生产经营所得能够满足支付利息的需要,是支付利息的33.33倍。2021年已获利息倍数为66.24倍,相比上期增加32.91倍,说明公司支付利息的保证程度有很大的提升。本年利息保障倍数上升的主要原因是:一是改善公司的负债结构,根据前面的分析可以知道,由于流动负债比率提高,非流动负债比率降低,使公司负债成本下降,从而降低利息支出;二是本年生产经营业绩较好,从根本上对支付利息提供了保障。

3. 债务本息保证倍数

根据企业的经营状况反映偿债能力的保证程度,债务本息保证倍数比已获利息倍数能更精确地表达出企业偿债能力的保证程度。对债权人来说,如果连本金都不能收回,就更不敢奢求利息了。债权人借款给企业,目的虽然是获取利息收入,但基本前提是能够按期收回本金。而企业的偿债义务是按期支付利息和到期归还本金,所以看其偿债能力的高低不能仅看偿付利息的能力,更重要的还要看其偿还本金的能力。在企业正常经营条件下,本金的偿还必须以企业经营所赚取的利润来支付。

债务本息保证倍数是指企业一定时期息税前利润与还本付息金额的比率,它是息税前利润对财务需要(现金流出)的保证程度的比率,通常用倍数来表示。其计算公式如下:

$$债务本息保证倍数 = \frac{息税前利润}{利息费用 + \dfrac{年度还本额}{1 - 所得税税率}}$$

企业偿还本金与支付利息是有区别的,利息是所得税前开支项目,支付1元的利息,只需1元的营业收入,或者说是减少1元的利润额,偿还本金则需动用企业的净收入,即企业偿还1元钱的本金将需要更多的税前利润,所以要将偿还的本金数还原到所得税前的水平。

该指标最低标准为1,该指标越高,表明企业偿债能力越强。如果该指标低于1,说明企业偿债能力较弱,企业会因为还本付息造成资金周转困难,支付能力下降,使企业信誉受损。但是,使企业信誉受损的说法比较牵强,一般都是有违约之后才能受损,支付能力下降不等于要违约,可能企业本身不缺钱,只是某年赚得少,说信誉受损不恰当。

(三) 现金流量对长期偿债能力影响的分析

运用现金流量指标,可以比较客观真实地反映企业的偿债能力,将现金流量与负债相比较,用来评价企业的长期偿债能力,主要指标有到期债务本息偿付比率、强制性现金支付比率、现金债务总额比率和利息现金流量保证倍数。

1. 到期债务本息偿付比率

到期债务本息偿付比率是指经营活动现金流量净额与本期到期债务本息之间的比率,用来衡量企业到期债务本金及利息可由经营活动创造的现金来支付的程度。其计算公式如下:

$$到期债务本息偿付比率 = \frac{经营活动现金流量净额}{本期到期债务本息} \times 100\%$$

经营活动现金流量净额是企业最稳定、经常性的现金来源,是清偿债务的基本保证。如果这一比率小于1,说明企业经营活动产生的现金不足以偿付到期债务和利息支出,企业必须通过其他渠道筹资或通过出售资产才能清偿债务。这一指标数值越大,表明企业长期偿债能力越强。

根据表 4-3 所提供的 DF 公司合并现金流量表资料,表 2-1 所提供的 DF 公司合并资产负债表资料,DF 公司 2021 年、2020 年年度报告和财务报表附注有关资料,对 DF 公司的到期债务本息偿付比率进行计算分析,如表 5-2 所示。

表 5-2 　　　　　　　　　DF 公司到期债务本息偿付比率计算分析表

金额单位:元

项目	2021 年	2020 年	差异
经营活动现金流量净额	508 350 957.01	265 965 689.76	242 385 267.30
到期本金①	117 800 000.00	132 300 000.00	−14 500 000.00
利息支出	4 822 101.37	7 812 679.51	−2 990 578.14
到期债务本金及利息	122 622 101.40	140 112 679.50	−17 490 578.14
到期债务本息偿付比率	414.57%	189.82%	224.75%

注:① 到期本金选取当年资产负债表中短期借款和一年内到期的非流动负债的合计数,查阅 DF 公司财务报表可知,2020 年及 2021 年该公司无一年内到期的非流动负债,故到期本金选取短期借款的年末余额。

从表 5-2 中可以看出,DF 公司 2020 年和 2021 年的到期债务本息偿付比率均大于经验标准 100%,且 2021 年该指标上升到 414.57%,与 2020 年相比增加了 224.75%,说明企业经营活动现金净流量完全可以满足支付到期的本金和利息的需要。

2. 强制性现金支付比率

在企业经营中,有些现金流出带有强制性,是必须支付的,如生产经营活动中必须支付的现金,偿还本金、支付利息等必须支付的现金等。企业现金流量必须满足这些需要,才能保证生产经营活动正常进行,保持企业良好的信誉。

强制性现金支付比率是指现金流入总量与经营活动现金流出量和偿还到期本息付现和的比率,是反映企业是否有足够的现金履行其偿还债务、支付经营费用等责任的指标。其计算公式如下:

$$强制性现金支付比率 = \frac{现金流入总量}{经营活动现金流出量 + 偿还到期本息付现} \times 100\%$$

该指标至少应等于1,即现金流入总量能够满足强制性项目的支付需要。这一指标越大,表明企业偿债能力越强,其超过100%的部分可用来满足企业其他方面的现金需求。

根据表4-3所提供的DF公司合并现金流量表资料和财务报表附注有关资料,对DF公司强制性现金支付比率进行计算分析,如表5-3所示。

表5-3   **DF公司强制性现金支付比率计算分析表**

单位:元

项目	2021年	2020年	差异
经营活动现金流入	3 991 874 060.88	3 233 190 437.35	758 683 623.53
投资活动现金流入	565 343 481.27	954 784 025.83	−389 440 544.56
筹资活动现金流入	131 656 730.00	339 593 026.80	−207 936 296.80
现金流入总量①	4 688 874 272.15	4 527 567 489.98	161 306 782.17
经营活动现金流出	3 483 523 103.87	2 967 224 747.59	516 298 356.28
到期本金②	117 800 000.00	132 300 000.00	−14 500 000.00
利息支出	4 822 101.37	7 812 679.51	−2 990 578.14
强制性项目现金流出③	3 606 145 205.24	3 107 337 427.10	498 807 778.14
强制性现金支付比率	130.02%	145.71%	−15.69%

注:① 现金流入总量为经营活动现金流入、投资活动现金流入和筹资活动现金流入的合计数。

② 到期本金选取当年资产负债表中短期借款和一年内到期的非流动负债的合计数,查阅DF公司财务报表可知,2020年及2021年该公司无一年内到期的非流动负债,故到期本金选取短期借款的年末余额。

③ 强制性项目现金流出为经营活动现金流出、到期本金和利息支出的合计数。

根据表5-3可以看出,DF公司2020年强制性现金支付比率为145.71%,表明该公司现金流入总量能够满足经营活动现金流出和偿还债务本息的需要,且还有剩余满足其他方面的现金需要。2021年该指标减少了15.69%,但依然达到130.02%,说明现金流入总量在满足强制性现金需要之后尚有余额。

3. 现金债务总额比率

现金债务总额比率是指经营活动现金流量净额与负债平均余额的比率,用来衡量企业承担债务的能力,即负债总额由经营活动所产生的现金支付程度。其计算公式如下:

$$现金债务总额比率 = \frac{经营活动现金流量净额}{负债平均余额} \times 100\%$$

企业真正能用于偿还债务的是现金流量,通过经营活动现金流量净额和负债的比较可以更好地反映企业的偿债能力。现金债务总额比率能够反映企业生产经营现金流量净额偿还债务的能力。该比率越高,表明企业偿还债务的能力越强,财务灵活性越高。

根据表 2-1 所提供的 DF 公司合并资产负债表资料,表 4-6 所提供的 DF 公司合并现金流量表资料,可以计算出该公司的现金债务总额比率。

$$现金债务总额比率 = \frac{508\ 350\ 957.01}{(2\ 704\ 176\ 435.76 + 1\ 873\ 492\ 566.74)/2} \times 100\% = 22.21\%$$

计算结果表明,DF 公司本期的现金债务总额比率为 22.21%,依靠生产经营活动产生的现金流量能够部分满足公司短期偿债的需要。结合该公司本期的现金比率,发现该公司短期现金偿债能力较强,现金比率为 76.70%,说明 DF 公司期末现金流量整体状况较好。

4. 利息现金流量保证倍数

利息现金流量保证倍数是指企业经营活动现金流量净额与利息费用的比率。该指标反映经营活动产生的现金流量净额是利息费用的多少倍。其计算公式如下:

$$利息现金流量保证倍数 = \frac{经营活动现金流量净额}{利息费用} \times 100\%$$

利息现金流量保证倍数比已获利息倍数更能反映企业的偿债能力。当企业息税前利润和经营活动现金流量净额变动基本一致时,这两个指标结果相似。但如果企业正处于高速成长期,息税前利润和经营活动现金流量净额相差很大时,使用利息现金流量保证倍数指标更稳健、更保守。

根据表 3-1 所提供的 DF 公司合并利润表资料,表 4-6 所提供的 DF 公司合并现金流量表资料,可以计算出该公司 2021 年的利息现金流量保证倍数。

$$利息现金流量保证倍数 = \frac{508\ 350\ 957.01}{4\ 822\ 101.37} = 105.42$$

计算结果表明,DF 公司本期的经营活动现金流量净额是利息费用的 105.42 倍,该指标较大,表明企业经营所获的现金可以保证对利息费用的支出,对贷款人来说比较安全,说明 DF 公司现金偿债能力较强。

练 习 题

一、单选题

1. 运用资产负债表可计算的比率是(　　)。
   - A. 应收账款周转率
   - B. 利息保障倍数
   - C. 总资产报酬率
   - D. 现金比率

2. 下列项目中,不属于速动资产项目的是(　　)。
   - A. 应收账款
   - B. 其他货币资金
   - C. 预付账款
   - D. 交易性金融资产

3. 下列各项中,不属于影响企业短期偿债能力因素的是(　　)。
   - A. 企业的投资效果
   - B. 企业的资产结构
   - C. 企业的融资能力
   - D. 企业的权益结构

4. 如果流动比率大于1,则下列结论成立的是(　　)。
   - A. 速动比率大于1
   - B. 现金比率大于1
   - C. 营运资本大于0
   - D. 短期偿债能力绝对有保障

5. 下列指标中,与股东权益比率指标之和为1的是(　　)。
   - A. 业主权益乘数
   - B. 产权比率
   - C. 资产负债率
   - D. 资产长期负债率

6. 在企业速动比率是0.8的情况下,会引起该比率提高的经济业务是(　　)。
   - A. 开出短期票据借款
   - B. 赊购商品
   - C. 收回应收账款
   - D. 从银行提取现金

7. 下列项目中,属于从动态方面反映企业短期偿债能力的指标是(　　)。
   - A. 速动比率
   - B. 现金比率
   - C. 流动比率
   - D. 现金流量比率

8. 某企业年初流动比率为2.2,速动比率为1,年末流动比率为2.4,速动比率为0.9。发生这种情况的原因可能是(　　)。
   - A. 应收账款增加
   - B. 存货增加
   - C. 应付账款增加
   - D. 预收账款增加

二、多选题

1. 下列项目中,属于速动资产的有(　　)。
   - A. 现金
   - B. 其他应收款
   - C. 应收账款
   - D. 存货

2. 某企业流动比率为2,下列各项中,会使该比率下降的有(　　)。
　　A. 收回应收账款　　　　　　　　B. 偿还应付账款
　　C. 从银行取得短期借款已入账　　D. 赊购商品与材料

3. 下列各项中,反映短期偿债能力的动态指标有(　　)。
　　A. 现金流量比率　　　　　　　　B. 近期支付能力系数
　　C. 现金比率　　　　　　　　　　D. 现金到期债务比率

4. 下列各项中,属于影响业主权益乘数因素的有(　　)。
　　A. 资产总额　　　　　　　　　　B. 投资收益
　　C. 股东权益　　　　　　　　　　D. 负债总额

5. 企业采取备抵法核算坏账损失,如果实际发生一笔坏账,冲销应收账款,则会引起(　　)。
　　A. 流动比率不变　　　　　　　　B. 速动不变
　　C. 营运资金不变　　　　　　　　D. 流动比率提高

6. 下列各项中,反映短期偿债能力的指标有(　　)。
　　A. 流动比率　　　　　　　　　　B. 资产负债率
　　C. 速动比率　　　　　　　　　　D. 已获利息倍数

7. 下列各项中,属于分析短期偿债能力辅助指标的有(　　)。
　　A. 应收账款周转率　　　　　　　B. 总资产周转率
　　C. 应收账款周转率　　　　　　　D. 存货周转率

8. 在计算速动资产时,把存货从流动资产中扣除的原因有(　　)。
　　A. 变现速度较慢
　　B. 流动性较差
　　C. 变现价值不确定
　　D. 销售价格受市场影响较大

三、判断题

1. 通常情况下,速动比率大于1才是正常的。　　　　　　　　　(　　)
2. 流动比率越高,表明企业资产的运用效果越好。　　　　　　　(　　)
3. 资产负债率越高,企业的财务杠杆效应就越不明显。　　　　　(　　)
4. 期末支付能力系数是反映企业长期偿债能力的指标。　　　　　(　　)
5. 从稳健角度考虑,用现金比率衡量企业偿债能力最为保险。　　(　　)
6. 会计政策的变更会增加企业偿债能力指标的不可靠性。　　　　(　　)
7. 企业的负债最终要以企业的资产去偿还。　　　　　　　　　　(　　)
8. 企业偿债能力的高低仅指其偿还利息的能力。　　　　　　　　(　　)
9. 速动比率对应收账款和存货变现能力较差的企业尤为重要。　　(　　)
10. 获利能力强的企业,其长期偿债能力也强。　　　　　　　　　(　　)

四、计算分析题

1. 甲企业流动负债400万元,流动资产800万元,其中,应收票据100万元,存货180万元,预付账款 20 万元,应收账款 400 万元。

要求:计算该企业的流动比率和速动比率。

2. 乙企业年末资产负债表简略形式如表 5-4 所示。

表 5-4　　　　　　　　甲企业资产负债表(简表)

单位:元

资产	期末余额	负债和所有者权益	期末余额
货币资金	36 000	应付账款	C
应收账款	A	应交税费	45 000
存货	B	非流动负债	D
固定资产	393 000	实收资本	300 000
		未分配利润	E
总计	546 000	总计	546 000

已知:(1) 期末流动比率=1.5;

　　　(2) 期末资产负债率=30%;

　　　(3) 期末存货周转次数=5 次;

　　　(4) 本期营业成本=530 000;

　　　(5) 期末存货=期初存货。

要求:根据上述资料,计算并填列资产负债表 A~E 的空项。

3. 丙公司 2021 年财务报表有关数据如下。

(1) 利润表和现金流量表有关数据:

营业收入净额 120 000 元;现销收入 10 000 元;利息支出 6 000 元;营业成本 42 000 元;利润总额 18 000 元;净利润 5 400 元;经营活动现金流量净额 8 400 元。

(2) 资产负债表数据如表 5-5 所示。

表 5-5　　　　　　　　丙公司资产负债表(简表)

单位:元

资产	年末余额	年初余额	负债和所有者权益	年末余额	年初余额
流动资产:			流动负债:		
货币资金	4 200	12 600	短期借款	15 600	9 120
应收账款	18 750	21 600	应付账款	10 515	8 310
存货	18 750	1 500	流动负债合计	26 115	17 430
流动资产合计	41 700	35 700	非流动负债合计	17 700	15 270
非流动资产:			负债合计	43 815	32 700
固定资产	41 700	36 000	所有者权益:		
非流动资产合计	41 700	36 000	实收资本	12 300	12 300

(续表)

资产	年末余额	年初余额	负债和所有者权益	年末余额	年初余额
			资本公积	14 400	14 100
			盈余公积	6 675	6 600
			未分配利润	6 210	6 000
			所有者权益合计	39 585	39 000
资产总计	83 400	71 700	负债和所有者权益总计	83 400	71 700

要求：根据上述资料，计算丙公司 2021 年下列动态和静态指标：

（1）流动比率。

（2）速动比率。

（3）现金比率。

（4）资产负债率。

（5）净资产负债率。

（6）有形净资产负债率。

（7）股东权益比率。

（8）已获利息倍数。

（9）现金流动负债比率。

（10）资产非流动负债率。

（11）非流动负债营运资金比率。

（12）现金债务总额比率。

（13）利息现金流量保证倍数。

第六章　企业盈利能力分析

学习目标

1. 了解盈利能力分析的内涵与目的。
2. 熟悉盈利能力分析的内容。
3. 熟悉资本、资产、商品、上市公司盈利能力的内涵及具体指标计算。
4. 熟练运用相关指标对企业盈利能力进行评价。

案例导入

字节跳动推动社会责任与业务融合发展

字节跳动是一家中国科技公司,以其短视频平台抖音(Tik Tok)和今日头条等产品而闻名。近年来,字节跳动在全球范围内迅速扩张,成为全球最有价值的初创企业之一。根据2022年的数据显示,字节跳动的营收已达到数百亿美元,盈利能力显著提升。字节跳动的盈利能力提升的因素包括:一是创新驱动。字节跳动通过算法推荐技术和大数据分析,提升了用户体验,吸引了大量用户,进而实现了广告收入的快速增长。二是多元化业务。除了短视频和新闻聚合,字节跳动还拓展了教育、游戏和电商等领域,形成了多元化的盈利模式,增强了整体的盈利能力。三是全球市场拓展。字节跳动积极开拓国际市场,尤其是在北美和欧洲市场的成功,使其营收来源更加多样化,降低了对单一市场的依赖。

字节跳动在发展的同时,积极履行社会责任。在响应国家政策上,字节跳动参与扶贫助农与生态保护;在回应用户诉求上,字节跳动重视信息保护与优质服务;在探索商业机会上,字节跳动关注科技创新与商业环境。

资料来源:企业管理杂志,2022 年 07 月 18 日,《字节跳动:社会责任与业务融合发展》。

思考:结合字节跳动的战略模式,分析在面对市场环境变化时,如何做到积极履行社会责任与推动企业发展的协调,从而提高企业的资本经营盈利能力?

第一节 | 盈利能力分析概述

一、盈利能力分析的内涵

盈利能力通常是指企业在一定时期内赚取利润的能力,一般表现为一定时期内利润额的大小和利润率的高低。利润额是一个绝对数指标,受到企业规模或投资总量的影响较大。盈利能力通常是指对企业利润率相对数的分析。因此,盈利能力的大小是一个相对的概念,即利润与一定的资源投入或一定的收入相比而获得的一个相对的概念。利润率越高,盈利能力越强;利润率越低,盈利能力越差。企业经营业绩的好坏最终可通过企业的盈利能力来反映。

盈利能力分析,是指通过一定的分析方法,判断企业获取利润的能力,包括企业在一定会计期间内从事生产经营活动的盈利能力的分析和企业在较长时期内稳定地获取利润的能力。在企业的财务分析体系中,盈利能力分析是核心,盈利能力分析能够用以了解、认识和评价一个企业的经营业绩、管理水平,预测和衡量企业是否具有活力和发展前途。企业从事生产经营活动,其根本目的就是能持续地、稳定地取得数量可观的利润。

二、盈利能力分析的目的

企业的盈利能力分析无论对于企业的股东(投资者)、债权人、政府相关部门,还是对于衡量企业经理人员和企业职工的工作效率都是至关重要的。企业盈利能力分析是企业利益相关各方了解企业、认识企业的重要手段。由于财务报表的不同使用者进行财务报表分析的出发点不同,盈利能力分析对于不同的财务分析主体具有不同的作用,则盈利能力分析的目的也会有所差别。

(一)从企业经理人员角度看盈利能力分析的目的

对于企业经理人员来说,进行企业盈利能力分析的目的具体表现在以下两个方面:

(1)利用盈利能力的有关指标反映和衡量企业经营业绩。企业经理人员的根本任务,就是通过自己的努力使企业赚取更多的利润。各项盈利能力指标反映着企业的盈利能力,也体现了经理人员工作业绩的大小。用已实现的盈利能力指标与经验数据、基期数据、同行业平均数据以及其他企业数据相比较,可以衡量经理人员工作业绩的优劣。

（2）通过盈利能力分析发现经营管理中存在的问题。盈利能力是企业各环节经营活动的具体表现，企业经营的好坏，都会通过盈利能力体现出来。通过对盈利能力的深入分析，可以发现经营管理中的重大问题，进而采取措施解决问题，提高企业收益水平。

（二）从债权人角度看盈利能力分析的目的

对于债权人来讲，利润是企业偿债的重要来源，特别是对长期债务而言，盈利能力的强弱直接影响企业的偿债能力。企业举债时，债权人势必审查企业的偿债能力，而偿债能力的强弱最终取决于企业的盈利能力。因此，分析企业的盈利能力对债权人也是非常重要的，是其债务到期能否如数偿还的重要保障。

（三）从股东角度看盈利能力分析的目的

对于股东（投资人）而言，企业盈利能力的强弱更是至关重要的。在市场经济下，股东往往会认为企业的盈利能力比财务状况、营运能力更重要。股东们的直接目的就是获得更多的利润，因为对于信用相同或相近的几个企业，人们总是将资金投向盈利能力较强的企业。股东们关心企业赚取利润的多少并重视对利润率的分析，是因为他们的股息与企业的盈利能力是紧密相关的；此外，企业盈利能力增加还会使股票价格上升，从而使股东们获得资本收益。

三、盈利能力分析的基础

经营方式是盈利能力分析的基础。从不同角度或从不同分析目的看，利润率指标有多种形式。不同层次、不同性质的企业经营方式不同，反映企业盈利能力的指标形式也会有所不同。按照经营方式划分，可以将经营分为资本经营、资产经营和商品经营三种类型。

（一）资本经营及其盈利能力

资本是企业为购置从事生产经营活动所需的资产的资金来源，是投资者对企业的投入，出现在资产负债表的右侧。一般我们将可以给企业提供长期稳定运用的资金视为资本，包括债务资本和权益资本。资本经营是与资本经营型的企业经营方式紧密联系的，其特点是围绕资本保值增值进行经营管理，把资本收益作为管理的核心，资产经营、商品经营和产品经营都服从于资本经营目标。资本经营型企业的管理目标是资本保值与增值或追求资本盈利能力最大化。因此，资本经营的内涵是企业以资本为基础，通过优化配置来提高资本经营效益的经营活动，其活动领域包括资本流动、收购、重组、参股和控股等能实现资本增值的领域，其活动目的是使企业以一定的资本投入，取得尽可能多的资本收益。

（二）资产经营及其盈利能力

资产是企业拥有或控制的能够带来未来经济利益的经济资源，企业从事生产经营活动，必须具备一定的资产，企业在一定时期内占用和耗费的资产越少，获取的利润越大，资产的盈利能力越强，经济效益也越好。资产经营是与资产经营型的企业经营方式紧密相连的。资产经营型的基本特点是把资产作为企业资源投入，并围绕资产的配置、重组、使用等进行管理。在资产经营情况下，产品经营或商品经营要以资产经营为基础，即围绕资产经营进行商品经营和产品经营。资产经营型企业的管理目标是追求资产的增值和资产盈利能力的最大化。因此，资产经营的基本内涵是合理配置与使用资产，以一定的资产投入，取得尽可能多的收益。

（三）商品经营及其盈利能力

商品经营形成的商品销售利润是企业利润的主要来源。商品销售利润的高低，直接反映了企业生产经营状况和经济效益的好坏。商品经营是与生产经营型的企业经营方式紧密相连的。生产经营方式的基本特点是围绕产品生产进行经营管理,包括供应、生产和销售各环节的管理及相应的筹资与投资管理。生产经营型企业管理的目标是追求供产销的衔接及商品的盈利性。因此,商品经营的基本内涵是企业以市场为导向,组织供产销等经营活动,以一定的人力、物力消耗,生产与销售尽可能多的社会需要的商品。

提到商品经营的概念,通常会与另外一个概念相区分,就是产品经营。产品经营是与单纯生产型的企业经营方式紧密相连的。单纯生产型企业经营的基本特点是企业只管生产,不管供应与销售,更不管筹资、投资等。此时的企业严格来讲并不是真正意义的企业,而只是一个生产车间。单纯生产型企业管理的目标是完成生产任务,降低生产消耗量。因此,产品经营的基本内涵就是在国家计划指导下,企业组织产品生产,以一定的人力、物力消耗,按时、保质、保量生产出一定的产品。商品经营和产品经营既相互联系,又有所区别。

两者的联系和区别主要体现在以下三个方面:第一,产品经营是商品经营的一个环节,且是一个最基本的环节;商品经营是产品经营的扩展。第二,产品经营主要侧重于产品实物经营,而不强调投入品与产出品的价格;商品经营不仅重视产品实物经营,而且强调价值经营,即考虑投入品与产出品的价格。第三,商品经营目标比产品经营目标更综合。因此,要实现商品经营目标,既要搞好产品经营,提高生产技术效率,又要重视供产销的衔接及价格管理,提高商品的经济效益。

(四) 资本经营、资产经营与商品经营之间的联系

1. 资本经营与资产经营

人们在使用"资本经营"与"资产经营"概念时往往会产生一定程度的混淆。这种混淆从表面看主要源于对"资本"和"资产"概念的不同认识。因此,要搞清资本经营与资产经营的关系,首先应搞清资本与资产的内涵。从经济学角度来看,资本的内涵与我们通常所说的资产的内涵基本相同,但是它侧重于揭示企业所拥有的经济资源,而不考虑这些资源的来源和特征。从这个角度来看,资本经营实际上等同于上述的资产经营。从会计学角度看,狭义的资本通常是指企业所有者投入的资本(自有资本或所有者权益),它与资产是不同的。广义的资本是由狭义资本(自有资本或所有者权益)和负债(他人资本)构成的。会计学的资本实质上揭示了企业经济资源的来源及特征。从这个角度看,资本经营与资产经营是不同的。研究资产经营与资本经营的关系,正应从这个角度并且在这个前提下进行。

它们之间的区别主要表现在以下两个方面:第一,经营内容不同,资产经营主要强调资产的配置、重组及有效使用;资本经营主要强调资本流动、收购、重组、参股和控股等。第二,经营出发点不同,资产经营从整个企业出发,强调全部资源的运营,而不考虑资源的产权问题;资本经营则在产权清晰的基础上从企业所有者出发,强调资本(主要指自有资本或所有者权益)的运营,把资产经营看作是资本经营的环节或组成部分。

它们之间的联系主要表现在以下两个方面:第一,资本与资产的关系决定了两者之间相互依存、相互作用,资本经营要以资产经营为依托,资本经营不能离开资产经营而孤立存在;第二,资本经营是企业经营的最高层次,资本经营是资产经营的进步。

2. 资产经营与商品经营

资产经营与商品经营既相互联系,又相互区别,主要体现在以下三个方面:第一,资产经营不能离开商品经营而独立存在,没有有效的商品经营就不能取得好的资产经营效果。

第二,资产经营是商品经营的进一步发展,它不仅考虑了商品本身的消耗与收益,还考虑到了资产的投入与产出及周转速度,并以此作为经营的核心。第三,资产经营目标比商品经营目标更综合。实现商品经营目标是实现资产经营目标的基础,但不是全部。要实现资产经营目标,应在商品经营的基础上,进一步搞好资产的重组与有效使用,加快资产周转速度。

四、盈利能力分析的内容

盈利能力分析是企业财务分析的重点。财务结构分析、偿债能力分析等分析工作的根本目的是通过分析及时发现问题,改善企业财务结构,提高企业偿债能力、经营能力,最终提高企业的盈利能力,促进企业持续稳定发展。对企业盈利能力的分析主要是指对利润率的分析,因为尽管利润额的分析可以说明企业财务成果的增减变动状况及其原因,为改善企业经营管理指明方向,但是,由于利润额受企业规模或投入总量的影响较大,因此,利润额一方面不便于在不同规模的企业之间进行对比,另一方面也不能准确地反映企业的盈利能力和盈利水平。所以,仅进行利润额分析一般不能满足各方面对财务信息的要求,还必须对利润率进行分析。

在这里,我们对企业盈利能力的分析将按照前文所划分的资本经营、资产经营与商品经营的角度,分别从这几方面进行分析。同时,由于上市公司因股权流通、股票价格公开等因素,而具有一些特殊的指标,因此,还应对上市公司特有的盈利能力指标进行分析。

(一)资本经营盈利能力分析

资本经营盈利能力主要强调对资本流动、收购、重组、参股和控股等资本的运用,实现资本的保值和增值,资本经营盈利能力分析主要通过对净资产收益率指标进行分析与评价,并进一步探讨净资产收益率的影响指标,主要有总资产报酬率、负债利息率、企业资本结构和所得税税率等。通过因素分析法分别分析总资产报酬率、负债利息率、企业资本结构和所得税税率对净资产收益率的影响,为企业提高资本经营盈利能力指明方向。

(二)资产经营盈利能力分析

资产经营盈利能力主要强调对资产的配置、重组及有效使用,使资产为企业创造更多的收益,资产经营盈利能力分析主要通过对总资产报酬率指标进行分析和评价,并进一步探讨总资产报酬率的影响指标,主要有总资产周转率和销售息税前利润率。通过因素分析法分别分析总资产周转率和销售息税前利润率对总资产报酬率的影响,为企业提高资产经营盈利能力指明方向。

(三)商品经营盈利能力分析

商品经营盈利能力主要考虑企业收入与成本之间的关系,不考虑企业的筹资或投资问题,商品经营盈利能力指标主要通过利润表资料进行计算,研究利润与收入或利润与成本之间的比率关系,即收入利润率分析和成本利润率分析。

(四)上市公司盈利能力分析

上市公司盈利能力分析除了可以通过一般企业盈利能力指标来分析,还可以计算与股票价格、市场价值和股票收益相关的指标,上市公司盈利能力主要是通过对每股收益指标、普通股权益报酬率指标、股利发放率指标、价格与收益比率指标以及每股经营现金流量等指标的计算和分析展开的,这些指标都是上市公司所特有的。

第二节 | 资本经营盈利能力分析

一、资本经营盈利能力的内涵与指标

资本经营盈利能力,是指企业所有者投入的资本通过经营取得利润的能力。反映资本经营盈利能力的基本指标是净资产收益率,即企业本期净利润与净资产平均余额的比率,其计算公式如下:

$$净资产收益率 = \frac{净利润}{净资产平均余额} \times 100\%$$

上式中,净利润是指企业当期税后利润;净资产是指企业资产减去负债后的余额,包括实收资本、资本公积、盈余公积、未分配利润、其他综合收益、其他权益工具和少数股东权益等,即资产负债表中的所有者权益总额。对于净资产平均余额,一般取期初与期末的平均值。

净资产收益率是反映盈利能力的核心指标。因为企业的根本目标是所有者权益或股东价值最大化,而净资产收益率既可直接反映资本的增值能力,又影响着企业股东价值的大小。该指标越高,反映企业盈利能力越好。评价标准通常包括社会平均利润率、行业平均利润率或资本成本率等。

二、影响资本经营盈利能力的因素

影响净资产收益率的因素主要有总资产报酬率、负债利息率、企业资本结构和所得税税率等。

1. 总资产报酬率

净资产是企业全部资产的一部分,因此,净资产收益率必然受企业总资产报酬率的影响。在负债利息率和资本构成等其他条件不变的情况下,总资产报酬率越高,净资产收益越高。

2. 负债利息率

负债利息率影响净资产收益率是因为,在资本结构一定的情况下,如果总资产报酬率高于负债利息率,负债利息率越低,投资人(股东)获得的杠杆利益越大,即对净资产收益率产生有利影响;反之,如果总资产报酬率低于负债利息率,负债利息率越高,投资人(股东)的杠杆损失越大,即对净资产收益率产生不利影响。

3. 资本结构或负债与所有者权益之比

当总资产报酬率高于负债利息率时,提高负债与所有者权益之比,净资产收益率也会随之提高;反之,降低负债与所有者权益之比,净资产收益率随之降低。

4. 所得税税率

净资产收益率的分子是净利润,即税后利润,因此,所得税税率的变动必然引起净资产收益率的变动。通常情况下,所得税税率提高,净资产收益率下降;反之,净资产收益率上升。

下式可反映净资产收益率与各影响因素之间的关系:

$$\frac{净资产}{收益率} = \left[\frac{总资产}{报酬率} + \left(\frac{总资产}{报酬率} - \frac{负债}{利息率} \right) \times \frac{负债平均余额}{净资产平均余额} \right] \times (1 - 所得税税率)$$

三、资本经营盈利能力因素分析

明确净资产收益率与其影响因素之间的关系,运用连环替代法或差额计算法,可分析各因素变动对净资产收益率的影响。

下面以表 2-1、表 3-1 的 DF 公司的资料及报表附注和会计注释资料为基础,进行整理得出有关分析信息,如表 6-1 所示。

表 6-1　　　　　　　　　　资本经营盈利能力因素分析表

单位:元

项　目	2021 年	2020 年	差异
总资产平均余额	5 707 874 236.00	4 972 742 270.00	—
净资产平均余额	3 419 039 734.00	3 217 065 532.00	—
负债平均余额	2 288 834 501.00	1 755 676 738.00	—
负债平均余额/净资产平均余额	0.67	0.55	0.12
利息支出[①]	4 822 101.37	7 812 679.51	—
负债利息率[②]	0.21%	0.44%	−0.23%
利润总额	314 584 189.52	252 579 679.49	—
息税前利润	319 406 290.90	260 392 359.00	—
净利润	282 743 169.55	223 221 024.12	—
所得税税率[③]	10.22%	11.93%	−1.71%
总资产报酬率	5.60%	5.24%	0.36%
净资产收益率	8.27%	6.94%	1.33%

注:① 利息支出按照财务费用中的利息费用计算。

② 负债利息率按利息支出/负债平均余额计算。

③ 所得税税率分别根据 2020 年和 2021 年分解后的净资产收益率公式倒推得出。由于其中涉及递延税款等问题,所得税税率不能确保为 25%,正常所得税税率在 15% 到 25% 较为合理。本部分内容以掌握方法为目的,故所得税税率采用倒推数据。

根据表 6-1 的资料,对 DF 公司的资本经营盈利进行如下分析:

分析对象:$8.27\% - 6.94\% = 1.33\%$

连环替代分析法如下:

2020 年:

$[5.24\% + (5.24\% - 0.44\%) \times 0.55] \times (1 - 11.93\%) = 6.94\%$

第一次替代(总资产报酬率):

$[5.60\% + (5.60\% - 0.44\%) \times 0.55] \times (1 - 11.93\%) = 7.43\%$

第二次替代(负债利息率):

$[5.60\% + (5.60\% - 0.21\%) \times 0.55] \times (1 - 11.93\%) = 7.54\%$

第三次替代(资本结构):

$[5.60\% + (5.60\% - 0.21\%) \times 0.67] \times (1 - 11.93\%) = 8.11\%$

2021 年:

$$[5.60\% + (5.60\% - 0.21\%) \times 0.67] \times (1 - 10.22\%) = 8.27\%$$

总资产报酬率变动对净资产收益率的影响：$7.43\% - 6.94\% = 0.49\%$

负债利息率变动对净资产收益率的影响：$7.54\% - 7.43\% = 0.11\%$

资本结构变动对净资产收益率的影响：$8.11\% - 7.54\% = 0.57\%$

税率变动变动对净资产收益率的影响：$8.27\% - 8.11\% = 0.16\%$

最后检验结果：$0.49\% + 0.11\% + 0.57\% + 0.16\% = 1.33\%$

从以上计算结果可以看到，DF 公司 2021 年净资产收益率比 2020 年净资产收益率提高 1.33%，主要是由资本结构变动引起的，资本结构变动的贡献为 0.57%；其次，总资产报酬率提高对净资产收益率也带来了正面影响，使得净资产收益率提高了 0.49%；企业负债筹资成本下降对净资产收益率也是正面影响，它使得净资产收益率提高了 0.11%；所得税率的降低使得净资产收益率提高了 0.16%。四因素共同作用，综合导致 DF 公司 2021 年净资产收益率相比去年上升了 1.33%，说明资本经营盈利能力有所上升。

负债经营对企业而言是一把"双刃剑"，如果盈利，其成果由所有投资者分享；但如果亏损，也必须由所有投资者共同承担，因此也给企业带来一定的财务风险。在总资产报酬率超出利息率的情况下，负债总额与净资产之比越大，则净资产收益率越大；反之，如果总资产报酬率低于负债利息率，负债总额与净资产之比越大，则净资产收益率越小。可见，企业经营管理者要提高净资产收益率，一方面需要提高资产盈利能力，另一方面要把握负债经营程度。

四、现金流量指标对资本经营盈利能力的补充

前文所述的盈利能力分析主要是以资产负债表、利润表为基础，是在权责发生制基础上对企业在一定时期内获取利润能力的一种评价结果。而在盈利能力评价的水准上，以收付实现制为计算基础，以现金流量表所列示的各项财务数据为基本依据，通过一系列现金流量指标的计算，对公司盈利能力可以做进一步的修复与检验。通过现金流量指标的计算来修正和补充盈利能力指标，更有利于对公司盈利状况进行多视角、全方位综合分析，从而反映公司获取利润的品质。

对资本经营盈利能力发挥补充作用的现金流量指标主要有净资产现金回收率和盈利现金比率。

(一) 净资产现金回收率

净资产现金回收率是经营活动净现金流量与平均净资产之间的比率。该指标是对净资产收益率的有效补充，对那些提前确认收益而长期未收现的公司，可以用净资产现金回收率与净资产收益率进行对比，从而可以补充观察净资产收益率的盈利质量。一般情况下，净资产现金回收率越大越好。其计算公式如下：

$$净资产现金回收率 = \frac{经营活动净现金流量}{净资产平均余额}$$

(二) 盈利现金比率

盈利现金比率，也称盈余现金保障倍数，这一比率反映公司本期经营活动产生的现金净流量与净利润之间的比率关系。其计算公式如下：

$$盈利现金比率 = \frac{经营活动净现金流量}{净利润}$$

一般情况下,盈利现金比率越大,公司盈利质量就越高。如果该比率小于1,说明本期净利润中存在尚未实现的现金收入。在这种情况下,即使公司盈利,也可能发生现金短缺。应收账款的增加,可能有以下三方面原因:第一,为了扩大市场份额而导致赊销增加;第二,公司规模扩大(资产增加)而带来的应收账款增加;第三,盈余管理促成虚列收入,应收账款增加。第一种原因可以借助于指标——销售商品提供劳务收到的现金/经营活动现金流入量分析,若该指标持续上升,应收账款的增加尚属正常;第二种原因可以借助于指标——(期末总资产-期末应收账款)/(期初总资产-期初应收账款)分析,若该指标上升,说明公司规模壮大,债权资产增加也属正常;若非前两种原因,则企业有利用应收账款操纵利润之嫌。

在进行盈利质量分析时,仅仅靠1年的数据未必能说明问题,需要进行连续的盈利现金比率的比较,若企业盈利现金比率一直小于1甚至为负数,则企业盈利质量相当低下,严重时会导致公司破产。

第三节 资产经营盈利能力分析

一、资产经营盈利能力内涵与指标

资产经营盈利能力,是指企业运营资产而产生利润的能力。反映资产经营盈利能力的指标是总资产报酬率,即息税前利润与总资产平均余额之间的比率。运用资产负债表和利润表的资料,可计算总资产报酬率,其计算公式为:

$$总资产报酬率 = \frac{利润总额 + 利息支出}{总资产平均余额} \times 100\%$$

$$总资产平均余额 = \frac{期初资产总额 + 期末资产总额}{2}$$

计算总资产报酬率指标要包括利息支出。这是因为,既然采用全部资产,从利润中没有扣除自己资本的等价报酬——红利,那么,同样也不能扣除借入资本的等价报酬——利息。何况从企业对社会的贡献来看,利息同利润具有同样的经济意义。

总资产报酬率高,说明企业资产的运用效果好,也意味着企业的资产盈利能力强,所以,这个比率越高越好。评价总资产报酬率时,需要与企业前期的比率、同行业其他企业的这一比率等进行比较,并进一步找出影响该指标的不利因素,以利于企业加强经营管理。

二、影响资产经营盈利能力的因素

根据总资产报酬率指标的经济内容,可作如下分解:

$$总资产报酬率 = \frac{营业收入}{总资产平均余额} \times \frac{利润总额 + 利息支出}{营业收入} \times 100\%$$

$$= 总资产周转率 \times 销售息税前利润率 \times 100\%$$

可见,影响总资产报酬率的因素有两个:一是总资产的周转率,该指标作为反映企业资产营运能力的指标,表示企业每 1 单位资产(以货币计量的资产单位为元)能够带来的收入,可用于说明企业资产的运用效率,是企业资产经营效果的直接体现。二是销售息税前利润率,该指标反映了企业商品生产经营的盈利能力,表示企业每 1 元的营业收入所能带来的利润额,商品盈利能力越强,销售息税前利润率越高。可见,资产经营盈利能力受商品经营盈利能力和资产运营效率两方面的影响。

三、资产经营盈利能力因素分析

在上述总资产报酬率因素分解式的基础上,运用连环替代法或差额计算法可以分析总资产周转率和销售息税前利润率变动对总资产报酬率的影响。

仍以 DF 公司有关资料为例,整理得出有关分析信息如表 6-2 所示。

表 6-2 资产经营盈利能力因素分析表

金额单位:元

项　目	2021 年	2020 年	差异
营业收入	3 418 615 326.00	3 042 353 725.30	—
利润总额	314 584 189.52	252 579 679.49	—
利息支出	4 822 101.37	7 812 679.51	—
息税前利润	319 406 290.89	260 392 359.00	—
总资产平均余额	5 707 874 236.00	4 972 742 270.00	—
总资产周转率(次)	0.60	0.61	−0.01
销售息税前利润率	9.34%	8.56%	0.78%
总资产报酬率	5.60%	5.24%	0.36%

根据表中的资料,可分析确定总资产周转率和销售息税前利润率变动对总资产报酬率的影响。

分析对象:5.60% − 5.24% = 0.36%

因素分析:

(1)总资产周转率变动对总资产报酬率的影响:(0.60 − 0.61)× 8.56% = −0.09%。

(2)销售息税前利润率变动对总资产报酬率的影响:0.60 ×(9.34% − 8.56%)= 0.46%。

分析结果表明,该公司本年总资产报酬率比上年提高了 0.36%,是由于受销售息税前利润率提高的影响,总资产报酬率提高了 0.46%;而总资产周转率降低使总资产报酬率降低了 0.09%。否则,总资产报酬率还会有更大提高。由此可见,要提高企业的总资产报酬率,增强企业的盈利能力,就要从提高企业的总资产周转率和销售息税前利润率两方面努力。

第四节 | 商品经营盈利能力分析

一、商品经营盈利能力的内涵与指标

商品经营是相对资产经营和资本经营而言的。商品经营盈利能力不考虑企业的筹资或

投资问题,只研究利润与收入或成本之间的比率关系。因此,反映商品经营盈利能力的指标可分为两类:一类是各种利润额与收入之间的比率,统称收入利润率;另一类是各种利润额与成本之间的比率,统称成本利润率。

二、收入利润率

(一) 收入利润率指标

反映收入利润率的指标主要有营业收入利润率、营业收入毛利率、总收入利润率、销售净利润率、销售息税前利润率等。不同的收入利润率,其内涵不同,揭示的收入与利润关系不同,在分析评价中的作用也不同。

(1) 营业收入利润率,是指营业利润与营业收入之间的比率。

(2) 营业收入毛利率,是指营业毛利额(营业收入与营业成本的差额)与营业收入之间的比率。

(3) 总收入利润率,是指利润总额与企业总收入之间的比率,企业总收入包括营业收入、投资净收益、其他收益、公允价值变动净收益、资产处置净收益和营业外收支净额。

(4) 销售净利润率,是指净利润与营业收入之间的比率。

(5) 销售息税前利润率,是指息税前利润与企业营业收入之间的比率,息税前利润指利润总额与利息支出之和。

收入利润率指标是正指标,指标值越高越好。分析时应根据分析的目的与要求,确定适当的标准值,如可用行业平均值、全国平均值、企业目标值等。

(二) 收入利润率分析

下面,根据表 3-1 的利润表及其附表资料,结合上述企业收入利润率计算公式,计算 DF 公司 2021 年与 2020 年的收入利润率,并做对比分析,计算结果如表 6-3 所示。

表 6-3 　　　　　　　　　　DF 公司收入利润率分析表

单位:元

项目	2021 年	2020 年	差异
营业收入	3 418 615 326.00	3 042 353 725.30	—
营业成本	2 227 322 780.16	2 057 594 095.40	—
营业毛利	1 191 292 545.84	984 759 629.90	—
营业利润	314 597 486.53	253 762 852.06	—
利润总额	314 584 297.52	252 579 679.49	—
净利润	282 743 169.55	223 221 024.12	—
利息支出	4 822 101.37	7 812 679.51	—
息税前利润	319 406 290.89	260 392 359.00	—
总收入	3 498 225 290.13	3 130 900 590.06	—
营业收入利润率	9.20%	8.34%	0.86%
营业收入毛利率	34.85%	32.37%	2.48%
总收入利润率	8.99%	8.07%	0.92%
销售净利润率	8.27%	7.34%	0.93%
销售息税前利润率	9.34%	8.56%	0.78%

从表 6-3 可以看出,DF 公司 2021 年比 2020 年的营业收入利润率、营业收入毛利率、总收入利润率、销售净利润率以及销售息税前利润率均有一定幅度提高,提高额分别为 0.86%、2.48%、0.92%、0.93% 和 0.78%。这些表明,DF 公司盈利能力总体来说有所提高。对收入利润率的分析,可以在此基础上,进一步研究各收入利润率之间的关系,从而找出某种利润率受其他利润率的影响情况。

三、成本利润率

（一）成本利润率指标

反映成本利润率的指标有许多形式,其主要形式有:营业成本利润率、营业费用利润率、全部成本费用利润率等。

（1）营业成本利润率,是指营业利润与营业成本之间的比率。

（2）营业费用利润率,是指营业利润与营业费用总额的比率。营业费用总额包括营业成本、税金及附加、期间费用、研发费用、资产减值损失和信用减值损失。期间费用包括销售费用、管理费用、财务费用等。

（3）全部成本费用利润率。该指标可分为全部成本费用总利润率和全部成本费用净利润率两种形式。全部成本费用总利润率是指利润总额和全部成本费用的比率;全部成本费用净利润率是指净利润和全部成本费用的比率。全部成本费用包括营业费用总额和营业外支出。

以上各种利润率指标反映企业投入产出水平,即所得与所费的比率。体现了增加利润是以降低成本及费用为基础的。这些指标的数值越高,表明生产和销售产品的每 1 元成本及费用取得的利润越多,劳动耗费的效益越低;反之,则说明每耗费 1 元成本及费用实现的利润越少,劳动耗费的效益越低。所以,成本利润率是综合反映企业成本效益的重要指标。

成本利润率也是正指标,即指标值越高越好。分析评价时,可将各指标实际值与标准值进行对比。标准值可根据分析的目的与管理要求确定,如可用行业平均值、全国平均值、企业目标值等。

（二）成本利润率分析

根据表 3-2 的利润表和表 6-3 的资料并结合上述企业成本利润率计算公式,可计算与分析 DF 公司成本利润率,如表 6-4 所示。

表 6-4　　　　　　　　　DF 公司成本利润率分析表

单位:元

项　目	2021 年	2020 年	差异
营业成本	2 227 322 780.16	2 057 594 095.40	—
营业费用	3 183 641 100.61	2 878 320 910.57	—
营业外支出	2 750 442.30	2 315 931.62	—
全部成本费用	3 186 391 542.91	2 880 636 842.19	—
营业利润	314 597 486.53	253 762 852.06	—
利润总额	314 584 189.52	252 579 679.49	—
净利润	282 743 169.55	223 221 024.12	—

（续表）

项　　目	2021 年	2020 年	差异
营业成本利润率	14.12%	12.33%	1.79%
营业费用利率	9.88%	8.82%	1.06%
全部成本费用总利润率	9.87%	8.77%	1.10%
全部成本费用净利润率	8.87%	7.75%	1.12%

从表 6-4 可以看出，该公司 2021 年与 2020 年相比，营业成本利润率、营业费用利润率、全部成本费用总利润率和全部成本费用净利润率都有一定幅度的提高，提高额分别是 1.79%、1.06%、1.10%、1.12%。这进一步说明了该公司的盈利能力有所提高。对成本利润率的进一步分析，也可以从各成本利润率之间的关系角度进行。

四、现金流量指标对商品经营盈利能力的补充

销售获现比率是对商品经营盈利能力的补充，反映企业通过销售获取现金的能力。销售获现比率是销售商品、提供劳务收到的现金与营业收入之比。

其计算公式为：

$$销售获现比率 = \frac{销售商品、提供劳务收到的现金}{营业收入}$$

使用该指标进行分析时，应注意当期收到的预收账款和收回前期应收账款对指标的影响。

第五节 | 上市公司盈利能力分析

随着我国社会主义市场经济体制的建立、发展和完善，股份制企业的增多和资本市场的完善，上市公司也越来越多。由上市公司自身特点所决定，其盈利能力除了可以通过一般企业盈利能力的指标分析外，还应进行一些特殊指标的分析，特别是一些与企业股票价格或市场价值相关的指标分析，如每股收益、普通股权益报酬率、股利发放率、价格与收益比率，以及每股经营现金流量等指标的分析。

一、每股收益分析

（一）每股收益的内涵与计算

每股收益的基本含义是指每股发行在外的普通股所能分摊到的净收益额。这一指标与普通股股东的利益关系极大，他们往往根据该指标来进行投资决策。每股收益又分为基本每股收益与稀释每股收益。

1. 基本每股收益

基本每股收益是指归属于普通股股东的当期净利润与发行在外的普通股加权平均数的比率。其计算公式如下：

$$基本每股收益 = \frac{净利润 - 优先股股利}{发行在外的普通股加权平均数（流通股数）}$$

计算基本每股收益,关键是要确定归属于普通股股东的当期净利润和当期发行在外的普通股加权平均数。由于优先股股东对股利的受领权优于普通股股东,因此,在计算普通股股东所能享有的收益额时,应将优先股股利扣除。

分母采用加权平均数,是因为本会计期内新发行的普通股只能在增加以后的这一段时期内产生权益,本会计期减少的普通股股数在减少以前的期间内仍产生收益,所以必须采用加权平均数,以正确反映本期内发行在外的股份数额。发行在外的普通股加权平均数按下列公式计算:

$$\begin{array}{l}发行在外的普通 \\ 股加权平均数\end{array} = \begin{array}{l}期初发行在外的 \\ 普通股股数\end{array} + \begin{array}{l}当期新发行的 \\ 普通股股数\end{array} \times \begin{array}{l}已发行时间 \\ 报告期时间\end{array} - \begin{array}{l}当期回购 \\ 普通股股数\end{array} \times \begin{array}{l}已回购时间 \\ 报告期时间\end{array}$$

已发行时间、报告期时间和已回购时间一般按照天数计算；在不影响计算结果合理性的前提下,也可以采用简化的计算方法。

为了保持分子、分母计算口径的一致性,基于合并报表计算的每股收益,由于分母是归属于母公司发行在外的普通股加权平均数,分子就应该是归属于母公司股东的利润,即合并报表中的净利润扣除少数股东损益后的金额。

【例6-1】 某上市公司2021年初发行在外的普通股股数为30万股,同年7月1日又增发了15万股,并且公司该年内未发行其他股票,也无退股事项,采用简化的计算方法不会影响计算结果的合理性,求该公司当年发行在外的普通股的加权平均数。

解:

$$该公司当年发行在外的普通股的加权平均数 = 30 + 15 \times \frac{6}{12} = 37.5（万股）$$

2. 稀释每股收益

稀释每股收益是指当企业存在稀释性潜在普通股时,应当分别调整归属于普通股股东的当期净利润和发行在外的普通股加权平均数,并据此计算稀释每股收益。

稀释性潜在普通股,是指假设当期转换为普通股会减少每股收益的潜在普通股,如可转换公司债券、认股权证和股份期权等。

(1)计算稀释每股收益时,应当根据下列事项对归属于普通股股东的当期净利润进行调整:当期已确认为费用的稀释性潜在普通股的利息;稀释性潜在普通股转换时将产生的收益或费用。同时,应当考虑相关的所得税影响。

(2)计算稀释每股收益时,应当对当期发行在外普通股的加权平均数进行调整。调整后的股数应当为计算基本每股收益时普通股的加权平均数与假定稀释性潜在普通股转换为已发行普通股而增加的普通股股数的加权平均数之和。计算稀释性潜在普通股转换为已发行普通股而增加的普通股股数的加权平均数时,以前期间发行的稀释性潜在普通股,应当假设在当期期初转换;当期发行的稀释性潜在普通股,应当假设在发行日转换。

计算时,应假定已行使该期权,因此,发行的普通股股数包括两部分:①按当期平均市场价格发行的普通股,不具有稀释性,计算稀释每股收益时不必考虑。②未取得对价而发行的普通股,具有稀释性,计算稀释的每股收益时应当加到普通股股数中。调整增加的普通股股数用公式表示如下:

$$\text{调整增加的}\ \text{普通股股数} = \text{拟行权时转换的}\ \text{普通股股数} - \frac{\text{行权}}{\text{价格}} \times \frac{\text{拟行权时转换的普通股股数}}{\text{平均市场价格}}$$

对于基本每股收益和稀释每股收益的计算,可以参见以下两个例题。

【例 6-2】 假设 M 公司 2021 年 1 月 1 日发行 200 万份认股权证,行权价格 4.50 元,2021 年度净利润 200 万元,发行在外普通股加权平均数为 400 万股,普通股平均市场价格为 5 元,计算 M 公司 2021 年的基本每股收益和稀释每股收益。

解:

(1)基本每股收益＝200÷400＝0.50(元)

(2)调整增加的普通股股数＝200－200×4.5÷5＝20(万股)

稀释每股收益＝200÷(400＋20)＝0.48(元)

【例 6-3】 假设 L 公司 2021 年 1 月 1 日发行利率为 4% 的可转换债券,面值 1 000 万元,每 100 元债券可转换为 1 元面值普通股 80 股。2021 年净利润为 6 000 万元,2021 年发行在外的普通股加权平均数为 4 000 万股,所得税税率为 25%,计算 L 公司 2021 年的基本每股收益和稀释每股收益。

解:

(1)基本每股收益＝6 000÷4 000＝1.50(元)

(2)净利润的增加＝1 000×4%×(1－25%)＝30(万元)

普通股股数的增加＝1 000÷100×80＝800(万股)

稀释每股收益＝(6 000＋30)÷(4 000＋800)＝1.26(元)

由 DF 公司财务报告可知,该公司当年不存在稀释性潜在普通股,当年基本每股收益与稀释每股收益相等,因此在此我们不对 DF 公司的每股收益进行深入分析。

(二)每股收益影响因素分析

为了分析企业每股收益变动的原因,应确定影响每股收益的主要因素,并对各个因素进行分析,测算各个因素的变动对每股收益的影响程度。为简化起见,以基本每股收益为例进行因素分析。

依据每股收益的影响因素,对每股收益指标作如下分解:

$$
\begin{aligned}
\text{基本每股收益} &= \frac{\text{净利润} - \text{优先股股利}}{\text{发行在外的普通股加权平均数(流通股数)}} \\
&= \frac{\text{普通股权益平均余额}}{\text{发行在外的普通股加权平均数(流通股数)}} \times \frac{\text{净利润} - \text{优先股股利}}{\text{普通股权益平均余额}} \\
&= \text{每股账面价值} \times \text{普通股权益报酬率}
\end{aligned}
$$

由上面的公式可知,每股收益主要取决于每股账面价值和普通股权益报酬率两个因素。每股账面价值又称每股净资产,是指股东权益总额减去优先股权益总额后的余额与发行在外普通股加权平均数的比值。该指标反映了发行在外的每股普通股所代表的企业股东权益的价值。在投资人看来,该指标与每股市价的差额是企业的一种潜力,有助于投资者进行投资分析,进而作出投资决策。股票市价高于账面价值越多,表明投资者对企业认可度越高;否则,说明市场不看好该企业。该指标越高,每股收益就越高,反之亦然。普通股权益报酬率是影响每股收益的另一个重要因素,其变动会使每股收益发生相同方向的变化。普通股权益报酬率将在下一部分内容中进行分析。

下面举例说明基本每股收益的因素分析方法。DF 公司 2021 年度、2020 年度有关资料如表 6-5 所示。

表 6-5　　　　　　　　　　　DF 公司每股收益因素分析表　　　　　　金额单位：元

项目	2021 年	2020 年	差异
净利润	282 743 169.55	223 221 024.12	——
优先股股息	——	——	——
普通股权益平均余额	3 141 236 314.00	2 382 560 911.00	——
普通股权益报酬率	9.00%	9.37%	−0.37%
发行在外的普通股加权平均数（股）	1 570 795 386.00	1 594 435 885.00	——
每股账面价值	2.00	1.49	0.51
每股收益	0.18	0.14	0.04

根据表中的资料可知，2021 年的每股收益比 2020 年的提高了 0.04 元，对增加的原因运用差额分析法进行分析如下：

（1）每股账面价值变动对每股收益的影响 =（2.00 − 1.49）× 9.37% = 0.047（元）。

（2）普通股权益报酬率变动对每股收益的影响 = 2.00 ×（9.00% − 9.37%）= −0.007（元）。

计算结果表明，每股账面价值的变动使得每股收益增加了 0.047 元，普通股权益报酬率的变动使得每股收益减少了 0.007 元，两项因素共同作用的结果，使每股收益增加了 0.04 元。可见，DF 公司 2021 年的经济实力和盈利能力比 2020 年均有上升。

二、普通股权益报酬率

（一）普通股权益报酬率内涵与计算

普通股权益报酬率是指净利润扣除应发放的优先股股利后的余额与普通股权益平均余额之比。其计算公式如下：

$$普通股权益报酬率 = \frac{净利润 - 优先股股利}{普通股权益平均余额}$$

普通股权益报酬率从普通股股东的角度反映企业的盈利能力，该指标值越高，说明企业的盈利能力越强，普通股股东可获得的收益越多。普通股权益报酬率应作为独立指标对企业盈利能力、投资收益水平进行分析。

从计算公式可知，普通股权益报酬率的变化受净利润、优先股股利和普通股权益平均余额三个因素影响。一般情况下，优先股股利比较固定，因此，应着重分析其他两个因素。

（二）普通股权益报酬率分析

仍以 DF 公司的资料作为依据进行分析，已知 DF 公司没有优先股股利，普通股权益报酬率的变化仅受净利润和普通股权益平均余额的影响。根据表 6-5 的资料进行分析如下：

2021 年度的普通股权益报酬率 = 282 743 169.55 ÷ 3 141 236 314 × 100% = 9.00%

2020 年度的普通股权益报酬率 = 223 221 024.12 ÷ 2 382 560 911 × 100% = 9.37%

可见,2021 年度 DF 公司普通股权益报酬率比 2020 年度降低了 0.37%。

三、股利发放率

(一)股利发放率的内涵与计算

股利发放率是普通股每股股利与每股收益的比值,反映普通股股东从每股收益中分得股利的多少,体现了公司的股利分配政策和股利支付能力。其计算公式如下:

$$股利发放率 = \frac{每股股利}{每股收益} \times 100\%$$

公式中,每股股利是指企业实际发放给普通股股东的股利总额与流通在外的普通股股数的比值。每股股利是反映企业每一普通股获得股利多少的指标,该指标值越大表明企业获利能力越强。

(二)股利发放率的影响因素分析

影响每股股利的因素主要是企业股利发放政策与利润分配政策。如果企业为扩大再生产、增强企业后劲而多留利润,每股股利就少,反之则多。为了进一步分析股利发放率变动的原因,可按下式进行分解:

$$股利发放率 = \frac{每股市价}{每股收益} \times \frac{每股股利}{每股市价} \times 100\%$$
$$= 价格与收益比率 \times 股利报偿率$$

由上面的公式可以看出,股利发放率主要取决于价格与收益比率和股利报偿率。一般来说,长期投资者比较注重价格与收益比率,而短期投资者则比较注重股利报偿率。

股利报偿率又称股利与市价比率,是企业发放每股股利与股票市场价格之比。在价格与收益比率一定的情况下,股利报偿率越高,则股利发放率也越高,反之亦然。价格与收益比率将在下一部分内容中进行分析。

由 DF 公司财务报表可知,公司 2020 年未派发股利,2021 年每 10 股派发现金红利 0.38 元(含税)。DF 公司 2021 年度、2020 年度有关资料如表 6-6 所示。

表 6-6　　　　　　　　　　DF 公司财务分析信息表

金额单位:元

项　目	2021 年	2020 年
净利润	282 743 169.55	223 221 024.12
基本每股收益	0.18	0.14
每股股利	0.038	0
股利发放率	21.11%	0
每股市价①	5.04	3.31
价格与收益比率	28.00	23.64
股利报偿率	0.75%	0

注:① 取公司当年最后一天的收盘价。

四、价格与收益比率

(一)价格与收益比率内涵与计算

价格与收益比率又称市盈率,反映普通股的市场价格与当期每股收益之间的关系,可用来判断企业股票与其他企业股票相比较所具有的潜在价值。其计算公式如下:

$$价格与收益比率 = \frac{每股市价}{每股收益}$$

价格与收益比率的数值能够表明企业盈利能力的稳定性,可在一定程度上反映企业管理部门的经营能力和企业盈利能力及潜在的成长能力。同时,该指标还可以反映此股票市价是否具有吸引力,把多个企业的股票价格与收益比率进行比较,并结合对其所属行业的经营前景的了解,可以作为选择投资目标的参考。

一般情况下,发展前景较好的企业通常都有较高的价格与收益比率,发展前景不佳的企业,这个比率较低。但是必须注意,当全部资产利润率很低或企业发生亏损时,每股收益可能为零或为负数,此时价格与收益比率可能很高或者为负数。在这一特殊情况下,仅利用这一指标来分析企业的盈利能力,常常会错误地估计企业的发展前景或者无法对企业的发展前景作出估计,所以还必须结合其他指标,予以综合考虑。

(二)价格与收益比率分析

仍以上述 DF 公司表 6-6 的资料进行分析:

2021 年度价格与收益比率 = 5.04 ÷ 0.18 = 28

2020 年度价格与收益比率 = 3.31 ÷ 0.14 = 23.64

可见,2021 年度价格与收益比率比 2020 年度提高了 4.36。从市盈率指标来看,DF 公司的盈利能力和股利分配状况相比上期有所上升。由于价格与收益比率的因素之一是股票市价,股票市价除了受企业自身经营状况的影响外,受资本市场、经济环境和宏观经济形势众多因素的影响,因此需要对股票市场作出全面的了解和分析后才可以作出正确的评价。

五、每股经营现金流量指标

(一)每股经营现金流量指标内涵与计算

每股经营现金流量是指经营活动净现金流量与发行在外的普通股股数的比率,反映每股发行在外的普通股平均占有的经营净现金流量。这个指标越大,说明企业进行资本支出和支付股利的能力越强。其计算公式如下:

$$每股经营现金流量 = \frac{经营活动净现金流量}{发行在外的普通股加权平均数}$$

(二)每股经营现金流量指标分析

根据 DF 公司 2020 年和 2021 年财务数据可计算每股经营现金流量:

2021 年每股经营现金流量 = 508 350 957.01 ÷ 1 570 795 386 = 0.32(元)

2020 年每股经营现金流量 = 265 965 689.76 ÷ 1 594 435 885 = 0.17(元)

可见,与 2020 年相比,2021 年每股经营现金流量有所上升,表明 DF 公司可用于资本支出和股利支付的现金增加。

练 习 题

一、单选题

1. 下列各项中,属于反映盈利能力核心指标的是(　　)。
   - A. 总资产报酬率
   - B. 股利发放率
   - C. 总资产周转率
   - D. 净资产收益率

2. 总资产报酬率是指(　　)与总资产平均余额之间的比率。
   - A. 利润总额
   - B. 息税前利润
   - C. 净利润
   - D. 息前利润

3. 总资产报酬率主要受(　　)和销售息税前利润率这两个因素的影响。
   - A. 总资产周转率
   - B. 固定资产周转率
   - C. 流动资产周转率
   - D. 应收账款周转率

4. (　　)是每股股利与每股收益的比值,反映普通股股东从每股收益中分得的股利。
   - A. 每股收益
   - B. 普通股权益报酬率
   - C. 市盈率
   - D. 股利发放率

5. 商品经营盈利能力分析是利用(　　)资料进行分析。
   - A. 资产负债表
   - B. 利润表
   - C. 现金流量表
   - D. 所有者权益变动表

6. 下列各项中,属于通用盈利能力指标的是(　　)。
   - A. 营业收入利润率
   - B. 市净率
   - C. 价格与收益比率
   - D. 每股收益

7. 上市公司盈利能力分析与一般企业盈利能力分析的主要区别在于是否分析(　　)。
   - A. 商品经营
   - B. 利润水平
   - C. 股东权益
   - D. 每股收益

8. (　　)是指普通股权益平均余额与发行数(流通股股数)的比值。
   - A. 每股收益
   - B. 每股账面价值
   - C. 每股现金流量
   - D. 每股股利

9. (　　)指标越高,说明企业资产盈利能力越强。
   - A. 总资产周转率
   - B. 存货周转率
   - C. 总资产报酬率
   - D. 应收账款周转率

10. 反映商品经营盈利能力的指标可分为两类:一类统称收入利润率,另一类统称(　　)。
    - A. 营业成本利润率
    - B. 成本利润率
    - C. 全部成本费用利润率
    - D. 营业成本费用利润率

11. 从经营内容的角度而言,( )主要强调资产的配置、重组及有效使用。

    A. 资本经营   B. 资产经营   C. 商品经营   D. 产品经营

12. 每股收益主要取决于每股账面价值和( )两个因素。

    A. 净利润   B. 普通股权益报酬率

    C. 优先股股息   D. 普通股股数

13. 下列各项中,属于上市公司特殊盈利能力指标的是( )。

    A. 总资产报酬率   B. 净资产收益率

    C. 每股净资产   D. 营业收入毛利率

二、多选题

1. 下列各项中,属于反映收入利润率的指标主要有( )。

    A. 营业收入利润率   B. 营业成本利润率

    C. 销售息税前利润率   D. 销售净利润率

2. 下列各项中,属于反映通用盈利能力的指标有( )。

    A. 营业成本利润率   B. 价格与收益比率

    C. 营业收入利润率   D. 营业费用利润率

3. 下列各项中,属于影响净资产收益率的指标有( )。

    A. 总资产报酬率   B. 负债利息率

    C. 企业资本结构   D. 所得税税率

4. 下列各项中,属于反映上市公司盈利能力的指标有( )。

    A. 股利发放率   B. 价格与收益比率

    C. 每股收益   D. 普通股权益报酬率

5. 下列各项中,属于反映企业盈利能力的指标有( )。

    A. 总资产报酬率   B. 总资产周转率   C. 净资产收益率   D. 资产负债率

6. 下列各项中,属于营业成本费用总额的有( )。

    A. 信用减值损失   B. 税金及附加   C. 营业外支出   D. 资产减值损失

7. 下列各项中,属于反映商品经营盈利能力的指标有( )。

    A. 营业收入利润率   B. 销售息税前利润率

    C. 总资产报酬率   D. 营业成本利润率

8. 下列各项中,属于反映成本利润率的指标有( )。

    A. 营业成本利润率   B. 全部成本费用总利润率

    C. 营业费用利润率   D. 营业费用利润率

9. 下列各项中,属于影响全部成本费用总利润率的因素有( )。

    A. 资产减值损失   B. 研发费用   C. 销售费用   D. 管理费用

10. 下列各项中,属于影响资产经营盈利能力的因素有( )。

    A. 商品经营盈利能力   B. 资产营运效率

    C. 资本经营盈利能力   D. 资本营运效率

11. 下列各项中,属于影响普通股权益报酬率的因素有(　　)。
    A. 净利润
    B. 优先股股利
    C. 普通股股数
    D. 普通股权益平均余额
12. 下列各项中,属于直接影响总资产报酬率的因素有(　　)。
    A. 营业收入毛利率
    B. 存货周转率
    C. 总资产周转率
    D. 销售息税前利润率
13. 下列各项中,属于盈利能力分析内容的有(　　)。
    A. 资本经营盈利能力分析
    B. 资产经营盈利能力分析
    C. 商品经营盈利能力分析
    D. 上市公司盈利能力分析
14. 下列各项中,属于只利用利润表就可以计算的盈利能力指标有(　　)。
    A. 营业费用利润率
    B. 销售净利润率
    C. 总收入利润率
    D. 每股经营现金流量

三、判断题

1. 公司发行优先股时,应当对稀释性每股收益指标的分母进行调整。　　(　　)
2. 股票价格的变动对每股收益不产生影响。　　(　　)
3. 资本经营盈利能力分析主要对全部资产报酬率指标进行分析和评价。　　(　　)
4. 总资产报酬率是反映盈利能力的核心指标。　　(　　)
5. 所得税税率变动对营业收入利润率没有影响。　　(　　)
6. 资产经营、商品经营和产品经营都服从于资本经营目标。　　(　　)
7. 对企业盈利能力的分析主要是指对利润率的分析。　　(　　)
8. 普通股权益报酬率与净资产收益率是相同的。　　(　　)
9. 总资产报酬率越高,净资产收益率就越高。　　(　　)
10. 企业盈利能力的高低与利润的高低成正比。　　(　　)
11. 影响营业成本利润率的因素与影响营业收入利润率的因素是相同的。　　(　　)
12. 价格与收益比率越高,说明企业盈利能力越强。　　(　　)
13. 当总资产报酬率低于负债利息率时,提高负债与所有者权益之比,将使净资产收益率提高。　　(　　)
14. 资本经营的基本内涵是合理配置与使用资产,以一定的资产投入,取得尽可能多的收益。　　(　　)

四、计算分析题

1. 已知 L 股份有限公司 2018 年年末在外发行普通股 48 000 股,同时该公司有在外发行的不可转换优先股 3 600 股(已知该优先股为非累计优先股,固定股利支付率为 4%,每股面值为 10 元)。2019 年年末该公司在外发行普通股为 64 800 股,其中 16 800 股为 7 月 1 号发行;已知该公司 2019 年实现净利润 525 000 元。
   要求:根据上述资料,计算 L 公司的每股收益。

2. 已知 M 公司 2019 年发行在外的普通股股数为 220 000 万股,每股股价为 12 元,该企业当年实现的净利润为 165 000 万元,并按 40%的股利发放率发放现金股利。

   要求：根据上述资料,计算 M 公司每股股利及市盈率。

3. Y 公司 2019 年实现营业收入 6 000 万元,赚取息税前利润为 180 万元,当年资产的平均余额为 12 000 万元。由于公司业务范围扩大,2020 年公司考虑增加一条新生产线,该生产线的增加预计会使得企业营业收入增加 1 200 万元,同时带来 4%的销售息税前利润率,总资产周转率也将变更为 0.40。

   要求：请分析 Y 公司新增加的生产线对资产经营盈利能力的影响,并分析变动的原因。

第七章 企业营运能力分析

知识导航

企业营运能力分析
- 企业营运能力分析的内涵、目的与内容
  - 企业营运能力分析的内涵
  - 企业营运能力分析的目的
  - 企业营运能力分析的内容
- 总资产营运能力分析
  - 营运能力指标的一般计算
  - 总资产营运能力指标
  - 总资产营运能力综合对比分析
- 流动资产营运能力分析
  - 全部流动资产营运能力分析
  - 存货营运能力分析
  - 应收账款营运能力分析
  - 营业周期计算与分析
- 固定资产营运能力分析
  - 固定资产产值率计算与分析
  - 固定资产周转率计算与分析

学习目标

1. 了解企业营运能力分析的内涵与目的。
2. 熟悉企业营运能力分析的内容。
3. 熟悉总资产、流动资产、固定资产营运能力的内涵及具体指标计算。
4. 熟练运用相关指标对企业营运能力进行评价。

案例导入

安琪酵母应收账款增速高于营业收入增速

安琪公司始创于 1986 年,主导产品酵母及深加工产品经过 30 多年的开发,已被广泛应用于烘焙与发酵面食、食品调味、酿造、人类营养健康、动物、植物、微生物营养等领域。2024 年 8 月 7 日,安琪酵母发布 2024 年半年度报告。报告显示,公司 2024 年上半年营业收入为 71.75 亿元,同比增长 6.86%;归母净利润为 6.91 亿元,同比增长 3.21%;扣非归母净利润为 5.96 亿元,同比下降 2.5%;基本每股收益为 0.8 元/股。

从运营效率角度,报告期内,公司应收账款周转率为 4.09,同比下降 1.72%;存货周转率为 1.34,同比下降 16.84%;总资产周转率为 0.36,同比下降 6.23%。在经营性资产方面,应收账款周转率持续下降。近三期半年报,应收账款周转率分别为 4.56、4.16、4.09,应收账款周转能力趋弱;存货周转率分别为 1.76、1.61、1.34,存货周转能力趋弱;存货/资产总额比值分别为 17.48%、18.3%、21%,持续增长。

资料来源:新浪财经,2024 年 08 月 07 日,《鹰眼预警:安琪酵母应收账款增速高于营业收入增速》。

思考:市场份额细化及竞争愈加激烈,使得部分制造业难寻立足之地。请结合案例资料中的相关指标分析,谈谈提高制造业企业流动资产营运能力的启示。

第一节 企业营运能力分析的内涵、目的与内容

一、企业营运能力分析的内涵

营运能力是指企业在经营过程当中使用资产获取回报的效率。企业的营运资产,主体是流动资产和固定资产,尽管无形资产是企业资产的重要组成部分,随着工业经济时代向知识经济时代转化,在企业资产中所占比重越来越大,而且在提高企业经济效益方面发挥了巨大的作用,但无形资产的作用多数情况下必须通过或依附于有形资产才能发挥出来。从这个意义上说,流动资产和固定资产构成了企业营运资产的主体,其营运状况将从根本上决定企业的经营状况和经济效益。

营运能力有广义和狭义之分。广义的营运能力是指企业所有要素共同发挥的营运作用,即企业各项经济资源,如人力资源、财力资源、物力资源、技术信息资源和管理资源等,通过配置、组合与相互作用而生成推动企业运行的物质能量。狭义的营运能力是指企业资产的利用效率,反映企业的资产管理水平和资产周转情况。企业资产营运的效率主要是指资产的周转率和周转天数。企业资产营运的效益主要是指企业的产出额与资产占用额之间的比率。资产运用的效率高、循环快,企业可以以较少的投入获得较多的收益。本书所指的营运能力分析是狭义的营运能力分析。

营运能力分析是指通过对反映企业资产营运效率和效益的指标进行计算与分析,评价企业的营运能力,为企业提高经济效益指明方向。

二、企业营运能力分析的目的

企业营运能力分析的主要目的包括以下三个方面。

(1)评价企业资产的营运效率。生产企业的经营活动从采购原材料、购买固定资产开始,此时货币资金转化为实物资产。原材料被领用投入生产过程后,原材料存货转化为在产品存货。生产过程结束之后,在产品存货转化为产成品存货。产品被销售之后,如果是信用销售,便进入了应收账款阶段。最后应收账款被收回,实物资产又重新回到货币资金状态,也就实现了资金周转。资产在各种形态之间的转化速度越快,资产营运的效率也就越高。

（2）评价企业资产的营运效益。公司制企业经营的根本目的是获取收益。通过开展经营活动以较少的投入获取较多的产出，从而实现收益最大化。在企业周转使用资产进行经营活动的过程当中，如果在周转获利的情况下，那么周转速度越快，一定时期内周转次数越多，获利越多。当把前续周转过程中的获利收入投到后续周转当中，企业便扩大了经营规模，每次周转的获利水平得到提高。由此便可实现资产营运效益的增长。

（3）挖掘企业资产利用的潜力。企业总体资产营运能力的高低，取决于各类资产营运能力的高低，也受到企业内外多种因素的影响，通过企业营运能力分析，可以了解企业资产利用方面存在哪些问题，尚有多大的潜力，进而采取有效措施，提高企业资产营运能力。

三、企业营运能力分析的内容

企业营运能力分析的主要内容包括以下三个方面。

1. 总资产营运能力分析

该分析通过对总资产产值率、总资产收入率和总资产周转率的分析，揭示总资产周转速度和利用效率变动的原因，评价总资产营运能力。

2. 流动资产营运能力分析

该分析通过对流动资产周转率、流动资产垫支周转率、存货周转率和应收账款周转率的分析，揭示流动资产周转速度变动的原因，评价流动资产的营运能力。

3. 固定资产营运能力分析

该分析通过固定资产产值率和固定资产收入率的分析，揭示固定资产利用效率变动的原因，评价固定资产的营运能力。

第二节 总资产营运能力分析

一、营运能力指标的一般计算

企业营运能力通常使用资产周转速度指标来衡量。资产周转速度指标包括资产周转率（次数）和资产周转期（天数）。资产周转率指标是一定时期资产平均占用额与周转额的比率，是用资产的占用量与运用资产所完成的工作量之间的关系来表示营运效率的指标。资产周转期指标是用周转额的计算期除以计算期内资产周转次数，表示资产周转使用一次所经历的时间。

资产周转速度的计算公式如下：

$$资产周转率 = \frac{资产周转额}{资产平均余额}$$

$$资产周转期 = \frac{计算期天数}{资产周转率（次数）} = \frac{资产平均余额 \times 计算期天数}{资产周转额}$$

以上计算公式中的有关数据说明如下：

（1）计算期天数，从理论上说应使用计算期间的实际天数，但为了计算方便，全年按 360 天计算，季度按 90 天计算，月度按 30 天计算。

（2）资产平均余额，又称资产平均占用额或平均运用额。资产平均余额是反映企业一定时期资产占用的动态指标，从理论上说，应是计算期内每日资产的平均余额，但为了计算方便，通常按期初和期末的算术平均数计算。其计算公式如下：

$$某项资产平均余额 = \frac{该项资产期初余额 + 该项资产期末余额}{2}$$

（3）资产周转额，是指计算期内完成周转的资产金额。以存货为例，其周转额是指结束存货存在形式，销售转为营业成本的金额。不同资产周转率的计算所使用的周转额是不同的，对此，将在具体分析时予以说明。

资产周转次数和资产周转天数从两个不同的角度表示资产的周转速度。资产周转次数表示在一定时期内完成几个从资产投入到资产收回的循环，而周转天数则表示完成一个从资产投入到资产收回的循环需要多长时间。资产周转次数和周转天数呈相反方向变动，在一定时期内，资产周转次数越多，周转天数越少，周转速度就越快，营运效率就越高；反之，则周转速度越慢，营运效率越低。

虽然以上两种形式均可以表示资产周转速度，但在实务中更多地使用周转天数这一形式。这是因为，当企业为提高生产技术水平，改善生产组织等而使资产周转速度加快时，明显地表现为资产占用时间的缩短，用周转天数来表示，易于看出资产周转与生产技术和生产组织的依存关系，直观易于理解。此外，如果采用周转次数，不同时期（如年度、季度和月度）的周转速度不能直接进行比较。采用周转天数则可以消除期限长短与周转速度的影响，可以使不同计算期间的周转速度直接进行比较。

二、总资产营运能力指标

企业总资产营运能力分析涉及的指标主要包括总资产产值率、总资产收入率和总资产周转率。总资产产值率和总资产收入率用于反映企业总资产的使用效益，即投入或使用总资产所取得的产出能力。总资产周转率用于反映企业总资产的使用效率，即总资产的周转速度。

（一）总资产产值率的计算与分析

总产值是指工业企业在一定时期内生产的工业产品或提供工业性劳务活动的总价值量。总资产产值率反映了企业总资产与总产值之间的对比关系。其计算公式如下：

$$总资产产值率 = \frac{总产值}{平均总资产} \times 100\%$$

总资产产值率的数值越高，说明企业资产的投入产出率越高，企业总资产运营状况越好。在利用该指标评价企业总资产利用效果时应该注意到，企业总产值在按不变价格计算时，可以把总产值理解为企业在一定时期内生产的按价值计算的全部产品总量，是企业利用全部资产为社会创造的物质产品。但由于总产值中既包括完工产品，又包括在产品，所以总产值仅仅表示本期生产的价值，并不能表明其是否将得到市场的认可。企业生产的产品如果不能在市场上进行交易,则无法实现其价值,前期生产投入也就无法收回。分析时,要将该指标与总资产收入率结合起来,才能做出正确评价。

随着市场经济的发展,工业企业进行资产投资的形式也日趋多元化,因此,全部资产对应的产出也呈现出不同的形态,总产值仅表征了一部分产出,并未将权益资本和金融资产投资的回报包含在内。在使用总资产产值率指标(其他总资产营运能力指标亦同)来评价全部资产使用效率时,不同企业间、同一企业不同会计期间之间要注意其可比性。当经营性资产投入规模占总资产规模比例基本一致时,采用总资产产值率进行横向和纵向比较才更有意义。

企业产出与总资产之间的关系,还可以从另一角度来反映,即万元产值占用资金,该指标本质上是总资产产值率的倒数,反映每万元产值占用的资产。其计算公式如下:

$$万元产值占用资金 = \frac{平均总资产}{总产值} \times 100$$

万元产值占用资金的数值越低,说明单位产出所占用的资产越少,表明企业资产营运能力越强。对该指标具体变动原因的分析可依据以下分解式进行:

$$万元产值占用资金 = \left(\frac{流动资产}{总产值} + \frac{固定资产}{总产值} + \frac{其他资产}{总产值} \right) \times 100$$

从以上分解式中可以看出,万元产值占用资金受各类资产营运效率的影响,分析时可采用连环替代法,分别说明各类资产营运效率变动对万元产值占用资金的影响。

(二)总资产收入率的计算与分析

总资产收入率反映了企业总资产与总收入之间的对比关系。其计算公式如下:

$$总资产收入率 = \frac{营业收入}{平均总资产} \times 100\%$$

总资产收入率的数值越高,说明企业总资产营运能力越强。如果说总资产产值率仅仅反映了企业生产过程中资产的利用效果,总资产收入率则反映出企业整个经营过程中资产的利用效果。收入的实现表明企业的产品得到了社会的承认,满足了社会需求,是企业资产的真正有效利用。因而,该指标能比总资产产值率更全面地反映出企业总资产的营运能力。下面的分解式可以反映出这两个指标之间的关系:

$$总资产收入率 = \frac{总产值}{平均总资产} \times \frac{营业收入}{总产值} \times 100\% = 总资产产值率 \times 产品销售率$$

从以上分解式可以看出,提高总资产收益率取决于两个方面:一是要提高资产的生产效率,这是提高企业资产营运能力的基础,没有产品,就谈不上销售,更谈不上效益。二是要提高产品销售率,把生产出来的产品尽快、尽可能多地销售出去。

(三)总资产周转率的计算与分析

总资产收入率从资产周转角度看,又称总资产周转率(次数),尽管这两个指标的计算方法相同,但总资产周转率是从资产流动性方面反映总资产的利用效率的。其计算方式如下:

$$总资产周转率 = \frac{总周转额(营业收入)}{平均总资产} \times 100\%$$

从总资产周转率指标分子、分母的构成来看,在营业收入一定的情况下,一个会计期间内,企业运营占用资产规模越小,总资产周转率越高,企业资产的利用效率越高。若要减少资产的占用,则要从加快资金循环的角度入手。企业资金循环包括短期资金循环和长期资金循环,长期资金循环必须依赖短期资金循环,因此,流动资产周转速度的快慢是决定企业总资产周转速度的关键性因素,下面的分解式可以反映出这种关系,也为进行总资产周转率分析、提高总资产周转速度指明了方向。

$$总资产周转率 = \frac{营业收入}{平均流动资产} \times \frac{平均流动资产}{平均总资产} = \frac{流动资产}{周转率} \times \frac{流动资产占}{总资产的比重}$$

从以上分解式可以看出,总资产周转速度的快慢取决于两个因素:一是流动资产周转率。流动资产的周转速度要高于其他类资产的周转速度,加速流动资产周转,就会使总资产周转速度加快;反之,则会使总资产周转速度减慢。二是流动资产占总资产的比重。由于流动资产周转速度快于其他类资产周转速度,所以,企业流动资产所占比例越大,总资产周转速度越快;反之,则越慢。

总资产周转速度也可以用周转期(天数)来表示。其计算公式如下:

$$总资产周转天数 = \frac{计算期天数}{总资产周转率(次数)} = \frac{总资产平均余额 \times 计算期天数}{营业收入}$$

根据 DF 公司财务报表的相关资料,计算该公司总资产周转率有关指标,如表 7-1 所示。

表 7-1　　　　　　　　　　　总资产周转率指标计算分析表

金额单位:元

项目	2021 年	2020 年	差异
营业收入	3 418 615 326.00	3 042 353 725.30	376 261 600.70
期初总资产	5 154 613 453.32	4 790 871 086.96	363 742 366.36
期末总资产	6 261 135 017.88	5 154 613 453.32	1 106 521 564.56
平均总资产	5 707 874 235.60	4 972 742 270.14	735 131 965.46
其中:平均流动资产	4 748 204 612.61	4 037 010 821.99	711 193 790.62
总资产周转率(次)	0.60	0.61	−0.01
总资产周转期(天数)	601.07	588.42	12.65
流动资产周转率(次)	0.72	0.75	−0.03
流动资产占总资产比重	83.19%	81.18%	2.01%

DF 公司 2021 年总资产周转率比上年降低了 0.01 次,其原因如下:

流动资产周转率下降,使总资产周转率下降:

$(0.72-0.75) \times 81.18\% = -0.024\,4(次)$

流动资产占总资产比率提高,使总资产周转加速:

$0.72 \times (83.19\% - 81.18\%) = 0.014\,4(次)$

计算结果表明,DF 公司 2021 年总资产周转率下降,主要原因是流动资产周转率下降。流动资产周转率分析将在后面详细阐述。其次是资产结构变动,由于提高了流动资产在总资产中的比重,资产流动性增强,加快了总资产周转速度。

三、总资产营运能力综合对比分析

总资产营运能力综合对比分析,是指将反映总资产营运能力的指标与反映流动资产和固定资产营运能力的指标结合起来进行分析。依据各类指标之间的相互关系进行综合对比分析,其主要内容包括以下三个方面。

(一)综合对比分析反映资产占用与总产值之间的关系

反应两者之间关系的有三个指标,即固定资产产值率、流动资产产值率和总资产产值率。这些指标主要说明各类资产在企业生产过程中的利用效果。从静态上分析这三个指标,可分别反映固定资产、流动资产和总资产的利用效果。从动态上进行分析,可分别反映总产值增长与各类资产的关系。

(二)综合对比分析反映资产占用与收入之间的关系

反映两者之间关系的有三个指标,即固定资产收入率、流动资产周转率和总资产收入率,这些指标主要用于评价各类资产营运效益和周转速度。从静态上分析,可以反映整个企业经营过程中资产营运效率和营运效益。从动态上分析,可以反映销售收入增长与各类资产增长的关系。

(三)综合对比分析总资产营运能力与盈利能力之间的关系

提高资产营运能力最终要为盈利能力这个目标服务,通过综合对比分析总资产营运能力与盈利能力之间的关系,可以解释总资产盈利能力变动的原因,为提高总资产盈利能力指明方向。两者之间的关系可用下式反映:

$$总资产盈利能力 = 资产营运能力 \times 产品盈利能力$$

即:

$$\frac{总资产}{报酬率} = \frac{息税前利润}{平均总资产} \times 100\% = \frac{营业收入}{平均总资产} \times \frac{息税前利润}{营业收入} \times 100\% = \frac{总资产}{周转率} \times \frac{销售息税}{前利润率}$$

第三节 流动资产营运能力分析

一、全部流动资产营运能力分析

企业的营运过程,实质上是资产的转换过程,由于流动资产和固定资产的性质和特点不同,决定了它们在这一过程中的作用也不同。企业经营成果的取得,主要依靠流动资产的形态转换。尽管固定资产的整体实物形态都处在企业营运过程之中,但从价值形态上讲,相当于折旧的那部分资金需参与企业当期的营运,它的价值实现(或者说是价值回收)要依赖于流动资产的价值实现。一旦流动资产的价值实现(或者说是形态转换)出现问题,不仅固定资产价值不能实现,企业所有的经营活动都会受到影响,因此,流动资产营运能力分析是企业营运能力分析最重要的组成部分。

（一）流动资产营运能力指标的计算

流动资产完成从货币到商品,再到货币的这一循环过程,表明流动资产周转了1次,以产品实现销售为标志。表示销售实现的指标有两个,即营业收入和营业成本。一般说来,使用营业成本这一指标作为周转额是用来说明垫支的流动资产周转速度,反映出流动资产的纯粹周转速度。如果使用营业收入这一指标,由于营业收入中包括了垫支资金以外的部分,如税金和利润等,因此,计算出来的流动资产周转速度是一种扩大形式的周转速度,既反映了流动资产的纯粹周转速度,又反映了流动资产利用的效益。实务中,在计算流动资产周转速度指标时,究竟是使用营业收入还是营业成本,应视分析的具体目的而定。流动资产周转速度指标的具体计算公式如下:

$$流动资产周转率 = \frac{营业收入}{平均流动资产}$$

$$流动资产周转期 = \frac{平均流动资产 \times 计算期天数}{营业收入}$$

$$流动资产垫支周转率 = \frac{营业成本}{平均流动资产}$$

$$流动资产垫支周转期 = \frac{平均流动资产 \times 计算期天数}{营业成本}$$

（二）流动资产周转率指标分析

为了分析流动资产周转速度变动的原因,找出加速流动资产周转的途径,根据流动资产周转速度指标的经济内容和内在联系,可将流动资产周转速度指标作如下分解:

$$\frac{流动资产}{周转率} = \frac{营业收入}{平均流动资产} = \frac{营业成本}{平均流动资产} \times \frac{营业收入}{营业成本} = \frac{流动资产垫}{支周转率} \times \frac{成本}{收入率}$$

从以上分解式可以看出,影响流动资产周转率的因素有两个:一是流动资产垫支周转率;二是成本收入率。流动资产垫支周转率反映了流动资产的真正周转速度,成本收入率说明了所费与所得之间的关系,反映出流动资产的利用效果。加速流动资产垫支周转速度是手段,提高流动资产利用效果才是目的。因此,加速流动资产垫支周转速度必须以提高成本收入率为前提。当成本收入率大于1时,流动资产垫支周转速度越快,流动资产营运能力越强;反之,如果成本收入率小于1,企业所得补偿不了所费,流动资产垫支周转速度越快,企业亏损越多。

根据上面的分解式,采用差额计算法,可以分别确定这两个因素变动对流动资产周转率的影响程度。根据DF公司的相关财务资料,计算该公司流动资产周转率,如表7-2所示。

表7-2　　　　　　　　　　　　流动资产营运能力指标分析表

金额单位:元

项目	2021年	2020年	差异
营业收入	3 418 615 326.00	3 042 353 725.30	376 261 600.70
营业成本	2 227 322 780.16	2 057 594 095.40	169 728 684.76

（续表）

项目	2021 年	2020 年	差异
平均流动资产	4 748 204 612.61	4 037 010 821.99	711 193 790.62
其中：平均存货	1 181 600 312.89	888 646 643.97	292 953 668.92
流动资产周转率（次）	0.72	0.75	−0.03
流动资产垫支周转率（次）	0.47	0.51	−0.04
成本收入率	153.49%	147.86%	5.63%
存货构成率	24.89%	22.01%	2.88%
存货周转率（次）	1.89	2.32	−0.43

根据表 7-2，对流动资产周转率作如下因素分析：

分析对象：$0.72 - 0.75 = -0.03$（次）

因素分析：

流动资产垫支周转率的影响 $= (0.47 - 0.51) \times 147.86\% = -0.059\,1$（次）

成本收入率的影响 $= 0.47 \times (153.49\% - 147.86\%) = 0.026\,5$（次）

计算结果表明，DF 公司 2021 年流动资产周转率下降，主要原因是流动资产垫支周转率下降。其次是成本收入率变动，由于企业生产和销售规模扩大，使得企业成本收入率提高，加快了流动资产的周转速度。

流动资产周转率的分析，还可以根据流动资产周转期进行。其分解式如下：

$$流动资产周转期 = \frac{平均流动资产 \times 计算期天数}{营业收入}$$
$$= \frac{平均流动资产 \times 计算期天数}{营业成本} \times \frac{营业成本}{营业收入}$$
$$= 流动资产垫支周转期 \times 收入成本率$$

（三）流动资产垫支周转率指标分析

在流动资产周转速度分析的基础上，进一步分析流动资产垫支周转速度，可将流动资产垫支周转率作如下分解：

$$\frac{流动资产}{垫支周转率} = \frac{营业成本}{平均流动资产} = \frac{营业成本}{平均存货} \times \frac{平均存货}{平均流动资产} = \frac{存货}{周转率} \times \frac{存货}{构成率}$$

根据表 7-2，可对流动资产垫支周转率变动原因作如下因素分析：

分析对象：$0.47 - 0.51 = -0.04$（次）

因素分析：

存货周转率下降的影响 $= (1.89 - 2.32) \times 22.01\% = -0.094\,6$（次）

存货构成率下降的影响 $= 1.89 \times (24.89\% - 22.01\%) = 0.054\,4$（次）

计算结果表明，DF 公司 2021 年流动资产垫支周转率下降，主要原因是存货周转率下降。其次是存货构成率变动，由于企业生产和销售规模扩大，使得企业提高了存货在流动资产中的比重,加快了流动资产垫支周转率速度。

(四)流动资产加速周转效果分析

流动资产周转加速的效果既可以体现为取得一定的产出需要占用的流动资产减少,也可以体现为一定的流动资产占用取得更多的收入。

1. 流动资产周转加速对流动资产的影响

加快流动资产周转,可以使企业在销售规模不变的条件下,运用更少的流动资产,形成流动资产节约额。其计算公式如下:

$$流动资产节约额 = 报告期营业收入 \times \left(\frac{1}{报告期流动资产周转次数} - \frac{1}{基期流动资产周转次数} \right)$$

当报告期流动资产周转次数大于基期流动资产周转次数时,说明流动资产周转速度加快,计算结果为负数,表示因周转加速而节约的流动资金数额;反之,则结果为正数,说明因流动资产周转速度缓慢而浪费的流动资金数额。

流动资产周转速度加快所形成的节约额,可以区分为绝对节约额和相对节约额两种形式。流动资产绝对节约额是指企业由于流动资产周转加速,可以减少流动资产占用额,因而可能退出一部分资金。流动资产相对节约额是指企业由于流动资产周转加速,在不增资或少增资的条件下扩大企业的生产规模。流动资产的绝对节约额和相对节约额的区别只在于运用情况的不同,前者是在生产规模不变的情况下减少资产占用额,后者是将其节约额用于自身的扩大再生产。

区别与计算流动资产绝对节约额和相对节约额可分三种情况进行。

(1)加速周转所形成的节约额都是绝对节约额。如果企业流动资产周转加速而营业收入不变,这种情况下形成的节约额就是绝对节约额。

(2)加速周转所形成的节约额都是相对节约额。当企业流动资产周转加速,而流动资产实际存量大于或等于基期流动资产存量时,这种情况下形成的节约额就是相对节约额。

(3)加速周转所形成的节约额既包括绝对节约额,又包括相对节约额。当企业流动资产周转加速,同时营业收入增加,流动资产占用量减少,这种情况下形成的节约额既包括绝对节约额,又包括相对节约额。可以按下式将两者加以区分:

$$绝对节约额 = 报告期流动资产占用额 - 基期流动资产占用额$$
$$相对节约额 = 流动资产总节约额 - 绝对节约额$$

如果以上条件相反,则为浪费额。

根据表 7-2,可以计算流动资产周转加速的效果如下:

$$流动资产节约额 = 3\ 418\ 615\ 326.00 \times \left(\frac{1}{0.72} - \frac{1}{0.75} \right) = 189\ 923\ 073.67(元)$$

计算结果表明,由于 DF 公司 2018 年流动资产周转率下降,使得多占用流动资产 189 923 073.67 万元。

2. 流动资产周转加速对收入的影响

流动资产周转加速,可以使企业在流动资产规模不变的条件下,增加企业的收入。其计算公式如下:

营业收入增加额 = 基期流动资产平均余额×(报告期流动资产周转率－基期流动资产周转率)

当报告期流动资产周转率慢于基期流动资产周转率时,计算结果为负数,是营业收入的减少数。

根据 DF 公司有关资料可计算出:

营业收入增加额 = 4 037 010 821.99×(0.72－0.75)=－121 110 324.66(元)

加速流动资产周转形成的资产节约额或营业收入增加额是从两个不同侧面对流动资产周转加速的效果所作的分析,具有相同的经济意义。

二、存货营运能力分析

(一) 存货周转率计算与分析

存货周转速度通常用存货平均余额与营业成本的比率来表示,以反映企业存货规模是否合适,周转速度如何。其表示方式有以下两种:

$$存货周转率 = \frac{营业成本}{平均存货}$$

$$存货周转期 = \frac{平均存货×计算期天数}{营业成本}$$

存货周转速度下降或偏低,可能由以下原因引起:

(1) 存货管理方法落后。

(2) 产品滞销,存货积压。

(3) 预测存货将升值,囤积居奇。

(4) 企业销售政策发生变化。

(5) 会计核算范围或方法发生变化。

(6) 存货账实不符,虚假挂账。

但存货周转速度偏高也不一定代表企业经营出色,当企业为了扩大销路而降价销售或大量赊销,则营业利润会受到影响或产生大量的应收账款。一个适度的存货周转率除参考企业的历史水平之外,还应参考同行业的平均水平。

(二) 存货营运能力分项分析

存货按其性质可以分为原材料存货、在产品存货和产成品存货。所以,存货周转期又可以分为材料周转期、在产品周转期和产成品周转期三项分指标。其计算公式分别为:

$$材料周转天数 = \frac{平均库存材料余额×计算期天数}{当期材料费用}$$

$$在产品周转天数 = \frac{平均在产品余额×计算期天数}{当期生产成本}$$

$$产成品周转天数 = \frac{平均产成品余额×计算期天数}{营业成本}$$

企业存货的周转是从投入货币资金购入生产经营所需的材料物资开始,形成材料存货;然后投入到生产经营过程中进行加工,形成在产品存货;当加工结束之后则形成产成品存货,通过销售取得货币资金,表示存货的一个循环完成。当存货从一种形态转化为另一种形态的速度较快时,存货的周转速度就快。此外,各类存货周转额占存货周转额的比重大小也会对存货周转率产生影响。

根据表 7-2 可以看出,2021 年 DF 公司存货周转率与 2020 年相比有一定程度下降,存货周转次数下降了 0.43 次,说明该公司存货管理水平有一定程度的降低。

三、应收账款营运能力分析

(一)应收账款周转率计算与分析

应收账款周转率是指企业一定时期赊销收入净额与应收账款平均余额的比率,用以反映应收账款的收款速度,一般以周转次数来表示。其计算公式如下:

$$应收账款周转率 = \frac{赊销收入}{平均应收账款}$$

应收账款是指因商品购销关系所产生的债权资产,而不是单指会计核算上的应收账款科目,一般包括应收账款和应收票据。

应收账款周转率说明年度内应收账款转化为现金的平均次数,体现了应收账款的变现速度和企业的收款效率,一般认为周转率越高越有利,因为它可能表明:①收款迅速,可节约营运资金。②减少了坏账损失。③可减少收账费用。④资产流动性高。

反映应收账款周转率的另一个指标是应收账款周转期,也称作应收账款账龄或应收账款平均收账期。其计算公式如下:

$$应收账款周转期 = \frac{计算期天数}{应收账款周转率} = \frac{平均应收账款 \times 计算期天数}{赊销收入} = \frac{平均应收账款}{平均每日赊销收入}$$

通过以上指标,即本期数与前期数、计划数、同类企业先进水平的比较,可以了解应收账款周转率的变动情况、计划完成情况、与先进水平的差距等。

(二)应收账款周转率分析应注意的问题

1. 外部分析以营业收入作为周转额

上述计算公式中所采用的周转额从理论上说应采用赊销净额,不包括现销收入,但赊销收入作为企业的商业秘密并不对外公布,外部分析者难以取得赊销收入的资料。因此,一般用营业收入代替,即:

$$应收账款周转率 = \frac{营业收入}{平均应收账款}$$

$$应收账款周转期 = \frac{平均应收账款 \times 计算期天数}{营业收入}$$

2. 经营季节性特征的影响

应收账款周转率计算公式的分母是应收账款期末余额和期初余额的算术平均数,这是基于企业应收账款在一个会计期间内呈线性增加或者减少的假设。但是有些企业的业务会呈现出明显的季节性特征,应收账款占用额会由于季节因素呈非线性波动。对于这类企业,应收账款周转率指标的分析效力会受到影响。假设 A 公司生产销售羽绒服,销售活动主要发生在冬季,其 1 月份和 12 月份的应收账款余额处于全年的高位。而 B 公司生产销售驱蚊产品,主要在夏季销售,其 1 月份和 12 月份的应收账款余额处于全年的低位。按照年度报告计算的应收账款的平均占用额,A 公司会被高估,而 B 公司会被低估,因此,A 公司应收账款周转率被低估,B 公司被高估。

3. 应收账款变化趋势问题

应收账款变化趋势问题是由计算应收账款余额算术平均数带来的问题。假设甲公司应收账款的期初余额是 100 万元,期末余额是 200 万元;而乙公司应收账款的期初余额是 200 万元,期末余额是 100 万元。如果两个公司的销售收入是一样的,那么计算所得的应收账款周转率将是相同的。无法显示出乙公司应收账款回收变化趋势好于甲公司的情况。

4. 增值税的影响

增值税属于价外税,不包括在企业所确认的收入当中,也就不包括在应收账款周转率计算公式的分子中。但是计算公式的分子——应收账款,不仅包括销售货物的价款还包括向购货方代收的增值税销项税额。由于增值税所导致的分子和分母口径不一致,会使应收账款周转率指标偏低。

四、营业周期计算与分析

营业周期是指企业从购入存货到生产、销售产品并最后收回现金所经历的时间。营业周期的计算公式如下:

$$营业周期 = 存货周转期 + 应收账款周转期$$

营业周期反映了企业经营活动的效率,营业周期越短说明资产的使用效率越高。在其他条件不变的情况下,缩短营业周期将有助于提升企业的盈利能力。通常企业还可以通过计算自身的营业周期,来确定合理的信用采购还款期限。如果企业在采购时,能够从供应商处获得不短于自身营业周期的延迟付款期限(即信用期限),那么意味着企业不需要额外筹集资金用于采购业务。用营业周期减去应付账款周转期,即可得到企业的现金周转期。

以 DF 公司为例进行营业周期的分析,如表 7-3 所示。

表 7-3　　　　　　　　　　营业周期计算分析表

金额单位:元

项目	2021 年	2020 年	差异
营业收入	3 418 615 326.00	3 042 353 725.30	376 261 600.70
营业成本	2 227 322 780.16	2 057 594 095.40	169 728 684.76
平均存货	1 181 600 312.89	888 646 643.97	292 953 668.92
平均应收账款	1 256 839 070.59	1 205 876 529.37	50 962 541.22
存货周转率(次)	1.89	2.32	−0.43
存货周转天数(天)	190.98	155.48	35.50
应收账款周转率(次)	2.72	2.52	0.20
应收账款周转天数(天)	132.35	142.69	−10.34
营业周期(天)	323.33	298.17	25.16

计算结果表明，DF 公司 2021 年营业周期相比 2020 年有一定幅度增长，说明该公司资金周转速度减缓。

第四节 固定资产营运能力分析

企业资产利用的直接成果可以用产品产量或销量来衡量，通过产量（产值）和销量（营业收入）与资产的对比，可以反映出企业资产的利用效率。本节将从这两个角度，分别使用固定资产产值率和固定资产周转率指标，评价企业的固定资产营运能力。

一、固定资产产值率计算与分析

固定资产是企业主要的生产手段，固定资产的利用效率可以直接通过所生产的产品价值（产值）表现出来，将一定时期按不变价格计算的产值与固定资产平均总值进行对比，就可以计算出固定资产产值率。其计算公式如下：

$$固定资产产值率 = \frac{总产值}{平均固定资产} \times 100\%$$

公式中的分母既可以使用固定资产原值，也可以使用固定资产净值，具体采用的数值取决于分析的目的和要求。如果从固定资产规模和生产能力方面来分析，应使用原值指标，如果从固定资产资金占用方面分析，则以净值为宜。该指标意味着每 1 元的固定资产可以创造出多少元的产品。不同的行业，由于技术装备不同，每元固定资产创造的产值也有很大差别，所以该指标在不同行业不具可比性。

企业的固定资产在生产经营活动的不同环节，发挥着不同的功能和作用。既有生产用固定资产，也有非生产用固定资产。生产用固定资产直接为生产产品服务，其所占比重越高，周转速度越快，企业创造价值的效率和效果越好。因此，固定资产产值率可作如下分解：

$$全部固定资产产值率 = \frac{总产值}{平均生产用固定资产} \times \frac{平均生产用固定资产}{平均固定资产} \times 100\%$$
$$= 生产用固定资产产值率 \times 生产用固定资产占固定资产的比重$$

该因素分析表明，全部固定资产产值率受生产用固定资产产值率和生产用固定资产比重的影响。生产用固定资产当中的核心部分是生产设备，生产设备是生产价值的直接手段，所以生产用固定资产产值率可作如下分解：

$$生产用固定资产产值率 = \frac{总产值}{生产设备平均值} \times \frac{生产设备平均值}{平均生产用固定资产} \times 100\%$$
$$= 生产设备产值率 \times 生产设备占生产用固定资产的比重$$

该因素分析表明，生产用固定资产产值率受生产设备产值率和生产设备占生产用固定资产比重的影响。

综上可得：

$$固定资产产值率 = \frac{总产值}{生产设备平均值} \times \frac{生产设备平均值}{平均生产用固定资产} \times \frac{平均生产用固定资产}{平均固定资产} \times 100\%$$

$$= \frac{生产设备}{产值率} \times \frac{生产设备占生产用}{固定资产的比重} \times \frac{生产用固定资产占}{固定资产的比重}$$

从以上分解式可以看出,全部固定资产产值率的变动原因有两方面,即生产设备的利用效率和固定资产结构状况。其中,固定资产结构通过生产设备占生产用固定资产比重和生产用固定资产占全部固定资产比重两个指标来表示。这说明在全部固定资产中,应首先提高生产用固定资产比重,降低非生产用固定资产比例;其次要注意在提高生产用固定资产比重时,重点放在增加生产设备方面。

二、固定资产周转率计算与分析

固定资产周转率是指一定时期实现的营业收入与固定资产平均总值的比率。其计算公式如下:

$$固定资产周转率 = \frac{营业收入}{平均固定资产}$$

反映固定资产周转率的另一个指标是固定资产周转期。其计算公式如下:

$$固定资产周转期 = \frac{平均固定资产 \times 计算期天数}{营业收入}$$

公式中,固定资产既可用原值表示,也可用净值表示。该指标意味着每1元的固定资产所产生的收入。由于营业收入反映产品的数量和质量已得到社会承认,避免了固定资产产值率计算中存在的问题。

固定资产周转率变动原因的分析,可依据下面的分解式进行:

$$固定资产周转率 = \frac{总产值}{平均固定资产} \times \frac{营业收入}{总产值} \times 100\% = 固定资产产值率 \times 产品销售率$$

由此可见,要想提高固定资产周转率,在提高固定资产产值率的基础上,还要做到产销均衡。

假定有关固定资产周转率分析资料如表7-4所示。

表 7-4 固定资产周转率分析资料表

金额单位:元

项目	2021 年	2020 年	差异
营业收入	3 418 615 326.00	3 042 353 725.30	376 261 600.70
总产值	3 425 466 258.52	3 082 425 253.60	343 041 004.92
平均固定资产	588 908 476.82	587 814 966.92	1 093 509.90
固定资产周转率(次)	5.81	5.18	0.63
固定资产产值率	581.66%	524.39%	57.27%
产品销售率	99.80%	98.70%	1.20%

本例固定资产周转率上升 0.63 次(5.81－5.18),具体原因分析如下:

固定资产产值率上升使固定资产周转率上升:

$(581.66\% － 524.39\%) \times 98.70\% ＝ 0.56$

产品销售率上升使固定资产周转率上升:

$581.66\% \times (99.80\% － 98.70\%) ＝ 0.07$

分析表明,在固定资产产值率上升 57.27% 的情况下,产品销售率上升 1.20% 的情况下,共同使得固定资产周转率上升 0.63 次。

练 习 题

一、单选题

1. 企业营运能力主要是指企业营运资产的（　　）。
    A. 结构与分布
    B. 效率与效益
    C. 产出与耗费
    D. 积累与分配

2. 影响总资产周转速度的关键因素是（　　）。
    A. 固定资产周转速度
    B. 企业的盈利能力
    C. 流动资产周转速度
    D. 企业的融资方式

3. 影响总资产收入率的因素除总资产产值率外,还有（　　）。
    A. 总资产报酬率
    B. 总资产周转率
    C. 固定资产产值率
    D. 产品销售率

4. 流动资产占总资产的比重是影响（　　）指标变动的重要因素。
    A. 总资产周转率
    B. 总资产产值率
    C. 总资产收入率
    D. 总资产报酬率

5. 下列各项中,属于影响流动资产周转率的因素是（　　）。
    A. 产出率
    B. 销售率
    C. 成本收入率
    D. 收入成本率

6. 当流动资产占用量不变时,流动资产周转加快会形成流动资金的（　　）。
    A. 绝对浪费额
    B. 相对浪费额
    C. 绝对节约额
    D. 相对节约额

7. 公司应收账款周转率的下降可能是其（　　）引起的。

A. 放宽了信用政策

B. 加快了收账速度

C. 赊销收入增长的速度快于应收账款的增长速度

D. 回收了以前期间大量的应收账款

8. 提高固定资产产值率的关键在于(　　　)。

A. 提高销售率

B. 增加生产设备

C. 增加生产用固定资产

D. 提高生产设备产值率

二、多选题

1. 下列各项中,属于反映企业营运能力的指标有(　　　)。

A. 总资产收入率

B. 固定资产收入率

C. 流动资产周转率

D. 存货周转率

2. 下列各项中,属于反映流动资产周转速度的指标有(　　　)。

A. 应收账款周转期

B. 生产设备产值率

C. 总资产产值率

D. 存货周转率

3. 下列各项中,属于影响存货周转率的因素有(　　　)。

A. 材料周转率

B. 在产品周转率

C. 产品生产成本

D. 产成品周转率

4. 应收账款周转率越高越好,因为它表明(　　　)。

A. 收款迅速

B. 减少坏账损失

C. 资产流动性高

D. 营业收入增加

5. 存货周转率偏低的原因可能有(　　　)。

A. 应收账款增加

B. 降价销售

C. 产品滞销

D. 销售政策发生变化

三、判断题

1. 从一定意义上讲,流动性比收益性更重要。　　　　　　　　　　　　　(　　　)

2. 应收账款周转期越长,表明周转速度越快。 （　　）

3. 企业总资产营运能力的高低主要取决于流动资产营运能力的高低。 （　　）

4. 存货的构成比率对存货的周转情况无影响。 （　　）

5. 只要流动资产实际存量大于基期,就会形成绝对浪费额。 （　　）

6. 只要增加总产值,就能提高总资产产值率。 （　　）

7. 存货周转速度越快,则存货的流动性越强,存货转换为现金或应收账款的速度也就越快。 （　　）

8. 在其他条件不变时,流动资产比重越高,总资产周转速度越快。 （　　）

9. 企业要想提高资产的营运能力,只需要改进生产工艺,提升产值率。 （　　）

10. 企业只要提高营运能力,盈利能力就一定能够提升。 （　　）

11. 影响固定资产产值率的因素有两个,即生产设备的利用效率和固定资产结构状况。 （　　）

12. 固定资产产值率越高,固定资产收入率就越高。 （　　）

13. 总资产收入率与总资产周转率的经济意义实质是一样的。 （　　）

14. 营业收入增加时,流动资产存量减少所形成的节约额是绝对节约额。 （　　）

15. 使用营业收入作为周转额是用来说明垫支的流动资产周转速度。 （　　）

四、计算分析题

1. 甲公司年初流动资产为220万元,年末流动资产为280万元,本年利润总额为100万元,所得税税率为25%,销售净利润率为20%。

   要求:计算该公司的流动资产周转率。

2. 乙公司总资产营运能力指标的计算如表7-5所示。

表 7-5　　　　　　　　　　乙公司资产负债表部分数据

单位:元

项目	2020 年年末	2021 年年末
营业收入	29 312	31 420
工业总产值	28 423	28 645
总资产	36 592	36 876

要求:(1) 计算本年总资产产值率指标。

　　　(2) 计算本年万元产值占用资金指标。

　　　(3) 计算本年总资产收入率指标。

　　　(4) 计算本年总资产周转率指标。

3. 丙公司连续3年的资产负债表中相关资产项目的数额如表7-6所示。

表 7-6　　　　　　　　　　丙公司资产负债表中相关数据

单位:元

项目	2019 年年末	2020 年年末	2021 年年末
流动资产	2 200	2 680	2 680
其中:应收账款	944	1 028	1 140

（续表）

项目	2019 年年末	2020 年年末	2021 年年末
存货	1 060	928	1 070
固定资产	3 800	3 340	3 500
资产总额	8 800	8 060	8 920

已知该公司 2021 年营业收入为 10 465 万元，比 2020 年增长了 15%；营业成本为 8 176 万元，比 2020 年增长了 12%。

要求：

（1）计算该公司 2020 年和 2021 年的应收账款周转率、存货周转率、流动资产周转率、固定资产周转率和总资产周转率。

（2）对该公司的资产运用效率进行评价。

第八章　企业发展能力分析

知识导航

```
                                                           ┌ 企业发展能力分析的目的
                      ┌ 企业发展能力分析的目的与内容 ┤
                      │                              └ 企业发展能力分析的内容
                      │                              ┌ 股东权益增长率计算与分析
                      │                              │ 利润增长率计算与分析
企业发展能力分析 ┤ 企业单项发展能力分析 ┤
                      │                              │ 收入增长率计算与分析
                      │                              └ 资产增长率计算与分析
                      │                              ┌ 企业整体发展能力分析框架
                      └ 企业整体发展能力分析 ┤
                                                     └ 企业整体发展能力分析框架应用
```

学习目标

1. 了解发展能力分析的目的和内容。
2. 熟悉发展能力分析的反应形式。
3. 熟悉单项资产和企业整体发展能力的内涵及具体指标计算。
4. 熟练运用相关指标对企业发展能力进行评价。

案例导入

技术实力与市场助力华为未来发展之路

华为技术有限公司(以下简称华为),自1987年在中国深圳成立以来,迅速崛起为全球信息与通信技术(ICT)的领军者。在20世纪90年代,华为开始实施全球化战略,并在欧洲、亚洲和非洲等地扎根发展。2005年,华为首次跻身《财富》全球500强企业,并逐年稳步上升,展现出其强大的市场竞争力。

华为一直以来都高度重视技术研发,年均将超过10%的营收投入研发,这也是其持续创新和市场增长的动力所在。在5G技术、人工智能(AI)、云计算及物联网等领域,华为不断取得显著成就。尤其在5G技术领域,华为被广泛认为是全球前列的供应商之一,不仅在网络设备方面的研发实力雄厚,还通过与不同行业的合作,推动了5G技术在智能交通、智能制造和智慧城市等场景的应用。

华为在智能手机市场的表现一直强劲,曾一度占据全球智能手机市场约20%的份额,跻身第二大手机制造商。尽管近年受到美国政府制裁的影响以及市场竞争加剧,华为依然保持着较高的市场份额。在网络设备市场,华为同样展现出色,长期保持在全球运营商网络设备市场的第一位。凭借其技术实力和丰富的产品线,华为赢得了全球众多运营商的信任。

作为一家全球化的企业,华为在社会责任方面表现不俗,积极投身教育、环保及公益事业。在教育领域,华为通过设立奖学金和支持高校科研,推动教育事业的发展。公司还与多所高校合作,助力产学研结合。此外,华为在环保方面努力降低产品的碳排放,通过一系列绿色技术措施提升可持续发展能力。

展望未来,华为将继续坚持技术创新,推动数字化转型,计划加大在 5G、人工智能和云计算等领域的投资,进一步拓展市场。同时,华为会强化全球化战略,寻求与更多国家及地区的合作机会。此外,华为还将大力关注可持续发展,努力在技术创新与社会责任之间实现平衡,推动绿色技术发展,从而树立良好的企业形象。

资料来源:搜狐网,2024 年 11 月 03 日,《华为的技术实力与市场之路:未来将如何发展?》。

思考:从股东权益、销售、资产等方面,分析华为整体发展能力出众的原因。

第一节 企业发展能力分析的目的与内容

一、企业发展能力分析的目的

企业所追求的目标通常可以概括为生存、发展与获利,从中可以窥见发展对于企业的重要性,它是企业实现盈利的根本途径。发展能力通常是指企业未来生产经营活动的发展趋势和发展潜能,也可以称为企业增长能力。企业应该追求健康的、可持续的增长,这需要管理者利用股东和债权人的资本进行有效运营,合理控制成本,增加收入获得利润,在补偿了债务资本成本之后实现股东财富增加,进而提高企业价值。这种增长的潜力就是企业的发展能力,对这种能力进行分析便能对企业的未来成长性进行预测,从而评估企业价值。可见,企业发展能力分析具有重要意义。通过企业发展能力分析,可以实现以下目的:

1. 补充和完善传统财务分析

一方面,传统的财务分析侧重回顾过去,但财务分析的最大贡献不在于了解过去,而是预测未来,而企业发展能力分析是展望未来,这种对企业未来发展的预期满足了报表使用者的需求;另一方面,传统财务分析从静态角度分析盈利能力、营运能力以及偿债能力,而发展能力分析则是从动态角度分析这三种能力。

2. 为预测分析与价值评估做铺垫

企业发展能力分析并不是对报表项目逐一进行分析,而是根据收入、利润、股东权益和资产之间的联系使这些财务数据相互贯通,从而衡量企业的增长。而从企业发展能力分析中得出的增长率数据将是后续一系列预测分析和价值评估工作的基础数据来源,对以预测分析为基础的价值评估而言十分重要。

3. 满足相关利益者的决策需求

对于股东而言,可以通过发展能力分析衡量企业创造股东价值的能力,从而为采取下一步战略行动提供依据；对于潜在的投资者而言，可以通过发展能力分析评价企业的成长性，从而选择合适的目标企业做出正确的投资决策；对于经营者而言，可以通过发展能力分析发现影响企业未来发展的关键因素，从而采取正确的经营策略和财务策略促进企业可持续增长；对于债权人而言，可以通过发展能力分析判断企业未来的盈利能力，从而做出正确的信贷决策。

二、企业发展能力分析的内容

企业发展能力的大小是一个相对概念，即分析期的股东权益、利润、收入和资产是相对于上一期的股东权益、利润、收入和资产而言的。仅仅利用增长额只能说明企业某一方面的增减额度，无法反映企业在某一方面的增减幅度，既不利于不同规模企业之间的横向对比，也不能准确反映企业的发展能力。因此，在实践中通常是使用增长率来进行企业发展能力分析的。当然，企业不同方面的增长率相互作用、相互影响，只有将各方面的增长率进行交叉比较分析，才能全面分析企业的整体发展能力。

可见，企业发展能力分析的内容可分为以下两部分：

1. 企业单项发展能力分析

企业价值要获得增长，就必须依赖于股东权益、利润、收入和资产等方面的不断增长。企业单项发展能力分析就是通过计算和分析股东权益增长率、利润增长率、收入增长率、资产增长率等指标，分别衡量企业在股东权益、利润、收入、资产等方面所具有的发展能力，并对其在股东权益、利润、收入、资产等方面所具有的发展趋势进行评估。

2. 企业整体发展能力分析

企业要获得可持续增长，就必须在股东权益、利润、收入和资产等各方面谋求协调发展。企业整体发展能力分析就是通过对股东权益增长率、利润增长率、收入增长率、资产增长率等指标进行相互比较与全面分析，综合判断企业的整体发展能力。

第二节 企业单项发展能力分析

一、股东权益增长率计算与分析

(一) 股东权益增长率的内涵和计算

股东权益的增加反映了股东财富的增加。在实践中，也可以采用比率表示股东权益的增加。股东权益的增加就是期初余额到期末余额的变化，利用股东权益增长率能够解释这种变化。股东权益增长率是本期股东权益增加额与股东权益期初余额之比，也叫作资本积累率，其计算公式如下：

$$股东权益增长率 = \frac{本期股东权益增加额}{股东权益期初余额} \times 100\%$$

股东权益增长率越高，表明企业本期股东权益增加得越多；反之，股东权益增长率越低，表明企业本期股东权益增加得越少。

为了克服资本受短期波动因素影响的缺陷,反映企业较长时期内资本积累的平均增长情况,在实际中还存在 3 年资本平均增长率这一比率。该指标表示企业连续 3 期的资本积累增长情况,反映企业资本积累或资本扩张的历史发展状况,以及企业稳步发展的潜力。其计算公式如下:

$$3 年资本平均增长率 = \left(\sqrt[3]{\frac{年末股东权益}{三年前年末股东权益}} - 1 \right) \times 100\%$$

资本增长是企业发展壮大的标志,也是企业扩大再生产的源泉。在没有新的所有者资本投入的情况下,该指标反映了投资者投入资本的保全和增长情况,该指标越高,说明资本保值增值能力越强,企业可以长期使用的资金越充裕,应对风险和持续发展的能力越强。

对该指标的分析还应该注意所有者权益不同类别的变化情况,一般说资本的扩张大都来源于外部资金的注入,反映企业获得了新的资本,具备了进一步发展的基础;如果资本的扩张主要来源于留存收益的增长,可以反映出企业在自身的经营过程中不断积累发展后备资金,既表明企业在过去经营过程的发展业绩,也说明企业具有进一步的发展后劲。

该指标设计的原意是为了均衡计算企业的 3 年平均资本增长水平,从而客观评价企业的股东权益发展能力状况。但是从该项指标的计算公式来看,并不能达到这个目的。因为其计算结果的高低只与两个因素有关,即本年度年末股东权益总额和 3 年前年度年末股东权益总额,而中间 2 年的年末股东权益总额则不影响该指标的高低。这样,只要两个企业的本年度年末股东权益总额和 3 年前年度年末股东权益总额相同,就能够得出相同的 3 年资本平均增长率,但是这两个企业的利润增长趋势可能并不一致。因此,依据 3 年资本平均增长率来评价企业股东权益发展能力存在缺陷。

(二) 股东权益增长率分析

由于股东权益变动表反映了股东权益在会计期间发生增减变化的原因,因此可以结合股东权益变动表对股东权益增长率进行分析。综合而言,股东权益的增加主要来源于经营活动产生的净利润、融资活动产生的对股东的净支付以及直接计入股东权益的利得和损失。对股东的净支付是指股东对企业当年的新增投资扣除当年发放的股利。这样股东权益增长率还可以表示为:

$$股东权益增长率 = \frac{本期股东权益增加额}{股东权益期初余额} \times 100\%$$

$$= \frac{净利润 + (股东新增投资 - 支付股东股利) + 直接计入股东权益的利得和损失}{股东权益期初余额} \times 100\%$$

$$= \frac{净利润 + 对股东的净支付 + 直接计入股东权益的利得和损失}{股东权益期初余额} \times 100\%$$

$$= 净资产收益率 + 股东净投资率 + 净损益占股东权益的比率$$

上式中的净资产收益率、股东净投资率和净损益占股东权益的比率都是以股东权益期初余额作为分母计算的。从上式中可以看出股东权益增长率是受净资产收益率、股东净投资率、净损益占股东权益的比率这三个因素驱动的。其中净资产收益率反映了企业运用股东投入资本创造收益的能力,股东净投资率反映了企业利用股东新投资的程度,而净损益占股东权益的比率则反映了直接计入股东权益的利得和损失在股东权益中所占的份额。这三个比率的高低都反映了对股东权益增长的影响程度。

从根本上看,一个企业的股东权益增长应主要依赖于企业运用股东投入资本所创造的利润,即公式中的净利润,这种净利润已经扣除了非经常性损益。其原因在于:①利得和损失通常是由正常经营活动以外的因素引起的,一般和企业管理者是否努力经营无关,不能反映企业真实的盈利能力,因此,在计算净资产收益率时应该从净利润中扣除非经常性损益。②尽管一个企业的价值在短期内可以通过筹集和投入尽可能多的资本来促使股东权益的增加,并且这种行为在扩大企业规模的同时也有利于经营者,但是这种策略通常不利于股东的最佳利益,因为它忽视了股东权益资本具有机会成本,并应获得合理投资报酬的事实。

为正确判断和预测企业股东权益规模的发展趋势和发展水平,应对企业不同时期的股东权益增长率加以比较。对这种发展趋势分析的意义除了能够评价企业的发展能力以外,还是进行预测分析和基于预测分析的价值评估的重要参考数据。由于通常预测的股东权益变动表数据来自预测的利润表及资产负债表,这种方式得到的数据对其他预测报表的依赖性非常大,如果其他报表数据预测出现不妥,则会影响该报表及后续的分析和评估,利用股东权益增长率进行不同角度的数据印证,可以减少这种预测失误,也会为之后的价值评估带来正面影响。

二、利润增长率计算与分析

(一) 利润增长率的内涵和计算

如前所述,一个企业的股东权益增长应主要依赖于企业运用股东投入资本所创造的利润,也就是说,企业的价值主要取决于盈利及其增长。因此,企业利润的增长也是反映企业发展能力的重要方面。由于利润可表现为营业利润、利润总额、净利润等多种指标,因此相应的利润增长率也具有不同的表现形式。

由于净利润是企业经营业绩的综合呈现,净利润的增长是企业成长性的基本表现,因此在实际当中,主要采用净利润增长率进行利润增长能力分析。净利润增长率是本期净利润增加额与上期净利润之比,其计算公式如下:

$$净利润增长率 = \frac{本期净利润增加额}{上期净利润} \times 100\%$$

需要说明的是,如果上期净利润为负值,则计算公式的分母应取其绝对值。该公式反映的是企业净利润的增长情况。净利润增长率为正数,则说明企业本期净利润增加,净利润增长率越大,说明企业收益增长得越多;净利润增长率为负数,则说明企业本期净利润减少,收益降低。

如果一家企业营业收入增长,但利润并未增长,那么从长远看,它并没有增加股东权益。同样,如果一个企业净利润增长,但营业收入并未增长,也就是说净利润的增长并不来自营业收入,很可能来自非经常性收益项目,如资产重组收益、债务重组收益、财政补贴等项目,那么这样的增长因素对于企业而言往往是不可持续的,因为非经常性损益并不代表企业真实的盈利能力,具有较大的偶然性和意外性。

当然,除了分析净利润增长以外,为了观察其具体的构成,还应进一步分析营业利润增长率等指标,利用营业利润增长率这一指标可以更好地考察企业利润的增长情况。营业利润增长率是本期营业利润增加额与上期营业利润之比,其计算公式如下:

$$营业利润增加率 = \frac{本期营业利润增加额}{上期营业利润} \times 100\%$$

如果上期营业利润为负值,则计算公式的分母应取其绝对值。该公式反映的是企业营业利润的增长情况。营业利润增长率为正数,则说明企业本期营业利润增加、营业利润增长率越大,则说明企业收益增长得越多;营业利润增长率为负数,则说明企业本期营业利润减少,收益降低。

值得注意的是,在实际中有人提出利用 3 年利润平均增长率这一指标分析企业收益增长能力。其计算公式如下:

$$3 年利润平均增长率 = \left(\sqrt[3]{\frac{年末利润总额}{三年前利润总额}} - 1\right) \times 100\%$$

从计算公式可以发现该指标的设计原理与 3 年资本平均增长率一致。计算 3 年利润平均增长率是为了均衡计算企业的 3 年平均利润增长水平,从而客观评价企业的收益增长能力状况。但是从该项指标的计算公式来看,它并不能达到这个目的。因为其计算结果的高低同样只与两个因素有关,即本年度年末利润总额和 3 年前年度年末利润总额,而中间 2 年的年末实现利润总额则不影响该指标的高低。这样,只要两个企业的本年年末利润总额和 3 年前年度年末利润总额相同,就能够得出相同的 3 年利润平均增长率,但是这两个企业的利润增长趋势可能并不一致。因此,依据 3 年利润平均增长率评价企业收益增长能力也是存在一定缺陷的。

(二)利润增长率分析

在进行利润增长率分析时,应首先关注利润增长的来源。从利润表来看,利润增长大致来源于三个方面:一是企业正常经营活动带来的利润增长,这种增长代表企业发展能力具有可持续性。二是不构成企业日常经营活动的投资活动产生的收益,在利润表中常体现在投资收益、公允价值变动损益、资产处置收益等项目,应对这部分收益带来的营业利润增长的合理性保持警惕,因为企业很可能会通过投资活动和筹资活动收益操控利润。三是经常性收益项目,这是指那些具有较大偶然性和意外性的收益,如债务重组收益、非流动资产毁损报废利得等,这些收益的产生虽然会导致净利润增加,但它们并不能代表企业真实的盈利能力,由此带来的增长也是无法持续保持的。

对企业利润增长率进行分析时,首先应该结合营业收入增长率对比分析。如果企业的营业利润增长率高于其营业收入增长率,则需要深入分析营业利润增长的来源,究竟是属于日常经营活动,还是来自投资活动和筹资活动;反之,如果企业的营业利润增长率低于营业收入增长率,则说明企业营业成本、销售费用、管理费用、财务费用等成本费用项目上升超过了营业收入的增长,说明企业盈利能力并不强,企业营业利润发展潜力受限,也有可能是因为企业发生了投资损失。其次,应该对投资收益、公允价值变动损益、资产处置收益等项目进行合理性分析,警惕企业通过投资活动和筹资活动操控利润行为。最后,为了更正确地反映企业净利润和营业利润的增长趋势,应将企业连续多期的净利润增长率和营业利润增长率指标进行对比分析,这样可以排除个别时期偶然性或特殊性因素的影响,从而更加全面、真实地揭示企业净利润和营业利润的增长情况。

利润增长率分析的意义在于揭示了企业未来获利能力的发展趋势,同时也为预测分析以及价值评估提供了有益的参考数据。我们可以以企业最近一年的利润增长率或最近若干年的利润增长率平均值为标准,综合考虑宏观环境、企业所处行业增长趋势、企业当前实际情况等因素确定一个合理的利润增长率,利用该利润增长率就能大致预测企业下一年度乃至后续各个年度的利润,这样一方面可以进行财务预测中的利润预测,另一方面可以为收益法估值模型中的收益计算提供数据支撑。

下面根据表 2-1 及 DF 公司 2018 年、2019 年、2020 年、2021 年会计报表相关信息,分析该公司的利润增长能力。

首先,利用相关数据计算该公司 2019 年、2020 年和 2021 年的利润增长率。其计算过程如表 8-1 所示。

表 8-1   DF 公司利润增长率指标计算表

单位:元

项目	2018 年	2019 年	2020 年	2021 年
营业利润	108 407 039.91	216 236 694.88	253 762 852.06	314 597 486.53
本年营业利润增加额	—	107 829 654.97	37 526 157.18	60 834 634.47
营业利润增长率	—	99.47%	17.35%	23.97%
净利润	148 187 786.82	186 232 800.44	223 221 024.12	282 743 169.55
本年净利润增加额	—	38 045 013.62	36 988 223.68	59 522 145.43
净利润增长率	—	25.67%	19.86%	26.67%

其次,观察表 8-1 中数据可以发现,3 年间该公司净利润均在增长,且各年净利润增长率波动不大,均为 20% 左右。营业利润 3 年间也均为增长趋势,但各年增长率波动较大。2019 年营业利润增长率较大,具体分析其原因主要有两方面:一是 DF 公司 2018 年提取较大额度的资产减值损失,导致利润有一定幅度下降;二是 DF 公司 2019 年由于偶然因素,导致企业有大额的其他收益,但从长期来看,该收益是非持续的。

三、收入增长率计算与分析

(一) 收入增长率的内涵和计算

收入是利润的源泉,对利润增长的分析还需要结合对收入增长的分析。企业的销售情况越好说明其在市场所占份额越大,实现的营业收入也就越多,企业生存和发展的市场空间也就越大,因此可以用收入增长率来反映企业在销售方面的发展能力。收入增长率就是本期营业收入增加额与上期营业收入之比。其计算公式如下：

$$收入增长率 = \frac{本期营业收入增加额}{上期营业收入} \times 100\%$$

需要说明的是，如果上期营业收入为负值，则计算公式的分母应取其绝对值。该公式反映的是企业某期整体销售增长情况。收入增长率为正数，则说明企业本期销售规模扩大，收入增长率越大，则说明企业营业收入增长得越快，销售情况越好；收入增长率为负数，则说明企业销售规模缩小，销售出现负增长，销售情况较差。

(二) 收入增长率分析

在利用收入增长率来分析企业在销售方面的发展能力时，应该注意以下五个方面。

（1）要判断企业在销售方面是否具有良好的成长性，必须分析销售增长是否具有效益性。如果营业收入的增加主要依赖于资产的相应增加，即收入增长率低于资产增长率，说明这种销售增长不具有效益性，同时也反映企业在销售方面可持续发展能力不强。正常的情况下，一个企业的收入增长率应高于其资产增长率，只有在这种情况下，才说明企业在销售方面具有良好的成长性。

（2）要全面、正确地分析和判断一个企业营业收入的增长趋势和增长水平，必须对一个企业不同时期的收入增长率加以比较和分析。因为收入增长率仅仅就某个时期的销售情况而言，可能会受到一些偶然的和非正常的因素的影响，而无法反映出企业实际的销售发展能力。

（3）判断企业收入增长率是否合理，一方面应该将其与企业成本增长率和费用增长率进行对比分析。正常情况下企业收入增长率应当大于企业的成本增长率和费用增长率。如果成本增长率或费用增长率大于企业收入增长率，则说明企业成本或费用增长超过了收入增长，可能是由于企业在产品成本、销售费用、管理费用、财务费用等方面控制不力所致。出现这种情况，企业需要采取有针对性的措施加以管控，否则可能会导致企业利润下降甚至出现亏损。另一方面应该将其与企业应收账款增长率和存货增长率进行对比分析。正常情况下企业收入增长率应当大于企业的应收账款增长率和存货增长率。如果企业应收账款增长率大于企业收入增长率，表明企业信用风险开始产生，需要采取控制措施遏制这种风险的蔓延。同理，如果企业存货增长率超过了企业收入增长率，则反映企业库存开始积压，需要采取措施消化库存，否则会影响企业资金使用效率，甚至导致企业出现亏损。

（4）可以利用某种产品收入增长率指标来观察企业产品的结构情况，进而也可以分析企业的成长性。其计算公式如下：

$$某种产品收入增长率 = \frac{某种产品本期营业收入增加额}{上期营业收入净额} \times 100\%$$

根据产品生命周期理论，每种产品的生命周期一般可以划分为四个阶段。每种产品在不同的阶段反映出的销售情况也不同：在投放期，某种产品收入增长率往往较低；在成长期，销售量扩大，某种产品收入增长率较高；在成熟期，由于市场已经基本饱和，产品销售将不再有大幅度的增长，即某种产品收入增长率与上一期相比变动不大；在衰退期，由于该产品的市场开始萎缩，某种产品收入增长率较上一期变动非常小，甚至表现为负数。根据这一原理,借助某种产品收入增长率指标,大致可以分析企业生产经营的产品所处的生命周期阶段,据此也可以判断企业的发展前景。

(5) 要分析收入增长的来源。仅仅根据财务报表的数字并不能清晰地认识收入增长的源泉,只有分析收入增长的来源,才能断定企业是否具有销售方面的发展能力。企业的收入增长可能源于外汇汇率的变动,也可能源于债务重组产生的利润,还有可能是源于会计政策或会计估计变更引起的变动,如果是由此类情况引起的收入增加,那这种增长力就是不可持续的,不能说明企业的销售能力。另外收入的质量也值得关注,有些收入造成的坏账准备数额较大,这种收入并没有给企业带来发展的动力。

分析收入增长率,其意义在于收入增长率不仅是分析企业销售发展能力的重要比率,也是进行预测分析时的关键参考数据。预测分析的起点是预测利润表,而该表大多数报表项目的预测都依赖于预计营业收入,因此营业收入预测的合理性对后续的一系列预测分析,以及基于预测分析展开的价值评估的有效性可以说起着基础性和决定性的作用。对某种产品收入增长率的分析结合企业所处经济环境的定性分析将有助于修正预测的营业收入,使之尽可能接近企业实际发展情况。用此类方法可以得出之后连续多年的财务预测数据,这也为价值评估奠定了基础。

根据表 3-1 及 DF 公司 2018 年、2019 年、2020 年、2021 年会计报表相关信息,分析 DF 公司的收入发展能力。

利用相关数据分别计算该公司 2019 年、2020 年和 2021 年的收入增长率指标。其计算过程如表 8-2 所示。

表 8-2　　　　　　　　　　DF 公司收入增长率指标计算表

单位:元

项目	2018 年	2019 年	2020 年	2021 年
营业收入	2 371 746 906.59	2 708 461 875.63	3 042 353 725.30	3 418 615 326.00
本年营业收入增加额	——	336 714 969.04	333 891 849.67	376 261 600.70
营业收入增长率		14.20%	12.33%	12.37%

从表 8-2 可以看出,DF 公司 2018 年至 2021 年的营业收入增长率均为正值,说明该公司的销售额一直在增长,未来销售规模有望进一步扩大;从增长幅度来看,3 年间营业收入增长率有下降趋势,收入增长的迅速放缓说明企业发展亦在放缓,急剧下降的收入增长率也可能与一些偶发性或特殊性因素的影响有关,如 2020 年行业环境变化是一个不可忽视的重要因素。

四、资产增长率计算与分析

(一) 资产增长率的内涵和计算

企业要增加收入,就需要通过增加资产投入来实现。资产增长率指标可以反映企业在资产投入方面的增长情况。资产增长率就是本期资产增加额与资产期初余额之比。其计算公式如下：

$$资产增长率 = \frac{本期资产增加额}{资产期初余额} \times 100\%$$

资产增长率是用来考核企业资产投入增长幅度的财务指标。资产增长率为正数,说明企业本期资产规模增加,资产增长率越大,则说明资产规模增加幅度越大;资产增长率为负数,则说明企业本期资产规模缩减,资产出现负增长。

由于资产增长率会受到资产短期波动的影响,所以为了弥补该指标的不足,可以利用 3 年平均增长率指标来反映企业较长时间内的资产增长情况。其计算公式如下：

$$3 年资产平均增长率 = \left(\sqrt[3]{\frac{年末资产总额}{三年前年末资产总额}} - 1 \right) \times 100\%$$

资产 3 年平均增长率越高,说明企业资产规模增长速度越快,竞争和发展能力较强。

(二) 资产增长率分析

在对资产增长率进行具体分析时,应该注意以下三点。

(1) 企业资产增长率高并不意味着企业的资产规模增长就一定适当。评价一个企业的资产规模增长是否适当,必须与销售增长、利润增长等情况结合起来分析。只有在一个企业的销售增长、利润增长超过资产规模增长的情况下,这种资产规模增长才属于效益型增长,才是适当的、正常的。

(2) 需要正确分析企业资产增长的来源。因为企业的资产来源一般来自负债和所有者权益,在其他条件不变的情形下,无论是增加负债规模还是增加所有者权益规模,都会提高资产增长率。如果一个企业资产的增长完全依赖于负债的增长,而所有者权益项目在年度里没有发生变动或者变动不大,则说明企业不具备良好的发展潜力。从企业自身的角度来看,企业资产的增加应该主要取决于企业盈利的增加。当然,盈利的增加能带来多大程度的资产增加还要视企业实行的股利政策而定。

(3) 为全面认识企业资产规模的增长趋势和增长水平,应对企业不同时期的资产增长率加以比较。因为一个健康的处于成长期的企业,其资产规模应该是不断增长的,如果时增时减,则反映出企业的经营业务并不稳定,同时也说明企业并不具备良好的发展能力。所以只有将一个企业不同时期的资产增长率加以比较,才能正确评价企业资产规模的发展能力。

分析资产增长率的意义在于资产增长率除了能够衡量企业发展能力以外,也是预测分析和价值评估的基础数据之一,在进行必要的定性分析前提下,经过调整的资产增长率一方面可以直接预测企业未来资产规模的大小,另一方面可以作为通过其他预测方法得到结果的验证性数据。

下面根据表 2-1 及 DF 公司 2018 年、2019 年、2020 年、2021 年会计报表相关信息,分析该公司的资产增长能力。

利用相关数据先分别计算 2019 年、2020 年、2021 年的资产增长率、股东权益增加额及其占资产增加额的比重。其计算过程如表 8-3 所示。

表 8-3   **DF 公司资产增长率指标计算表**

金额单位：元

项目	2018 年	2019 年	2020 年	2021 年
资产总额	3 406 856 029.91	4 790 871 086.96	5 154 613 453.32	6 261 135 017.88
本年资产增加额	—	1 384 015 057.05	363 742 366.36	1 106 521 564.56
资产增长率	—	40.62%	7.59%	21.47%
股东权益增加额	—	1 127 195 459.01	128 110 708.63	275 837 695.54
股东权益增加额占资产增加额的比重	—	81.44%	35.22%	24.93%

从表 8-3 可以看出，DF 公司 3 年来的资产增长率均为正值，说明自 2018 年以来，资产规模一直不断扩大。资产增长率有较大波动，2019 年资产增长率高达 40.62%，2020 年则明显放缓，仅为 7.59%。

当然仅仅依据这一点，无法得出 DF 公司具有较强的资产增长能力的结论，还必须分析该公司资产增长的效益性和资产增长的来源。资产增长的效益性将在下面的收入增长分析和利润增长分析中结合相关数据进行分析，在此我们重点分析资产增长的来源。如表 8-3 所示，2019 年、2020 年及 2021 年这 3 年的股东权益增加额占资产增加额的比重分别为 81.44%、35.22% 和 24.93%，可以看出，除 2019 年外，该公司股东权益增加在资产增加额中所占的比重较低，资产的增长绝大部分来自负债的增加，说明这 2 年资产增加的来源并不是很理想；而 2014 年股东权益的增加在资产增加额中所占的比重有了较大幅度的提高，达到了 81.44%，说明该年资产增长来源有了较大程度的改观，资产增长能力得到加强。

综合以上分析，可以得出 DF 公司的资产增长能力较强，部分年份仍然对负债有一定的依赖，从发展趋势看越来越依赖于自身盈利，资产增长来源有了较大的改观，资产增长能力得到加强。

第三节 | 企业整体发展能力分析

一、企业整体发展能力分析框架

评价企业的发展能力，除了对企业发展能力进行单项分析外，还需要分析企业的整体发展能力。其原因在于：①股东权益增长率、利润增长率、收入增长率和资产增长率等指标，只是从股东权益、利润、收入和资产等不同的侧面考察了企业的发展能力，不足以涵盖企业发展能力的全部。②股东权益增长率、利润增长率、收入增长率和资产增长率等指标之间存在相互作用、相互影响的关系，不能截然分开。因此，在实际运用时，只有把四种类型的增长率指标相互联系起来进行综合分析，才能正确评价一个企业的整体发展能力。具体的思路如下：

（1）分别计算股东权益增长率、利润增长率、收入增长率和资产增长率等指标的实际值。

（2）分别将上述增长率指标实际值与以前不同时期增长率数值、同行业平均水平进行比较，分析企业在股东权益、利润、营业收入和资产等方面的发展能力。

（3）比较股东权益增长率、利润增长率、收入增长率和资产增长率等指标之间的关系，判断不同方面增长的效益性以及它们之间的协调性。

（4）根据以上分析结果，运用一定的分析标准，判断企业的整体发展能力。一般而言，只有一个企业的股东权益增长率、资产增长率、收入增长率、利润增长率保持同步增长，且不低于同行业平均水平，才可以判断这个企业具有良好的发展能力。

根据上述分析思路可形成企业整体发展能力分析框架，如图 8-1 所示。

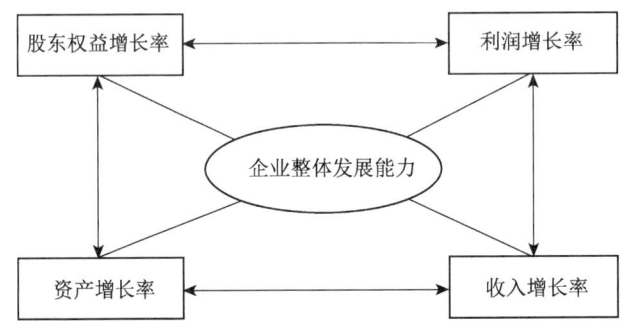

图 8-1　企业整体发展能力分析框架

运用这一分析框架能够比较全面地分析企业发展的影响，从而能够比较全面地评价企业的发展能力，但对于各因素的增长与企业发展的关系无法从数量上进行确定。

二、企业整体发展能力分析框架应用

应用企业整体发展能力分析框架分析企业整体发展能力时应该注意以下四个方面。

（1）对股东权益增长的分析。股东权益的增长主要来自两个方面：一方面来源于净利润，净利润应主要来自营业利润，营业利润又主要取决于营业收入，并且营业收入的增长在资产使用效率保持一定的前提下要依赖于资产投入的增加；另一方面来源于股东的净投资，而净投资取决于本期股东投资资本的增加和本期对股东股利的发放。

（2）对利润增长的分析。利润的增长主要表现为净利润的增长，而对于一个持续增长的企业而言，其净利润的增长应该主要来源于营业利润的增长，而营业利润的增长又应该主要来自营业收入的增加。

（3）对销售增长的分析。销售增长是企业营业收入的主要来源，也是企业价值增长的源泉。一家企业只有不断开拓市场，保持稳定的市场份额，才能不断扩大营业收入，增加股东权益，同时为企业进一步扩大市场、开发新产品和进行技术改造提供资金来源，最终促进企业的进一步发展。

（4）对资产增长的分析。企业资产是取得营业收入的保障，要实现营业收入的增长，在资产利用效率一定的条件下就需要扩大资产规模。要扩大资产规模，一方面可以通过负债融资实现，另一方面可以依赖股东权益的增长，即净利润和净投资的增长。

总之，在运用这一框架时需要注意这四种类型增长率之间的相互关系，否则无法对企业的整体发展能力做出正确的判断。

下面对 DF 公司 2019—2021 年的股东权益增长率、净利润增长率、营业利润增长率、收入增长率和资产增长率等进行分析，并判断该公司的整体发展能力。它们的计算结果列示如表 8-4 所示。

表 8-4   DF 公司 2019—2021 年单项增长率一览表

项目	2019 年	2020 年	2021 年
股东权益增长率	55.64%	4.06%	8.41%
净利润增长率	25.67%	19.86%	26.67%
营业利润增长率	99.47%	17.35%	23.97%
收入增长率	14.20%	12.33%	12.37%
资产增长率	40.62%	7.59%	21.47%

DF 公司 2019 年以来股东权益增长率、净利润增长率、营业利润增长率、收入增长率、资产增长率均为正值，这说明该公司 2019—2021 年的资产规模一直都在扩大，营业收入和净利润一直都在增加，股东权益也一直在增加，而营业利润在 2019 年有大幅增长，但在之后的两年增长较平缓。综合这 3 年的数据来看，DF 公司的股东权益增长率、净利润增长率、营业利润增长率和资产增长率呈现出先降后升的变化，且 2020 年处于较低水平，这与宏观经济环境的不稳定有一定联系，随着经济环境向好，企业各种增长率开始上升，这种上升趋势是否会持续仍需进一步分析。

首先，比较各种类型的增长率之间的关系。从销售增长率和资产增长率可以看出，除了2020 年，DF 公司 2019 年、2021 年的资产增长率均高于收入增长率，但超出幅度并不大，说明公司的收入增长部分依赖于资产投入的增加。

其次，比较股东权益增长率与净利润增长率。可以看出 DF 公司这 3 年中有 2 年的股东权益增长率均低于当年的净利润增长率，一方面说明该公司这 3 年的股东权益的增长主要来自生产经营活动创造的净利润，是个比较好的现象；而另一方面，股东权益增长率与净利润增长率之间出现较大的差异，说明公司的净利润可能还用于弥补亏损等其他用途，所以应进一步分析两者出现较大差异的原因。

再次，比较净利润增长率与营业利润增长率。可以发现 DF 公司这 3 年中有 2 年的净利润增长率高于营业利润的增长率，这反映该公司净利润的增长部分来源于营业外收支的净额，企业在净利润方面的持续发展能力需要进一步分析。

最后，比较营业利润增长率与收入增长率。可以看到，DF 公司这 3 年的营业利润增长率都高于收入增长率，反映该公司具有较强的成本费用管理能力，成本费用的有效管理对利润有一定的积极影响。

通过以上分析,对 DF 公司的发展能力可以得出一个初步的结论,即该公司除了个别方面的增长存在效益性问题以外,表现出较好的增长能力,总体而言,DF 公司具有比较好的整体发展能力。考虑到企业增长能力还受到许多其他复杂因素的影响,因此要得到关于企业增长能力的更为准确的结论,还需要利用更多的资料进行更加深入的分析。

练 习 题

一、单选题

1. 下列各项中,可以反映股东权益账面价值增减变化的指标是(　　)。
   A. 权益乘数　　　　B. 股东权益增长率　C. 产权比率　　　　D. EVA 改善率

2. 下列各项中,不属于企业资产规模增加的原因的是(　　)。
   A. 企业对外举债　　B. 企业实现盈利　　C. 企业发放股利　　D. 企业发行股票

3. 下列各项中,属于增长率指标的是(　　)。
   A. 产权比率　　　　B. 资本收益率　　　C. 不良资产比率　　D. 资本积累率

4. 如果说生存能力是企业实现盈利的前提,那么企业实现盈利的根本途径是(　　)。
   A. 发展能力　　　　B. 营运能力　　　　C. 偿债能力　　　　D. 资本积累

5. 从根本上看,一个企业的股东权益增长应主要依赖于(　　)。
   A. 净资产收益率　　　　　　　　　B. 股东净投资率
   C. 净损益占营业收入比率　　　　　D. 资本积累率

6. 如果企业某一种产品处于成熟期,其收入增长率的特点是(　　)。
   A. 收入增长率较高　　　　　　　　B. 收入增长率变动不大
   C. 收入增长率较低　　　　　　　　D. 收入增长率为负数

二、多选题

1. 下列各项中,可以用来反映企业收益增长能力的财务指标有(　　)。
   A. 净利润增长率　　B. 收入增长率　　　C. 营业利润增长率　D. 总资产报酬率

2. 下列各项中,属于企业单项发展能力的有(　　)。
   A. 资产发展能力　　　　　　　　　B. 收益发展能力
   C. 营业收入发展能力　　　　　　　D. 负债发展能力

3. 一个发展能力强的企业,表现为(　　)。
   A. 资产规模不断增加　　　　　　　B. 营运效率不断提高
   C. 股东财富持续增长　　　　　　　D. 盈利能力不断增强

4. 股东权益增长率的大小直接取决于(　　)因素。
   A. 净资产收益率　　B. 总资产周转率　　C. 总资产报酬率　　D. 股东净投资率

5. 下列关于股东权益增长率的说法中,正确的有(　　)。
   A. 股东权益增长率越高,表明企业本期股东权益增加得越多
   B. 股东权益增长率受净资产收益率、股东净投资率、净损益占股东权益比率三个因素
      影响

C. 计算股东权益增长率时用到的"净利润"没有扣除非经常性损益

D. 一个企业的股东权益增长应主要依赖于企业运用股东投入资本所创造的利润

三、判断题

1. 企业增长率越高意味着对企业就越有利。 （　）
2. 仅分析某一项增长能力指标,无法得出企业整体增长能力情况的结论。 （　）
3. 要正确分析和判断一个企业营业收入的增长趋势和增长水平,必须将一个企业不同时期的销售增长率加以比较和分析。 （　）
4. 企业资产增长率越高,则说明企业的资产规模增长势头一定越好。 （　）
5. 增长能力的大小是一个相对概念。 （　）
6. 仅分析某一项增长能力指标,无法得出企业整体增长能力情况的结论。 （　）
7. 从长远的角度看,上市公司股票价格上涨的根本决定因素是公司增长能力。 （　）
8. 企业能否持续增长对投资者、经营者至关重要,但对债权人而言相对不重要,因为他们更关心企业的变现能力。 （　）
9. 净资产收益率可以反映企业运用股东投入资本创造收益的能力,而股东净投资率则反映了企业利用股东新投资的程度。 （　）
10. 尽管一个企业的价值在短期内可以通过筹集和投入尽可能多的资本来获得增加,但这种行为引起的增长不具有可持续性。 （　）

四、计算分析题

1. 已知甲公司从 2018 年到 2021 年的净利润分别为 140 万元、180 万元、210 万元、245 万元。

   要求:计算甲公司各年的净利润增长率。

2. 已知乙公司 2018 年、2019 年、2020 年、2021 年的资产总额分别为 200 万元、296 万元、452 万元、708 万元;4 年的负债总额分别为 78 万元、120 万元、179 万元、270 万元。

   要求:计算乙公司的股东权益增长能力。

3. 丙公司 2018 年至 2021 年有关会计资料,如表 8-5 所示。

表 8-5　　　　　　　　　　丙公司有关会计资料

单位:万元

项目	2018 年	2019 年	2020 年	2021 年
资产总额	1 369	1 649	2 207	3 103
股东权益	797	988	1 343	1 915
营业收入	4 576	6 194	8 671	12 413
营业利润	674	913	1 298	1 866
净利润	398	550	873	1 293

要求:(1) 利用以上数据计算丙公司的收入增长率,并分析其销售增长能力。

　　　(2) 简述在分析收入增长时应特别注意的事项,以及分析销售增长能力对该公司具有的帮助。

第九章　综合分析与业绩评价

学习目标

1. 了解综合分析与业绩评价的目的和内容。
2. 熟悉杜邦财务分析体系的基本原理。
3. 熟练运用综合指数法对企业进行经营业绩综合评价。
4. 熟练运用综合评分法对企业进行经营业绩综合评价。

案例导入

国企经营绩效考核助力国资监管与企业发展双赢

随着国有企业改革的不断深入,如何科学、公正地评价国有企业经营业绩,成为国有资产监督管理部门的重点。绩效考核作为企业管理的重要工具,其意义在于明确企业目标、激发内在动力、优化资源配置、促进管理提升。通过科学、合理的绩效考核体系,能够准确衡量企业负责人的经营业绩和贡献,激励企业负责人及全体员工积极进取,推动企业不断创新发展,提升市场竞争力,确保国有资产的保值增值。同时,还有助于发现企业管理中的短板和不足,为制定针对性的改进措施提供有力支持。中泽融信受 W 市国资监管部门委托对其所属国有企业实施全面经营绩效考核,以有效衡量各单位经营成效,及时发现问题。

根据 W 市国资监管部门实际需求,进一步深化 W 市国资国企改革,加强国有资产管理,提升企业经营效率,制定科学的绩效考核体系,对所属国有企业实施全面的经营绩效考核,科学设置考核指标、实施分类考核。通过对国有企业的绩效考核,全面了解企业运营状况及存在的问题,为企业的可持续发展提供有力支持。考核结果的运用为市属国有企业负责人薪酬兑现和管理提供相关依据,进而提升 W 市国资监管部门对国有企业的监管,促进国有企业可持续发展。

资料来源：中泽融信（公众号），2024年08月06日，《国企经营绩效考核助力国资监管与企业发展双赢》。

思考：从国家政策引导的角度，试分析企业规范业绩评价体系的重要性与必要性。

第一节 | 综合分析与业绩评价的目的和内容

一、综合分析与业绩评价的目的

财务分析从盈利能力、营运能力和偿债能力角度对企业的经营活动、投资活动和筹资活动状况进行了深入、细致的分析，以判明企业的财务状况和经营业绩，这对于企业投资者、债权人、经营者、政府及其他利益相关者了解企业的财务状况和经营业绩是十分有益的。但前述财务分析通常是从某一特定角度，就企业某一方面的经营活动作分析，这种分析不足以全面评价企业的总体财务状况和经营业绩，很难对企业总体财务状况和经营业绩的关联性得出综合结论。为弥补财务分析的这一不足，有必要在财务能力单项分析的基础上，将有关指标按其内在联系结合起来进行综合分析。

业绩评价是指在综合分析的基础上，运用业绩评价方法对企业财务状况和经营成果所得的综合结论。业绩评价以财务分析为前提，财务分析以业绩评价为结论，财务分析离开业绩评价就没有太大的意义了。在前述财务分析中，都曾在分析的基础上作出了相应的评价，但那只是就单项财务能力所作的分析及评价，其结论具有片面性，只有在综合分析的基础上进行业绩评价才能从整体上全面、系统地评价企业的财务状况及经营成果。

综合分析与业绩评价的目的在于：

（1）通过综合分析评价明确企业经营活动、投资活动和筹资活动的相互关系，找出制约企业发展的"瓶颈"所在。

（2）通过综合分析评价企业财务状况与经营业绩，明确企业的经营水平、位置及发展方向。

（3）通过综合分析评价为企业利益相关者进行投资决策提供参考。

（4）通过综合分析评价为完善企业财务管理和经营管理提供依据。

二、综合分析与业绩评价的内容

根据上述综合分析与业绩评价的意义和目的，综合分析与业绩评价至少应包括以下两方面内容：

（1）财务目标与财务环节相互关联综合分析评价。企业的财务目标是资本增值最大化。资本增值的核心在于资本收益能力的提高，而资本收益能力受企业各方面、各环节财务状况的影响。本部分分析正是要以净资产收益率为核心，通过对净资产收益率的分解，找出企业经营各环节对其的影响及影响程度，从而综合评价企业各环节及各方面的经营业绩。杜邦财务分析体系是进行这一分析的最基本的方法。

（2）企业经营业绩综合评价分析。虽然财务目标与财务环节的联系分析可以解决单项指标分析或单方面分析给评价带来的困难,但由于没能采用某种计量手段给相互关联指标以综合评价,因此,往往难以准确得出公司经营业绩改善与否的定量结论。企业经营业绩综合分析评价正是从解决这一问题出发,利用业绩评价的不同方法对企业经营业绩进行量化分析,最后得出企业经营业绩评价的唯一结论。

第二节 | 杜邦财务综合分析及其发展

一、杜邦财务分析体系

杜邦财务分析体系又称杜邦财务分析法,是指根据各主要财务比率指标之间的内在联系,建立财务分析指标体系,综合分析企业财务状况的方法。由于该指标体系是由美国杜邦公司最先采用的,故称为杜邦财务分析体系。杜邦财务分析体系的特点是将若干反映企业盈利状况、财务状况和营运状况的比率按其内在联系有机地结合起来,形成一个完整的指标体系,并最终通过净资产收益率(或资本收益率)这一核心指标来综合反映。

在杜邦财务分析体系中,包含了几种主要的指标关系,具体可以分为以下两大层次。

第一层次包括:

(1)净资产收益率＝总资产净利率×业主权益乘数

即:

$$\frac{净利润}{净资产} \times 100\% = \left(\frac{净利润}{总资产} \times 100\% \right) \times \frac{总资产}{净资产}$$

(2)总资产净利率＝销售净利率×总资产周转率

即:

$$\frac{净利润}{总资产} \times 100\% = \left(\frac{净利润}{营业收入} \times 100\% \right) \times \frac{营业收入}{总资产}$$

以上关系表明,影响净资产收益率最重要的因素有 3 个,即销售净利率、总资产周转率和业主权益乘数。

即: 净资产收益率 ＝ 销售净利率×总资产周转率×业主权益乘数

第二层次包括:

(1)销售净利率的分解:

$$销售净利率 = \frac{净利润}{营业收入} \times 100\% = \frac{总收入－总成本费用}{营业收入} \times 100\%$$

(2)总资产周转率的分解:

$$总资产周转率 = \frac{营业收入}{总资产} = \frac{营业收入}{流动资产＋非流动资产}$$

以上关系可以用杜邦财务分析体系分解图更清楚地反映出来,如图 9-1 所示。

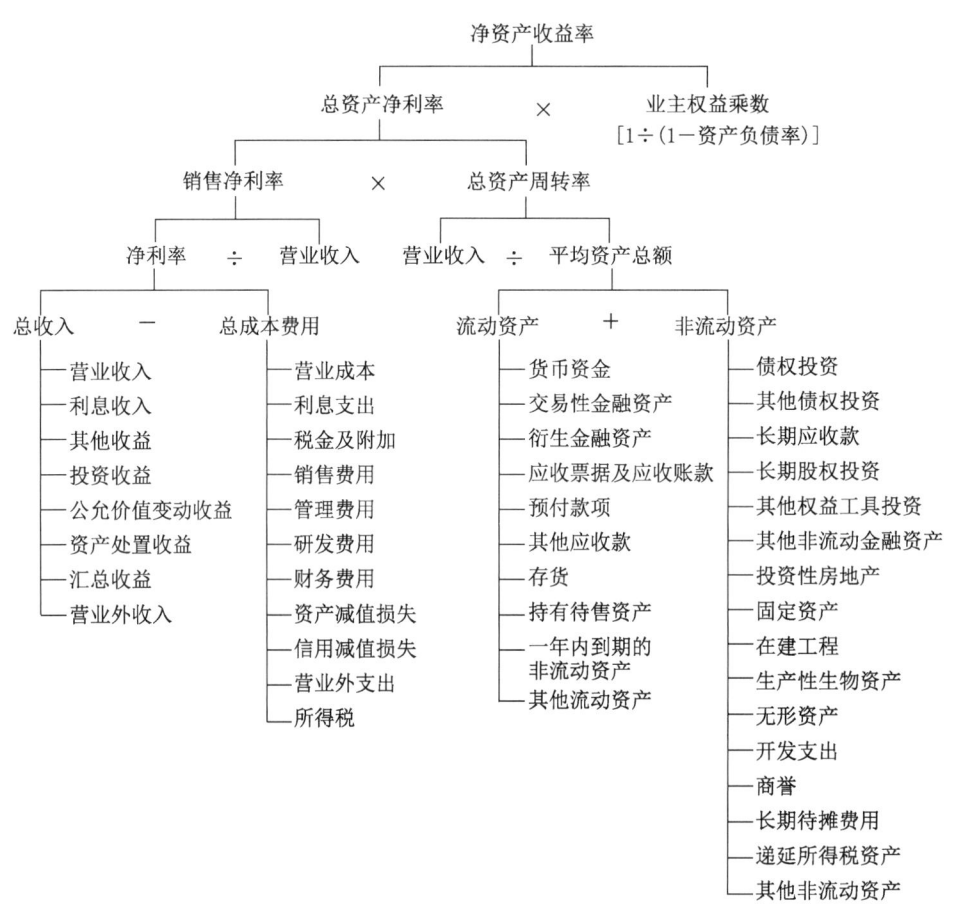

图 9-1　杜邦财务分析体系分解图

　　(1) 净资产收益率是综合性最强的财务指标,是企业综合财务分析的核心。这一指标反映了投资者的投入资本获利能力的高低,能体现出企业经营的目标。从企业财务活动和经营活动的相互关系上看,净资产收益率的变动取决于企业资本经营、资产经营和商品经营。所以净资产收益率是企业财务活动效率和经营活动效率的综合体现。

　　(2) 总资产周转率是反映企业营运能力最重要的指标,是企业资产经营的结果,是实现净资产收益率最大化的基础。企业总资产由流动资产和非流动资产组成,流动资产体现企业的偿债能力和变现能力,非流动资产则体现企业的经营规模、发展潜力和盈利能力。各类资产的收益性又有较大区别,如现金、应收账款几乎没有收益。所以,资产结构是否合理、营运效率的高低是企业资产经营的核心,并最终影响到企业的经营业绩。

　　(3) 销售净利率是反映企业商品经营盈利能力最重要的指标,是企业商品经营的结果,是实现净资产收益率最大化的保证。企业从事商品经营,目的在于获利,其途径只有两条:一是扩大营业收入;二是降低成本费用。

　　(4) 业主权益乘数既是反映企业资本结构的指标,也是反映企业偿债能力的指标,是企业资本经营即筹资活动的结果,它对提高净资产收益率起到杠杆作用。适度开展负债经营,合理安排企业资本结构,可以提高净资产收益率。

根据 DF 公司的有关资料,绘制杜邦财务分析图,如图 9-2 所示。

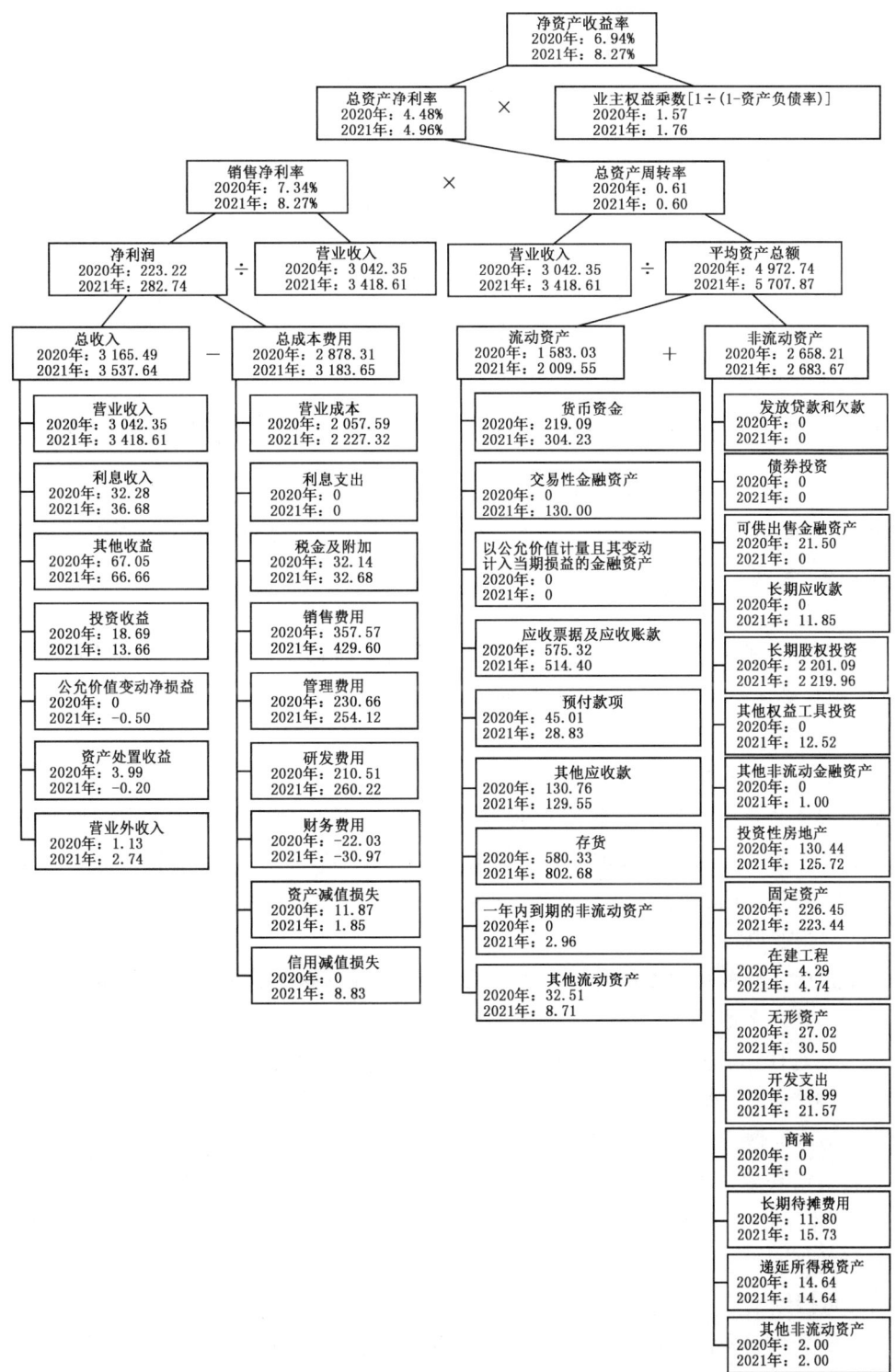

图 9-2　DF 公司杜邦财务分析图(金额单位:百万元)

从图 9-2 可以看出，2021 年 DF 公司净资产收益率为 8.27%，较 2020 年的 6.94% 有一定水平提高。观察其总资产净利率和业主权益乘数可知，DF 公司净资产收益率的变化是由总资产净利率和业主权益乘数的共同提升引起的，总资产净利率由 4.48% 上升到 4.96%，业主权益乘数由 1.57 上升到 1.76。

总资产净利率上升的主要原因是销售净利率的变化，销售净利率 2021 年较 2020 年有一定上升，这将导致总资产净利率上升。根据图 9-2 可知，DF 公司营业收入的增长幅度大于营业成本和费用的增长幅度，这说明该公司在 2021 年销售收入有了一定程度的扩大，但成本控制方面还需进一步加强。总资产周转率由 2020 年的 0.61 次下降到 0.60 次，会导致了总资产净利率小幅度的降低。由于销售净利率上升对总资产净利率的影响超过了总资产周转率下降对总资产净利率的影响，最终导致总资产净利率的上升。可见，DF 公司 2021 年净资产收益率的上升主要由销售净利率上升引起，说明该公司商品盈利有所上升，但对资产的管理仍需加强，提升资产营运效率。

二、杜邦财务分析体系的变形与发展——可持续增长率财务分析体系

杜邦财务分析体系自产生以来在实践中得到广泛应用与好评，但随着经济与环境的发展、变化和人们对企业目标认识的进一步升华，杜邦财务分析体系在应用过程中也暴露出一些不足，主要表现在以下三个方面：

（1）涵盖信息不够全面。

杜邦财务分析法主要利用的是企业资产负债表和利润表的项目数据，不涉及现金流量表，这样做容易让报表使用者只看到账面利润而忽视了更能反映企业生命力的现金流量信息。

（2）分析内容不够完善。

杜邦财务分析法主要从企业盈利能力、营运能力、偿债能力的角度对企业展开财务分析。而忽略了对企业发展能力的分析。同时，由于杜邦财务分析法通常针对的是短期财务结果，这也容易诱导管理者的短期行为，忽视了企业长期价值的创造。

（3）对企业风险分析不足。

企业风险是财务报表使用者非常关心的问题，而杜邦财务分析法无法较直观地体现企业经营风险或财务风险。

许多人对杜邦财务分析体系进行了变形、补充，使其不断完善与发展。其中比较具有影响力的一种体系就是以可持续增长率为龙头指标的财务综合分析体系。

（1）可持续增长率的定义。

可持续增长率是指在不改变经营战略（不改变销售净利率和资产周转率）和财务战略（不改变资本结构和股利支付率）的条件下，公司销售所能达到的最大增长率，它体现的是一种可持续的平衡发展。

（2）可持续增长率的计算。

在没有新增筹资的前提下，企业销售要获得增长，主要依赖于两种资金来源：一种是企业的经营性负债（又称自发负债），主要是来自企业经营过程中供应商提供的应付账款和客

户提供的预收账款;另一种来自企业的留存收益。一般情况下,可持续增长率的计算公式如下:

$$\text{可持续增长率} = \frac{\text{净资产收益率} \times \text{留存收益率}}{} = \text{销售净利率} \times \text{总资产周转率} \times \text{权益乘数} \times \left(1 - \text{股利支付率}\right)$$

从上述计算公式中可以看到,可持续增长率的大小受销售净利率、总资产周转率、权益乘数以及股利支付率四个财务比率的影响。

(3) 可持续增长率的分解。

美国著名财务学家罗伯特·希金斯曾说世界上因为增长过快而破产的公司数量与因为增长太慢而破产的公司数量几乎一样多。因此,企业要追求的是一种平衡的可持续的增长。可持续增长率的大小受销售净利率、总资产周转率、权益乘数以及股利支付率四个财务比率的影响,这四种比率背后实际上分别反映的是企业的利润管理、资产管理、筹资活动、股利政策,前两者实际上体现的是企业的经营战略,后两者体现的是企业的财务战略,如图 9-3 所示。

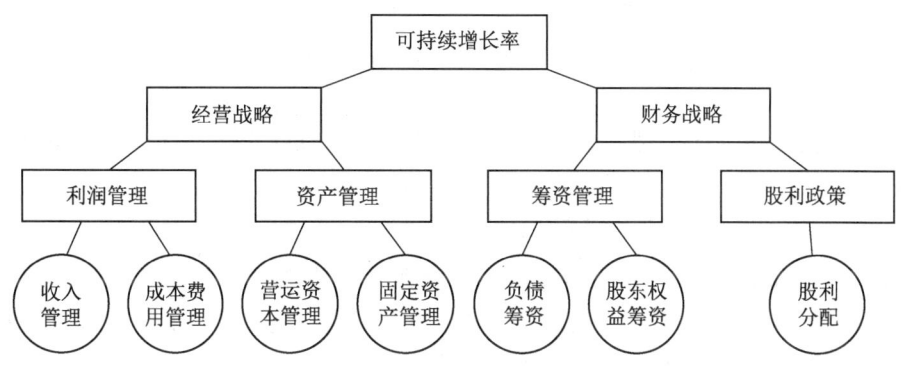

图 9-3　可持续增长率内涵图

企业应当制定符合自身发展需要的经营战略和财务战略,努力使企业实际增长率与可持续增长率相一致,以实现平衡发展。如果企业调整经营战略或财务战略,可能会导致其实际增长率与可持续增长率发生差异,此时我们可以运用可持续增长率分析体系,结合因素分析法分析企业实际销售增长率发生增减变动的原因。

第三节 | 企业经营业绩综合评价

进行企业经营业绩综合评价通常可采用综合指数法和综合评分法,即通过计算企业经营业绩指数或综合分数,反映企业总体经营业绩水平的高低。

一、经营业绩评价综合指数法

运用综合指数法进行业绩评价的一般程序或步骤包括选择业绩评价指标,确定各项指标的标准值,计算指标单项指数,确定各项指标的权数,计算综合经济指数,评价综合经济指数。下面以财政部 1995 年颁布的企业经济效益评价指标体系为例,说明综合指数法的应用。

(一) 选择经营业绩评价指标

进行经营业绩评价的首要步骤是正确选择评价指标,指标选择要根据分析目的和要求,考虑分析的全面性和综合性。财政部颁布的企业经济效益评价指标体系中选择的经济效益指标包括三个方面的十项指标。

1. 反映盈利能力和资本保值增值能力的指标

反映盈利能力的指标主要有销售利润率、总资产报酬率和资本收益率。

(1) 销售利润率,反映企业销售收入的获利水平,其计算公式为:

$$销售利润率 = \frac{营业收入 - 营业成本 - 税金及附加}{营业收入} \times 100\%$$

(2) 总资产报酬率,用于衡量企业运用全部资产的获利能力,其计算公式为:

$$总资产报酬率 = \frac{利润总额 + 利息支出}{平均资产总额} \times 100\%$$

其中:

$$平均资产总额 = \frac{期初资产总额 + 期末资产总额}{2}$$

(3) 资本收益率,是指企业运用投资者投入资本获得收益的能力,其计算公式为:

$$资本收益率 = \frac{净利润}{实收资本} \times 100\%$$

反映企业资本保值增值的能力的指标是资本保值增值率。

(4) 资本保值增值率,即主要反映投资者投入企业资本的完整性和保全性,该指标等于 100% 为资本保值,大于 100% 为资本增值。其计算公式为:

$$资本保值增值率 = \frac{期末所有者权益总额}{期初所有者权益总额} \times 100\%$$

2. 反映资产负债水平和偿债能力的指标

反映企业资产负债水平和偿债能力的指标有四个,即:

(1) 资产负债率。资产负债率可用于衡量企业的负债水平,其计算公式为:

$$资产负债率 = \frac{负债总额}{资产总额} \times 100\%$$

(2) 流动比率或速动比率。流动比率是衡量企业在某一时点偿付即将到期债务的能力,其计算公式为:

$$流动比率 = \frac{流动资产}{流动负债}$$

速动比率是衡量企业在某一时点上运用随时可变现资产偿付到期债务的能力,其计算公式为:

$$速动比率 = \frac{速动资产}{流动负债}$$

其中：
$$速动资产 = 流动资产 - 存货$$

（3）应收账款周转率。应收账款周转率是衡量企业应收账款周转速度快慢的指标,其计算公式为：

$$应收账款周转率 = \frac{赊销净额}{平均应收账款余额}$$

其中：
$$平均应收账款余额 = \frac{期初应收账款余额 + 期末应收账款余额}{2}$$

$$赊销净额 = 营业收入 - 现销收入 - 销售退回、折扣、折让$$

由于企业赊销资料作为商业机密不对外公布,所以应收账款周转率分子一般用赊销和现销总额,即营业收入。

（4）存货周转率。存货周转率用于衡量企业在一定时期内存货资产的周转速度,是反映企业购、产、销平衡效率的一种尺度,其计算公式为：

$$存货周转率 = \frac{营业成本}{平均存货成本}$$

其中：
$$平均存货成本 = \frac{期初存货成本 + 期末存货成本}{2}$$

3. 反映企业对国家或社会贡献水平的指标

反映企业对国家或社会贡献水平的指标有两个,即：

（1）社会贡献率。社会贡献率可用于衡量企业运用全部资产为国家或社会创造或支付价值的能力,其计算公式为：

$$社会贡献率 = \frac{企业社会贡献总额}{企业平均资产总额} \times 100\%$$

其中,企业社会贡献总额包括工资（含奖金、津贴等工资性收入）、劳保退休统筹及其他社会福利支出、利息支出净额、应交增值税、应交税金及附加、应交所得税、其他税收和净利润等。

（2）社会积累率。社会积累率可用于衡量企业社会贡献总额中用于上交国家财政的数额,其计算公式为：

$$社会积累率 = \frac{上交国家财政总额}{企业社会贡献总额} \times 100\%$$

其中,上交国家财政总额包括应交增值税、应交税金及附加、应交所得税和其他税收等。

（二）确定各项业绩指标的标准值

业绩评价指标标准值可根据分析的目的和要求确定,可用某企业某年的实际数,也可用同类企业、同行业或部门平均数,还可用国际标准数。一般来说,评价企业经营计划完成情况时,可选企业计划水平为标准值;当评价企业经营业绩水平变动情况时,可选企业前期水平为标准值;当评价企业在同行业或在全国或国际上所处的地位时,可选取行业标准值、国家标准值或国际标准值。从财政部设计这十个指标的角度考虑,标准值的确定主要参考以下两方面：一是适当参照国际上通用的标准,如流动比率为 200%,速动比率为 100%,资产负债率为 50% 等,但考虑我国整体效益水平偏低,与国际上发达国家差距较大,国际通行标准值仅是一个参考依据;二是参考我国企业在近三年的行业平均值。

(三) 计算各项业绩指标的单项指数

单项指数是指各项经济指标的实际值与标准值之间的比值,其计算公式为:

$$单项指数 = \frac{某指标实际值}{该指标标准值}$$

这一单项指数计算公式适用于经济指标为纯正指标或纯逆指标,如果为纯正指标,则单项指数越高越好;如果为纯逆指标,则单项指数越低越好。如果某经济指标既不是纯正指标,又不是纯逆指标,如资产负债率、流动比率、速动比率等就属于这种指标,对于这种指标,其单项指数可按下式计算:

$$单项指数 = \frac{标准值 - 实际值与标准值差额的绝对值}{标准值} \times 100\%$$

例如,假设流动比率的标准值为 200%,则当流动比率实际值为 220% 时,其单项指数为:

$$单项指数 = \frac{200\% - (220\% - 200\%)}{200\%} \times 100\%$$

(四) 确定各项业绩指标的权数

综合经济指数不是单项指数的简单算术平均数,而是一个加权平均数。因此,要计算综合经济指数,应在计算单项指数的基础上,确定各项指标的权数。各项经济指标权数应依据各指标的重要程度而定,一般来说,某项指标越重要,其权数就越大;反之,则权数就越小。假定十项经济效益指标的权数总和为 100,经测算、验证,并参照美国、日本等国家的做法,将各项经济效益指标的权数确定为:销售利润率为 15;总资产报酬率为 15;资本收益率为 15;资本保值增值率为 10;资产负债率为 5;流动比率(或速动比率)为 5;应收账款周转率为 5;存货周转率为 5;社会贡献率为 10;社会积累率为 15。

(五) 计算综合经济指数

综合经济指数是以各单项指数为基础,乘以各指标权数所得到的一个加权平均数。综合经济指数的计算有两种方法。

1. 按各项指标实际指数计算(不封顶)

在按各项指标实际指数计算时,其计算公式为:

$$综合经济指数 = \sum (某指标单项指数 \times 该指标权数)$$

2. 按扣除超过 100% 部分后计算(封顶)

在全部指标中没有逆指标时,如果某项指标指数超过 100%,则扣除超出部分,按 100% 计算,如果某项指标指数低于 100%,则按该指标实际指数计算。其计算公式为:

$$综合经济指数 = \sum [某指标单项指数(扣除超出部分) \times 该指标权数]$$

根据 DF 公司的有关资料,按上述程序,采用第一种计算方法计算该公司的综合经济指数,如表 9-1 所示。

表 9-1 　　　　　　　　　　　　　　综合经济指数计算表

经济指标	标准值	实际值	单项指数	权数	综合经济指数
销售(营业)利润率	18%	9.20%	51.11%	15	7.67%
总资产报酬率	20%	5.60%	28.00%	15	4.20%
资本收益率	25%	21.09%	84.36%	15	12.65%
资本保值增值率	105%	108.41%	103.25%	10	10.33%
资产负债率	50%	43.19%	86.38%	5	4.32%
流动比率	200%	202.76%	98.62%	5	4.93%
(或)速动比率	100%	136.04%	63.96%	5	3.20%
应收转款周转率(次)	12	2.72	22.67	5	1.13
存货周转率(次)	10	1.89	18.90	5	0.95
社会贡献率	35%	35%	100%	10	10.00%
社会积累率	30%	30%	100%	15	15.00%
综合经济指数				100	74.37%

注：社会贡献率和社会积累率实际值由于受资料限制，假设其为标准值；利息支出用财务费用代替。

(六) 综合经济指数评价

在按照第二种方法计算综合经济指数时，其最高值为100%，越接近100%，说明企业经营业绩总体水平越好，如果按第一种方法计算综合经济指数，当各项业绩指标中没有正指标时，综合经济指数以小于100%为好，而且越低越好。当各项业绩指标中没有逆指标时，一般来说，综合经济指数达到100%，说明企业经营业绩总体水平达到标准要求，或者说企业取得了较好的经济效益，该指数越高，经济效益水平越高；若综合经济指数低于100%，说明企业经济效益没达到标准水平，该指数越低，经营业绩水平越差。本例中，企业综合经济指数为74.37%，并未达到经营业绩标准要求。

在运用综合经济指数法进行经营业绩综合评价时，应特别注意以下两个问题：

第一，选择的各项经济指标在评价标准上应尽量保持方向的一致性，即尽量都选择正指标，或都选择逆指标。因为如果全部为正指标，则评价标准为越高越好；全部为逆指标，则评价标准为越低越好；如果既有正指标又有逆指标，则应将逆指标转为正指标或相反。如上述周转速度指标，如果以次数计算为正指标，则以天数计算为逆指标。由于大部分指标为正指标，因此，周转速度应采取正指标形式。至于资产负债率、流动比率和速动比率这种既不是正指标又不是逆指标的指标，其标准值具有绝对性，即大于或小于标准值都不好，单项指数最高为1或100%。进行综合经济效益指数评价时应注意这些指标的特点，否则可能会得出错误结论。

第二，综合经济指数是否可高于100%的问题。如果各单项指数取值可高于100%，则综合经济指数可能高于100%。这样做的优点是：综合经济指数不封顶，该指标越高，说明企业经营业绩越好；缺点是：可能存在某些完成状况好的指标的数值弥补完成状况差的指标的数值的情形。这样即使综合指数大于或等于100%，也不能说明企业各项经济指标都达到了标准值要求,从而掩盖了企业在某方面存在的问题。如果各单项指数取值最高为100%(即大于100%时按100%计算,小于100%时按实际值计算),则综合经济指数最高为100%。这种做法的优点是:只要综合经济指数达到了100%,就说明企业各项经济指标都达到或超过了标准值,取得了理想的经营业绩,低于100%则说明企业在某方面一定存在问题。这种方法的缺点是:如果几个企业的综合经济指数都达到100%,很难分出优劣。因此,进行企业经济效益综合评价时,在标准值比较先进时,可采用指数封顶的方法;当标准值为平均值时,则应采取指数不封顶的方法。企业在进行自身经营业绩评价时,也可将两种方法结合使用,取长补短,从而准确地评价企业的经营业绩。

二、经营业绩评价综合评分法

运用综合评分法或功效系数法的一般程序或步骤包括选择业绩评价指标,确定各项经济指标的标准值及标准系数,确定各项经济指标的权数,计算各类业绩评价指标得分,计算经营业绩综合评价分数,确定综合评价结果等级。下面根据2006年国务院国有资产监督管理委员会发布的《中央企业综合绩效评价实施细则》来说明综合评分法的程序、方法及应用。运用该评价方法中使用的《企业绩效评价标准值》手册由国务院国资委考核分配局每年编制,由经济科学出版社出版,其中数据滞后一年,即《企业绩效评价标准值(2020)》手册统计的是2019年的数据。本书采用的是2020年的行业统计数值。

(一)选择业绩评价指标

进行经营业绩综合分析的首要步骤是正确选择评价指标,指标选择要根据分析目的和要求,考虑分析的全面性和综合性。《企业绩效评价标准值(2020)》选择的企业综合绩效评价指标包括22个财务绩效定量评价指标和8个管理绩效定性评价指标,具体如表9-2所示。

表9-2　　　　　　　　　企业综合绩效评价指标体系

评价指数类别	财务绩效定量评价指标		管理绩效定性评价指标
	基本指标	修订指标	
盈利能力状况	净资产收益率 总资产报酬率	销售(营业)利润率 盈余现金保障倍数 成本费用利润率 资本收益率	战略管理 发展创新 经营决策 风险控制 基础管理 人力资源 行业影响 社会贡献
资产质量状况	总资产周转率 应收账款周转率	不良资产比率 流动资产周转率 资产现金回收率	
债务风险状况	资产负债率 已获利息倍数	速动比率 现金流动负债比率 带息负债比率 或有负债比率	
经营增长状况	销售增长率 资本保值增值率	销售(营业)利润增长率 总资产增长率 技术投入比率	

1. 财务绩效基本指标及其计算

(1) 净资产收益率,是指企业运用投资者资本获得收益的能力。其计算公式为:

$$净资产收益率 = \frac{归属于母公司所有者的净利润}{平均归属于母公司所有者权益} \times 100\%$$

其中: $$平均归属于母公司所有者权益 = \left(\begin{array}{c}年初属于母公司\\所有者权益\end{array} + \begin{array}{c}年末属于母公司\\所有者权益\end{array}\right) \div 2$$

(2) 总资产报酬率,用于衡量企业运用全部资产的获利能力。其计算公式为:

$$总资产报酬率 = \frac{利润总额 + 利息支出}{平均资产总额} \times 100\%$$

其中: $$平均资产总额 = (期初资产总额 + 期末资产总额) \div 2$$

(3) 总资产周转率,是指企业在一定时期营业收入与平均资产总额的比值,是综合评价企业全部资产经营质量和利用效率的重要指标。其计算公式为:

$$总资产周转率 = \frac{营业收入}{平均资产总额}$$

(4) 应收账款周转率,是指企业一定时期营业收入与应收账款平均余额之比。其计算公式为:

$$应收账款周转率 = \frac{营业收入}{应收账款平均余额}$$

其中: $$应收账款平均余额 = (年初应收账款余额 + 年末应收账款余额) \div 2$$

$$应收账款余额 = 应收账款净额 + 应收账款坏账准备$$

(5) 资产负债率,可用于衡量企业负债水平与偿债能力的情况。其计算公式为:

$$资产负债率 = \frac{负债总额}{资产总额} \times 100\%$$

(6) 已获利息倍数,是指息税前利润与利息支出之比,可用于衡量企业的偿债能力。其计算公式为:

$$已获利息倍数 = \frac{利息总额 + 利息支出}{利息支出}$$

(7) 销售增长率,是反映企业销售收入情况的指标。其计算公式为:

$$销售增长率 = \frac{本年营业收入增长额}{上年营业总收入} \times 100\%$$

(8) 资本保值增值率,可用于衡量企业所有者权益的保持和增长幅度。其计算公式为:

$$资本保值增值率 = \frac{扣除客观因素后的年末国有资本及权益}{年初国有资本及权益} \times 100\%$$

根据上述公式计算 DF 公司 2020 年和 2021 年各项财务绩效基本指标如表 9-3 所示。

表 9-3 　　　　　　　　　　　　DF 公司财务绩效基本指标表

基本指标	2020 年	2021 年
净资产收益率	8.27%	6.94%
总资产报酬率	5.60%	5.24%
总资产周转率(次)	0.60	0.61
应收账款周转率(次)	2.72	2.52
资产负债率	36.35%	43.19%
已获利息倍数(倍)	33.33	66.24
销售增长率	12.33%	12.57%
资本保值增值率	145.39%	108.41%

注：受资料限制,资本保值增值率为期末所有者权益(或股东权益)中国有法人持股所占数额与期初所有者权益(或股东权益)中国有法人持股所占数额的比值。

2. 财务绩效修正指标的计算

(1) 销售(营业)利润率 $= \dfrac{销售(营业)利润}{营业收入} \times 100\%$

其中：

销售(营业)利润 $=$ 营业总收入 $-$ 营业成本 $-$ 税金及附加 $-$ 销售费用 $-$ 管理费用 $-$ 财务费用 $-$ 资产减值损失 $+$ 公允价值变动收益 $+$ 投资收益 $+$ 其他收益

(2) 盈余现金保障倍数 $= \dfrac{经营现金净流量}{净利润} \times 100\%$

(3) 成本费用利润率 $= \dfrac{利润总额}{成本费用总额} \times 100\%$

其中：成本费用总额 $=$ 营业成本 $+$ 税金及附加 $+$ 销售费用 $+$ 管理费用 $+$ 财务费用

(4) 资本收益率 $= \dfrac{归属于母公司所有者的净利润}{平均资本} \times 100\%$

其中：平均资本 $= [($年初实收资本 $+$ 年初资本公积$) + ($年末实收资本 $+$ 年末资本公积$)] \div 2$

(5) 不良资本比率 $= \dfrac{资产减值准备余额 + 应提未提和应摊未摊的潜亏挂账 + 未处理资产损失}{资产总额 + 资产减值准备余额} \times 100\%$

(6) 流动资产周转率 $= \dfrac{营业总收入}{平均流动资产余额} \times 100\%$

其中：　平均流动资产余额 $= ($年初流动资产总额 $+$ 年末流动资产总额$) \div 2$

(7) 资产现金回收率 $= \dfrac{经营现金净流量}{平均资产总额} \times 100\%$

(8) 速动比率 $= \dfrac{速动资产}{流动负债} \times 100\%$

其中：速动资产 $=$ 流动资产 $-$ 存货

（9）现金流动负债比率 $= \dfrac{\text{经营现金净流量}}{\text{流动负债}} \times 100\%$

（10）带息负债比率 $= \dfrac{\text{带息负债}}{\text{负债总额}} \times 100\%$

其中：带息负债 $=$ 短期借款 $+$ 一年内到期的非流动负债 $+$ 交易性金融资产 $+$ 其他带息流动负债 $+$ 长期借款 $+$ 应付账款 $+$ 其他带息非流动负债

（11）或有负债比率 $= \dfrac{\text{或有负债余额}}{\text{所有者权益}} \times 100\%$

其中：或有负债余额 $=$ 已贴现承兑汇票 $+$ 担保余额 $+$ 贴现与担保外的被诉事项金额 $+$ 其他或有负债

（12）销售（营业）利润增长率 $= \dfrac{\text{本年销售（营业）利润} - \text{上年销售（营业）利润}}{\text{上年销售（营业）利润}} \times 100\%$

（13）总资产增长率 $= \dfrac{\text{年末资产总额} - \text{年初资产总额}}{\text{年初资产总额}} \times 100\%$

（14）技术投入比率 $= \dfrac{\text{本年科技支出合计}}{\text{营业收入}} \times 100\%$

据上述公式计算 DF 公司 2020 年和 2021 年各项修正指标，如表 9-4 所示。

表 9-4　　　　　　　　　　DF 公司财务绩效修正指标表

修正指标	2020 年	2021 年
销售（营业）利润率	8.34%	9.20%
盈余现金保障倍数（倍）	1.19	1.80
成本费用利润率	9.55%	10.80%
资本收益率	7.89%	9.73%
不良资产比率	3.60%	3.60%
流动资产周转率（次）	0.75	0.72
资产现金回收率	5.35%	8.91%
速动比率	179.46%	136.04%
现金流动负债比率	15.99%	23.20%
带息负债比率	7.06%	4.36%
或有负债比率	4.60%	4.60%
销售（营业）利润增长率	17.35%	23.97%
总资产增长率	7.59%	21.47%
技术投入比率	6.92%	7.61%

注：由于数据资料有限，不良资产比率和或有负债比率为假设值，取行业平均值。技术投入比率根据报表中的研发支出计算。

（二）确定各项经济指标的标准值及标准系数

为了准确评价企业经营业绩，对各项经济指标标准值的确定，根据企业类型不同及指标分类情况规定了不同的标准。

（1）财务绩效基本指标标准值及标准系数。基本指标评价的参照水平即标准值由财政部定期颁布，分为五档。不同行业、不同规模的企业有不同的标准值。例如，2020 年电子元器件制造业全行业财务绩效基本指标标准值，如表 9-5 所示。

表 9-5　　　　　　　电子元器件制造业全行业财务绩效基本指标标准值表

项目	档次（标准系数）				
	优秀	良好	平均	较低	较差
	（1）	（0.8）	（0.6）	（0.4）	（0.2）
净资产收益率	11.7%	8.6%	5.2%	0.6%	−0.9%
总资产报酬率	8.5%	4.7%	3.5%	0.5%	−0.9%
总资产周转率（次）	1.1	0.9	0.7	0.5	0.4
应收账款周转率（次）	4.3	3.3	2.7	1.8	1.4
资产负债率	48.6%	53.6%	58.6%	68.6%	83.6%
已获利息倍数（倍）	5.1	4.1	2.9	−1.8	−8.5
销售增长率	18.8%	12.3%	8.3%	−1.5%	−10.6%
资本保值增值率	109.9%	106.4%	105.8%	98.4%	93.3%

（2）财务绩效修正指标标准值及修正系数。基本指标有较强的概括性，但是不够全面。为了更加全面地评价企业绩效，另外设置了 4 类 14 项修正指标，根据修正指标的高低计算修正系数，用得出的系数去修正基本指标得分。2020 年电子元器件制造业全行业财务绩效修正指标标准值如表 9-6 所示。

表 9-6　　　　　　　电子元器件制造业全行业财务绩效修正指标标准值表

项目	档次（标准系数）				
	优秀	良好	平均	较低	较差
	（1）	（0.8）	（0.6）	（0.4）	（0.2）
一、盈利能力状况					
销售（营业）利润率	14.4%	10.0%	5.0%	−3.3%	−12.4%
盈余现金保障倍数（倍）	3.4	1.8	1.0	−1.9	−5.0
成本费用利润率	10.4%	7.5%	5.2%	0.7%	−6.1%
资本收益率	11.5%	7.8%	4.6%	−0.9%	−6.5%
二、资产质量状况					
不良资产比率	1.6%	2.5%	3.6%	6.5%	12.0%
流动资产周转率（次）	2.2	1.5	1.1	1.0	0.6

（续表）

项目	档次（标准系数）				
	优秀	良好	平均	较低	较差
	(1)	(0.8)	(0.6)	(0.4)	(0.2)
资产现金回收率	12.8%	7.6%	2.2%	−1.9%	−6.4%
三、偿债风险状况					
速动比率	119.3%	114.2%	91.5%	68.6%	38.4%
现金流动负债比率	22.4%	13.6%	7.0%	−1.7%	−7.4%
带息负债比率	23.8%	39.3%	49.6%	65.6%	79.8%
或有负债比率	2.1%	3.3%	4.6%	11.9%	23.4%
四、经营增长状况					
销售（营业）利润增长率	15.3%	8.2%	5.2%	−3.9%	−13.9%
总资产增长率	20.0%	11.0%	5.8%	−2.6%	−7.2%
技术投入比率	4.3%	3.5%	3.0%	2.3%	1.8%

（三）确定各项经济指标权数

指标的权数根据评价目的和指标的重要程度确定。企业综合绩效评价指标体系中各类及各项指标的权数或分数，如表 9-7 所示。

表 9-7   企业综合绩效评价指标及权重表

财务绩效定量评价指标（权重 70%）					管理绩效定性评价指标（权重 30%）	
指标类别(100)	基本指标(100)		修正指标(100)		评议指标(100)	
盈利能力状况(34)	净资产收益率 总资产报酬率	20 14	销售（营业）净利率 盈余现金保障系数 成本费用利润率 资本收益率	10 9 8 7	战略管理 发展创新 经营决策 风险控制 基础管理 人力资源 行业影响 社会贡献	18 15 16 13 14 8 8 8
资产质量状况(22)	总资产周转率 应收账款周转率	10 12	不良资产比率 流动资产周转率 资产现金回收率	9 7 6		
债务风险状况(22)	资产负债率 已获利息倍数	12 10	速动比率 现金流动负债比率 带息负债比率 或有负债比率	6 6 5 5		
经营增长状况(22)	销售增长率 资本保值增值率	12 10	销售（营业）利润增长率 总资产增长率 技术投入比率	10 7 5		

(四)计算各类业绩评价指标得分

1. 财务绩效基本指标得分计算

基本指标反映企业的基本情况,是对企业绩效的初步评价。它的计分是按照功效系数法计分原理,将评价指标实际值对照行业评价标准值,按照规定的计分公式计算各项基本指标得分。其计算公式为:

(1) 单项指标得分的计算。

$$单项基本指标得分 = 本档基础分 + 调整分$$

其中:

$$本档基础分 = 指标权数 \times 本档标准系数$$

$$本档调整分 = 功效系数 \times (上档基础分 - 本档基础分)$$

$$上档基础分 = 指标权数 \times 上档标准系数$$

$$功效系数 = \frac{实际值 - 本档标准值}{上档标准值 - 本档标准值}$$

本档标准值是指上下两档标准值居于较低等级一档。

根据表 9-3 DF 公司 2020 年财务绩效基本指标,结合表 9-5 电子元器件制造业全行业财务绩效基本指标标准值及系数,按上述公式可计算 DF 公司各项基本指标得分。例如,2020 年 DF 公司总资产周转率为 0.60 次。此时,该公司的总资产周转率已超过"较低"(0.5)水平,处于"较低"档,因此可以得到"较低"档基础分。另外,它处于"平均"档(0.7)和"较低"档(0.5)之间,同时需要调整。

$$本档基础分 = 指标权数 \times 本档标准系数 = 10 \times 0.4 = 4(分)$$

$$本档调整分 = \frac{实际值 - 本档标准值}{上档标准值 - 本档标准值} \times (上档基础分 - 本档基础分)$$

$$= \left(\frac{0.60 - 0.50}{0.70 - 0.50}\right) \times (10 \times 0.6 - 10 \times 0.4) = 1(分)$$

总资产周转率指标得分 = 4 + 1 = 5(分)

其他基本指标得分的计算方法与此相同,不再举例。

(2) 财务绩效基本指标总分的计算。

DF 公司单项指标得分、分类指标得分及基本指标总分如表 9-8 所示。

表 9-8   **DF 公司指标得分的计算表**

类别	基本指标(分数)	单项指标得分		分类指标得分	
		2020 年	2021 年	2020 年	2021 年
盈利能力状况	净资产收益率(20) 总资产报酬率(14)	15.61 11.86	14.05 11.60	27.47	25.65
资产质量状况	总资产周转率(10) 应收账款周转率(12)	5.00 7.28	5.10 6.72	12.28	11.82
债务风险状况	资产负债率(12) 已获利息倍数(10)	12.00 10.00	12.00 10.00	22.00	22.00

类别	基本指标(分数)	单项指标得分		分类指标得分	
		2020 年	2021 年	2020 年	2021 年
经营增长状况	销售增长率(12) 资本保值增值率(10)	9.61 10.00	9.70 9.15	19.61	18.85
基本指标总分				81.36	78.32

2. 财务绩效修正指标修正系数的计算

对基本指标得分的修正,是按指标类别得分进行的,需要计算"分类的综合修正系数"。分类的综合修正系数由"单项指标修正系数"加权平均求得,而单项指标修正系数的大小主要取决于基本指标评价分数和修正指标实际值两项因素。

(1)单项指标修正系数的计算。

单项指标修正系数 = 1.0+(本档标准系数+功效系数×0.2-该类基本指标分析系数)

单项修正系数控制修正幅度为 0.7~1.3。

下面以盈余现金保障倍数为例说明单项指标修正系数的计算。

① 标准系数的确定。

根据表 9-4 可知,DF 公司 2020 年盈余现金保障倍数为 1.19,查阅表 9-6,发现该指标的实际值介于良好和平均之间,其标准系数应为 0.6。

② 功效系数的计算。

$$功效系数 = \frac{指标实际值 - 本档标准值}{上档标准值 - 本档标准值}$$

$$盈余现金保障倍数指标的功效系数 = \frac{1.19 - 1.0}{1.8 - 1.0} = 0.24$$

③ 分类基本指标分析系数的计算。

$$某类基本指标分析系数 = \frac{该类基本指标得分}{该类指标权数}$$

根据表 9-8 可知盈利能力类基本指标得分为 27.47,其权数为 34,则:

盈利能力类基本指标分析系数 = 27.47 ÷ 34 = 0.81

根据以上结果可以计算出盈余现金保障倍数的修正系数为:

盈余现金保障倍数指标修正系数 = 1.0+(0.6+0.24×0.2-0.81) = 0.84

在计算修正指标单项修正系数过程中,对一些特殊情况作如下规定:

第一,如果修正指标实际值达到优秀值以上,其单项修正系数的计算公式如下:

单项修正系数 = 1.2+本档标准系数-该部分基本指标分析系数

第二,如果修正指标实际值达到较差值以下,其单项修正系数的计算公式如下:

单项修正系数 = 1.0-该部分基本指标分析系数

第三,如果资产负债率≥100%,指标得 0 分;其他情况按照规定的公式计分。

第四,如果盈余现金保障倍数分子为正数,分母为负数,单项修正系数确定为 1.1;如果分子为负数,分母为正数,单项修正系数确定为 0.9;如果分子和分母同为负数,单项修正系数确定为 0.8。

第五,如果不良资产比率≥100%或分母为负数,单项修正系数确定为 0.8。

第六,对于销售利润增长率指标,如果上年主营业务利润为负数,本年为正数,单项修正系数为 1.1;如果上年主营业务利润为零,本年为正数,或上年为负数,本年为零,单项修正系数确定为 1.0。

按照上述方法,可以依次计算 DF 公司 2020 年的销售(营业)利润率指标的单项修正系数为 0.92,成本费用利润率指标的单项修正系数为 1.13,资本收益率指标的单项修正系数为 0.99。

(2)分类综合修正系数的计算。

$$分类综合修正系数 = \sum 类内单项指标的加权修正系数$$

其中:

$$单项指标加权修正系数 = 单项指标修正系数 \times 该项指标在本类指标中的权数$$

例如,盈余现金保障倍数指标属于盈利能力指标,其权数为 9,盈利能力类指标总权数为 34。

盈余现金保障倍数指标修正系数 $= 0.84 \times (9 \div 34) = 0.22$

盈利能力类修正指标有 4 项,已计算出盈余现金保障倍数指标的加权修正系数为 0.22,销售利润率指标的加权修正系数为 0.27,成本费用利润率指标的加权修正系数为 0.27,资本收益率指标的加权修正系数为 0.20,则:

盈利能力类修正系数 $= 0.27 + 0.22 + 0.27 + 0.20 = 0.96$

其他类别指标的综合修正系数计算与上述方法相同,不再举例。

3. 修正后得分的计算

$$修正后总分 = \sum(分类综合修正系数 \times 分类基本指标得分)$$

DF 公司各类基本指标和分类综合修正系数如表 9-9 所示,可计算出修正后定量指标的总得分。

表 9-9   修正后得分计算

项目	类别修正系数		基本指标得分		修正后得分	
	2020 年	2021 年	2020 年	2021 年	2020 年	2021 年
盈利能力状况	0.96	1.16	27.47	25.65	26.37	29.75
资产质量状况	0.98	1.02	12.28	11.82	12.03	12.06
债务风险状况	0.97	1.07	22.00	22.00	21.34	23.54

(续表)

项目	类别修正系数		基本指标得分		修正后得分	
	2020 年	2021 年	2020 年	2021 年	2020 年	2021 年
经营增长状况	1.15	1.34	19.61	18.85	22.55	25.26
修正后定量指标总分	—	—	—	—	82.29	90.61

4. 管理绩效定性指标的计分方法

(1) 管理绩效定性指标的内容。

管理绩效定性评价指标的计分一般通过专家评议打分形式完成,聘请的专家应不少于 7 名。评议专家应当在充分了解企业管理绩效状况的基础上,对照评价参考标准,采取综合分析判断法,对企业管理绩效指标做出分析评议,评判各项指标所处的水平档次,并直接给出评价分数。表 9-10 是一名评议专家给出的各项管理绩效定性评价指标的等级。

表 9-10   **管理绩效评价定性评价指标等级表**

评议指标	权数	等级(参数)				
		优(1)	良(0.8)	中(0.6)	低(0.4)	差(0.2)
战略管理	18		√			
发展创新	15	√				
经营决策	16		√			
风险控制	13		√			
基础管理	14			√		
人力资源	8		√			
行业影响	8	√				
社会贡献	8		√			

(2) 单项评议指标得分。

$$单项评议指标分数 = \sum \left(\begin{matrix} 单项评议 \\ 指标权数 \end{matrix} \times \begin{matrix} 各评议专家给 \\ 定等级参数 \end{matrix} \right) \div 评议专家人数$$

假设评议专家有 7 人,对"战略管理"的评议结果为:优等 4 人,良等 3 人。

$$战略管理评议指标得分 = \frac{(18 \times 1 + 18 \times 1 + 18 \times 1 + 18 \times 1 + 18 \times 0.8 + 18 \times 0.8 + 18 \times 0.8)}{7}$$

$$= 16.46 (分)$$

其他指标的计算方法与上述方法相同,不再举例。

(3) 评议指标总分的计算。

前面已计算出战略管理评议指标分数为 16.46 分,假设其他 7 项评议指标的单项得分分别为 14 分、14 分、11 分、12 分、6 分、8 分和 7 分,则:

$$评议指标总分 = 16.46 + 14 + 14 + 11 + 12 + 6 + 8 + 7 = 88.46(分)$$

(五)计算经营业绩综合评价分数

在得出财务绩效定量评价分数和管理绩效定性评价分数后,应当按照规定的权重,耦合形成综合绩效评价分数。其计算公式为:

$$企业综合绩效评价分数 = 财务绩效定量评价分数 \times 70\% + 管理绩效定性评价分数 \times 30\%$$

根据以上有关数据,DF 公司的综合评价得分计算如下:

2020 年综合评价得分 $= 82.29 \times 70\% + 88.46 \times 30\% = 84.14(分)$

2021 年综合评价得分 $= 90.61 \times 70\% + 88.46 \times 30\% = 89.97(分)$

在得出评价分数以后,应当计算年度之间的绩效改进度,以反映企业年度之间经营绩效的变化状况。其计算公式为:

$$绩效改进度 = 本期绩效评价分数 \div 基期绩效评价分数$$

绩效改进度大于 1,说明经营绩效上升;绩效改进度小于 1,说明经营绩效下滑。

(六)确定综合评价结果等级

企业综合绩效评价结果以 85 分、70 分、50 分、40 分作为类型判定的分数线。具体的企业综合绩效评价类型与评价级别如表 9-11 所示。

表 9-11　　　　　　　　　　企业综合绩效评价类型与评价级别一览表

评价类型	评价级别	评价得分
优(A)	A++ A+ A	A++≥95 分 95 分>A+≥90 分 90 分>A≥85 分
良(B)	B+ B B−	85 分>B+≥80 分 80 分>B≥75 分 75 分>B−≥70 分
中(C)	C C−	70 分>C≥60 分 60 分>C−≥50 分
低(D)	D	50 分>D≥40 分
差(E)	E	E<40 分

本例中 DF 公司 2020 年综合得分 84.14 分,其综合绩效等级属于良(B+)级,2021 年综合得分 89.97 分,其综合绩效等级属于优(A)级。

练 习 题

一、单选题

1. 下列各项中,属于杜邦财务分析体系的核心指标的是(   )。
   A. 净资产收益率   B. 资产净利率   C. 净利润   D. 销售净利率

2. 下列各项中,能提高销售净利率的途径是(   )。
   A. 增加销售费用   B. 增加资产投入   C. 扩大营业收入   D. 增加银行借款

3. 业绩评价是指在(   )基础上,运用业绩评价方法对企业的财务状况和经营成果所作的综合结论。
   A. 综合分析   B. 经营分析   C. 财务分析   D. 报表分析

4. 下列指标中,属于正指标的是(   )。
   A. 资产负债率   B. 流动比率   C. 流动资产周转天数   D. 资本收益率

5. 财务综合分析要揭示各种(   )之间的相互关系和协调关系,从而全面评价经济活动过程及其成果。
   A. 利益主体   B. 财务报表   C. 财务经济指标   D. 企业

6. 资产负债率的标准值为50%,实际值为60%,其单项指数为(   )。
   A. 120%   B. 100%   C. 80%   D. 83.33%

7. (   )除以总资产得到公司每年总资产的周转率。
   A. 资产   B. 净利润   C. 销售收入   D. 所有者权益

8. 某修正指标的实际值是90%,其上档标准值是100%,本档标准值是80%,其功效系数是(   )。
   A. 40%   B. 50%   C. 60%   D. 80%

9. 用来衡量企业社会贡献总额中上交国家财政多少的比率是(   )。
   A. 总资产报酬率   B. 销售利润率   C. 净资产收益率   D. 社会累积率

10. 从杜邦财务分析体系中可以看出,若要提高企业的经营业绩,应该(   )。
    A. 降低资产负债率   B. 降低资产周转率
    C. 提高销售净利率   D. 提高销售费用的投入

二、多项选择题

1. 下列各项中,属于综合分析评价的目的有(   )。
   A. 明确企业财务活动与经营活动的相互关系
   B. 评价企业财务状况及经营业绩
   C. 为投资决策提供参考
   D. 为完善企业管理提供依据

2. 下列各项中,属于反映盈利能力的指标的有(   )。
   A. 销售利润率   B. 财务杠杆作用   C. 总资产报酬率   D. 资本收益率

3. 下列各项中,属于企业上交国家财政总额的有(　　)。
   A. 应交税金及附加　B. 应交增值税　　　C. 应交所得税　　　　D. 其他税收
4. 根据杜邦财务分析体系,影响净资产收益率的因素有(　　)。
   A. 权益乘数　　　　　　　　　　　B. 速动比率
   C. 销售(营业)利润率　　　　　　　D. 总资产周转率
5. 经营业绩评价综合指数法所选择的经济效益指标包括(　　)。
   A. 盈利能力指标　　　　　　　　　B. 资本保值增值指标
   C. 偿债能力指标　　　　　　　　　D. 对国家贡献水平指标
6. 下列各项中,属于提高净资产收益率的途径的有(　　)。
   A. 提高资产营运效率　　　　　　　B. 增加销售收入
   C. 降低成本费用　　　　　　　　　D. 降低负债比率
7. 下列各项中,属于反映经营增长状况的财务指标的有(　　)。
   A. 销售增长率　　　B. 总资产增长率　　　C. 销售利润率　　　D. 资本保值增值率
8. 杜邦财务分析体系的局限性包括(　　)。
   A. 涵盖信息不够全面　　　　　　　B. 分析内容不够完善
   C. 未包含偿债能力分析　　　　　　D. 对企业风险分析不足
9. 企业改变财务杠杆的手段包括(　　)。
   A. 增加流动负债的比例　　　　　　B. 减少短期借款
   C. 减少股东的净投资　　　　　　　D. 向股东支付现金股利
10. 经营业绩评价综合评分法所选择的业绩评价指标包括(　　)。
    A. 盈利能力状况指标　　　　　　　B. 资产质量状况指标
    C. 债务风险状况指标　　　　　　　D. 社会贡献状况指标
11. 下列各项中,属于反映资产质量状况的修正指标的有(　　)。
    A. 流动资产周转率　B. 不良资产比率　　C. 资产现金回收率　D. 流动比率

三、判断题

1. 企业应该不断追求超过可持续增长率的销售增长率。　　　　　　　　　　　(　　)
2. 在运用综合经济指数法进行经营业绩综合评价时,无论指标如何选择,最终得到的综合经济指数越高,则经营业绩越好。　　　　　　　　　　　　　　　　　　(　　)
3. 只要期末股东权益大于期初股东权益,就说明企业通过经营使资本增值了。　(　　)
4. 综合经济指数按不封顶计算时,如果等于或超过100%,说明各项指标均达到或超过标准值。　　　　　　　　　　　　　　　　　　　　　　　　　　　　　　(　　)
5. 在运用综合经济指数法进行经营业绩综合评价时,应该尽量既包括正指标又包括逆指标。　　　　　　　　　　　　　　　　　　　　　　　　　　　　　　(　　)
6. 最能体现企业经营目标的财务指标是净资产收益率。　　　　　　　　　　　(　　)
7. 社会积累率可用于衡量企业运用全部资产为国家或社会创造或支付价值的能力。　(　　)
8. 权益乘数越大,财务杠杆作用就越大。　　　　　　　　　　　　　　　　　(　　)
9. 盈余现金保障倍数的计算公式是经营现金净流量除以净利润。　　　　　　　(　　)

四、计算分析题

1. 某企业的资产负债率为60%,流动比率为180%,资产负债率的标准值为50%,流动比率的标准值为200%。

要求：请计算资产负债率和流动比率的单项指数。

2. 某企业 2021 年 12 月 31 日资产负债表的部分数据如表 9-12 所示。

表 9-12　　　　　　　某企业 2021 年 12 月 31 日资产负债表

单位：万元

资产		负债及所有者权益	
货币资金	90	流动负债合计	300
应收账款净额	180	非流动负债合计	400
存货	360	负债合计	700
流动资产合计	630	所有者权益合计	700
非流动资产合计	770		
总计	1 400	总计	1 400

该企业 2021 年度销售收入为 840 万元，税后净利润为 117.6 万元。已知该企业 2020 年度销售净利率为 16%，总资产周转率为 0.5 次，权益乘数为 2.2，权益净利率为 17.6%。

要求：(1) 计算该企业 2021 年的销售净利率、总资产周转率、权益乘数和净资产收益率。

(2) 利用因素分析法依次分析销售净利率、总资产周转率和权益乘数变动对资产收益率的影响（涉及资产负债表的数据均采用期末数）。

3. 已知乙公司相关资料如表 9-13 至表 9-18 所示。

表 9-13　　　　　　　乙公司财务绩效指标相关数据

基本指标	2021 年	修正指标	2021 年
净资产收益率	5.85%	销售利润率	39%
		盈余现金保障倍数（倍）	0.65
总资产报酬率	5.1%	成本费用利润率	5.65%
		资本收益率	8.53%
总资产周转率（次）	0.78	不良资产比率	4%
应收账款周转率（次）	6.1	流动资产周转率（次）	1.67
		资产现金回收率	2.13%
资产负债率	46%	速动比率	92%
		现金流动负债比率	8.5%
已获利息倍数（倍）	4.91	带息负债比率	28.32%
		或有负债比率	3.4%
销售增长率	17.2%	销售利润增长率	20.81%
资本保值增值率	98.49%	总资产增长率	3.96%
		技术投入比率	1.80%

表 9-14　　　　　　　该行业财务绩效评价标准值

项目	优秀	良好	平均	较低	较差
	(1)	(0.8)	(0.6)	(0.4)	(0.2)
净资产收益率	13.8%	10.3%	6.4%	2.7%	−0.9%
总资产报酬率	9.1%	7.3%	4.0%	2.2%	0

(续表)

项目	优秀	良好	平均	较低	较差
	(1)	(0.8)	(0.6)	(0.4)	(0.2)
总资产周转率(次)	1.1	0.9	0.7	0.6	0.5
应收账款周转率(次)	8.6	6.8	4.2	2.9	1.7
资产负债率	40.2%	53.4%	62.1%	74.8%	84.7%
已获利息倍数(倍)	5.7	3.4	2.3	1.7	0.9
销售增长率	35.7%	27.5%	18.3%	14.2%	3.5%
资本保值增值率	111.7%	109.2%	106.1%	102.4%	98.3%

表 9-15 　　　　　　　　　企业综合绩效评价指标及权重表

财务绩效定量评价指标(权重70%)				管理绩效定性评价指标(权重30%)	
指标类别(100)	基本指标(100)		修正指标(100)		评议指标(100)
一、盈利能力状况(34)	净资产收益率 总资产报酬率	20 14	销售(营业)净利率 盈余现金保障系数 成本费用利润率 资本收益率	10 9 8 7	战略管理　18 发展创新　15 经营决策　16 风险控制　13 基础管理　14 人力资源　8 行业影响　8 社会贡献　8
二、资产质量状况(22)	总资产周转率 应收账款周转率	10 12	不良资产比率 流动资产周转率 资产现金回收率	9 7 6	
三、债务风险状况(22)	资产负债率 已获利息倍数	12 10	速动比率 现金流动负债比率 带息负债比率 或有负债比率	6 6 5 5	
四、经营增长状况(22)	销售增长率 资本保值增值率	12 10	销售(营业)利润增长率 总资产增长率 技术投入比率	10 7 5	

表 9-16 　　　　　　　　　各类别修正系数

项目	盈利能力状况	资产质量状况	债务风险状况	经营增长状况
类别修正系数	1.20	0.98	0.83	1.17

表 9-17 　　　　　　　　　综合绩效评价级别一览表

管理绩效定性指标	定性评价指标分数	管理绩效定性指标	定性评价指标分数
战略管理	18.26	基础管理	12
发展创新	14	人力资源	6.6
经营决策	15.64	行业影响	7
风险控制	10	社会贡献	8

表 9-18 　　　　　　　　　综合绩效评价级别一览表

评价得分	E<40分	40分≤D<50分	50分≤C<70分	70分≤B<85分	85分≤A
评价类型	差(E)	低(D)	中(C)	良(B)	优(A)

要求：(1)通过上述材料,计算乙公司单项指标得分及分类指标得分。

(2)计算乙公司的综合评分并进行简单评价。

第十章　财务战略分析

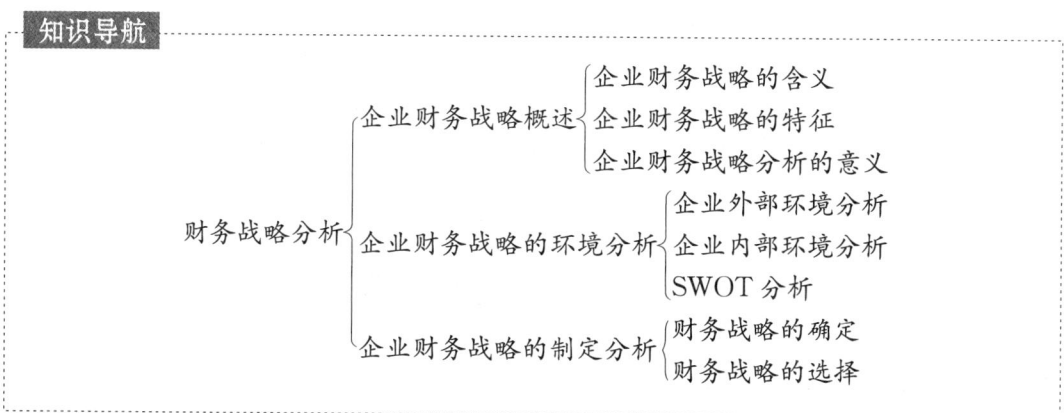
学习目标

1. 了解企业财务战略的含义、特征与分析意义。
2. 熟悉企业外部环境分析及企业内部环境分析。
3. 熟悉财务战略的确定与选择。

案例导入

财务成本是推行 ESG 战略最大的挑战

"2024 ESG 全球领导者大会"于 10 月 16 日至 18 日在上海召开。

山西鹏飞集团有限公司副总裁郑梓豪在演讲中谈及 ESG,表示 ESG 对于企业来说不仅是一个发展的问题,更是生死存亡的问题。ESG 代表的不只是一个企业承载的社会责任,未来更多代表了企业的生产力和实力。他还谈到,我们在发展 ESG 的时候,并没有把它作为一个负担,而是把它真正作为一个可持续发展的指数,持续围绕着环境、社会和治理,各方面打造一个以人为本,以奋斗者为本,为社会创造价值的企业文化。我们认为 ESG 在中国的发展未来会逐步更加重要。

对于在推行 ESG 战略中面临的最大困难和挑战,郑梓豪指出,首先,最大的挑战是财务成本。在全生命周期的回报中,企业作为一个营利性组织,还是要围绕着利润去发展,但我们在投资 ESG 的过程当中,会遇到各种各样的困惑,如公司最近做氢能源的时候,发现制氢成本相对来说难以控制。

对于"为什么新能源投资贵"的问题,他表示,首先,核心来讲就是材料、技术。过去包括内燃机时代、蒸汽机时代、电气时代,它的发展其实都是由于当时的技术发展,技术革命推进了生产力的发展,推进了企业和产业的变革。因此,我们在氢能源的发展中非常关注技术带来的变革,思考什么样的技术可以真正把氢能源做成人类终极能源。

其次,是在发展中受到土地、资源、绿色投资和政策的限制。郑梓豪提到,我常在企业内部讲,方向是光明的,革命的成功没有直线的胜利,也没有短期的胜利,只要瞄准国家的发展战略,不断持续关注和投资于新能源、新的产业技术、新的制造革命,围绕着新的发展理念,我觉得只要有足够的战略定力和足够的眼光,就可以在可持续发展的新能源赛道上不断向好。

资料来源:新浪网,2024 年 10 月 19 日,《鹏飞集团郑梓豪:推行 ESG 战略最大的挑战是财务成本》。

思考:结合案例,利用 SWOT 分析工具,对新能源企业进行财务战略环境分析。

第一节 | 企业财务战略概述

一、企业财务战略的含义

财务战略是主要涉及财务性质的战略,属于财务管理的范畴。财务战略主要考虑资金的使用和管理的战略问题,并以此与其他性质的战略相区别。财务战略概念的出现,使得企业战略分为财务战略和非财务战略两类,并把非财务战略称为经营战略。

企业财务战略是指为谋求企业资金均衡有效的流动和实现企业整体战略,为增强企业财务竞争优势,在分析企业内外环境因素对资金流动影响的基础上,对企业资金流动进行全局性、长期性与创造性的谋划,并确保其执行的过程。财务管理可以分为资金筹集和资金管理两大部分,相应地,财务战略可以分为筹资战略和资金管理战略。狭义的财务战略仅指筹资战略,包括资本结构决策、筹资来源决策和股利分配决策等。

二、企业财务战略的特征

(一)财务战略的"战略"共性

1. 全局性

财务战略是以整个企业的筹资、投资和收益分配的全局性工作为对象,根据企业长远发展需要而制定的。它是从财务的角度对企业总体发展战略所作的描述,是企业未来财务活动的行动纲领和蓝图,对企业的各项具体财务工作、计划等起着普遍的和权威的指导作用。

2. 长期性

制定财务战略不是为了解决企业的眼前问题,而是为了谋求企业未来的长远发展。因此,财务战略一经制定就会对企业未来相当长时期内的财务活动产生重大影响。

3. 导向性

财务战略规定了企业未来较长时期内财务活动的发展方向、目标以及实现目标的基本途径和策略,它是企业一切财务战术决策的指南,企业的一切财务活动都应该紧紧围绕其实施和开展。

4. 风险性

由于企业的理财环境总是在不断变化,任何企业的财务战略都伴随着风险。财务战略风险的大小,主要取决于财务决策者的知识、经验和判断能力。科学合理的财务战略一旦实现,会给整个企业带来勃勃生机和活力,使企业得到迅速发展;反之,则会给企业造成重大损失,使企业陷入财务困境甚至破产。

5. 适应性

现代企业经营的实质,就是在复杂多变的内外环境中,解决企业外部环境、内部条件和经营目标三者之间的动态平衡问题。财务战略把企业与外部环境融为一体,注重观察、分析外部环境的变化及其给企业财务管理可能带来的机会和威胁,因而大大增强了企业对外部环境的适应性。

6. 动态性

战略是环境分析的结果,环境的变化必然引起战略的变化。一般来说,当理财环境变化不大时,一切财务活动都必须按原定财务战略行事,充分体现财务战略对财务活动的指导性;当理财环境发生较大变化时,财务战略就应作适当的调整,以适应环境的变化。

(二) 财务战略的"财务"个性

1. 财务战略在企业战略体系中的相对独立性

企业战略具有多元化结构的特征,它不仅包括企业整体意义上的战略,也包括职能层次上的战略。财务战略作为企业职能战略之一,其相对独立性主要取决于以下两个基本事实:①在市场经济条件下,财务管理不再只是企业生产经营过程的附属职能,而是有其特定的相对独立的内容。②财务活动并非总是企业的"局部"活动,而是有着许多对企业整体发展具有战略意义的内容。

2. 财务战略地位的从属性

财务战略作为企业战略系统中的一个子系统,尽管它有其自身的特色,具有相对的独立性,但它必须服从和反映企业战略的总体要求,应该与企业战略协调一致,并为企业战略的顺利实施和圆满完成提供资金支持。

3. 财务战略谋划对象的特殊性

财务战略是对企业财务活动的一种谋划,其目标是谋求企业资金运动最优化。财务战略要解决风险与收益的矛盾、收益性与成长性的矛盾、偿债能力与盈利能力的矛盾、生产经营与资本经营的矛盾等,这一系列矛盾都是由财务战略谋划对象的特殊性引发的。

4. 财务战略实施主体的全员性

从纵向看,财务战略的制定与实施应是企业经营者、财务职能部门经理、基层财务部门三位一体的管理过程;从横向看,财务战略必须与企业其他战略相配合,渗透到企业的各个部门、各个方面,并最终由经营者负责协调。因此,财务战略管理实际上是以经营者经营战略为主导、以财务职能部门战略管理为核心、以其他部门的协调为依托而进行的全员管理。

三、企业财务战略分析的意义

"三年发展靠机遇,十年发展靠战略",战略是企业经营的航标,是指南针。若不能很好地进行战略分析,就无法正确解读企业的财务数据甚至可能造成严重的分析偏差,从而导致决策错误。通过战略分析,分析人员可以识别企业盈利的驱动因素和面临的主要风险,从而评估企业当前业绩的可持续性,为前景分析奠定基础。财务战略作为企业整体战略的一个子系统,具有重要意义:

(1)通过对企业内外环境分析并结合企业整体战略的要求,提高了企业财务系统对环境的适应性。

(2)注重系统性分析,提高了企业整体协调性,从而提高了企业的协同效应。

(3)着眼于长远利益与整体绩效,有助于创造并维持企业的财务优势,进而创造并保持企业的竞争优势。

企业财务战略分析是会计分析和财务分析的基础和导向,是企业价值评估的基础和依托,通过企业财务战略分析,分析人员能够深入了解企业的经济状况和经济环境,从而进行客观、正确的会计分析与财务分析。

第二节 | 企业财务战略的环境分析

21 世纪,社会经济环境变幻莫测,作为财务战略生成的起点,企业首要的任务是对企业所处的内外财务战略环境进行分析。无论是企业的筹资、投资还是股利分配,都是建立在对环境准确分析的基础之上的。相对于传统的财务管理来说,财务战略管理注重的不再是企业目前的短期盈利,而是未来长期的持续获利能力;对各个环境因素的分析不再是剥离开来分别分析,而是需要对各个环境因素、信息进行整合,并对其进行综合分析。

环境分析主要分为企业外部环境分析和企业内部环境分析两个方面。其中,企业外部环境分析包括宏观环境分析、行业环境分析和企业间的竞争环境分析;企业内部环境分析包括企业资源与能力分析、价值链分析和业务组合分析。

一、企业外部环境分析

从战略角度分析企业的外部环境,是要把握环境的现状及变化趋势,利用有利于企业发展的机会,避开环境可能带来的威胁,这是企业谋求生存发展的首要问题。企业的外部环境可以从宏观环境、行业环境和竞争环境展开。

(一)宏观环境分析

宏观环境分析通常采用 PEST 分析模型,分析企业所处的政治和法律环境、经济环境、社会和文化环境以及技术环境,PEST 分析模型如图 10-1 所示。

1. 政治和法律环境

政治和法律环境,是指那些制约和影响企业的政治要素和法律系统,及其运行状态。考虑到对企业战略选择的影响,政治因素应该包括:企业所在国家或地区的政局稳定状况;政府行为对企业的影响;执政党的态度和推行的基本政策;各政治利益集团对企业活动产生的影响。法律因素应包括各种税法、劳动者保护法、消费者权益保护法、知识产权保护法等。

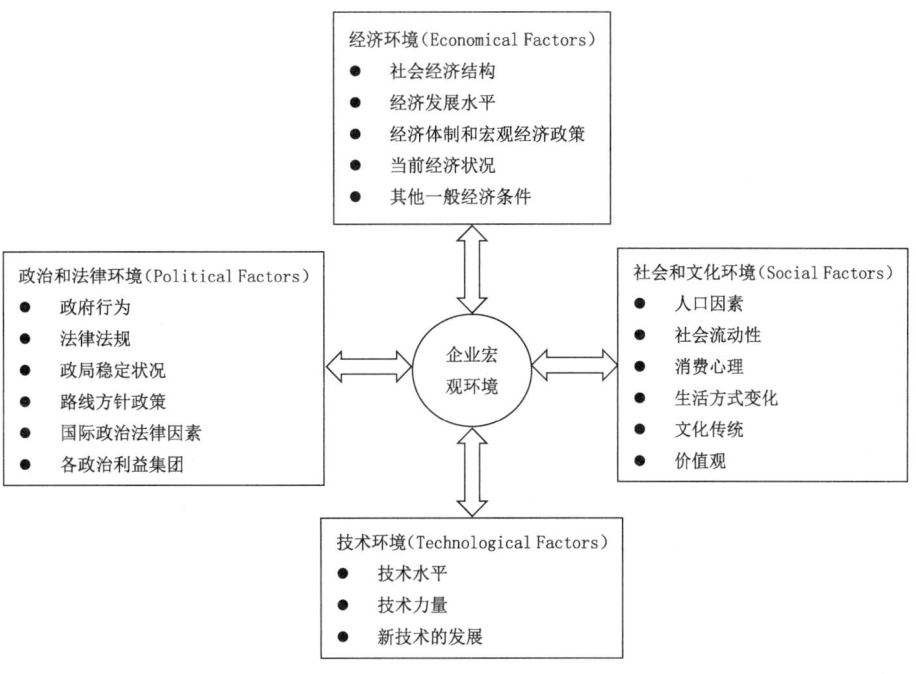

图 10-1　PEST 分析模式

这些因素对市场与行业环境、竞争环境和企业战略行为的影响往往具有强制性、直接性。

2. 经济环境

经济环境,是指企业生存和发展的社会经济状况及国家的经济政策,主要包括社会经济结构、经济发展水平、经济体制、宏观经济政策、当前经济状况和其他一般经济条件等。这些经济环境因素的变化将在各个方面影响企业的市场、行业和竞争环境,进而影响企业财务战略的形成。与政治法律环境相比,经济环境对企业的影响更直接、更具体。

3. 社会和文化环境

社会和文化环境,是指特定历史时期社会发展的一般状况,具体内容如表 10-1 所示。这些因素既源远流长又不断演化,以各种潜移默化的方式影响着企业各个利益相关团体对企业的看法和要求,从而对企业的资金筹集、资金投向、股利分配等产生非常重要的影响。

表 10-1　　　　　　　　　　　　社会和文化环境分析

因素	内容
人口因素	人口因素包括企业所在地居民的地理分布及密度、年龄、受教育水平、国籍等。大型企业通常会利用人口统计数据进行客户定位,并研究如何开发产品。人口因素对企业战略的制定具有重大影响
社会流动性	社会流动性主要涉及社会的分层情况、各阶层之间的差异以及人们是否可在各阶层之间转换、人口群体的规模、财富及其构成的变化以及不同区域(城市、郊区及农村地区)的人口分布等
消费心理	消费心理对企业战略的制定也会产生影响。例如,一部分顾客的消费心理是在购物过程中追求新鲜感,而不是满足其实际需要,因此企业应有不同的产品类型以满足不同顾客的心理需求

（续表）

因素	内容
生活方式变化	随着社会经济发展和对外交流程度不断提高，人们的生活方式会发生变化。人们的物质需求会越来越高，社交、自尊、求知、审美等精神需求也会越来越强烈，这将给企业带来诸多新的机遇与挑战
文化传统	文化传统是一个国家或地区在较长历史时期内形成的一种社会习惯，是影响经济活动的一个重要因素
价值观	价值观是指社会公众评价各种行为的观念和标准。不同国家和地区的人们的价值观存在差异

4. 技术环境

技术环境是指企业所处环境中的科技要素及与该要素直接相关的各种社会现象的集合，包括国家科技体制、科技政策、科技水平和科技发展趋势等，对企业的资金投向起着导向作用。企业必须要预见这些新技术带来的变化，并在战略管理上做出相应的战略决策，以获得新的竞争优势。

技术环境对战略所产生的影响包括：①技术进步使企业能对市场及客户进行更有效的分析；②新技术的出现使社会对本行业产品和服务的需求增加，从而使企业可以扩大经营范围或开辟新的市场；③技术进步可创造竞争优势；④技术进步可导致现有产品被淘汰，或大大缩短产品的生命周期；⑤新技术的发展使企业可更多关注环境保护、企业的社会责任及可持续成长等问题。

对宏观环境分析的目的是对企业经营的宏观环境有一个充分了解，但是其最终应当是从宏观环境中发现机会与威胁。宏观环境无法改变，企业需要做的是趋利避害，适应环境，这就将涉及对企业财务战略制定的分析。从财务分析的角度来看，暗含在财务战略制定分析中的一条主线就是匹配性。无论是这里的 PEST 分析，还是下面的行业特征、风险、SWOT 分析等，在具体分析之后最重要的是要分析企业在特定的内外部环境下所做的战略选择是否与其环境相匹配。战略与环境是否匹配将对企业经营产生重大影响，其风险水平、盈利水平、成长性等都将由此决定。

（二）行业环境分析

行业环境分析的目的在于分析行业的盈利水平与盈利潜力，因为不同行业的盈利能力和潜力大小是可能不同的。主要从以下几个方面来看：

1. 行业特征分析

行业的特征是指特定行业在某一时期的基本属性，它综合反映了该行业的基本状况和发展趋势。评价行业的特征是对财务报表进行有效分析的一个基本前提。一般来说不同的行业在竞争特征、需求特征、技术特征、增长特征、盈利特征等方面存在较大的区别，而这些区别往往会在财务报表中反映出来。因此，分析企业最基本和最重要的一点就是要将其置于行业背景之下，因为行业背景提供了比较的标准。

1）行业特征的影响因素

评价行业的特征，主要是评价行业的竞争特征、需求特征、技术特征、增长特征、盈利特征等五个方面,它们由行业因素分类组合而成。影响行业特征的一般因素如表 10-2 所示。

表 10-2 　　　　　　　　　　　　行业特征的影响因素

竞争特征	需求特征	技术特征	增长特征	盈利特征
竞争企业数	需求增长率	技术成熟程度	生产能力增长率	平均利润率
竞争企业战略	顾客稳定性	技术复杂性	规模经济	平均贡献率
行业竞争热点	产品生产周期	相关技术的影响	新投资额	平均收益率
资源的可得性	替代品可接受性	相关的可保护性	多元化速度	
潜在进入者	需求弹性	研发费用		
竞争结构	互补性	增长率		
产品差异化程度		技术进步的影响		

行业特征的分析框架为我们从总体上了解一个行业的具体特征提供了一个基本框架,它在宏观分析的基础之上更进一步,推进到中观行业本身。但这只是一个框架性的结构,具体的行业分析需要结合后面提到的波特五力模型、行业风险分析框架等工具展开。

2) 行业特征在财务报表中的体现

行业是指从事国民经济中同性质的生产或其他经济社会的经营单位或者个体的组织结构体系。同一行业的企业因其经营活动的相似性,在资产结构、盈利水平等方面必然会表现出一定的相似性,最终表现为财务报表结构的相似性。把握住这种规律有利于我们深入了解一个行业,并以此为参照具体分析特定的企业。

例如,零售商店的产品与其他商场、超市的产品非常相似,进入零售商店这个行业的门槛很低,因此,该行业竞争激烈,平均利润率较低。而制药企业与零售商店相比具有较高的进入门槛,虽然竞争也较为激烈,但其激烈程度低于零售商店,行业平均利润率相对较高。

行业特征分析不属于典型的战略分析的范畴,但是从财务分析的角度来了解一个行业的财务指标的特点至关重要。对于关键指标值的掌握既有利于了解一个行业的特征,也可以帮助我们发现被分析企业的异常。

2. 行业经济结构分析

行业的经济结构随该行业中企业的数量、产品的性质、价格的制定和其他一些因素的变化而变化,根据经济结构的不同,行业基本上可以分为四种市场类型,即完全竞争型市场、垄断竞争型市场、寡头垄断型市场和完全垄断型市场。

1) 完全竞争型市场

完全竞争型是指一个行业中有很多的独立生产者,他们都以相同的方式向市场提供同质产品。该市场具有以下特点:①企业是价格的接受者,而不是价格的制定者,即企业不能够影响产品的价格。②所有企业向市场提供的产品都是同质的、无差别的。③生产者众多,所有资源都可以自由流动。④企业的盈利基本上是由市场对产品的需求决定的。⑤生产者和消费者对市场完全了解并且可随意进入或退出此行业。

通过上述特点可以看出,完全竞争是一个理论上的假设,在现实经济中很少存在,一些初级产品和某些农产品的市场类型比较接近完全竞争型市场的情况。

2)垄断竞争型市场

垄断竞争是指一个行业中有许多企业生产同一种类但具有明显差别的产品。该市场具有以下特点:①企业生产的产品存在差别,同种不同质,即产品基本相似,但在质量、商标、包装、大小以及服务态度等方面存在一定的差别,这是垄断竞争与完全竞争的主要区别。②从某种程度上说,企业对自己产品的价格有一定的控制能力,是价格的制定者。③生产者众多,所有资源可以流动,进入该行业比较容易。

在国民经济各行业中,大多数产成品的市场类型都属于垄断竞争型市场。

3)寡头垄断型市场

寡头垄断是指一个行业中少数几家企业(称为"寡头")控制了绝大部分的市场需求。该市场具有以下特点:①企业为数不多,而且相互影响,相互依存。正因为如此,每个企业的经营方式和竞争策略都会对其他几家企业产生重要影响。②产品差别可有可无。当产品无差别时称为纯粹寡头垄断;当产品有差别时称为差别寡头垄断。③生产者较少,进入该行业十分困难。

从以上特点可以看出,寡头垄断在现实中是普遍存在的,资本密集型、技术密集型行业,如汽车行业、石油行业、钢铁行业等多属寡头垄断型市场。生产所需的巨额投资、复杂的技术或产品储量的分布成为限制新企业进入寡头垄断型行业的主要障碍。目前西方国家的许多重要行业常常被几家企业所控制。例如,美国汽车市场是被本国的通用汽车公司、福特汽车公司、克莱斯勒公司以及日本的本田汽车公司和日产汽车公司所控制。

4)完全垄断型市场

完全垄断是指一个行业中只有一家企业生产某种特质产品。特质产品是指那些没有或基本没有其他替代品的产品。完全垄断可分为政府完全垄断(如国有铁路、邮电等部门)和私人完全垄断(如政府赋予的特许专营或拥有专利的独家经营,以及由于极其强有力的竞争实力而形成的私人垄断经营)两种类型。该市场具有以下特点:①一个行业仅有一个企业,也就是说这个垄断企业就构成了一个行业,其他企业进入这个行业几乎是不可能的。②产品没有或缺少合适的替代品。因此,垄断企业能够根据市场的供需情况制定理想的价格和产量,在高价少销和低价多销之间进行选择,以获取最大利润。但是,垄断者的自由是有限度的,要受到政府管制和反垄断法的约束。

在现实经济生活中,公用事业(如铁路、煤气公司、自来水公司和邮电通信等)和某些资本、技术高度密集型行业或稀有金属矿藏的开采等行业属于这种完全垄断的市场类型。

3.行业生命周期分析

行业生命周期是指从行业出现直到行业完全退出社会经济活动所经历的时间。行业生命周期的长短主要由社会对该行业的产品需求状况决定,其发展要经过导入期、成长期、成熟期和衰退期4个阶段。这些阶段以销售额增长率曲线的拐点划分。

当行业走过它的生命周期时,竞争的性质也会发生变化。通过对行业生命周期的分析,企业可以决定是进入、维持还是撤出某一行业,以及进入某一行业是采用并购的方式还是采取建设的方式。行业生命周期各阶段的特征如表 10-3 所示。

表 10-3   行业生命周期各阶段的特征

项目	生命周期			
	导入期	成长期	成熟期	衰退期
产品特点	设计新颖,但质量有待提高,尤其是可靠性,价格弹性较小	质量参差不齐,产品在技术和性能方面有较大差异,价格最高	产品逐步标准化,差异不明显,技术和质量改进缓慢,价格开始下降	产品差别小,价格差异缩小,多数企业退出后价格才有望上扬
市场结构	只有很少的竞争对手	市场扩大,竞争者涌入	竞争激烈,对手成为寡头	取决于衰退的性质,或形成寡头或出现垄断
市场拓展	广告宣传,知名度,销售渠道	建立品牌信誉,开拓销售渠道	保护既有市场,渗入其他市场	选择市场区域,维护企业形象
投资需求	很大	大部分利润用于再投资	再投资减少	不投资或收回
生产经营	提高生产效率,开发产品标准	改进产品质量,增加花色品种	巩固客户关系,降低成本	削减生产能力,保持价格优势
财务政策	利用财务杠杆	集聚资源以支持生产	控制成本	提高管理控制系统的效率
人力资源	使员工适应新的生产和市场	发展生产和技术能力	提高生产效率	面向新的生产领域
研究开发	大量用于产品和生产过程	对产品的研究减少,继续生产过程研究	很少,只有必要时进行	除非生产过程或重振产品有需求,否则无支出
利润	亏损或微利	迅速增长	开始下降	下降或亏损
现金流	没有或极少	少量增长	大量增长	大量至衰竭

4. 行业盈利能力分析

通过对美国若干产业平均收益率的长期跟踪研究,波特发现,企业盈利水平的高低在很大程度上取决于产业平均收益率的高低,产业平均收益率的高低取决于产业竞争强度的高低,产业竞争强度的高低取决于产业竞争结构,产业竞争结构取决于五种力量及其相互作用,如图 10-2 所示。这五种力量分别是:现有企业间的竞争、新进入企业的威胁、替代产品的威胁、买方的议价能力和供方的议价能力。

波特五力模型在行业分析中的运用根据波特教授的框架,竞争强度(图的上半部分)决定了特定公司在行业中创造超额利润的可能性,而是否能获得这样的超额利润还受到该行业同其客户和供应商的议价能力的影响。行业盈利能力分析的核心就是通过确定各行业中决定和影响这五种基本竞争力量的因素,使得企业能够较好地防御每种竞争力量。在《运用财务报表进行企业分析与估价》一书中,佩普等三位教授对这五种竞争力量的作用机理进行

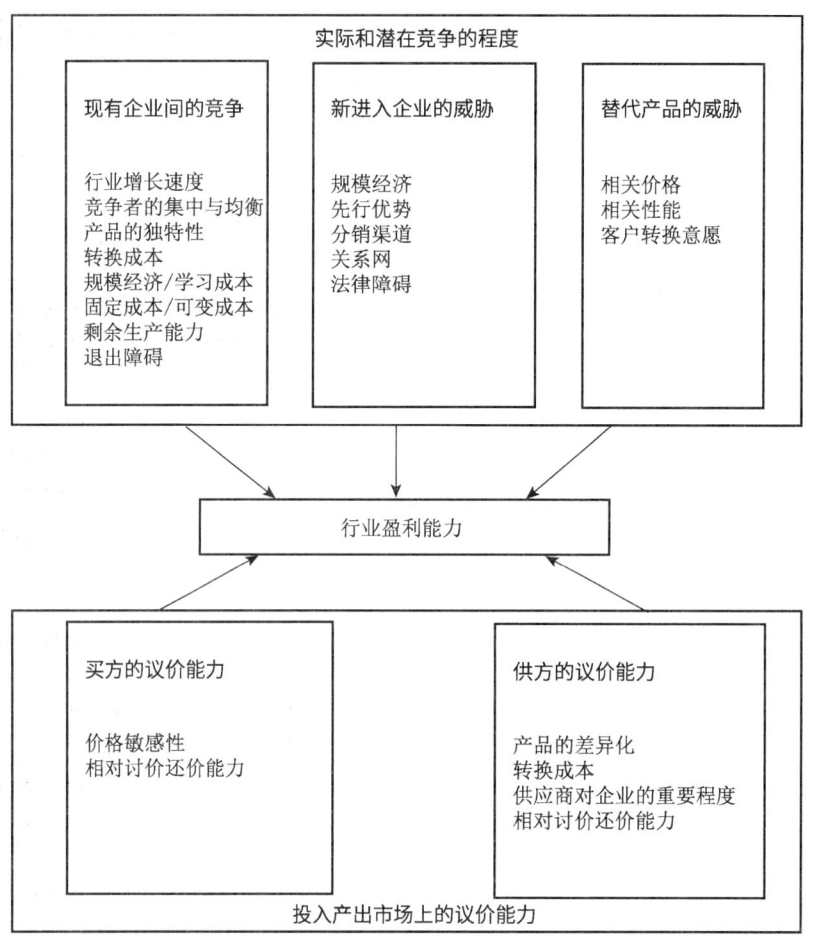

图 10-2 波特五力模型在行业分析中的应用

了简要的阐述。

1）现有企业间的竞争

行业中现有企业之间的竞争是对盈利水平最直接也是最重要的威胁因素。企业间的竞争一般采取价格竞争和非价格竞争两种方式。有些行业,企业之间的竞争异常激烈,企业往往采用降低价格、侵蚀利润的方式,其产品价格接近甚至低于边际成本;而有些行业,价格竞争并不激烈,企业会采用非价格竞争,如通过加快新产品开发、提高产品质量和性能、革新品牌形象等方式获得竞争优势。以下因素决定了行业中现有企业间的竞争强度。

（1）行业增长速度。如果一个行业保持高速增长,那么现有企业就无须通过从其他企业夺取市场份额来获得增长。相反,如果在一个行业增长速度很慢,甚至是负增长,现有企业获得发展的唯一途径只能是从竞争对手那里夺取市场份额。

（2）竞争者的集中和均衡。同行业中的企业数量及其规模决定了该行业的集中程度。集中程度影响同行业中各企业协调定价和其他竞争方式的程度。例如,如果行业中只有一个控制性企业,那么它可以制定并实施竞争规则;如果行业中只有两三个同样规模的竞争者,那么它们可以通过私下协作避免恶性价格竞争;如果行业中有许多小规模企业,价格竞争可能十分激烈,这时企业只能是价格的接受者。

（3）产品的独特性和转换成本。产品的独特性可以降低同行业中各企业之间竞争的激烈程度。如果同行业中各种产品十分相似，那么客户可能根据价格的高低随时准备从一家企业转向另一家企业，此时转换成本将影响客户的转换倾向。当转换成本很低时，可能会刺激同行业之间的价格竞争。

（4）规模经济或学习成本、固定成本与变动成本的比率。如果学习曲线很陡或行业中存在明显的规模经济效应，那么同行业各企业之间将进行争夺市场份额的激烈竞争。同样，如果固定成本与变动成本的比率很高，企业就可能诉诸价格战以充分利用剩余生产能力，这在航空业尤其明显。

（5）剩余生产能力和退出障碍。如果行业生产能力超过市场需求，企业就会产生强烈的降价动机以充分利用其生产能力。如果企业从行业中退出存在重大障碍，剩余生产能力问题可能加剧。当资产的专用性很高，或者存在导致退出成本很高的规则时，退出壁垒较高，如钢铁行业。

2）新进入企业的威胁

在新进入企业的威胁中，当一个行业存在超额利润时，新的企业就会不断地被吸引进来。新加入者拥有新的生产能力和某些必需的资源，进入后会带来生产能力的扩大，产品价格的下降；同时新加入者要求获得资源进行生产，使得生产成本提高。这两方面都会导致行业盈利能力下降。新进入企业竞争威胁取决于其进入成本。如果进入一个行业的成本高于可能获得的利润，进入就不会发生；如果进入成本低于预期收益，进入就会发生，直到由进入该行业所带来的利润低于进入成本。规模经济、先行者优势、分销渠道、关系网、法律障碍等因素决定了进入一个行业障碍的大小。

（1）规模经济。规模经济是指某种产品的单位生产成本随着产量的增加而下降的现象。单位生产成本最低点所对应的产量叫作经济规模。当一个行业存在着规模经济时新加入者就会面临着两种选择，一种是按照经济规模进入，结果是行业生产力过剩、行业中所有企业的利润都下降到正常水平；另一种是按照低于经济规模的水平进入，行业总需求高于总供给，现有企业可盈利，但是新进入企业的生产成本将大大高于现有企业，极有可能陷入亏损。面对这种两难选择，新进入者可以通过采用新的生产技术、使产品差异化的方式来克服规模经济的制约。

（2）先行优势。现有企业由于起步早，在行业占据一定的竞争地位，从而具备一定的先行优势。如现有企业可能制定行业标准、与廉价原材料供应商达成特别协议、获得管制行业经营的政府许可等。从规模经济角度，现有企业也比新加入企业拥有绝对的成本优势。顾客对现有品牌的忠诚度和转换成本高也成了现有企业的先行优势。

（3）分销渠道和关系网。现有分销渠道的有限容量以及开发新的分销渠道的巨额成本，成为新企业进入该行业的强大障碍，如汽车行业。企业与客户之间的现有关系也使得新企业很难进入，如会计服务业、投资银行业和广告业等。

（4）法律障碍。政府颁布的政策、法律法规会在某些行业中限制新的加入者，从而造成了进入障碍，如医疗业、广播和电信业等。

3）替代产品的威胁

从替代产品的威胁角度考虑，替代产品是指其功能与现有产品相似或相同的产品。替代产品的威胁主要取决于相互竞争的产品或服务的相关价格和性能，以及客户是否愿意替代。

（1）相关价格和相关性能。老产品能否被新产品替代，或者反过来说，新产品能否替代老产品，主要取决于两种产品的"性能价格比"的比较。如果新产品的"性能价格比"高于老产品，新产品对老产品的替代就具有必然性，如果新产品的"性能价格比"一时还低于老产品，那么，新产品还不具备足够的实力与老产品竞争。

（2）客户转换意愿。客户是否愿意转换产品常常是替代产品能否构成威胁的关键因素。家乐福、沃尔玛等跨国零售巨头进入中国市场后，大大影响着国内的零售商，因为外国商场购货环境的舒适、产品的丰富和质量的保证使得客户很乐意接受替代产品。

4）买方的议价能力

买方的议价能力主要受两个因素影响：价格敏感性和相对讨价还价能力。

（1）价格敏感性。当产品不具有独特性且转换成本很低时，购买者对价格的敏感性强。购买者对价格的敏感性还取决于该产品对其自身成本结构的重要性。当产品在购买者成本总额中占较大比重时，购买者可能会耗费必要的资源寻找成本较低的替代品；相反，如果产品在购买者成本总额中占较小比重，购买者则可能不会耗费资源去寻找低成本的替代品。此外，该产品对提高购买者产品质量的重要性也决定价格能否成为购买决策的最重要决定因素。

（2）相对讨价还价能力。在交易中的相对讨价还价能力最终取决于各方不与对方做交易所需付出的成本。买方的讨价还价能力取决于买方相对于供应商的数量、单一买方的购买数量、买方可选择的产品的数量、买方从一种产品转向另一种产品的转换成本以及买方向后整合的威胁等因素。例如，在汽车行业，汽车制造商比零件制造商拥有更大的讨价还价能力，因为它们是大购买商，有许多供应商可供选择，而且转换成本相对较低。相反，在个人电脑行业，由于转换成本很高，计算机制造商与操作系统软件制造商相比讨价还价能力更差。

5）供方的议价能力

（1）产品差异化和转换成本。如果供应的产品差异化明显且转换成本很高，则企业对供应商的依赖性就很大，供应商议价的能力就很强。

（2）供应商对企业的重要程度。当供应商提供的产品或服务对企业很重要时，供应商比企业更有议价的优势。例如，在航空领域，飞行导航器制造商拥有绝对的话语权，航空公司在采购的问题上必须慎之又慎，既要降低经营成本，又要防止受制于供应商。同时，如果企业不是供应商的重要客户时，它对供应商的议价能力很弱。

（3）相对讨价还价能力。与购买方议价能力分析相类似，供应商议价能力也取决于相对讨价还价能力的高低。当供应商的数量很少且单个供应商的供应量很多时，供应商具有强势地位。例如，英特尔公司几乎垄断了电脑芯片的供应，他们依靠高价销售、快速推出换代产品等手段从计算机生产商和用户手中赚取了大量利润。当供应商进行前向一体化时，供应商具有更大的威胁。例如，IBM 是计算机主机的大供应商，而且自身也从事计算机租赁业务，因此相对于计算机租赁公司而言，IBM 的议价能力更强。

5. 行业风险分析

风险是现代经济运行的核心概念。站在一个企业与环境的角度来看，风险可分为市场风险和企业特别风险。其中，市场风险又称系统风险或不可分散风险，是指对所有企业均有影响的风险，如自然灾害、经济衰退、通货膨胀、战争等；企业特别风险又称非系统风险或可分散风险，如开发失败、经济策略失败、市场失败、质量问题等。我们这里所定义的行业风险介于企业特别风险与系统风险之间，是指一个行业所面临的"特别风险"。

行业处于宏观经济背景之下,企业则处在具体的行业之中,前面 PEST 宏观分析和波特五力分析能够了解一个行业所面临的环境以及行业本身的特点,在此基础上,风险分析将这些信息落脚于行业风险。行业风险分析整合了宏观和中观的分析内容,具体可以包括经济环境、产业政策、行业市场和行业运行四个方面。具体分析框架如表 10-4 所示。

表 10-4 　　　　　　　　　　　行业风险分析框架

类别	风险因素
经济环境	经济增长、宏观调控、货币调控、汇率变化等
产业政策	行业发展、技术政策、环保政策、政府指令等
行业市场	国际市场、市场竞争、价格竞争、上游行业、技术淘汰、多元化投资风险、并购风险等
行业运行	需求、供给、经济运行等

(三) 企业间竞争环境分析

在波特的五力模型中,企业最主要、最激烈的竞争来自同行。它们与企业提供相同或相似的产品或服务,在同一个市场中争夺客户,在技术开发和应用上进行最直接的竞争,企业与竞争对手的相对实力决定了企业的盈利水平与发展空间。竞争环境分析包括两个方面:一是从个别企业视角观察分析竞争对手的实力;二是从产业竞争结构视角观察分析企业面对的竞争格局,即战略群组分析。

1. 竞争对手分析

波特在《竞争战略》中提出,给企业定位也是一种竞争战略,它可以使企业与其竞争对手区分开来、最大限度发挥企业的能力和价值。制定竞争战略的核心是对竞争对手进行分析。竞争对手分析包含四大要素: 未来目标、假设、当前战略和能力,具体如图 10-3 所示。

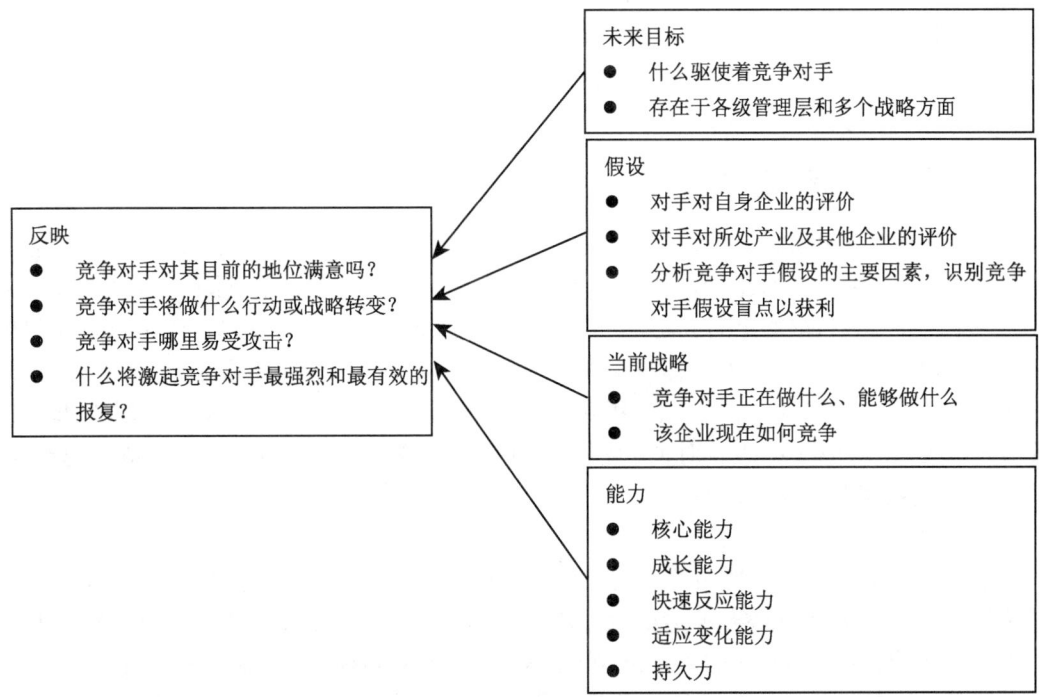

图 10-3 　竞争对手分析内容

2. 战略群组分析

亨特提出,战略群组是"由一个行业内目标市场和市场定位相似的竞争者组成的群体"。由于同一战略群组内的企业向相似的顾客群销售相似的产品,所以它们之间的竞争非常激烈;战略群组之间采取的战略越接近,竞争的激烈程度可能也越大。竞争越激烈,每个企业利润受到的威胁就越大。

在识别战略群组的特征时可以考虑使用以下变量:产品(或服务)的差异化程度;各地区交叉的程度;细分市场的数目;所使用的分销渠道;品牌的数量;营销的力度(如广告覆盖面、销售人员数目等);纵向一体化的程度;产品的服务质量;技术领先程度(是技术领先者还是技术跟随者);研发能力(生产过程或产品的革新程度);成本定位;能力的利用率;价格水平;装备水平;所有者结构;与政府、金融界等外部利益相关者的关系;组织规模。

为清楚地识别不同的战略群组,通常在上述特征中选择2~3项有代表性的特征绘制二维坐标图,按选定的特征把产业内的企业列在这个坐标图内,把大致相同战略空间的企业归为同一个战略群组,最后给每个战略群组画一个圆,使其半径与各个战略群组占整个行业销售收入的份额成正比,这样就得到了一张战略群组分析图。构建的行业内战略群组图可以帮助企业确定移动壁垒、分辨边缘群组、绘制战略行动的方向、分析趋势、预测行业对特定事件的反应。例如,选取"成本定位"与"组织规模"两项特征可得到如图10-4所示的战略群组分析图。

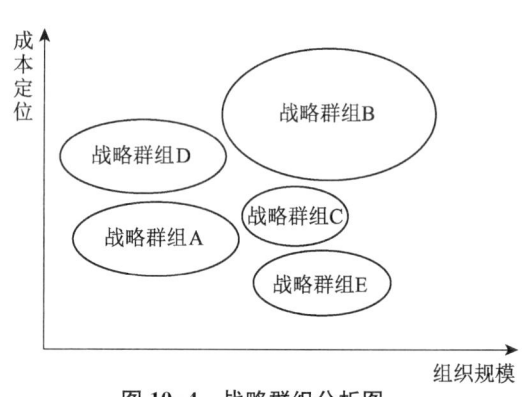

图10-4　战略群组分析图

在绘制战略群组分析图时,变量的选取要遵循以下原则:①选取的两个变量不能具有强相关性;②变量应当体现各企业的竞争目的有较大差异;③可采取多变量方式,从多个角度绘制战略群组分析图,反映行业中的竞争者地位。

二、企业内部环境分析

国内外企业发展实践表明,同一行业内企业间竞争力的差异甚至比不同行业内企业间竞争力的差异还要大。因此,企业主要的利润源泉是其自身的特殊性,而非行业间的相互关系。一个企业要取得战略上的成功,不可忽视内功的建设。企业的内部环境是指企业内部拥有的,与企业经营活动有关的各种要素的总和,既包括各种资源也包括各种能力。无论外部环境发生了怎样的变化,企业和战略管理者必须先了解企业内部资源和能力的形成、现状以及水平,然后判断外部环境变化对企业的影响,并做出能够扬长避短和趋利避害的战略选择。

(一) 企业资源与能力分析

1. 企业资源分析

企业资源是企业可以获取和整合的与企业价值创造活动有关的各种要素。企业的战略选择受制于其拥有的资源和能够整合的资源,因此企业战略管理者需要理清自己的资源,包括资源状况、资源方面所表现出来的优势和劣势及其对未来战略目标制定和实施的影响。

从资源的内在属性来看,可以将企业资源划分为以下三类:

（1）有形资源。有形资源是指可见的、能用货币直接计量的资源,主要包括物质资源和财务资源。其中,物质资源包括土地、厂房、生产设备、原材料等实物资源;财务资源包括应收账款、有价证券等。

（2）无形资源。无形资源是指企业长期积累的、没有实物形态的,甚至无法用货币精确度量的资源,通常包括品牌、商誉、技术、专利、商标、企业文化及组织经验等。

（3）人力资源。人力资源是指组织成员向组织提供的技能、知识以及推理和决策能力。

有形资源通常可以被竞争对手轻易取得,不能成为企业竞争优势的来源,但具有稀缺性的有形资源能使公司获得竞争优势。无形资源一般难以被竞争对手了解、购买、模仿或替代,是企业核心竞争力的重要来源。

有效的资源分析不仅取决于资源的多少,更重要的是取决于企业资源是否有价值,是否可以使企业获得竞争优势。有效资源的主要的判断标准如表 10-5 所示。

表 10-5　　　　　决定企业竞争优势的企业资源判断标准

标准	内容
资源的稀缺性	企业掌握了处于短缺供应状态的资源,而其他竞争对手又不能获取这种资源,则拥有这种稀缺性资源的企业便能获得竞争优势
资源的不可模仿性	物理上独特的资源,如企业所拥有的房地产处于极佳的地理位置
	具有路径依赖性的资源,指那些必须经过长期的积累才能获得的资源,如海尔公司在售后服务环节的竞争优势
	具有因果含糊性的资源,如企业文化
	具有经济制约性的资源,企业的竞争对手已经具有复制其资源的能力,但因市场空间有限不能与其竞争的情况
资源的不可替代性	具有不可替代资源的企业能够获得竞争优势
资源的持久性	资源的贬值速度越慢,越有利于形成核心竞争力

2. 企业能力分析

企业能力是指企业配置资源、发挥其生产和竞争作用的能力。企业能力来源于企业有形资源、无形资源和人力资源的整合,是企业各种资源有机组合的结果。能力分析的目的是了解自己是否具有实施现有和新战略的能力优势,以及如何通过能力的发挥和整合来形成所需的能力优势。企业能力主要由研发能力、生产管理能力、营销能力、财务能力和组织管理能力五方面组成,具体如表 10-6 所示。

表 10-6　　　　　　　　企业的主要能力

企业能力	内容
研发能力	主要从研发计划、研发组织、研发过程和研发效果几方面进行衡量
生产管理能力	主要涉及生产过程、生产能力、库存管理、人力资源管理和质量管理
营销能力	指企业引导消费以占领市场、获取利润的产品竞争能力、销售活动能力和市场决策能力
财务能力	筹集资金的能力、使用和管理资金的能力
组织管理能力	从职能管理体系的任务分工、岗位责任、集权和分权的情况、组织结构、管理层次和管理范围的匹配几方面进行衡量

3. 企业的核心能力分析

核心能力是企业在具有重要竞争意义的经营活动中能够比其竞争对手做得更好的能力。

辨别企业能力是否属于核心能力的关键性测试为：①它对顾客是否有价值？②它与企业竞争对手相比是否有优势？③它是否很难被模仿或复制？但因企业的核心能力通常较为复杂和微妙，有时很难满足上述 3 个关键性测试，因此还需要运用功能分析、资源分析或过程系统分析等方法进行识别。

企业的核心能力不仅仅是企业的优势，而只有当这种能力很难被竞争对手模仿时，这种优势才具有战略价值。通常，可以采用自我评价、产业内部比较、基准分析、成本驱动力分析、作业成本法或收集竞争对手的信息等方法来评价企业的核心能力。

（二）价值链分析

价值链的概念由波特在《竞争优势》一书中首次提出，是指企业所有的互不相同但又相互关联的生产经营活动所构成的创造价值的动态过程。价值链分析可以让企业了解运营过程中的哪些环节可以创造价值，哪些环节不能创造价值。它是一种能够帮助企业正确识别和评价企业资源与能力、发现竞争优势、制定竞争战略的有效方法。

1. 价值链的两类活动

价值链分析将企业的生产经营活动分为基本活动和支持活动两大类，企业可以在任何一个基本活动或支持活动中发展自己的能力或者核心能力。价值链的图解如图 10-5 所示。

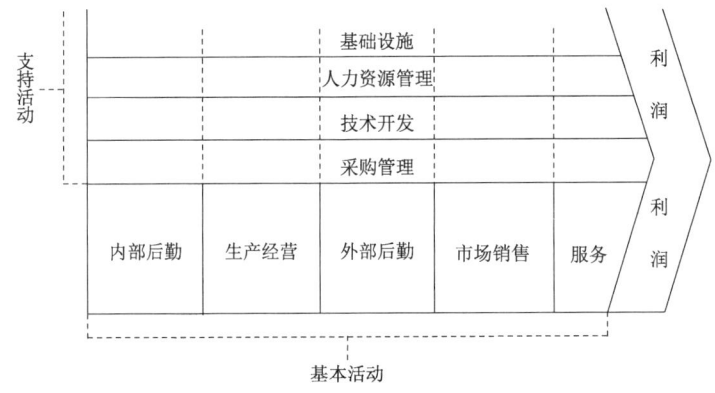

图 10-5　价值链图解

1）基本活动

基本活动又称主体活动，是指生产经营的实质性活动，一般可以分为五种活动：①内部后勤（进货物流），是指与产品投入有关的进货、仓储和分配等活动，如原材料的装卸、入库、盘存、运输以及退货等。②生产经营，是指将投入转化为最终产品的活动，如机加工、装配、包装、设备 维修、检测等。③外部后勤（出货物流），是指与产品的库存、分送给购买者有关的活动，如最终产品的入库、接受订单、送货等。④市场销售，是指促进和引导购买者购买企业产品的活动，如广告、定价、销售渠道等。⑤服务，是指与保持和提高产品价值有关的活动，如培训、修理、零部件的供应和产品的调试等。

2）支持活动

支持活动又称辅助活动，是指用以支持基本活动而且内部之间又相互支持的活动，具体包括：①采购管理,包括原材料的采购和其他资源投入的购买与管理,如企业聘请咨询公司为企业进行广告策划、市场预测等都属于采购管理。②技术开发,是指可以改进企业产品和工序的一系列技术活动,既包括生产性技术,也包括非生产性技术,因此,企业中每项生产经营活动都包含着技术,只不过其技术的性质、开发的程度和使用的范围不同而已。③人力资源管理,是指企业职工的招聘、雇用、培训、提拔和退休等各项管理活动,支持着企业中每项基本活动和支持活动,以及整个价值链。④基础设施,是指企业的组织结构、惯例、控制系统以及文化等,一般用来支撑整个价值链的运行,即所有其他的价值创造活动都通过基础设施进行。

2. 价值链的确定

为了在一个特定行业进行竞争并判定企业竞争优势,有必要确定企业的价值链。即从价值链分析入手,将各种不同的价值活动在一个特定的企业中得到确认。价值链中的每一项活动都能进一步分解为一些相互分离的活动。

分解的适当程度依赖于这些活动的经济性和分析价值链的目的。分离这些活动的基本原则是：①具有不同的经济性;②对产品差异化产生很大的潜在影响;③在成本中所占比例很大或所占比例在上升。如果分解一些活动对于揭示企业竞争优势的作用很明显,那么对这些活动的分解就非常重要;相反,如果分解一些活动被证明对提示竞争优势无足轻重或这些活动具有相似的经济性,那么这些活动就没有必要分解,而是可以被组合起来。

3. 企业资源能力的价值链分析

价值链分析的关键是要认识企业不是机器、货币和人员的随机组合,如果不将这些资源有效地组织起来,生产出最终顾客认为有价值的产品或服务,那么这些资源将毫无价值。因此,资源分析必须是一个从资源评估到决策怎样使用这些资源的过程。企业资源能力的价值链分析要明确以下几点：

(1) 确认那些支持企业竞争优势的关键性活动。虽然价值链的每项活动都是企业成功所必经的环节,但这些活动对企业竞争优势的影响是不同的。在关键活动的基础上建立和强化这种优势很可能使企业获得成功。

(2) 明确价值链内各种活动之间的联系。价值链中基本活动之间、基本活动与支持活动之间以及支持活动之间存在各种联系,选择并建立最佳联系对于提高价值创造能力和战略能力十分重要。

(3) 明确价值系统内各项价值活动之间的联系。企业的价值链不是孤立存在的,它不是一些彼此独立的若干价值活动的集合,而是由相互依存的活动构成的一个有机系统。在这个系统中,不仅基本活动之间、基本活动与支持活动之间、支持活动之间相互联系,企业内部与外部环境之间也相互依存、相互作用,上下游企业的价值链对企业自身有很大影响。

(三) 业务组合分析

1. 波士顿矩阵分析的基本原理

波士顿矩阵分析法将企业所有产品(或业务)从销售增长率和市场占有率角度进行再组合。在坐标图上,以纵轴表示企业销售增长率,横轴表示市场占有率,各以 10% 和 1.0[①] 作为区分高、低的中点,将坐标图划分为四个象限,依次为问题、明星、现金牛、瘦狗。在使用中,企业可将产品按各自的销售增长率和市场占有率归入不同象限,使企业现有产品组合一

---

① 10%和1.0并非绝对标准,可根据实际分析需要选择划分的标准。

目了然,同时便于对处于不同象限的产品作出不同的发展决策。其目的在于通过产品所处不同象限的划分,使企业采取不同决策,以保证其不断地淘汰无发展前景的产品,保持问题、明星、现金牛产品的合理组合,实现产品及资源分配结构的良性循环。

2. 波士顿矩阵分析的步骤

1) 核算企业各种产品的销售增长率和市场占有率

销售增长率可采用本企业的产品销售额或销售量增长率。时间可以是一年或两年以至更长时间。市场占有率可以采用相对市场占有率或绝对市场占有率,其计算公式如下。

$$本企业某种产品绝对市场占有率 = \frac{该产品本企业销售量}{该产品市场销售量}$$

$$本企业某种产品相对市场占有率 = \frac{该产品本企业市场占有率}{该产品市场占有份额最大者(或特定比较对象)的市场占有率}$$

2) 绘制四象限图

以 10% 的销售增长率和 1.0 的相对市场占有率为高低标准分界线,将坐标图划分为四个象限。然后把企业全部产品按其销售增长率和市场占有率的大小,在坐标图上标出其相应位置(定位为圆心)。定位后,按每种产品当年销售额的多少,绘成面积不等的圆圈,顺序标上不同的数字代号以示区别。定位的结果将产品划分为四种类型,具体如图 10-6 所示。

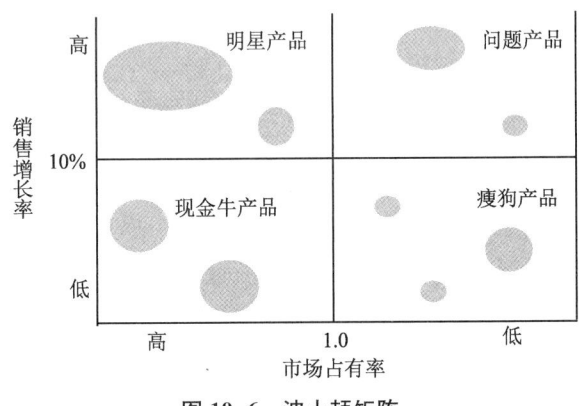

图 10-6　波士顿矩阵

(1) 明星产品。明星产品是指处于高增长率、高市场占有率象限内的产品群,这类产品可能成为企业的现金牛产品,需要加大投资以支持其迅速发展。采用的发展战略是:积极扩大经济规模和市场机会,以长远利益为目标,提高市场占有率,加强竞争地位。

(2) 现金牛产品。现金牛产品是指处于低增长率、高市场占有率象限内的产品群,已进入成熟期。其财务特点是销售量大、产品利润率高、负债比率低,可以为企业提供资金,而且由于增长率低,也无须增大投资,因而能为企业回收资金,支持其他产品,尤其对明星产品投资。对这一象限内的大多数产品,市场占有率的下跌已成不可阻挡之势,因此可采用收获战略,即把设备投资和其他投资尽量压缩,采用榨油式方法,争取在短时间内获取更多利润,为其他产品提供资金,即所投入资源以达到短期收益最大化为限。对于这一象限内的销售增长率仍有所增长的产品,应进一步进行市场细分,维持现有市场增长率或延缓下降速度。

(3) 问题产品。问题产品是处于高增长率、低市场占有率象限内的产品群。前者说明市场机会大、前景好,而后者则说明在市场营销上存在问题。其财务特点是利润率较低,所需资金不足,负债比率高。对问题产品应采取选择性投资战略。即首先确定对该象限中那些经过改进可能会成为明星的产品进行重点投资,提高市场占有率,使之转变成明星产品;对其他将来有希望成为明星的产品,则在一段时期内采取扶持的对策。因此,对问题产品的改进与扶持方案一般均列入企业长期计划中。

（4）瘦狗产品。瘦狗产品又称衰退类产品，它是处在低增长率、低市场占有率象限内的产品群。其财务特点是利润率低，处于保本或亏损状态，负债比率高，无法为企业带来收益。对这类产品应采用撤退战略：首先应减少批量，逐渐撤退，对那些销售增长率和市场占有率均极低的产品应立即淘汰；其次是将剩余资源向其他产品转移；最后是整顿产品系列，最好将瘦狗产品与其他事业部合并，统一管理。

3. 波士顿矩阵分析的局限性

（1）在实践中，企业要确定各业务的市场增长率和相对市场占有率是比较困难的。

（2）波士顿矩阵过于简单。首先，它用市场增长率和企业相对市场占有率两个单一指标分别代表产业吸引力和企业竞争地位，不能全面反映这两方面的状况；其次，两个坐标的划分都只有两个位级，划分过粗。

（3）波士顿矩阵暗含了企业市场份额与投资回报正相关的假设。但在有些情况下这种假设是不成立或不全面的。一些市场占有率小的企业如果实施创新、差异化和市场细分等战略，仍能获得很高的利润。

（4）波士顿矩阵的另一个条件是，资金是企业的主要资源。但在许多企业内，要进行规划和均衡的重要资源不是现金而是时间和人员的创造力。

三、SWOT 分析

（一）基本原理

SWOT 分析是指基于内外部竞争环境和竞争条件的态势分析，也就是将与研究对象密切相关的各种主要内部优势、劣势和外部机会和威胁等通过调查列举出来，并依照矩阵形式排列，然后用系统分析的思想把各种因素相互匹配起来加以分析，从中得出一系列相应的结论，该结论通常带有一定的决策性。其中，S 指企业内部的优势（strength），W 指企业内部的劣势（weakness），O 指企业外部环境的机会（opportunity），T 指企业外部环境的威胁（threat）。SWOT 分析的典型格式如图 10-7 所示。

优势	劣势
● 有利的战略 ● 有利的金融环境 ● 有利的品牌形象和美誉 ● 被广泛认可的市场领导地位 ● 专利技术 ● 成本优势 ● 强势广告 ● 产品创新技能 ● 优质客户服务 ● 优秀产品质量 ● 战略联盟与并购	● 没有明确的战略导向 ● 陈旧的设备 ● 超额负债与恐怖的资产负债表 ● 超越竞争对手的高额成本 ● 缺少关键技能和资格能力 ● 利润的损失部分 ● 不利的内在运作环境 ● 落后的研发能力 ● 过分狭窄的产品组合 ● 缺乏市场规划能力
机会	威胁
● 服务独特的客户群体 ● 新的地理区域的扩张 ● 产品组合的扩张 ● 核心技能向产品组合转化 ● 垂直整合的战略形式 ● 分享竞争对手的市场资源 ● 竞争对手的支持 ● 战略联盟与并购带来的超额市场覆盖 ● 新技术开发 ● 品牌形象拓展	● 强势竞争者的进入 ● 替代品引起的销售下降 ● 市场增长缓慢 ● 交换率和贸易政策的不利转变 ● 由新规则引起的成本增加 ● 商业周期的影响 ● 客户和供应商的杠杆作用加强 ● 消费者的购买需求下降 ● 人口与环境的变化

图 10-7 SWOT 分析典型格式

（二）SWOT 分析法的应用

实际上，SWOT 分析法是对企业内外部条件各方面内容进行综合和概括，分析企业的优势和劣势、面临的机会和威胁，进而帮助企业进行战略选择的一种方法。优劣势分析主要着眼于企业自身的实力及其与竞争对手的比较，而机会和威胁分析将注意力放在外部环境的变化及其对企业的可能影响上。在分析时，应把所有的内部因素（即优劣势）集中在一起，然后用外部的力量对这些因素进行评估，具体如表 10-7 所示。

表 10-7　　　　　　　　　　　　　SWOT 分析

内部因素	外部因素	
	机会	威胁
优势	增长型战略(SO)	多种经营战略(ST)
劣势	扭转型战略(WO)	防御型战略(WT)

（1）增长型战略(SO)。该战略是利用公司的内部优势把握外部机会。通常，企业需要先采用 WO,ST 或 WT 战略，以逐步达到能够采用 SO 战略的程度。此时，企业应当采取增长型战略，如开发市场、增加产量等。

（2）多种经营战略(ST)。该战略是利用企业的优势，回避或减少外部威胁的冲击。此时企业应采取多种经营战略，利用自己的优势，在多样化经营中寻找长期发展的机会；或进一步增强自身竞争优势以对抗威胁。

（3）扭转型战略(WO)。该战略旨在借助外部机会弥补内部劣势。有时候，重要的外部机会确实存在，但企业固有的内部劣势会阻碍企业利用这些机会。所以企业应采用扭转型战略，充分利用环境带来的机会，设法消除劣势。

（4）防御性战略(WT)。该战略是一种弥补内部劣势并规避外部威胁的防御性策略。一个面对大量外部威胁和具有众多不足的企业，必然深陷风雨飘摇的困境。此时企业应进行业务调整，设法避开威胁和消除劣势。

第三节 ｜ 企业财务战略的制定分析

一、财务战略的确定

财务战略作为企业职能战略之一，关注的焦点是企业资金的合理配置与有效使用，这是财务战略与其他各种战略的本质区别。财务战略属于财务管理的范畴，为公司的总体战略服务，主要考虑财务领域全局的、长期的发展方向问题，并以此区别于传统的财务管理。在实现企业财务目标的过程中，高层财务人员必须做出有关筹资来源、资本结构和股利分配等方面的决定。

（一）融资方式

一般来说，企业有四种融资方式：内部融资、股权融资、债权融资和资产销售融资，具体如表 10-8 所示。

表 10-8 融资方式及特点

项目		含义	优点	缺点
内部融资		使用内部留存利润进行再投资是企业最普遍采用的方式。留存利润指企业分配给股东红利后剩余的利润	管理层在进行融资决策时不需要听取任何外部组织或个人的意见,可以节省融资成本	股东会根据企业的留存利润预期下一期或将来的红利,从而对企业盈利能力有较高要求。陷入财务危机的企业因此没有太大内部融资的空间
股权融资		股权融资又称权益融资,是指企业为了新的项目向现在的股东和新股东发行股票筹集资金	不需要定期支付利息和本金,适合在企业资金需求较大时使用	股份容易被恶意收购从而引起控制权的变更,并且股权融资方式的成本比较高
债权融资	贷款	从银行或金融机构贷款是当今许多企业获得资金的普遍方式	融资成本较低、融资速度较快,并且方式较为隐蔽	当企业陷入财务危机或者企业不具备竞争优势时,还款的压力会增加企业的经营风险
	租赁	租赁是指企业租用一段时期资产的债务形式,可能拥有该资产在期末的购买期权	企业不需要为购买工具进行融资,从而节约融资成本;可以享有更多的税收优惠;可以通过减少总资本增加企业的资本回报率	企业使用租赁资产的权利是有限的,因为资产的所有权不属于企业
资产销售融资		资产销售融资是指企业销售其部分有价值的资产进行融资	简单易行,并且不用稀释股东权益	融资方式比较激进,一旦开始操作就无回旋余地,如果销售的时机选择不准,销售的价值就会低于资产本身的价值

在实践中,企业的融资能力会受到各种因素的限制,主要包括以下两个方面:

(1)债务融资面临的困境。债务融资要求企业按照合同进行利息支付,利率一般是固定的,并且利息的支付还有两个方面的要求:一是利息支付一定优先于股利支付;二是无论企业的盈利状况如何,企业都必须支付利息。因此,如果企业负担不起利息时,就将进入技术破产。这意味着,企业盈利波动的风险由股东承担,而不是由债权人承担。

(2)股利支付面临的困境。企业在作出股利支付决策时同样也会遇到两难的境地。如果企业给股东分配较多的股利,那么企业留存的利润就较少,进行内部融资的空间相对缩小。但这会增强股东对企业的信心,从而起到稳定股价的作用。如果股利支付是稳定的,那么利润的波动就完全反映在留存利润上,不稳定的留存利润不利于企业作出精准的战略决策。

(二)融资成本

评价上述各种融资方式需要考虑它们给企业带来的融资成本。下面将分别讨论股权融资与债权融资的资本成本,即权益资本成本与债务资本成本。权益资本成本是指企业通过发行普通股获得资金付出的代价,等于股利收益率加资本利得收益率,是股东合理要求的最低收益率(必要收益率)。估算融资成本有四种情况:

（1）用资本资产定价模型估计权益资本成本。资本资产定价模型（CAPM）的核心思想是企业权益资本成本等于无风险资本成本加上企业的风险溢价，因而企业的资本成本可以计算为无风险利得与企业风险溢价之和。

（2）用无风险利率估计权益资本成本。使用这种方法时，企业首先要得到无风险债券的利率值，然后企业再综合考虑自身的风险，并在此利率值的基础上加上几个百分点，最后按照这个利率值计算企业的权益资本成本。

（3）长期债务资本成本。长期债务资本成本等于各种长期债务资本成本的加权平均数扣除税收效应。

（4）加权平均资本成本。加权平均资本成本（WACC）是权益资本成本与长期债务资本成本的加权平均，其计算公式如下。在实务中，企业通常使用现在的融资成本来计算。

$$WACC = \frac{长期债务成本 \times 长期债务总额 + 权益资本成本 \times 权益总额}{总资本}$$

（三）资本结构决策

分析资本成本的最终目的是为企业做出最优的资本结构决策提供帮助。具体来讲，资本结构是权益资本与债务资本的比率。最优资本结构是指公司在财务风险适当的一定时期内，使公司预期综合资本成本最低且公司价值最大的资本结构。

每个企业都有自身的实际情况，因此资本结构决策不可能像数学公式那样可以按照统一的模式得出。借款会增加债务固定成本，给企业带来财务风险。价格、产品需求以及成本来源的变动都将对使用负债的企业造成影响。财务杠杆增加会使企业的整体风险也增加。

代理成本对企业的实际融资决策也有影响。如果杠杆比率高，管理层和股东的利益将会和债权人的利益发生冲突。例如，管理层可能会做出投资高风险项目的决策，但是债权人可能不赞同这些决策。

除此之外，最重要的是认识到债务对企业的影响会随着时间发生变化。可接受的债务目标水平会由于金融市场的变动而改变。在高速发展时期，企业可能更倾向于大量举债。

大多数经理倾向于内部融资而不是外部融资。在实务中，这意味着在高盈利时期，管理层会倾向于通过留存盈余而不是借债来融资。而在盈利比较低的时期，管理层倾向于借债而不是发行新股进行融资。

决定资本结构的其他考虑因素包括企业的举债能力、管理层对企业的控制能力、企业的资产结构、企业增长率、企业盈利能力以及有关的税收成本。还有一些比较难以量化的因素，包括企业未来战略的经营风险、企业对风险的态度、企业所处行业的风险、竞争对手的资本成本与资本结构（竞争对手可能有更低的融资成本、对风险持不同的态度）、影响利率的潜在因素（比如整个国家的经济状况）。

（四）股利分配策略

1. 决定股利分配的因素

盈余分配和留存政策也是财务战略的重要组成部分。保留的盈余是企业一项重要的融资来源，财务经理应当考虑保留盈余和发放股利的比例。大幅的股利波动可能降低投资者的信心，因此企业通常会通过调整盈余的变化来平衡股利支付。留存盈余和发放股利的决策通常会受到以下因素的影响：①留存供未来使用的利润的需要；②分配利润的法定要求；③债务契约中的股利约束；④企业的财务杠杆；⑤企业的流动性水平；⑥即将偿还债务的需要；⑦股利对股东和整体金融市场的信号作用。

2. 实务中的股利政策

一般而言，实务中的股利政策有以下四大类：

(1) 固定股利政策。每年支付固定的或者稳定增长的股利，将为投资者提供可预测的现金流量，减少管理层将资金转移到盈利能力差的活动的机会，并为成熟的企业提供稳定的现金流。但是，盈余下降时也可能导致股利发放遇到一些困难。

(2) 固定股利支付率政策。股利支付率等于企业发放的每股现金股利除以企业的每股盈余。支付固定比例的股利能保持盈余、再投资率和股利现金流之间的稳定关系，但是投资者无法预测现金流，这种方法也无法表明管理层的意图或者期望，并且如果盈余下降或者出现亏损，这种方法就会出现问题。

(3) 零股利政策。这种股利政策是将企业所有剩余盈余都投资回本企业中。在企业成长阶段通常会使用这种股利政策，并将其反映在股价的增长中。但是，当成长阶段已经结束，并且项目不再有正的现金净流量时，就需要积累现金和制定新的股利分配政策。

(4) 剩余股利政策。这种股利政策是指只有在没有现金净流量为正的项目的时候才会支付股利。这在那些处于成长阶段，不能轻松获得其他融资来源的企业中比较常见。

二、财务战略的选择

(一) 基于产品生命周期的财务战略选择

产品的生命周期理论假设产品都要经过导入期、成长期、成熟期和衰退期四个阶段。企业在产品生命周期不同发展阶段的经营特征如表 10-9 所示。

表 10-9　　　　　　　　　　企业在产品生命周期不同发展阶段的经营特征

项目	产品生命周期阶段			
	导入期	成长期	成熟期	衰退期
经营风险	非常高	高	中等	低
财务风险	非常低	低	中等	高
资本结构	权益融资	主要是权益融资	权益＋债务融资	权益＋债务融资
资金来源	风险资本	权益投资增加	保留盈余＋债务	债务
股利	不分配	分配率很低	分配率高	全部分配
价格/盈余倍数	非常高	高	中	低
股价	迅速增长	增长并波动	稳定	下降并波动

1. 产品生命周期不同阶段的财务战略

(1) 导入期。企业生命周期的初始阶段是经营风险最高的阶段，但财务风险可能比较低，因此权益融资最合适。风险投资者愿意将资本投资于处于导入期的企业，是因为预期企业未来盈利能力会出现高增长。这一阶段宜采取不分配或少分配利润的股利分配战略。

（2）成长期。一旦新产品或服务成功地进入市场，销售数量就开始快速增长。产品整体业务风险的降低表明需要调整企业的战略。企业风险尽管比初始阶段有所降低，但在此阶段仍然很高，因此要控制资金来源的财务风险就需要继续使用权益融资。

（3）成熟期。当产品进入成熟期，产品销售额很大而且相对稳定，利润也较合理，企业经营风险再次降低，可以承担中等财务风险，同时企业开始出现大量正现金净流量，这些变化使企业可以使用负债而不只是权益筹资。在这一时期，企业现金流量充足，筹资能力强，可以采取稳健的高股利分配战略，提高股利支付率，并且以发放现金股利为主。

（4）衰退期。在产品衰退期，企业仍可继续保持较高的负债率，而不必调整激进的资本结构。同时，应进一步提高股利支付的比率。

2. 财务风险与经营风险的搭配

经营风险的大小是由特定的经营战略决定的，财务风险的大小是由资本结构决定的，它们共同决定了企业的总风险。经营风险与财务风险的搭配，从逻辑上可以划分为四种类型，具体如图 10-8 所示。

图 10-8　经营风险与财务风险的搭配

（1）高经营风险与高财务风险搭配——总体风险高。这种搭配符合风险投资者的要求，他们只需要投入很小的权益资本就可以开始冒险活动，去博取极高的收益。这种搭配不符合债权人的要求，因为债权人投入绝大部分的资金，不想让企业从事风险巨大的投资。如果侥幸成功，他们只得到以利息为基础的有限回报，大部分收益归权益投资人；如果失败，他们将无法收回本金。因此，这种搭配会因找不到债权人而无法实现。

（2）高经营风险与低财务风险搭配——总体风险中等。这种资本结构对于权益投资人有较高的风险和预期报酬，符合他们的要求；对于债权人来说风险很小，不超过清算资产价值的债务，债权人通常是可以接受的。因此，高经营风险与低财务风险搭配是一种可以同时符合股东和债权人期望的现实搭配。

值得注意的是，权益筹资对于投资人来说风险大，而对于企业来说风险小。债务筹资对于债权人来说风险小，而对于企业来说风险大。因此，经营风险高的企业，现金流量不稳定，企业经理人员愿意使用权益资本。

（3）低经营风险与高财务风险搭配——总体风险中等。这种资本结构对于权益投资人来说经营风险和资本回报率低，如果不提高财务风险，财务权益报酬率也会较低。权益投资人希望"利用别人的钱来赚钱"，愿意提高负债权益比例，因此可以接受这种风险搭配。对于债权人来说，经营风险低的企业有稳定的经营现金流入，债权人可以为偿债提供保障，可以为其提供较多的贷款。因此，低经营风险与高财务风险是一种可以同时符合股东和债权人期望的现实搭配。

（4）低经营风险与低财务风险搭配——总体风险低。对于权益投资人来说很难认同这种搭配，其投资资本报酬率和财务杠杆都较低，自然权益报酬率也不会高。更大的问题是，这种资本结构的企业是理想的收购目标。收购者购入企业之后，只要改变财务战略就可以增加企业价值。因此，低经营风险与低财务风险搭配不符合权益投资人的期望，是一种不现实的搭配。

综上所述,经营风险与财务风险反向搭配是制定资本结构的一项战略性原则。产品或企业的不同发展阶段有不同的经营风险,企业应采用不同的财务战略。

(二)基于创造价值或增长率的财务战略选择

创造价值是财务管理的目标,也是财务战略管理的目标。鉴于财务战略是影响企业价值可持续增长的重要动因,对于日益追求价值可持续增长的企业来说,构建可持续增长的价值创造财务模型是财务战略管理的关键。

1. 影响价值创造的主要因素

(1)市场增加值。市场增加值是计量企业价值创造的有效指标,即在某一时点上,企业资本(包括所有者权益和债务)的市场价值与占用资本的账面价值之间的差额。这个差额是企业活动创造的,是用市场价值衡量的企业价值增加额。其计算公式为:

$$企业市场增加值 = 企业资本市场价值 - 企业占用资本$$

式中,"企业资本市场价值"是权益资本和负债资本的市价之和;"企业占用资本"是企业占用的权益资本和债券资本的账面价值之和。严格来说,企业的市场价值最大化并不意味着创造价值。如果股东和债权人投入更多资本,即使没有创造价值,企业总的资本市场价值也会变得更大。关键要看投入的资本是否由于企业的活动增加了价值。

既然在利率不变的情况下,企业市场增加值最大化与股东财富最大化具有同等意义,那么管理人员就应努力增加企业市场增加值。企业市场增加值的计算公式还可以分解为:

$$企业市场增加值 = \frac{(投资资本回报率 - 资本成本) \times 投资资本}{资本成本 - 增长率}$$

这里的企业市场增加值与经济增加值(EVA)有联系。经济增加值分年计量,而市场增加值是预期各年经济增加值的现值。

$$经济增加值 = (投资资本回报率 - 资本成本) \times 投资资本$$

$$市场增加值 = \frac{经济增加值}{资本成本 - 增长率}$$

综上所述,影响企业价值创造的因素有投资资本回报率、资本成本和增长率。当公式分子的"投资资本回报率 - 资本成本"为正值时,提高增长率使市场增加值变大;当"投资资本回报率 - 资本成本"为负值时,提高增长率使市场增加值变小。增长率的高低虽然不能决定企业是否创造价值,但可以决定企业是否需要筹资,这是制定财务战略的重要依据。

(2)销售增长率、筹资需求与价值创造。在资产周转率、销售净利率、资本结构、股利支付率不变并且不增发和回购股份的情况下,企业可能出现现金短缺、现金剩余和现金平衡三种现象,具体如表 10-10 所示。

表 10-10　　　　　　　　现金短缺、现金剩余与现金平衡

现象	表现
现金短缺	销售增长率超过可持续增长率。我们将这种增长状态定义为高速增长。这里的"现金短缺"是指在当期的经营效率和财务政策下现金不足以支持销售增长,需通过提高经营效率、改变财务政策或增发股份来平衡现金流动

（续表）

现象	表现
现金剩余	销售增长率低于可持续增长率。我们将这种增长状态定义为缓慢增长。这里的"现金剩余"是指在当前的经营效率和财务政策下现金超过了支持销售增长的需要,剩余的现金需要投资于可创造价值的项目(包括扩大现有业务的规模或开发新的项目),或者还给股东
现金平衡	销售增长率等于可持续增长率。我们将这种增长状态定义为均衡增长。有序的"现金平衡"是指在当前的经营效率和财务政策下现金与销售增长的需要可以保持平衡。这是一种理论上的状态,现实中的平衡是不存在的

从财务战略目标考虑,必须区分两种现金短缺:一种是创造价值的现金短缺;另一种是减损价值的现金短缺。对于前者,应当设法筹资以支持高增长,创造更多的市场增加值;对于后者,应当提高可持续增长率以减少价值减损。同理,也有两种现金剩余:一种是创造价值的现金剩余,企业应当用这些现金提高股东价值增长率,创造更多的价值;另一种是减损价值的现金剩余,企业应当把现金还给股东,避免更多的价值减损。

综上所述,影响价值创造的因素主要有:投资资本回报率、资本成本、增长率和可持续增长率。它们是影响财务战略选择的主要因素,也是管理者为增加企业价值可以操纵的主要内容。

2. 价值创造和增长率矩阵

根据以上的分析,我们可以通过一个矩阵把价值创造(投资资本回报率-资本成本)和现金余缺(销售增长率-可持续增长率)联系起来。该矩阵称为财务战略矩阵,可以作为评价和制定战略的分析工具,具体如图 10-9 所示。

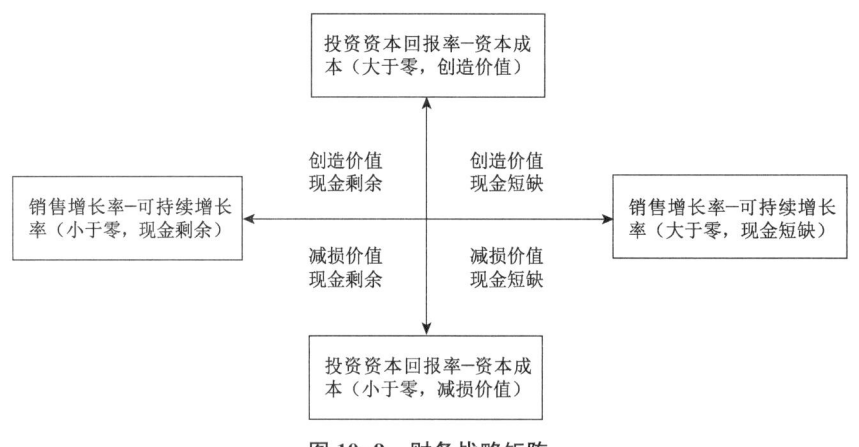

图 10-9　财务战略矩阵

财务战略矩阵假设一个企业有一个或多个业务单元。纵坐标是一个业务单元的投资资本回报率与资本成本的差额,实际上就是经济增加值(EVA),财务战略矩阵用该指标来评价公司的价值增长状况。如果 EVA 大于零,说明企业的税后净经营利润大于资金成本,该业务单元为股东创造价值;如果 EVA 小于零,说明企业的税后净经营利润不能够弥补其资金成本,该业务单元减损股东价值。

财务战略矩阵的横坐标用销售增长率减去可持续增长率来表示,用以衡量企业资源的耗费状况。可持续增长率是指不增发新股并保持目前经营效率和财务政策条件下公司销售可以实现的最高增长率。如果销售增长率大于可持续增长率,说明企业销售带来的现金流量不能维持其自身发展，现金短缺；反之则表示企业销售带来的现金流量可以满足自身发展需要，企业有剩余现金。

据此建立的矩阵有四个象限，处于不同象限的业务单元（或企业）应当选择不同的财务战略。

（1）第一象限：增值型现金短缺的财务战略选择。该象限业务往往处于成长期，一方面能够带来企业价值增值，另一方面其产生的现金流量不足以支持业务增长，会产生现金短缺的问题。在这种情况下，业务增长越快，现金短缺越严重。

如果预计这种情况会持续较长时间，不能用短期借款来解决，则企业必须采取战略性措施解决资金短缺问题。长期高速增长的资金问题有两种解决途径：一是提高可持续增长率，使之向销售增长率靠拢；二是增加权益资本，提供增长所需的资金。有关的财务战略选择如图 10-10 所示。

- 增值型现金短缺
  - 提高可持续增长率
    - 提高经营效率
      - 提高税后经营利润率
        - 降低成本
        - 提高价格
      - 提高经营资产周转率
        - 减少营运资金
        - 剥离资产
        - 改变供货渠道
    - 提高财务政策
      - 停发股利
      - 增加借款
  - 增加权益资本
    - 增发股份
    - 兼并成熟企业

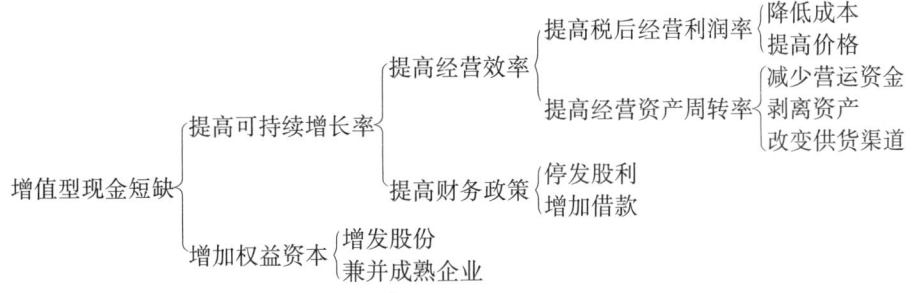

图 10-10　增值型现金短缺的战略选择

（2）第二象限：增值型现金剩余的财务战略选择。该象限业务往往能随着企业发展产生持续增长的现金净流量，足以满足企业自身发展的需求，即该业务单元能够为企业带来价值增值。这里的关键问题是能否利用剩余现金迅速增长，使增长率接近可持续增长率。这时企业可以选择加速增长或分配现金剩余，如图 10-11 所示。

- 增值型现金剩余
  - 加速增长
    - 内部投资
    - 收购相关业务
  - 分配现金剩余
    - 增发股利支付
    - 回购股份

图 10-11　增值型现金剩余的战略选择

（3）第三象限：减损型现金剩余的财务战略选择。该象限业务虽然能够产生足够的现金流量维持自身发展，但是业务的增长反而会降低企业的价值，这是业务处于衰退期的前兆。减损型现金剩余的主要问题是盈利能力差，而不是增长率低，简单的加速增长很可能有害无益。应分析盈利能力差的原因，寻找提高投资资本回报率或降低资本成本的途径，使投资资本回报率超过资本成本。减损型现金剩余的财务战略选择如图 10-12 所示。

- 减损型现金剩余
  - 提高投资资本回报率
    - 提高税后经营利润率
    - 提高经营资产周转率
  - 降低资本成本
  - 出售业务单元

图 10-12　减损型现金剩余的战略选择

（4）第四象限：减损型现金短缺的财务战略选择。该象限业务既不能带来企业价值的增值，又不能支持自身的发展，并且会由于增长缓慢使企业遇到现金短缺问题。这种情况不能通过扩大销售得到改变。由于股东财富和现金都在被吞食，需要快速解决问题。战略选择如图 10-13 所示。

减损型现金短缺 $\begin{cases} 彻底重组 \\ 出售 \end{cases}$

图 10-13　减损型现金短缺的战略选择

练 习 题

一、单选题

1. 每当新的一年到来之际,我国家家户户开门的第一件事就是燃放爆竹,以噼里啪啦的爆竹声辞旧迎新。放爆竹可以创造出喜庆热闹的气氛,是节日的一种娱乐活动,也可以给人们带来欢愉和吉利。随着时间的推移,爆竹的应用也越来越广泛,品种花色日见繁多,每逢重大节日及喜事庆典,人们都要燃放爆竹以示庆贺,图个吉利。许多厂商利用这一商机获得盈利。这属于宏观环境分析中的(　　)。

   A. 政治和法律因素　B. 经济因素　　　　C. 社会和文化因素　D. 技术因素

2. 石化行业的投资成本较高,想要进入该行业需要投入大量资本,该特点主要对(　　)产生影响。

   A. 供应者的讨价还价能力　　　　　　B. 潜在进入者的进入威胁

   C. 购买者的讨价还价能力　　　　　　D. 替代品的替代威胁

3. 近期,某生产日化产品的公司经过分析得出该行业产品趋于标准化,且生产稳定,局部生产能力过剩。根据以上描述可知该行业处于(　　)。

   A. 导入期　　　　　B. 成长期　　　　　C. 衰退期　　　　　D. 成熟期

4. 甲企业在市场上处于领导者的地位,其战略是在特定的市场上推出特色的产品且收益颇佳。乙企业试图进入该领域分一杯羹,但由于这个特定市场空间太小,不能支撑两个竞争者同时盈利,乙公司只好放弃竞争。甲企业这一资源属于(　　)。

   A. 物理上独特的资源　　　　　　　　B. 具有路径依赖性的资源

   C. 具有因果含糊性的资源　　　　　　D. 具有经济制约性的资源

5. 某企业生产大型机器设备,每当有新客户时,企业都会针对一些机器的使用流程及注意事项对新客户进行培训。该过程涉及价值链中的(　　)活动。

   A. 内部后勤　　　　B. 技术开发　　　　C. 服务　　　　　　D. 人力资源管理

6. 下列各项中,通常处于最差的现金流量状态的业务是(　　)。

   A. 明星业务　　　　B. 问题业务　　　　C. 瘦狗业务　　　　D. 现金牛业务

7. 在同时对企业外部环境和内部环境进行综合分析时,可以运用的战略分析工具是(　　)。

   A. 波特五种竞争力模型　　　　　　　B. 价值链分析

   C. 通用矩阵　　　　　　　　　　　　D. SWOT 分析

8. 甲公司是一家电力公司,原本是以煤炭为主要发电能源,现打算发展风能业务,下列各项中,属于 SWOT 分析的是(　　)。

   A. 甲公司具有多年电力方面经验及良好客户关系,国民经济持续增长形成的发展空间

  为其带来机会,应采用 SO 战略

  B. 甲公司风电产业所占市场份额较少,有许多潜在进入者进入,应采用 WO 战略

  C. 甲公司风电产业开发经验虽不足,但具有良好的外部环境和政策支持,应采用 WT 战略

  D. 甲公司具有规模化运作电力项目的整体能力,但甲公司风电储备资源不足,应采用 ST 战略

9. 内部后勤是企业生产经营的基本活动,下列各项中,属于内部后勤的是( )。

  A. 原材料的装卸 B. 产品的调试 C. 最终产品的入库 D. 接受订单

10. 处于产品生命周期导入期的高科技企业,根据财务风险与经营风险的搭配原则,正确的风险匹配方式是( )。

  A. 高经营风险和低财务风险   B. 高经营风险和高财务风险

  C. 低经营风险和低财务风险   D. 低经营风险和高财务风险

11. 某公司根据其目标资本结构,测算出投资所需的资本额,决定将净利润首先满足公司资金的需求,如果还有剩余,就派发股利。根据以上描述可以判断,此股利政策属于( )。

  A. 零股利政策   B. 剩余股利政策

  C. 固定股利支付率政策   D. 固定股利政策

12. 企业间的竞争强度是由( )决定的。

  A. 规模经济   B. 产品份额   C. 行业增长速度 D. 分销渠道

13. 下列各项中,属于完全竞争市场特点的是( )。

  A. 企业生产的产品同种不同质,即产品存在差别,也即产品基本相似,但在质量、商标、包装、大小以及服务态度、信用等方面存在一定的差别。这是垄断竞争与完全竞争的主要区别

  B. 企业是价格的接受者,而不是价格的制定者,也就是说,企业不能够影响产品的价格

  C. 生产者较少,进入该行业十分困难

  D. 一个行业仅有一个企业,也就是说这个垄断企业就构成了一个行业,其他企业进入这个行业几乎是不可能的

14. 当产品进入( )可以采取稳健的高股利分配战略,提高股利支付率。

  A. 导入期   B. 成长期   C. 成熟期   D. 衰退期

15. ( )不符合权益投资人的期望,是一种不现实的搭配。

  A. 低经营风险与低财务风险搭配   B. 低经营风险与高财务风险搭配

  C. 高经营风险与低财务风险搭配   D. 高经营风险与高财务风险搭配

二、多选题

1. 下列关于战略群组的说法中,正确的有( )。

  A. 一个战略群组是指某一个产业中在某一战略方面采用相同或相似战略,或具有相同战略特征的各公司组成的集团

  B. 如果产业中所有的公司基本认同了相同的战略,则该产业中就只有一个战略群体

  C. 每一个公司也可能成为一个不同的战略群体

D. 一般来说,在一个产业中仅有几个群组,它们采用完全不同的战略

2. 下列各项中,属于识别企业核心能力的方法主要有(　　)。

A. 功能分析　　　　B. 资源分析　　　　C. 过程系统分析　　　D. 基准分析

3. 下列各项中,属于企业资源能力的价值链分析应该明确的有(　　)。

A. 确认那些支持企业竞争优势的关键性活动

B. 明确价值链内各种活动之间的联系

C. 明确价值系统内各项价值活动之间的联系

D. 调整企业理念

4. 甲企业抓住国家放贷的宽松政策,引进了一套更为先进的生产设备,新的生产设备加上自己高端的研发能力,使得其迅速进入行业的前列。以上资料涉及 SWOT 分析的(　　)。

A. 机会　　　　B. 劣势　　　　C. 优势　　　　D. 威胁

5. 甲企业近期发现其主打产品的新客户在减少,主要依靠老客户的重复购买来支撑,且技术和质量改进缓慢,则该企业的主要战略路径有(　　)。

A. 市场营销　　　B. 提高效率　　　C. 提高质量　　　D. 降低成本

6. 甲企业所在产业的进入障碍低,而且原材料供应集中在两家大公司手中,则甲企业所面对的威胁有(　　)。

A. 潜在进入者的威胁　　　　　　B. 购买者讨价还价能力

C. 供应者讨价还价能力　　　　　D. 产业内现有企业的竞争

7. 下列各项中,属于企业财务战略特征的有(　　)。

A. 长期性　　　B. 从属性　　　C. 相对独立性　　　D. 适应性

8. 下列各项中,属于减损型现金剩余的财务战略选择的有(　　)。

A. 提高税后经营利润率　　　　　B. 提高经营资产周转率

C. 降低资本成本　　　　　　　　D. 出售业务单元

9. 留存盈余和发放股利的决策通常会受到(　　)因素的影响。

A. 留存供未来使用的利润的需要　　　B. 分配利润的法定要求

C. 企业的财务杠杆　　　　　　　　　D. 即将偿还债务的需要

10. 在财务战略矩阵中,如果企业的业务属于减损型现金剩余业务,则说明(　　)。

A. 投资资本回报率大于资本成本　　　B. 销售增长率大于可持续增长率

C. 投资资本回报率小于资本成本　　　D. 销售增长率小于可持续增长率

三、判断题

1. 行业生命周期一般要经历初创期、成长期、成熟期和衰退期四个发展阶段。　　(　　)

2. 企业财务战略是指为谋求企业资金均衡有效的流动和实现企业整体战略,为增强企业财务竞争优势,在分析企业内外环境因素对资金流动影响的基础上,对企业资金流动进行全局性、长期性与创造性的谋划,并确保其执行的过程。　　(　　)

3. 加速增长属于减损型现金短缺的财务战略选择。　　(　　)

4. 权益资本成本是指企业通过发行普通股获得资金付出的代价,等于股利收益率加资本利得收益率,是股东合理要求的必要收益率。　　(　　)

5. PEST 分析模型中的"P"代表的是技术因素。（　　）

6. 高经营风险与高财务风险搭配因找不到权益投资人而无法实现。（　　）

7. 企业能力主要由研发能力、生产管理能力、营销能力、财务能力和组织管理能力组成。

（　　）

8. 若投资资本回报率大于资本成本，销售增长率大于可持续增长率，则属于增值型现金剩余业务。（　　）

9. 问题产品是指处于低增长率、高市场占有率象限内的产品群。（　　）

10. 当供应商的数量很少且单个供应商的供应量很多时，供应商具有强势地位。（　　）

四、案例分析题

1. DF 公司是一个已经成立并正常运行 5 年的企业。有关 DF 公司的基本情况如下：

（1）DF 公司所在行业的注册资金要求很低。

（2）DF 公司很好地控制了所在地区的销售渠道。

（3）DF 公司生产的产品所需原材料甲由于具有独特性，只能从供应商 A 采购。

（4）DF 公司从 A 公司购入原材料甲占 A 公司原材料甲销售量的 93%。

（5）DF 公司产品乙具有独特性，市场上可替代产品不多。

（6）由于甲产品具有特殊性，因此该公司和很多客户签订了购买协议，如果客户要改变供应商需要支付比较多的违约金。

（7）在市场上除 DF 公司外，生产乙产品的企业很少。

（8）DF 公司所在行业是一个增长迅速的行业。

要求：请根据波特五力模型对 DF 公司进行行业环境分析，指出哪些因素会降低 DF 公司的竞争优势，哪些因素会提高 DF 公司的竞争优势。

2. L 公司经营四种品牌的化妆品，按档次分别划分为 A、B、C、D 四种，各产品 2020 年的销售情况如表 10-11 所示。

表 10-11　　　　　　　　2020 年产品销售情况表

金额单位：万元

产品	销售额	相对市场份额	市场增长率
A	3 000	2.0	13%
B	900	0.6	7%
C	600	0.4	15%
D	2 500	1.5	5%

假设市场增长率和相对市场占有率分别以 10% 和 1.0 作为高低的界限标准。

要求：

（1）根据波士顿矩阵分析以上四种产品分别属于何种产品。

（2）简要分析 L 公司对 D 产品应该采用何种策略。

第十一章　财务分析报告

知识导航

```
                          ┌ 财务分析报告的含义与应用价值 ┌ 财务分析报告的含义
                          │                          └ 财务分析报告的应用价值
                          │                          ┌ 按照财务分析主体是否为企业内部人员划分
                          │ 财务分析报告的类型          │ 按照分析视角不同或阅读者的不同划分
                          │                          │ 按照分析报告内容划分
                          │                          └ 按照分析时间划分
                          │                          ┌ 概要段
                          │                          │ 陈述与说明段
                          │ 财务分析报告的内容          │ 分析段
  财务分析报告             │                          │ 评价与结论段
                          │                          └ 建议段
                          │                          ┌ 标题
                          │                          │ 落款
                          │                          │ 摘要
                          │ 财务分析报告的格式          │ 目录
                          │                          │ 正文
                          │                          │ 参考文献
                          │                          └ 附件
                          │                          ┌ 财务分析报告的撰写要求
                          └ 财务分析报告的撰写要求与步骤 └ 财务分析报告的撰写步骤
```

学习目标

1. 了解财务分析报告的含义与应用价值。
2. 熟悉财务分析报告的类型。
3. 熟悉财务分析报告的内容、格式及撰写要求。

案例导入

2024年上半年文旅集团财务分析报告解读

　　2024年以来,国内旅游市场继续保持稳中向好的态势。文化和旅游部数据显示,2024年上半年,国内出游人次27.25亿,同比增长14.3%,国内游客出游总花费2.73万亿元,同比增长19.0%。出入境旅游方面,过境免签政策持续扩大范围,中国免签"朋友圈"不断扩容,进一步激发了出入境旅游市场的活力。依据国家移民管理局统计数据,2024年上半年全国各口岸入境外国人1 463.5万人次,同比增长152.7%;其中通过免签入境854.2万人次,占比58%,同比增长190.1%。在国内旅游火爆、出入境旅游加速回暖的双重利好驱动下,上半年文旅上市公司经营业绩整体以盈利为主流,占比近七成。同时,呈现出

"营收增长乏力、盈利能力待提升、集团间分化明显"等特征,文旅企业经营普遍承压但在旅游演艺、在线旅游、景区乐园、酒店等细分赛道中不乏优胜者、引领者。

综合对比 2024 上半年 61 家文旅集团的经营业绩,整体呈现以下特征:伴随旅游市场趋向常态化,低基数效应减弱,各文旅集团的财务指标同比增速进一步回归正常水平;文旅集团经营业绩呈现出一定的差异和分化,各集团之间的市场竞争更加激烈;"增收不增利"现象凸显,营收同比增长企业 40 家、净利润同比增长企业 23 家,系成本提升、费用增加、文旅消费谨慎理性等多重因素叠加所致,整体的盈利能力待提高、盈利模式需优化。

上半年,文旅市场持续回温,"供需两旺"、亮点与热点频现,国内游、跨境游持续保持高景气运行。在此背景下,各大文旅上市公司业绩表现良好,营收增长企业占比约 66%、盈利企业占比约 67%,业绩分化,"强者恒强"现象愈发凸显、头部集团成绩亮眼。但在可喜的同时,也表现出一些"隐忧":61 家文旅集团净利润同比均值为负数(-4%);1/3 的企业营收为负增长;营收和净利润同步增长的仅占 1/3。可见,低基数效应减弱,文旅企业营收增长动能不足、盈利能力薄弱,经营压力与挑战明显。

展望下半年,暑期旅游旺季、中秋和国庆假日经济拉动将持续激发民众文旅出游消费热情、点燃文旅行业发展活力。同时,近期国务院印发《关于促进服务消费高质量发展的意见》,对文旅、酒店、餐饮、教育、体育等行业提出政策支持,政策端的加持将进一步助力旅游行业不断推进高质量发展进程。未来,各大文旅集团亟须抢抓市场机遇、拥抱政策红利,通过持续的产品研发、技术创新、品牌建设、营销推广、培育新增长点、降本增效等举措,做高"流量"、做足"留量",既要增收又要增利,从而在行业内卷中保持稳定成长力、塑造强劲竞争力。

资料来源:迈点研究院,2024 年 09 月 06 日,《2024 上半年文旅集团财务分析报告》。

思考:结合国内外旅游发展整体向好的趋势,简述财务分析报告在文旅企业发展中的应用价值。

第一节 | 财务分析报告的含义与应用价值

财务分析报告是财务分析主体根据财务分析使用主体的需求和偏好,从专业视角为财务分析信息使用者量身打造的,且对其决策有用的财务分析信息载体。此载体凝聚了财务分析人员的智慧与辛劳,是财务分析人员工作的最终成果。一份高质量的财务分析报告的应用价值难以估量。

一、财务分析报告的含义

财务分析报告是财务分析人员主要依据特定财务主体的一定会计期间的财务报表(或报告)以及其他相关资料,运用一系列财务分析方法,对该财务主体的财务活动表现和财务计划(或预算)执行情况等,从特定财务分析视角,进行分析与评价而形成的总结性书面文件。

通过财务分析报告,可以系统和深入地了解该报告单位的整体或某项财务活动的真实情况,以利于正确对其进行业绩评价,提前警示其财务风险,准确预测其发展趋势,以及完善其经营管理等。

　　财务分析报告一般是由报告单位的财务部门,根据本单位的财务报表等会计及经济信息资料,利用财务分析的理论和方法,经过整理、分析、提炼和总结而撰写完成的供单位内部使用的财务经营活动的结论性文书。但随着中国资本市场不断发展、由投资分析机构或独立财务分析人员撰写完成的供资本运作、信贷决策参考的财务分析报告,已广泛应用于股权投资、企业重组或资产并购等价值评价和银行等金融机构的信贷决策之中了。

二、财务分析报告的应用价值

1. 评价经营业绩和经济责任

　　通过财务分析报告,能够了解和分清各核算单位、各相关部门的工作成绩及营运效益,确定部门财务活动对整体财务目标和计划完成的影响,从而划清经济责任并进行奖惩。

2. 进行财务预测和财务决策

　　会计报表是过往的数据资料或相关文件,不能单独凭此做出决策。因此,企业需要对会计报表数据进行动态分析,了解经济活动的规律,预测未来确保财务预测和财务决策的正确性。

3. 进行财务预警和风险防范

　　财务分析报告不仅是对现有的经营成果和财务状况进行评价,更为重要的是,通过分析和研究财务活动中的薄弱环节,找到影响财务成果和财务状况的不利因素与风险所在,并消除这些不利因素与风险,巩固和发展有利因素,不断挖掘潜力,改善财务管理,提高经济效益。

4. 进行价值评价和风险规避

　　财务分析报告在资本运作中的应用价值是显而易见的,通过正确评价有关企业的内在价值,可以准确把握投资机会,合理实施重组和并购方案、及时规避运作中存在的风险。

第二节 | 财务分析报告的类型

不同的分类标准,呈现不同的财务分析报告类型。

一、按照财务分析主体是否为企业内部人员划分

　　按照财务分析主体是否为企业内部人员,财务分析报告可分为内部分析报告和外部分析报告。

　　内部分析报告是指企业内部财务人员或财务机构所作的分析报告。外部分析报告是由会计主体或财务主体以外的人员或机构,对该会计主体或财务主体所作的分析报告。

二、按照分析视角不同或阅读者不同划分

　　按照分析视角不同或阅读者不同,财务分析报告可以划分为内部管理分析报告或管理

者视角分析报告、投资分析报告或投资者视角分析报告、信贷分析报告或债权人视角分析报告等。

内部管理分析报告或管理者视角分析报告是指企业外部专业机构或企业内部人员为企业管理者进行财务管理提供决策参考而编制的财务分析报告。这种报告的阅读者主要是企业管理者，是分析主体从管理者视角所做分析而撰写的分析报告。企业内部人员所作报告，即为内部财务分析报告；企业外部人员所作报告，则称为外部财务分析报告。

投资分析报告或投资者视角分析报告是指为企业的外部投资者或潜在的投资者提供投资决策参考而编制的财务分析报告。这种报告的阅读者主要是企业外部投资者或潜在投资者是分析主体从投资者或潜在的投资者视角进行分析而撰写的分析报告。企业内部的财务分析人员所作的报告，即为内部财务分析报告；企业外部人员所作报告，则是外部财务分析报告。

信贷分析报告或债权人视角分析报告是分析主体为企业的债权人进行信贷决策和信贷管理或信用管理提供参考而编制的财务分析报告。这种报告的阅读者主要是企业债权人，是分析主体从债权人角度进行分析而撰写的分析报告。企业内部的财务分析人员所作分析报告，就是内部财务分析报告；而企业外部人员为企业债权人所做的财务分析报告，则是外部财务分析报告。

三、按照分析报告内容划分

按照分析报告内容，财务分析报告可分为综合分析报告、专题分析报告、项目分析报告和简要分析报告等。

综合分析报告是依据某特定财务主体所编制的财务报告以及经营活动中所形成的重要经营信息等资料，运用科学的财务分析方法，对该特定财务主体的资产结构与质量、利润结构与质量、成本费用、盈利能力、偿债能力、营运能力、发展能力和经营风险等情况进行客观、全面和系统的分析和评价，并对其发展前景进行科学的预测、警示而形成的书面分析评价报告。综合分析报告具有全面、系统和严谨的特点，一般适用于定期分析，可在年度中期或年度终了进行编报。它具有以下两方面的作用：

（1）为企业的重大财务决策提供科学依据。由于综合分析报告几乎涵盖了对企业财务计划各项指标的对比分析和评价，能使企业经营活动的成果和财务状况一目了然，及时反映出存在的问题，这就给企业的经营管理者做出当前和今后的财务决策提供了科学依据。

（2）全面、系统的综合分析报告，可以作为今后企业财务管理进行动态分析的重要历史参考资料。撰写时必须对分析的各项具体内容的轻重缓急作出合理安排，既要全面，又要抓住重点。

专题分析报告是财务分析主体对财务主体的经营管理活动中的某些重大事项、关键问题或薄弱环节等涉及的财务活动进行的专门分析而形成的书面财务分析评价报告。它一般是针对财务主体的某个独立专题所涉及的财务活动的事项所作出的分析和评价，其涉及内容比较广泛。专题分析报告具有不受报告时间限制，书写灵活，一事一议，分析内容为企业管理层、相关利益者所关注的特点。这种分析报告尤其能引起企业管理层的高度重视，它不仅有利于企业管理层对问题的解决,而且发挥的作用显著。专题分析报告一般适用于不定期财务分析,可根据企业实际需要随时进行编报。

项目分析报告是财务分析主体针对财务主体的某个具体经营管理项目、投资项目或财务报告中某个项目或指标的情况所作的书面分析评价报告。它是根据财务主体的某项会计信息及相关的经营信息等资料,针对该项目存在的突出问题或需要解决的重大问题、进行重点的分析和评价而形成的书面报告。通过项目分析和评价、能够揭示财务主体在分析期内某项财务信息的基本情况及其经济指标情况,并预测其今后发展趋势。

简要分析报告是对主要经济指标在一定时期内存在的主要或比较出的问题,进行概要的分析而形成的书面财务分析报告。简要分析报告具有简明扼要、切中要害的特点。通过简要分析报告能反映和说明企业在分析期内业务经营的基本情况、企业累计完成各项经济指标的情况并预测今后发展趋势,主要适用于定期分析,可按月、按季进行编制。

四、按照分析时间划分

按照分析的时间,财务分析报告可分为定期财务分析报告与不定期财务分析报告。

定期财务分析报告是财务分析主体(通常指财务主体内部机构或分析人员)根据财务主体的主管部门、控制人或管理人员的规定或要求,以及其他相关利益者需求,每间隔一定时间撰写、编制和报送的财务分析报告。定期财务分析报告可以分日、周、月、季、半年和年度报告等,而常用的一般有月、季、半年和年度报告。

不定期财务分析报告是指财务分析主体根据财务主体的财务活动和经营管理的实际变动情况及相关利益者需要而不定期撰写呈报的书面财务分析报告。不定期财务分析报告可以对企业以及相关利益者认为有必要的、任何时点上的财务活动的有关情况进行分析与评价。

第三节 财务分析报告的内容

一般来说,财务分析报告均应包含概要段、陈述与说明段、分析段、评价与结论段和建议段,即通常说的五段论式的内容。但在实际撰写分析报告时要根据具体的目的、要求及内容而有所取舍。

一、概要段

概要段概括企业的基本情况、经营特点与行业发展态势等,让财务分析报告使用主体对财务主体形成一个比较全面的了解。

该段一般应包括的内容有企业名称(如为上市公司,要标明上市地点、上市时间、证券代码等)、性质、公司的发展历史、企业的规模、企业主营业务范围、主要产品、职工人数、企业生产经营特点、企业所处行业以及行业发展态势、企业股权结构和公司组织结构等。如果是为企业管理层报送而编制的财务分析报告,该段可以省略。

二、陈述与说明段

陈述与说明段陈述公司运营及财务现状、企业计划执行情况和各项经济指标完成情况，说明财务分析报告编制的若干注意事项，让财务分析报告使用主体概览企业运营与财务现状，以及分析期的企业基本经营面貌，把握阅读财务分析报告的若干注意事项，以便正确理解分析报告的内容与结论。该段通常包括以下两部分内容：

（1）企业运营及财务现状的陈述内容，主要包括财务报告期的企业运营情况（如公司正在进行的新产品开发或投产、市场开发等）、主要经营业绩、财务状况、主要经营指标与财务指标的完成情况、企业取得的成绩及存在的问题等，应特别关注当前企业的营运重点。

（2）财务分析报告编制的若干事项说明，主要包括财务分析的主要依据（财务报表和审计报告说明、会计制度说明等）、分析的侧重点、分析的时间与空间范围、分析运用的主要方法以及需要说明和注意的其他事项等。

三、分析段

分析段是对公司经营情况进行分析研究的重要段落，也是财务分析报告的重点。该段主要运用定性与定量相结合的财务分析方法，紧扣企业生产经营活动，站在分析报告使用者的视角来透视问题、分析问题、以达到解决问题的目的。

综合分析报告一般应包括战略分析、会计分析、财务分析和前景分析等内容。专题分析报告主要针对专题所涉及的内容来确定分析重点。但不论是综合分析还是专题分析，都要站在报告使用者的视角来确定分析内容与分析重点。抓住分析报告使用者的需求，确定分析段的分析要点、焦点和易于忽视的问题，弄清问题真相，以达到揭示问题和解决问题的目的。因此，分析报告主体要从理论与实际结合的层面和相关利益者关注的利害点上来剖析问题的深层次原因。

四、评价与结论段

评价与结论段要根据分析结果，对企业财务状况、经营成果、现金流量等从公正和客观的角度给予评价。评价应将多种经济指标结合起来，并与相关的经济、政治等各种因素相联系进行系统分析之后再做出正确的判断。

财务评价要从正面和负面两个方面进行。评价既可以单独分段进行，也可以将评价内容穿插在说明部分和分析部分。但是，对于企业内部高级管理层和具有事务繁忙的阅读者，分析评价与结论应运用单独段落进行汇总表达。首先应有一个总体结论，然后将支撑总体结论的分项结论一一列示出来，以形成一个总体结论支撑链，使读者读后既有总体也有分项或具体的结论，从而形成结论的逻辑链。

五、建议段

建议段是针对"分析段"分析发现的问题及成因，以及"评价与结论段"所作的客观公正的评价和结论，财务分析人员从专业角度为财务分析报告使用者所提供的解决问题的意见或建议,以实现财务分析的目的。

该段是整个财务分析报告最重要也是最难的内容,它与前面的段落联系紧密。如果"分析段"分析问题不到位,则问题的成因一定揭示不清,问题症结也就把握不准,所提建议难以准确和切实。因此,建议段与分析和结论段关系密切。建议和措施要针对发现的问题及问题的成因而给出,而且要有针对性、切实性和可操作性。所以,财务分析报告建议段中提出的建议要具体化,应有一整套切实可行的方案。

第四节 财务分析报告的格式

财务分析报告的格式或结构,主要包括标题、落款、摘要、目录、正文、参考文献和附件等方面。

一、标题

标题是对财务分析报告的最精练的概括,它不仅要确切地体现分析报告的主题思想,还要语言简洁、醒目。由于财务分析报告的内容不同,其标题也就没有统一的标准和固定的模式,应根据具体的分析内容而定。标题一般由单位名称、时限、文种三要素构成,或由时限、文种两要素构成,如"××单位××年度财务分析报告""××年度财务分析报告""××单位××年度资产使用效率分析报告"等。

二、落款

财务分析报告的落款一般包括报告单位名称、负责部门和撰写人姓名,并标明报告完成日期等。落款可以放在财务分析报告封面的下面,也可在财务分析报告的最后。

三、摘要

摘要是对本期财务分析报告内容的高度浓缩,一定要言简意赅。摘要有归纳型、描述型和混合型三种类型。一般来说,摘要主要应包含分析研究意义、分析研究过程、分析研究方法、分析结论和建议等内容。

四、目录

目录告诉阅读者本分析报告所分析的内容及所在页码。

五、正文

财务分析报告的正文一般包括开头、主体和结尾三个部分。

报告的开头应包括财务分析报告的概要段、陈述与说明段的内容,主要是概述财务主体的基本情况、战略目标、行业背景,以及财务重要数据和指标、经营特点与态势、取得的成绩与存在的主要问题等,也可以做出初步评价。此外,报告开头还应该包含财务分析报告编制的说明事项或阅读财务分析报告的注意事项等。报告开头,一般要求言简意赅,为具体分析做好铺垫。

报告的正文,是财务分析报告的分析部分,分析的内容因报告类型不同而有所不同。分析时既要肯定成绩,总结经验、又要指出问题,找出问题形成的原因。分析原因时一定要注意分清主客观原因、内外部原因、浅表原因和深层次原因、特别要找出问题生成的主要原因。财务分析报告的分析部分不是简单的文字堆砌,而应寻找深藏在数字背后的秘密,通过系统、综合的分析,揭示出问题的本质和症结所在。

报告的结尾,一般是在对正文分析的评价与总结之后,针对存在的问题和问题形成的原因,提出改进的意见、建议或措施。结尾要求内容具体,针对性强,文字简洁、意见中肯,建议切实并具有可操作性。

六、参考文献

参考文献是指完成财务分析报告中所引用参考的著作、期刊等文献。专业机构或人员为相关利益者提供的财务分析报告,通常在正文后面列示撰写财务分析报告所参考、借鉴和引用的文献资料。

七、附件

财务分析报告的附件一般包括财务分析涉及的各年度的完整财务报表、财务计划或预算书等财务分析报告中所引用的重要财务信息资料,以及分析过程中形成的内容太过详细的计算、分析工作底表。为了保持财务分析报告正文版面简洁、易于阅读,常常将这些报表、资料或计算分析工作底表放在财务分析报告的最后作为附录或附件。

第五节 | 财务分析报告的撰写要求与步骤

一、财务分析报告的撰写要求

要完成一份实用性强、高质量、高水平的财务分析报告,不仅要注意撰写报告的一般要求,还要满足相应的具体要求。

(一) 撰写财务分析报告的一般要求

财务分析人员在撰写财务分析报告时,应遵循的一般要求包括以下十个方面:

(1) 弄清财务分析报告的阅读和使用对象。

(2) 掌握财务分析报告阅读和使用对象的信息需求与偏好。

(3) 把握分析范围和分析侧重点。

(4) 财务分析报告撰写前应有清晰的分析思路和框架。

(5) 关注宏观经济环境变化,捕捉、搜集同行业竞争对手的资料。

（6）通晓企业所处行业背景与变化趋势。

（7）财务分析报告一定要与公司经营业务紧密结合。

（8）准确理解企业发展的方针政策和规制。

（9）从企业战略与结构层面、制度与文化的高度来审视企业存在的或分析发现的问题，分析结论与政策建议。

（10）建立健全财务分析报告常态化工作机制。

（二）撰写财务分析报告的具体要求

财务分析人员在明确了财务分析报告撰写的一般要求后，还要满足以下八个具体要求：

（1）注重时效，及时报告。

（2）报告清楚，文字简练。

（3）数据可靠，证据可信。

（4）信息积累，职责明确。

（5）数据说话，分析到位。

（6）突出重点，兼顾一般。

（7）客观公正，观点鲜明。

（8）结论准确，建议可行。

二、财务分析报告的撰写步骤

（一）起草

在收集、整理资料、确定分析报告的标题后，就可以根据企业经营管理的需要进入编制财务分析报告的阶段。这阶段的首要工作就是报告的起草，起草报告应围绕标题并按报告的结构进行。特别是专题分析报告，要将问题分析透，真正地分析问题、解决问题。对综合分析报告的起草，最好先拟定报告的编写提纲，然后在提纲框架的基础上，依据所搜集整理的资料，选择恰当的分析方法，起草综合分析报告。

（二）修改和审定

财务分析报告起草后形成的初稿，可交主管领导审阅，并征求主管领导的意见和建议，再反复推敲，不断进行修改，充实新的内容，使之更加完善，更能反映出所编制财务分析报告的特点直至最后由主管领导审定。审定后的财务分析报告应填写单位和编制日期，并加盖单位公章。

（三）注意事项

1. 建立台账和数据库

通过会计核算形成了会计凭证、会计账簿和会计报表。但是编写财务分析报告仅靠这些凭证、账簿、报表的数据往往是不够的。例如，在分析经营费用与营业收入的比率增长原因时，往往需要分析不同区域、不同商品、不同责任人实现的收入与费用的关系，但这些数据不能从账簿中直接得到。这就要求分析人员平时就做大量的数据统计工作，对分析的项目按性质、用途、类别、区域、责任人，按月度、季度年度进行统计，建立台账，以便在编写财务分析报告时有据可查。

2. 关注重要事项

财务人员对经营运行财务状况中的重大变动事项要勤于做笔录,记载事项发生的时间、计划、预算、责任人及发生变化的各影响因素。必要时马上作出分析判断,并将各类各部门的文件归类归档。

3. 关注经营运行

财务人员应尽可能争取多参加相关会议,了解生产、质量、市场、行政、投资、融资等各类情况。参加会议,听取各方面意见,有利于财务分析和评价。

4. 定期收集报表

财务人员除收集会计核算方面的有些数据之外,还应要求公司各相关部门(生产、采购、市场等)及时提交可利用的其他报表,对这些报表要认真分析,才能编写出内容全面的、有深度的财务分析报告。

练 习 题

一、单选题

1. 财务分析报告不仅是对现有的经营成果和财务状况进行评价,更为重要的是,通过分析和研究财务活动中的薄弱环节,找到影响财务成果和财务状况的不利因素与风险所在,并消除这些不利因素与风险,巩固和发展有利因素,不断挖掘潜力,改善财务管理,提高经济效益。上述内容体现了财务分析报告(   )的应用价值。
   A. 评价经营业绩和经济责任　　　　B. 进行财务预测和财务决策
   C. 进行财务预警和风险防范　　　　D. 进行价值评价和风险规避

2. (   )是财务分析主体(通常指财务主体内部机构或分析人员)根据财务主体的主管部门、控制人或管理人员的规定或要求,以及其他相关利益者需求,每间隔一定时间撰写、编制和报送的财务分析报告。
   A. 内部分析报告　　　　　　　　　B. 外部分析报告
   C. 定期财务分析报告　　　　　　　D. 不定期财务分析报告

3. 下列各项中,不属于财务分析报告的正文的是(   )。
   A. 开头　　　　　B. 目录　　　　　C. 主体　　　　　D. 结尾

4. 下列各项中,不属于概要段的内容的是(   )。
   A. 企业的基本情况介绍　　　　　　B. 企业的经营特点介绍
   C. 企业所处行业发展态势介绍　　　D. 企业各项经济指标完成情况

5. 下列各项中,不属于财务分析报告的标题要素的是(   )。
   A. 编制日期　　　B. 单位名称　　　C. 时限　　　　D. 文种

二、多选题

1. 财务分析报告的格式或结构,主要包括(   )。
   A. 标题　　　　　B. 摘要　　　　　C. 目录和正文　　　D. 落款和附件

2. 按照分析视角不同或阅读者不同,财务分析报告可以划分为(   )。
   A. 内部管理分析报告或管理者视角财务分析报告
   B. 投资分析报告或投资者视角财务分析报告
   C. 信贷分析报告或债权人视角分析报告
   D. 综合分析报告

3. 下列各项中,属于撰写财务分析报告具体要求的有(   )。
   A. 准确理解企业发展的方针政策和规制
   B. 注重时效,及时报告

  C. 建立健全财务分析报告常态化工作机制

  D. 报告清楚,文字简练

4. 一般来说,财务分析报告均应包含( )。

  A. 概要段   B. 陈述与说明段

  C. 分析段   D. 评价与结论段和建议段

5. 下列各项中,属于财务分析报告的应用价值的有( )。

  A. 评价经营业绩和经济责任   B. 进行财务预测和财务决策

  C. 进行财务预警和风险防范   D. 进行价值评价和风险规避

三、判断题

1. 财务分析报告是财务分析主体根据企业管理者的需求和偏好,从专业视角打造的,且对其决策有用的财务分析信息载体。   ( )

2. 项目分析报告是财务分析主体对财务主体的经营管理活动中的某些重大事项、关键问题或薄弱环节等涉及的财务活动进行的专门分析而形成的书面财务分析评价报告。

                              ( )

3. 财务分析报告是财务报告的一部分。   ( )

4. 分析段是对公司经营情况进行分析研究的重要段落,是财务分析报告的重点。该段主要运用定性与定量相结合的财务分析方法,紧扣企业生产经营活动,站在分析报告使用者的视角来透视问题、分析问题,以达到解决问题的目的。   ( )

5. 编写财务分析报告仅依靠凭证、账簿、报表的数据即可。   ( )